सात आसमान

असग़र वजाहत

जन्म : 1946, फतेहपुर, उत्तर प्रदेश।

शिक्षा : अलीगढ़ मुस्लिम विश्वविद्यालय से हिन्दी में एम.ए., पी-एच.डी. और जवाहरलाल नेहरू विश्वविद्यालय, दिल्ली से पोस्ट डाक्टोरल रिसर्च। 1971 से जामिया मिल्लिया इस्लामिया विश्वविद्यालय, दिल्ली के हिन्दी विभाग में अध्यापन। पाँच वर्षों तक ओत्वोश लोरांड विश्वविद्यालय, बुडापेस्ट, हंगरी में अध्यापन। यूरोप और अमेरिका के कई विश्वविद्यालयों में व्याख्यान।

पाँच उपन्यास, दो लघु उपन्यास, छह पूर्णकालिक नाटक, यात्रा संस्मरण की तीन पुस्तकें, नुक्कड़ नाटकों का एक संग्रह और साहित्यिक आलोचना की एक पुस्तक प्रकाशित।

प्रमुख प्रकाशन : *सात आसमान, कैसी आगी लगाई, बरखा रचाई, मनमाटी, धरा अँकुराई* (उपन्यास), *मैं हिन्दू हूँ, डेमोक्रेसिया* (कहानी संग्रह)।

रचनाओं का कई भारतीय और विदेशी भाषाओं में अनुवाद। नाटकों के मंचन देश-विदेश की कई भाषाओं में हैं।

रचनात्मक लेखन के अलावा नियमित रूप से विभिन्न अखबारों और पत्रिकाओं के लिए लेखन। 2007 में बीबीसी हिन्दी के अतिथि सम्पादक। 'हंस' पत्रिका के लिए विशेष अतिथि सम्पादक के रूप में 'भारतीय मुसलमान : वर्तमान और भविष्य' विषय पर और 'वर्तमान साहित्य' के लिए 'प्रवासी साहित्य' पर विशेषांकों का सम्पादन।

फिल्मों के लिए पटकथाएँ लिखने के अलावा धारावाहिक और डॉक्यूमेंटरी फिल्में भी बनाई हैं।

कथा यूके सम्मान और हिन्दी अकादेमी, दिल्ली से सम्मानित; कई अन्य पुरस्कारों से भी सम्मानित।

चित्रकला और पर्यटन में गहरी रुचि।

सम्प्रति : प्रोफेसर, जामिया मिल्लिया इस्लामिया, दिल्ली।

असग़र वजाहत

सात आसमान

राजकमल पेपरबैक्स

उपन्यास में इस्तेमाल किए गए सभी शेर पाकिस्तान
के प्रसिद्ध कवि नासिर काज़मी के हैं।

पहला पुस्तकालय संस्करण
राजकमल प्रकाशन प्राइवेट लिमिटेड द्वारा
1996 में प्रकाशित

राजकमल पेपरबैक्स में
पहला संस्करण : 2004
चौथा संस्करण : 2015

राजकमल पेपरबैक्स : उत्कृष्ट साहित्य के जनसुलभ संस्करण

राजकमल प्रकाशन प्रा. लि.
1-बी, नेताजी सुभाष मार्ग, दरियागंज
नई दिल्ली-110 002
द्वारा प्रकाशित

शाखाएँ : अशोक राजपथ, साइंस कॉलेज के सामने, पटना-800 006
पहली मंजिल, दरबारी बिल्डिंग, महात्मा गांधी मार्ग, इलाहाबाद-211 001
36 ए, शेक्सपियर सरणी, कोलकाता-700 017

वेबसाइट : www.rajkamalprakashan.com
ई-मेल : info@rajkamalprakashan.com

बी.के. ऑफसेट
नवीन शाहदरा, दिल्ली-110 032
द्वारा मुद्रित

मूल्य : ₹ 250

SAAT AASMAAN
Novel by Asghar Wajahat

ISBN : 978-81-267-0916-8

रहे तलब[1] में जो गुमनाम मर गये 'नासिर'
मताअ-ए-दर्द[2] उन्हीं साथियों के नाम करें

---

1. इच्छाओं के रास्ते में; 2 दर्द की दौलत।

1

लफ़्ज़ों में बोलता है रगे-अस्र का लहू
लिखता है दस्ते-ग़ैब कोई इस किताब में

सीधी-साधी, सुस्त रफ़्तार सैकड़ों सालों के थपेड़ों को सहती, हज़ारों तब्दीलियों को हज़म करती, अपनी ही तरंग में बहती वह ज़िंदगी किसी भी साँचे में ढलने से इनकार कर देती है। वह उस कुएँ की तरह है जिसका पानी जिसने पी लिया वहीं का हो गया। कितने ही लोग आये थे कुछ दिनों के लिए लेकिन उस कुएँ का पानी पी लिया और पसर गये। ज़िन्दगी बिता दी और कहने लगे—भइया इस कुएँ का पानी ही ऐसा है। कुआँ भी कोई मामूली कुआँ नहीं है। पता नहीं कब से है। पता नहीं किसने बनवाया था। उसकी तलहटी में पानी चाँदी की तरह चमकता है। उसमें अगर आवाज़ दी जाये तो जवाब मिलता है।

कुएँ जैसी ठहरी, गठी हुई ज़िंदगी के पता नहीं कितने चेहरे हैं। एक-एक चेहरा एक-एक किताब है। उनके बारे में कोई नहीं लिख सकता। भारी-भरकम, काले स्याह, गंजे सिर, बड़ी-सी नाक, चौड़े कानोंवाले अब्बू साब किसी किताब का विषय नहीं हो सकते। वे गर्मियों में भवों और पलकों को छोड़कर पूरे जिस्म पर उस्तरा फिरवा लिया करते थे। जिस्म पर भालू जैसे बाल थे। गर्मियों में खजूर का पंखा उनके जिस्म का हिस्सा बन जाता था। नंगे बदन बैठे रहते थे। कुछ हिसाब-किताब किया करते थे। सामने पानदान खुला रहता था और लगातार गर्मी की शिकायतें करते रहते थे। अब्बू साब हमारे दादा के बचपन के दोस्त थे। लखनऊ से कलकत्ता जाते हुए यहाँ दिन भर के लिए रुके थे। सोचा था मियाँ से मिलकर चले जायेंगे। लेकिन इस कुएँ का पानी पिया और पूरी ज़िन्दगी यहाँ गुज़ार दी। न तो लौटकर अपने आबाई वतन लखनऊ जा सके और न कलकत्ते पहुँच सके जहाँ मटियाबुर्ज में उनके परदादा वाजिद अलीशाह के चिड़ियाघर के मुंशी के तौर पर आये थे और बस गये थे। अब्बू साब बताते थे, भइया सुबह यहाँ पसेंजर से आया था। सोचा

था शाम को डाक गाड़ी पकड़कर निकल जाऊँगा। शाम को मियाँ से कहा कि जाना चाहता हूँ, इजाज़त दीजिए। मियाँ ने कहा, कल चले जाना, क्या जल्दी है। कल कहा तो बोले, अभी तो एक ही दिन हुआ है, कुछ दिन ठहरो। कुछ दिन के बाद कहा तो बोले, क्या जल्दी है, चले जाना। छः महीने के बाद मैंने फिर कहा कि मियाँ अब तो जाने दीजिए तो बोले, अब क्या करोगे जाकर, यहीं रहो। यहाँ क्या बुरा है। खैर साब मैं रह गया। दिल बहलाने के लिए मियाँ ने अपना हिसाब-किताब मेरे हवाले कर दिया। मैं मुंशीजी बन गया।

अब्बू साब लखनऊ में बीते अपने लड़कपन के ज़माने की कहानियाँ और कलकत्ते के क़िस्से और वाजिद अलीशाह के दौर के वाक़यात इस तरह सुनाते थे कि हम लोग दम साधे बैठे रहते थे। उठने का नाम ही न लेते थे जब तक घर के अंदर से कोई आकर ये न कहता था कि सोने के लिए बुलाया जा रहा है। अब्बू साब अंग्रेज़ों के क़िस्से भी सुनाते थे। उन्होंने जगह-जगह अंग्रेज़ों से मारके लिए थे। एक अंग्रेज़ बैलिस्टर के मुंशी भी रहे थे। एक अंग्रेज़ बैट्समैन को आउट भी किया था जो आठ साल से आउट ही न हुआ था। मज़ेदार बात यह है कि इन सब अंग्रेज़ों का नाम मिस्टर जैक्सन था। कभी हम लोग इस बात पर अगर टोक देते थे तो अब्बू साब बड़ी सफ़ाई से कहते थे, 'भइया एक नाम के कई आदमी भी होते हैं।' लेकिन ये बात समझ में न आती थी कि जैक्सन नाम का हर अंग्रेज़ अब्बू साब से कैसे टकरा जाता था या हर उस अंग्रेज़ का नाम जैक्सन क्यों था जिससे अब्बू साब मिले थे ? बहरहाल हमें नाम से क्या मतलब। हम तो क़िस्से सुनते थे वो जैक्सन हो या निकल्सन हो, हमें इसकी फ़िक्र न थी। अब्बू साब अपनी पतंगबाज़ी और तैराकी के ऐसे क़िस्से सुनाते थे कि हम लोग हैरान हो जाते थे। पतंग को वो कनकउवा कहते थे। दरख़्त को दरख़त कहते थे। लखनऊ के बड़े आशिक़ थे लेकिन यहाँ आने के बाद कभी लखनऊ न गये थे। जबकि ये कोई ऐसा मुश्किल काम न था। कनकउवाबाज़ी और तैराकी के अलावा अब्बू साब को अपने हिसाब यानी मैथमेटिक्स पर बड़ा नाज़ था। कहते थे कलकत्ते में उन्होंने मिस्टर चकरवरती की हिसाबदाँ की किताब पढ़ी है। बताते थे कि चकरवरती जैसा हिसाबदाँ न तो कभी हुआ है ना होगा। उसने अपनी हिसाब की किताब के आख़िर में एक ऐसा सवाल दिया है जो आज तक हल नहीं हो सका है। चकरवरती की किताब के सवाल वो कभी-कभी हमसे भी पूछा करते थे। जैसे अस्सी मन का लक्कड़, उस पर बैठा मक्कड़, रत्ती-रत्ती खाय तो कितने दिन में खाय। इस तरह के सवालों के बारे में उनका कहना था कि बहुत आसान सवाल है। लेकिन हम लोगों को वे बहुत मुश्किल लगते थे।

अब्बू साब जब उस कुएँ का पानी पीकर यहीं रुक गये तो हमारे दादा यानी अब्बा मियाँ ने उनके लिए घर के बराबर एक खपरैल डलवा दी और तीन तरफ़

दीवारें उठवाकर एक घर तैयार करा दिया था। अब्बू साब के लिए काफी था। लेकिन परेशानी थी खाने की। वैसे तो घर से उनके लिए सुबह-शाम खाना आता था लेकिन अब्बू साब खाने के शौकीन थे और चाहते थे कि कोई खाना पकानेवाली हो जिससे वो फ़रमाइशें करके खाना पकवाया करें। उनकी ये ख़्वाहिश इस तरह पूरी हुई कि घर के अंदर काम करनेवाली एक कुँवारी मामा अज़ीमन बुआ को हमल रह गया। उससे बहुत पूछा-गछा गया कि यह किसका है लेकिन उसने नहीं बताया। ख़ैर हमल गिरवा दिया गया और सबको ये फ़िक्र हुई कि अज़ीमन बुआ की शादी अब कहाँ होगी ? ऐसे मौक़े पर अब्बू साब कुर्बानी के जज़्बे से सामने आये और उन्होंने अब्बा मियाँ से कहा कि उनके साथ अज़ीमन के दो बोल पढ़वाये जा सकते हैं। ये ऐसा मुश्किल न था। अब्बू साब की खाने की मुश्किल हल हो गयी। उनकी गिरस्ती जम गयी। खपरैल के एक कोने में चूल्हा बन गया और कुछ बर्तन आ गये। रोटी-गोश्त का इंतिज़ाम ऐसा हुआ कि ज़िन्दगी-भर तकलीफ़ न हुई।

अब्बू साब की शादी तो हो गयी थी लेकिन दिक़्क़त ये थी कि अज़ीमन बुआ ज़ात की फ़क़ीर थीं और उनकी बिरादरी अब्बू साब की शादी को मान्यता नहीं दे रही थी। बिरादरी का कहना था कि अब्बू साब कम-से-कम पाँच घरों में भीख माँगकर फ़क़ीर बिरादरी में आ जायें तो उनकी बात बन सकती है। अब्बू साब को पाँच घरों में भीख माँगने में कोई एतराज़ न था। आख़िकार अज़ीमन बुआ और अब्बू साब की शादी को बिरादरी ने सिर्फ़ माना ही नहीं बल्कि अब्बू साब को अपना चौधरी बना लिया।

अब्बू साब की खपरैल में एक तरफ़ दीवार में लकड़ी के पटरे लगाकर बनायी गयी खुली अल्मारियाँ थीं जिनमें अनगिनत काले रंग के बक्से रखे रहते थे। उन्हीं बक्सों में उनके हिसाब-किताब का बक्सा भी था। और कपड़े वग़ैरा रखने के बक्से भी थे। खपरैल के बीच में एक लम्बा-चौड़ा पलँग था जिस पर अब्बू साब लेटते-बैठते, हिसाब-किताब करते थे। उसके बराबर एक लकड़ी की चौकी थी जिस पर अज़ीमन बुआ लेटती थीं। चौकी के पास ही मिट्टी का चूल्हा बना था। चूल्हे के ऊपर कुछ मोखे और ताक़े थे जिनमें डिब्बों और शीशियों में मसाले रखे जाते थे। हम लोग रात का खाना खाने के बाद अब्बू साब के पास चले जाते थे और वो अपने क़िस्से शुरू कर देते थे। वाजिद अलीशाह के ख़ज़ाने का क़िस्सा सुनाते वक़्त अब्बू साब भावुक हो जाया करते थे और अंग्रेज़ों को बुरा-भला कहते थे—भइया इन अंग्रेज़ों के बस अक़ल होती है; बस अक़ल के अलावा इनके पास कुछ नहीं है। दौलत देखकर ये पागल हो जाते हैं। मियाँ एक बार वाजिद अलीशाह के दरबार में एक जौहरी आया और उनको बहुत-से हीरे-जवाहरात दिखाये। एक से एक उम्दा चीज़। आख़िर में उसने ज़मर्रुद का बना एक जाम और ज़मर्रुद के

ही बने छोटे-छोटे पाँच प्याले दिखाये। इन्हें देखकर बादशाह का जी लोट गया। उन्होंने अपने ख़ज़ांची को बुलाकर कहा कि हम इन्हें ख़रीदना चाहते हैं। ख़ज़ांची ने कहा कि हुज़ूर के पास इससे सौ गुने अच्छे हीरे-जवाहरात हैं। आप इन्हें लेकर क्या करेंगे। बादशाह ने कहा कि मेरे पास इससे अच्छे जवाहरात हैं ? खज़ांची ने कहा बेशक। आपके उस खज़ाने में वो जवाहरात हैं जो पुश्तों से शाही खानदान में चला आ रहा है और जिसे हुजूर ने आज तक नहीं देखा। बादशाह ने उस ख़ज़ाने को देखने की ख़्वाहिश ज़ाहिर की। ख़जांची ने कहा, हुजूर शर्त ये है कि उस ख़ज़ाने से कुछ लिया नहीं जा सकता। अगर सरकार ये शर्त मानने पर तैयार हों तो बंदा ले चले। बादशाह ने शर्त मानी और ये भी कहा कि हम इस जौहरी को भी वो ख़ज़ाना दिखाना चाहते हैं ताकि उसके दिल में ये बात न आये कि पैसों की कमी की वजह से हम उसके जवाहरात न खरीद सके। खैर साब, खज़ांची ने बादशाह और जौहरी की आँखों पर काली पट्टी बाँधी और चोरदरवाज़ों से निकालता हुआ एक ऐसे दरवाज़े के सामने लाया जो लोहे का बना हुआ था। उसने चाबी निकालकर दरवाज़ा खोला। बादशाह और जौहरी की पट्टियाँ खोल दीं। अब जनाब, उस ख़ज़ाने में पूरे दरख़्त हीरे-जवाहरात के खड़े थे। हीरों के ढेर लगे थे। याक़ूत और मोतियों के अंबार थे। पूरा ख़ज़ाना जगमगा रहा था। भइया, जौहरी ने तो ज़िन्दगी में ऐसे जवाहरात न देखे थे। वो तो पागल हो गया। बादशाह ने ख़ज़ांची से पूछा कि हम कहाँ हैं ? तो खज़ांची ने बताया कि हुजूर गोमती के बिलकुल नीचे हैं। भइया, अंग्रेज़ों ने जब लखनऊ पर क़ब्ज़ा किया तो बड़ी कोशिश की लेकिन खज़ाने तक न पहुँच सके। उन्होंने ख़ज़ांची को बड़ी-बड़ी तकलीफ़ें दीं। उसे जलते तवे पर खड़ा कर दिया लेकिन उसने ज़बान न खोली। आख़िरकार जब बहुत ज़्यादा मजबूर किया गया तो उसने कहा ठीक है वो ख़ज़ाने की चाबियाँ दे देगा लेकिन शर्त ये है कि वह गोमती के बीचों-बीच चाबियाँ देगा। तो भइया, ख़ज़ांची पाँच नावों में ख़ज़ाने की चाबियाँ भरकर गोमती में आया। दूसरी तरफ़ से अंग्रेज़ आये। बीच धार में पहुँचकर ख़ज़ांची ने चाबियों से भरी नावें उलट दीं और खुद भी डूबकर मर गया। इस तरह वह ख़ज़ाना आज तक किसी को नहीं मिल सका। कहते हैं कि उस ख़ज़ाने तक जाने के तीन रास्ते हैं। एक बड़े इमामबाड़े की बावली से जाता है। दूसरा कैसरबाग़ से जाता है और तीसरा गोमती के अंदर से है।

अब्बा मियाँ का सारा पैसा अब्बू साब के पास ही रहता था। वही सबका हिसाब-किताब करते थे। उन्हीं के हाथों से पैसा खर्च होता था। घर का सौदा-सुलफ़ वही लाते थे। कपड़े-लत्ते से लेकर सोने-चाँदी के जेवर तक अब्बू साब खरिदवाते थे। नौकरों की तनख़्वाहें ही नहीं, घर के लोगों को जेबखर्च तक अब्बू साब देते थे। इस तरह अब्बू साब की हैसियत और अहमियत अब्बा मियाँ से कुछ ही कम थी। अगर वे किसी से नाखुश हो जाते तो कम-से-कम टाल तो देते ही थे। नौकर

ख़ास तौर पर उनकी खुशामद किया करते थे। आमदनी और खर्च का पूरा हिसाब अब्बू साब हफ़्ते में एक बार अब्बा मियाँ को समझाते थे। इसके अलावा अब्बा मियाँ घरेलू मामलों या अपने कारोबार के सिलसिले में उनसे राय-मश्विरा भी लेते रहते थे।

अब्बू साब लखनऊ में पैदा हुए थे और उसके बाद स्कूल में पढ़ने कलकत्ता चले गये थे जहाँ उनके अब्बा रहते थे। उनके अब्बा ने दो शादियाँ की थीं। पहली बीवी लखनऊ में थी, दूसरी कलकत्ते में। अब्बू साब सौतेली माँ के साथ कलकत्ते में रहे थे। लेकिन उनसे उन्हें कोई शिकायत न थी। अब्बू साब के परदादा वाजिद अलीशाह के चिड़ियाघर के मुंशी थे। जब वाजिद अलीशाह ने कलकत्ते के मटियाबुर्ज में एक छोटा लखनऊ आबाद किया तो अब्बू साब के परदादा वहीं आ गये थे। वहाँ वाजिद अलीशाह संगेमरमर के तालाब में सफ़ेद और सुर्ख़ मछलियाँ पलवाते थे। सफ़ेद मछलियों की नथों में लाल ज़मर्रुद और लाल मछलियों की नथ में सफ़ेद मोती की नथें पहनायी जाती थीं। मछलीखाने का काम अब्बू साब के परदादा के ज़िम्मे था। अब्बू साब बताते थे कि वाजिद अलीशाह के पास पारस पत्थर था जिसके घिसने से लोहा सोना हो जाता था। यही वजह थी कि मटियाबुर्ज में भी वाजिद अलीशाह बड़ी शान से रहते थे।

कलकत्ते में अब्बू साब क्रिकेट खेलते थे। उनके मुताबिक वो शहर के नामी बैटमैन और बालर थे। उसी ज़माने में एक अंग्रेज बैटमैन कलकत्ता आया जिसका नाम मिस्टर जैक्सन था। जैक्सन आठ साल से आउट न हुआ था। उसने शहर में डुग्गी पिटवा दी कि है कोई माई का लाल जो मुझे आउट कर दे। शहर में खलबली मच गयी। बंगालियों को कलकत्ते पर बड़ा नाज़ था। बड़े-बड़े बंगाली बाबू अब्बू साब के पास आये और बोले कि अब्दुल हसन मोशाय, अब शहर की इज़्ज़त तुम ही बचा सकते हो। ख़ैर, अब्बू साब ने उसका चैलेन्ज कुबूल कर लिया। दिन, तारीख़, जगह तय हो गयी। मुक़ाबला शुरू होने से पहले ही स्टेडियम खचाखच भर गया। तिल रखने की जगह न थी। स्टम्प लगाये गये। मिस्टर जैक्सन आया। अब्बू साब हाथ में नयी चमचमाती बाल लेकर आये। शहर के सारे गोरे, मेमें और हद ये है कि गवर्नर-जनरल सब मौजूद थे। अब्बू साब ने जैक्सन से पूछा, वेल मिस्टर जैक्सन, तुम्हारी कौन-सी विकिट गिरे ? इस पर जैक्सन हँसा और बोला—वेल मिस्टर अबुल हसन, तुम्हें क्या ये नहीं मालूम कि मैं आठ साल से आउट नहीं हुआ हूँ। अब्बू साब बोले, वेल मिस्टर जैक्सन, अब तक तुम्हें मेरे जैसा बालर भी कहाँ मिला है। खैर साहब, जैक्सन ने कहा, अगर पूछ ही रहे हो तो सेन्टर विकेट गिरा दो। अब्बू साब हाथ में बाल लेकर 'रेस' लेने फील्ड के बाहर निकल गये। सड़क पर से उन्होंने 'रेस' लेना शुरू की। दोनों तरफ़ लोग ही लोग थे और जोश में तालियाँ बजा रहे थे। रेस लेते हुए अब्बू साब फील्ड में आये और

'या अली' कहकर गेंद फेंकी। मिस्टर जैक्सन ने बैट उठाया लेकिन उससे पहले ही 'सेन्टर विकेट' के तीन टुकड़े फील्ड में बिखर गये। लोग खुशी से पागल हो गये। जैक्सन ने कहा, 'वेल अबुल हसन, तुम जीते मैं हारा। मैं तुम्हें एक्यावन हज़ार रुपये का इनाम दूँगा।' अब्बू साब ने कहा—'वेल मिस्टर जैक्सन, मैं तुमसे कुछ न लूँगा। बस तुम मुझसे एक वायदा करो।' उसने कहा, 'क्या वायदा ?' अब्बू साब ने कहा, 'तुम इंजील की क़सम खाओ कि अब कभी गुरूर न करोगे और खुदा से डरोगे।' जैक्सन ने, साहब, क़सम खायी। लोगों ने जब ये सुना कि अब्बू साब ने इनाम लेने से इनकार कर दिया है तो इतना खुश हो गये कि जिसकी जेब में जो था वो उसने अब्बू साब के आगे रख दिया। जिसके पास कुछ न था उसने अपना छाता, किसी ने अपने जूते, किसी ने अपने कपड़े। औरतों ने अपने जेवर और ग़रीबों ने अपने बच्चे अब्बू साब के सामने डाल दिये। अब्बू साब ने सबकी चीज़ें सबको वापस कर दीं और घर चले आये।

'भइया, इसी तरह एक वाक़या और हुआ था। कलकत्ते में अपने स्कूल की तरफ से मैं हाकी खेलता था। हमारा मैच पड़ा पल्टन के गोरों के साथ। एक से एक तगड़ा गोरा, मुँह बिलकुल लाल चुकंदर और हाथी की तरह मस्त। ख़ैर साहब, उनमें एक गोरा बहुत बदमाश था। भइया, उसने मेरे दोस्त अच्छन नवाब के घुटने में ज़ोर से हाकी मारी। अच्छन नवाब का घुटना उतर गया। ख़ैर साहब, कोई बात नहीं। ये तो खेल है, खेल में तो चोटें लगती ही हैं। मैंने उस गोरे को ताड़ लिया। मैं फुलबैक खेलता था। वही गोरा गेंद लेकर आगे बढ़ा। उसकी बदनसीबी कि मेरे बायें को आ गया। मैंने जो हाकी चलायी तो भइया, उसके टख़ने की हड्डी के छत्तीस टुकड़े हो गये। रेफ़्री ने कहा कि वेल तुमने मारा है। वह भी अंग्रेज़ था। मैंने कहा ये तो खेल है। अगर गोरे की हाकी अच्छन नवाब के घुटने में लग सकती है जो पैर का ऊपरी हिस्सा है तो मेरी हाकी टख़ने में क्यों नहीं लग सकती। ख़ैर, गोरे ने बड़ा इलाज कराया लेकिन हमेशा के लिए उसके पैर में लंग आ गया।'

ऐसा नहीं कि अब्बू साब से गोरों के मुचैटे ही होते रहते थे। कुछ ऐसे भी गोरे थे जो अब्बू साब की बड़ी इज़्ज़त करते थे। उनमें से एक बैलिस्टर मिस्टर जैक्सन थे। मिस्टर जैक्सन की लाखों रुपये की प्रैक्टिस थी। वो कलकत्ते और लंदन के चोटी के वकीलों में माने जाते थे। अकेले रहते थे। उनकी एक ही लड़की थी जो लंदन में रहती थी। जैक्सन से अब्बू साब की दोस्ती चीनी के बर्तन जमा करने के शौक़ में हुई थी। अब्बू साब ने सुना था कि मिस्टर जैक्सन चीनी मिट्टी के नायाब बर्तन ख़रीदते हैं। उन्हीं दिनों अब्बू साब को एक चीनी मिट्टी का प्याला मिला जिसके अंदर शेर का मुँह बना था और पीछे शाही मोहर लगी थी। अब्बू साब ने वह प्याला एक अच्छे घर की ग़रीब बेवा से पाँच रुपये में ख़रीदा था। बेवा बहुत बड़े ख़ानदान की थी लेकिन लुट-पिट चुकी थी और अपना सामान बेच-बेचकर

गुज़ारा चलाती थी। शेर के मुँहवाला प्याला लेकर अब्बू साब जैकसन के पास गये। जैक्सन ने प्याला देखा और फड़क गया। उसने तीन-चार मोटी-मोटी किताबें निकालीं और आख़िरकार उसे उस प्याले की तस्वीर मिल गयी। उसने कहा, 'वेल अबुल हसन, पूरी दुनिया में इस तरह के सिर्फ़ दो प्याले बने थे। एक तो तुम ले आये हो लेकिन दूसरा भी कहीं-न-कहीं होगा। शायद उसी के पास हो जिसके पास से तुम ये प्याला लाये हो। तुम अगर दूसरा प्याला भी ले आओ तो मैं तुम्हें एक प्याले का एक हज़ार दे सकता हूँ।' 'जैक्सन साब ने मेरे हाथ में सौ-सौ के पाँच नोट पकड़वाये और मैं भागा-भागा उसी बेवा के पास आया। मियाँ, उस ज़माने में शरीफ़ लोग छुपछुपाकर सामान बेचते थे, क्योंकि ये बात बड़ी मायूब समझी जाती थी। ख़ैर साब, मौक़ा निकालकर मैंने कहा कि चचीजान, इसी तरह का क्या एक दूसरा प्याला भी आपके पास है ? उसने कहा, हाँ मियाँ, था लेकिन कल ही मैंने जो सामान कबाड़ी को बेचा उसमें वह प्याला भी चला गया। अब साहब, कबाड़ी का पता पूछकर उसकी दुकान पहुँचा। वहाँ वो प्याला मिल गया। कबाड़ी कुछ छनक गया। उसने कहा, प्याला पचास रुपये का है। मैंने खटाखट पचास गिन दिये। प्याला लिया और सीधा मिस्टर जैक्सन के पास आया। मिस्टर जैक्सन ने उन प्यालों की अहमियत समझायी और दो हज़ार रुपये दिये। अगले दिन, भइया, मैं फिर उस बेवा के पास गया और उसे पाँच सौ रुपये दिये तो उसकी आँखें खुल गयीं। तब बेवा ने मुझे अपना असली सामान दिखाया। क्या-क्या चीज़ें थीं। नयाबे ज़माना। मैं एक-एक चीज़ ले जाता था और जैक्सन साब ख़रीदते थे। बेवा को भी अच्छा पैसा मिल जाता था और मैं भी फ़ायदे में ही रहता था। उस ज़माने में, भइया, मैंने खूब पैसा कमाया। फिर, भइया, जैक्सन ने मुझे अपना मुंशी बना लिया। जैक्सन के पास जब जगत सेठ का मुक़द्दमा आया तो मैं वहीं था। जगत सेठ कलकत्ते का माना हुआ करोड़पति सेठ था। उसके पानी के जहाज़ चलते थे। उसे फ़ौजवालों से एक ठेका मिला था। ठेका था कई हज़ार टन मिट्टी का तेल सप्लाई करने का। जगत सेठ ने पैसे मिट्टी के तेल के लिये और पीपों में पानी भरकर सप्लाई कर दिया। फ़ौजवालों ने मुक़द्दमा क़ायम कर दिया। जगत सेठ मिस्टर जैक्सन के पास आया। उस सस्ती के ज़माने में जैक्सन दस हज़ार रुपये एक पेशी का लिया करते थे। जगत सेठ ने उनसे कहा कि मैं आपको बीस हज़ार दूँगा लेकिन मेरी दो शर्तें हैं जो पूरी होनी चाहिए। पहली ये कि मेरे हथकड़ियाँ न लगें और दूसरे ये कि मैं अपने बयान और ज़िरह के दौरान खड़ा नहीं रहूँगा, कुर्सी पर बैठूँगा। जैक्सन ने कहा ठीक है तुम्हारी दोनों शर्तें पूरी होंगी। ख़ैर साहब, जैक्सन ने अदालत को डाक्टरी सार्टीफिकेट पेश किया कि जगत सेठ दिल का मरीज़ है। उसे अगर हथकड़ियाँ लगायी गयीं तो उसके दिल पर बहुत बुरा असर पड़ेगा और हो सकता है कि मर ही जाये। दूसरी बात ये कि जगत सेठ बहुत देर

खड़ा नहीं रह सकता। उसे बैठने के लिए कुर्सी दी जानी चाहिए। जज ने दोनों बातें मान लीं। ख़ैर साहब, बहुत धूमधाम से मुक़द्दमा चला। सैकड़ों लोग ज़िरह सुनने आते थे। जिस दिन जैक्सन साब फ़ौज के बड़े अफ़सर से ज़िरह कर रहे थे उस दिन तो अदालत के बाहर मेला लग गया था। खोंमचेवाले तक आ गये थे। जैक्सन साब ने एक प्वाइंट पर पूरा केस पलट दिया। जगत सेठ को जो ठेका मिला था उसमें लिखा था कि उसे इतने हज़ार मिट्टी के तेल के पीपे सप्लाई करने हैं। बस साब, जैक्सन ने अदालत में दो मिट्टी के तेल के पीपे मँगवाये, दोनों बंद थे। एक में तेल भरा था। दूसरे में पानी भरा था। जैक्सन ने जज से कहा, योर ऑनर, ये क्या है ? जज ने कहा मिट्टी के तेल के पीपे। जैक्सन ने कहा, योर ऑनर, इसमें से एक में मिट्टी का तेल भरा है, दूसरे में पानी। लेकिन इन दोनों को मिट्टी के तेल का पीपा ही कहा जायेगा। मेरे मोवक्किल को जो ठेका मिला था उसमें लिखा है कि वह दस हज़ार मिट्टी के तेल के पीपे सप्लाई करेगा। यह नहीं लिखा है कि मिट्टी के तेल के पीपों में मिट्टी का तेल भर कर सप्लाई करेगा। बात अदालत की समझ में आ गयी। जगत सेठ बाइज़्ज़त रिहा हो गया।''' ये तो भइया एक केस है, इस तरह के जाने कितने केस थे जिन्हें जैक्सन ने अपने दिमाग़ से पलट दिया था। साइंसदाँ परेशान थे कि जैक्सन के दिमाग़ में क्या है ? जब जैक्सन मरा तो उसकी लड़की लंदन से आयी। उसे जैक्सन की किताबों में लाखों रुपये मिले। क्योंकि जैक्सन किताबें पढ़ते-पढ़ते निशान लगाने के लिए सौ का नोट रख देता था। जैक्सन की लड़की ने मुझसे लंदन चलने के लिए कहा। लेकिन भइया मैंने मना कर दिया। क्योंकि मुझे उसकी एक बात पसंद नहीं आयी। उसने जैक्सन के मरने के बाद उनका दिमाग़ साइंसदानों को बेच डाला था। बेचारे जैक्सन साब जब दफ़न किये गये तो दिमाग़ न था।'

मोहर्रम में अब्बू साब का काम बहुत बढ़ जाता था। अब्बू साब को दफ़्ती की ज़रियाँ बनाना आता था। मोहर्रम आने से पहले हम सब ज़रियाँ बनाने के काम में उनकी मदद करते थे। दफ़्ती को काटा जाता था, लेई से चिपकाया जाता था। उन पर चमकीला काग़ज़ लगाया जाता था और दूसरी तरह की सजावट की जाती थी। उसके बाद पहली मोहर्रम को ज़रियाँ घर के अंदर इमामबाड़े में रखी जाती थीं। मोहर्रम में अब्बू साब मजलिस के बाद हिस्सा बाँटने का काम भी करते थे। उन्हें अच्छी तरह मालूम था कि अगर लोग ज़्यादा आ गये हैं और हिस्सा कम है तो किस तरह लोगों को कम हिस्सा दिया जाये कि उन्हें पता ही न चले। बक़रीदी हिस्से की सीनी लेकर खड़ा होता था और अब्बू साब हर एक को एक-एक मुट्ठी हिस्सा दिया करते थे।

बचपन में हम लोगों के लिए तीन बातें सख़्त मना थीं। पहली, गोली खेलना, दूसरी, पतंग उड़ाना और तीसरी, फाटक के बाहर अकेले जाना। पतंग उड़ाने का

शौक़ अब्बू साब की 'कनकउवेबाज़ी' के क़िस्सों से और भड़क जाता था। लेकिन अब्बा मियाँ के डर की वजह से हम लोग पतंग उड़ाने के बारे में सोच भी न सकते थे। अब्बू साब बताते थे कि लखनऊ में उनका जैसा दूसरा 'कनकउवाबाज़' न था। वे हमेशा ढील के पेंच लड़ाते थे।… 'एक बार गोमती के किनारे मुक़ाबला हुआ। लोगों ने शरारतन मुझे और बब्बन नवाब को आमने-सामने खड़ा कर दिया। मतलब, ये तय पाया कि मैं उनसे कनकउवा लड़ाऊँगा। हम दोनों को बस उन्नीस-बीस ही समझा जाता था। ये मुक़ाबला देखने पूरा शहर उमड़ पड़ा। औरतें घरों की छतों पर आ गयीं। बच्चों-कच्चों समेत पूरा शहर गोमती के किनारे आ गया। हम दोनों ने भइया कनकउवे बढ़ाना शुरू किए। मेरे पास माँझा ऐसा था कि उँगली से छू जाता था तो उँगली कट जाती थी। बब्बन नवाब भी पाये के कनकउवेबाज़ थे। बस साब हम कनकउवे बढ़ाते रहे। तीन चर्ख़ी डोर लग गयी, कनकउवे आसमान में सितारों जैसे दिखाई देने लगे। बूढ़े लोगों को नज़र ही न आते थे। इसी वक़्त बब्बन नवाब ने पेंच डाला। मैंने ढील दे दी। अब हम दोनों के कनकउवे शहर के बाहर थे। उन्होंने और ढील दी। मैंने भी ढील दी। कनकउवे साब होते-हुवाते उन्नाव तक जा पहुँचे। अब जनाब हम लोग तो हैं गोमती के किनारे और कनकउवे हैं गंगा के ऊपर। मेरे पास दूरबीन थी। नवाब बब्बन ने भी दूरबीन मँगवा ली। पेंच पर पेंच पड़ रहे थे लेकिन कोई खींचता ही न था। आख़िरकार मैंने 'या अली' कहकर एक झकाई दी और कनकउवे को दाहिनी तरफ़ तीर की तरह मोड़ा और उसे चक्कर खिलाने लगा। लोगों को भइया कुछ पता न चलता था कि क्या हो रहा है। आख़िरकार मैंने जब कनकउवा खींचा तो आधे घंटे बाद ये पता चला कि मेरी डोर में बब्बन नवाब का कनकउवा लिपटा चला आ रहा है। बब्बन नवाब की डोर पहले ही ढीली पड़ चुकी थी। ख़ैर साब, उन्होंने मुझे गले लगा लिया। उसके बाद तो मैं शहर का सबसे बड़ा कनकउवेबाज़ था। अपने कनकउवों में सौ-सौ के नोट बाँध कर उड़ाता था और किसी की मजाल न थी कि मेरे कनकउवे के पास आ जाये।'

अब्बू साब की बातों पर कभी-कभी अज़ीमन बुआ अपना मुँह साड़ी के पल्लू से ढाँपकर हँसती थीं। अज़ीमन बुआ उर्दू नहीं बोल पाती थीं। हमेशा अवधी में कहती थी, 'मुंसीजी अइसा कसत हुआ।' अब्बू साब अज़ीमन बुआ के हँसने की फ़िक्र या उन पर शक किये जाने का बुरा न मानते थे। हम लोग उनकी बातों पर पूरा यक़ीन करते थे और कभी-कभी तो सुने हुए क़िस्से बार-बार सुनाने की फ़रमाइश करते थे। जैसे उनकी तैराकी का क़िस्सा। अब्बू साब कहते थे, 'मियाँ आजकल जो ये लौंडे-लपाड़े तालाब में तैरा करते हैं, ये तैरना नहीं है, तैराकी का अपमान है। तैरते तो हम थे। मैं गोमती के किनारे एक बोरे के अंदर बैठ जाता था। मेरे दोस्त बोरे को ऊपर से बाँध देते थे और बोरा गोमती में छोड़ देते थे।

अब जनाब न तो हाथ चल सकते हैं और न पैर। लेकिन उसके बावजूद मैं तैरता हुआ वहीं जाकर निकलता था जहाँ के लिए तय होता था। दोस्त आकर बोरा खोलते थे और मैं बाहर आ जाता था।'

कलकत्ते में अपनी पढ़ाई के दौरान अब्बू साब एक बार पागल हो गये थे। कहते थे, 'भइया अजीब तरह का पागलपन था। दिन-भर बिलकुल ठीक रहता था। कामकाज करता था, लोगों से मिलता-जुलता था। लेकिन रात में दो बजे आँख खुलती थी और उठकर घर का एक बक्सा निकालता था। सिर पर रखकर हुगली के पुल पर जाता था और बक्सा नदी में फेंक आता था। कुछ दिन तो ख़ैर कुछ नहीं हुआ। फिर जब धीरे-धीरे घर के बक्से ग़ायब होने लगे तो मेरे अब्बा को कुछ शक हुआ। एक दिन रात में उन्होंने मुझे ऐसा करते देख लिया। तब भइया मेरा इलाज वग़ैरा कराया गया और मैं ठीक हुआ।'

सुबह नाश्ता वग़ैरा करने के बाद अब्बू साब रोज़ अब्बा मियाँ के पास जाते थे। अब्बा मियाँ भी घर के बाहर अपनी बँगलिया में रहते थे। बँगलिया के दर में नमाज़ की चौकी पर नमाज़ पढ़ने के बाद वो देर तक बैठते थे और सुबह उनके सभी नौकर सबसे पहले उनके पास आते थे। अब्बू साब के लिए सामने कुर्सी डाल दी जाती थी, बाकी सब खड़े रहते थे। अब्बा मियाँ के निजी और ख़ास नौकर अँगनू थे। अँगनू दोहरे बदन और औसत क़द के आदमी थे। उनके चेहरे पर हर वक़्त बेवकूफ़ी बरसती रहती थी। हर काम धीरे-धीरे करने में माहिर थे। उनकी सुस्तरफ़्तारी मिसाल बन गयी थी। अगर कोई आदमी सुस्ती से काम करता था तो कहा जाता था अँगनू की तरह काम करता है। अँगनू घुन्ने भी थे। बहुत कम बोलते थे और जब बोलते थे तो नाक में बोलते थे। अँगनू अब्बा मियाँ के पास बरसों से नौकर थे। उनकी तनख़्वाह वही थी जो नौकर होते वक़्त थी। उन्होंने कभी अपनी तनख़्वाह बढ़ाने के लिए कुछ नहीं कहा। ये बात दूसरी है कि उन्हें जब जिस चीज़ की ज़रूरत होती अब्बा मियाँ का मूड देखकर मिनमिना कर कहते—'मियाँ घर में एक धन्नी सड़ गयी है।' अब्बा मियाँ उनसे कहते, तहख़ाने से धन्नी ले लो। इसी तरह कभी कहते, 'मियाँ कपड़े नहीं हैं', 'मियाँ घर में गेहूँ नहीं है।' 'मियाँ लड़की की तबीयत ख़राब है।' मतलब ये कि अँगनू की तनख़्वाह तो बस एक बहाना थी। उनका सारा ख़र्च अब्बा मियाँ उठाते थे। अँगनू नीचे मोहल्ले में रहते थे और सुबह तड़के ही आ जाते थे। हमेशा कमीज़ और पाजामा पहनते थे और जेब में एक बड़ा-सा रूमाल ठूँसे रहते थे।

देखने में बिलकुल गाय जैसे सीधे और बकरी जैसे मासूम अँगनू दरअसल बड़े पक्के अय्याश थे। हमेशा एक न एक औरत से उनके नाजायज़ ताल्लुक़ात रहा करते थे। वो आम तौर पर मोहल्ले या शहर की औबाश और छिनाल औरतों को पटा लेते थे। उनका यह शौक़ बुढ़ापे तक जारी रहा जिसके नतीजे में उनकी आँत

उतरने लगी थी और डॉक्टरों ने उन्हें चमड़े की पेटी लगाने को कहा था। अँगनू में दो सबसे बड़ी खूबियाँ थीं। उनकी वफ़ादारी पर कभी कोई शक नहीं किया गया और दूसरे उन्होंने कभी किसी काम से इनकार नहीं किया। सिवाय 'जी हाँ मियाँ' के उनकी जुबान पर और कुछ न आता था। अँगनू के बच्चे अच्छे-ख़ासे थे ही। सालों की तादाद भी काफ़ी थी जो छोटी उम्र के थे और उनकी पूरी ज़िम्मेदारी अँगनू पर थी। अँगनू दोपहर के खाने के बाद नौकरों के उठने-बैठने के लिए बनायी गयी छोटी खपैरल में किसी फिंगले पलँग पर लेटकर कम-से-कम दो घंटे सोया करते थे। अब्बा मियाँ का सख़्त हुक्म था कि उनका कोई भी नौकर जब सो रहा हो तो उसे न उठाया जाये। हद ये है कि हमारे अब्बा को भी कोई काम होता था और अँगनू सो रहे होते थे तो उन्हें उठाया नहीं जा सकता था। अँगनू अब्बा मियाँ को रात का खाना खिलाने के बाद क़रीब दस बजे घर जाते थे।

अब्बा मियाँ के सब नौकर अँगनू जैसे सीधे-साधे और वफ़ादार न थे। काफ़ी फ़ितरती और चालू टाइप के नौकरों में मुश्ताक़ का नम्बर पहला था। मुश्ताक़ का पूरा नाम सैयद मुश्ताक़ हुसैन था। पुराने फ़ैशन के हिसाब से महीन लम्बी धोती, कढ़ा हुआ कुर्ता, कँधे पर अँगौछा, पम्प शू जूता पहनते थे। दाढ़ी-मूँछ का झंझट नहीं पालते थे। ज़रूरत पड़ने पर लच्छेदार उर्दू छाँटते थे, नहीं तो अवधी बोला करते थे। मुश्ताक़ बहुत चालाक, शातिर, नब्ज़ पहचाननेवाले, उड़ती चिड़िया के पर गिननेवाले, सही वक़्त पर सही काम करनेवाले आदमी थे। उन्हें लोगों को तंग और परेशान करने, सताने, किसी का होता काम बिगाड़ देने, लोगों को लड़वा देने, होते काम में टँगड़ी मार देने, धोखे से फँसा लेने और उल्लू बनाने में बड़ा मज़ा आता था। उन्हें अपने बचाव की भी सभी कलाएँ मालूम थीं। उन्होंने बड़े दाँव फेंके लेकिन खुद कभी किसी दाँव में नहीं फँसे। हाँ, बुढ़ापे में जब अंधे हो गये थे तब की बात दूसरी है। वैसे मुश्ताक़ ज़िंदगी-भर हँसोड़ क़िस्म के आदमी रहे, बड़ी-से-बड़ी बात को हँसकर उड़ाते रहे।

मुश्ताक़ अब्बा मियाँ की ज़मींदारीवाले इलाक़े के एक गाँव के रहनेवाले थे। उनके गाँव का नाम करेखा था। वहाँ सैयदों के कुछ घर थे। उनके बाप सैयद करामत हुसैन हमारे परदादा के सिपाही थे और उनके बाद उनके बेटे और फिर मुश्ताक़ को अब्बा मियाँ ने अपने सिपाहियों में शामिल किया था। मुश्ताक़ चूँकि शिया सैयद थे इसलिए उनका हमेशा ख़याल किया जाता था। दूसरी वजह यह भी थी कि वो अब्बा मियाँ को बचपन से जानते थे और उनकी रग-रग से वाक़िफ़ थे। इसलिए मुश्ताक़ पर बहुत-सी पाबंदियाँ आमद नहीं होती थीं। मिसाल के तौर पर, जब उनका जी चाहता अब्बा मियाँ की नौकरी छोड़कर कोई और काम पकड़ लेते। कहीं और नौकर हो जाते। जब वहाँ से तबीयत भर जाती तो फिर अब्बा

मियाँ के पास लौट आते।

चूँकि मुश्ताक़ चतुर-चालाक थे, लोगों को पटाने की कला में माहिर थे और उर्दू भी लिख-पढ़ लेते थे इसलिए उस ज़माने में उन्हें नौकरियों की कभी कमी नहीं रही। एक बार वो पुलिस में सिपाही लग गये थे। उसके बाद एक डिप्टी कलक्टर के अर्दली हो गये थे। उन्होंने रेलवे में भी नौकरी की थी। कभी जानवर ख़रीदने-बेचने का कारोबार करने लगे थे। जानवरों की बाज़ार में दलाली भी करते थे। इतनी नौकरियों में से कोई उन्हें बाँध नहीं पाई। हर नौकरी छोड़कर कुछ सालों के लिए वो अब्बा मियाँ के पास आ जाते थे। बाज़ार में दलाली करते थे। दलाली उंन्हें पसंद थी क्योंकि हफ़्ते में सिर्फ़ एक दिन की मेहनत ही कभी-कभी अच्छी रक़म दे जाती थी। दलाली वो ज़िदंगी के आख़िरी दिनों तक करते रहे। उस वक़्त तक जब तक वे अंधे नहीं हो गये।

मुश्ताक़ के अतराफ़ की रण्डियों से भी बड़े ताल्लुक़ात थे। यही नहीं कि वो रण्डियों के कोठों पर जाते थे और उनके साथ हमबिस्तरी करते थे, बल्कि रण्डियों से उनका उधार-व्यवहार भी चलता था। ईद-बक़रीद में लेन-देन भी होता था। ग़मी-ख़ुशी में भी शामिल होते थे। मतलब ये कि रण्डियों के बहुत-से घरानों से उनके घरेलू क़िस्म के ताल्लुक़ात थे। मुश्ताक़ अपनी ज़िंदगी का कोई पहलू छिपाने पर यक़ीन नहीं करते थे। उनके बारे में सबकुछ सबको मालूम था। मुश्ताक़ सबका छुआ खा लेते थे। हद ये है कि वो चमार-भंगियों के यहाँ भी खा लेते थे। अगर कोई कुछ कहता था तो मुश्ताक़ ऐसा तर्क देते थे कि पूछनेवाले की नानी मर जाती थी। मुश्ताक़ कहते थे कि है कोई माई का लाल, बड़े से बड़ा सैयद या बाहमन जो ये कह दे कि उसने चमारिन के गाल नहीं चूमे ? और अगर गाल चूम लिये तो उसके हाथ के खाने से क्या परहेज़ ? ये तो वही हुआ कि 'गुड़ खायें गुलगुलों से परहेज़।'

मुश्ताक़ अपनी शरारतों के क़िस्से मज़े ले-लेकर सुनाया करते थे। उन्हें ये साबित करने में बहुत मज़ा आता था कि वे कितने चतुर और चालाक हैं। जिस ज़माने में वो डिप्टी कलक्टर के अर्दली लग गये उन्हीं दिनों उन्होंने डिप्टी साब की बीवी को चूहे की लेड़ियाँ खिलवा दी थीं। क़िस्सा कुछ ऐसे सुनाते थे—'साब एक दिन डिप्टियाइन ने मुझे बुलाया। बिलकुल जाहिल जपट औरत थी। एकदम गँवार। मुझसे बोली मुश्ताक़ मेरे पेट में बाउगोला उठता है, कोई दवाई बताओ ? मैंने कहा हुजूर ऐसा करें कि पाँच मुसलेड़ी ले लें, उसमें शहद मिलाकर खा लीजिए। कल तक बिलकुल ठीक हो जाइयेगा। उसने साब वाक़ई ऐसा कर लिया। कोठी में चूहों की कमी न थी। अब साब उसी रात उसके पेट में तेज़ दर्द उठा। बड़ी हायतौबा मचाई। डिप्टी साब ने पूछा कि क्या दवा खाई थी, तो उसने बता दिया। यह भी कह दिया कि मुस्ताक़ ने दवा बताई थी। डिप्टी साब को बड़ा गुस्सा आया।

मुझे बुलाया। मैंने कहा, सरकार मैंने बेगम साहिबा को बताया था कि मुश्कलड़ी और शहद बाउगोली की दवा है, उसे खायें। बेगम साहिबा मुश्कलड़ी को मूसलेड़ी समझीं। अब सरकार ही बतायें कि इसमें मेरी क्या ग़लती है। डिप्टी साब ने अपनी बीवी को ही डाँटा और साब किसी तरह इलाज-विलाज हुआ तो ठीक हुआ··· डिप्टी साब रोज़ शाम को एक बोतल शराब पीते थे। उनके लिए शराब लाना मेरा ही काम था। शराब पीकर जब मस्त हो जाते थे तो लॉन में टहलते थे। कोठी के पीछे जो क्वाटर थे उसमें मैं रहता था। मैं अपने लिए असली घी में गोश्त पकाता था। खूब मसाले-वसाले डालकर बघारता था तो खुशबू कोठी तक जाती थी। डिप्टी साब अक्सर टहलते हुए मेरे क्वाटर तक आ जाते थे और कहते थे, बड़ी खुशबू उड़ रही मुश्ताक़, क्या पका रहे हो ? मैं कहता था, सरकार गोश्त पका रहा हूँ। डिप्टी साब कहते थे, लाओ चखाओ, कैसा है देखें। मैं हाथ जोड़कर कहता था, हुजूर के मतलब का नहीं है। भइया बात ये थी कि गोश्त होता था गाय का। डिप्टी साब थे हिंदू। मैं उन्हें गाय का गोश्त कैसे खिला देता। लेकिन डिप्टी साब तरंग में कहते थे, लाओ कुछ नहीं होता। मैं भइया वहीं चारपाई डाल देता था और डिप्टी साब भुना हुआ बढ़िया गोश्त और गर्मागरम रोटी खाते थे। खूराक अच्छी थी, आधा सेर गोश्त बड़े प्यार से खा लेते थे। क्या करते बेचारे ! घर में तो गोश्त पकता नहीं था।'

मुश्ताक़ धाकड़ इतने थे कि जो कुछ दिल में आती थी कर गुज़रते थे। ये न सोचते थे कि बाद में क्या होगा। एक बार अब्बा मियाँ ने उन्हें पाँच सौ रुपये दिये और कहा कि यह लगान का पैसा है, इसे तहसील में जमा करा आओ और रसीद ले आना। तहसील दूसरे क़स्बे में थी। उन दिनों चाँदी का रुपया चलता था। मुश्ताक़ ने कमर में तोड़ा बाँधा और निकल खड़े हुए। उस क़स्बे जब पहुँचे जहाँ तहसील थी तो रात हो गयी। अपनी आदत के मुताबिक एक रण्डी के यहाँ डेरा डाला। बातचीत के दौरान रण्डी ने बताया कि एक कमसिन रण्डी की नथ उतरना है। उसकी माँ पाँच सौ रुपये माँग रहा है। मुश्ताक़ उसे देखने गये। लड़की उन्हें पसंद आ गयी। बस फिर क्या था। पाँच सौ का तोड़ा खोला और रुपये गिन दिये। नथ उतारी। अगले दिन सुबह किसी तरफ़ चल दिये। कुछ दिनों बाद तहसील से पैसा जमा कराने का तकाज़ा आया। और मुश्ताक़ गायब थे। ये बात ज़ाहिर थी कि पैसा जमा नहीं कराया गया। अब्बा मियाँ ने मुश्ताक़ को दिल भरकर गालियाँ दीं। लेकिन हो क्या सकता था। पैसा रतनलाल रस्तोगी के यहाँ से ब्याज पर मँगाया और तहसील में जमा हुआ। इस वाक़ये के कोई छः महीने बाद एक दिन अचानक मुश्ताक़ नमूदार हुए। अब्बा मियाँ ने उन्हें देखते ही गालियों की बौछार शुरू कर दी। ये सिर झुकाए खड़े रहे। कहने लगे, हाँ मियाँ ग़लती मुझसे ही हुई, आप मुझे जो सजा चाहें दें। खैर सज़ा क्या दी जाती। अब्बा मियाँ ने उनके बाप और दादा

का ख़याल करते हुए उन्हें सिर्फ़ मोटी-मोटी गालियाँ सुनायी। गालियाँ देते-देते जब वो थक गये तो मुश्ताक़ से कहा, 'जाओ, ताज़ा पानी लाओ।' मुश्ताक़ ने खट से बाल्टी-रस्सी उठायी, कुएँ पर आये और ताज़ा पानी भरा। अब्बा मियाँ के हाथ-मुँह धुलवाये। पानी पिलाया। थककर वो लेट गये और अंधा जाफ़र पंखा झलने लगा तो मुश्ताक़ उनके पैर दबाने लगे। कुछ देर बाद अब्बा मियाँ ने उनसे पूछा, 'ये बता हरामज़ादे, तूने उन रुपयों का क्या किया ?' मुश्ताक़ झूठ कभी न बोलते थे। कहने लगे, 'मियाँ एक रण्डी की नथ उतारी।' ये सुनते ही अब्बा मियाँ उठकर बैठ गये। मुश्ताक़ उन्हें पूरा क़िस्सा सुनाने लगे। कुछ देर में अब्बा मियाँ उतने ही खुश हो गये जितने मुश्ताक़ के आने से पहले थे। अब्बा मियाँ का मिज़ाज ही ऐसा था। कभी किसी ऐसी बात पर नाराज़ हो जाया करते थे जिस पर आम तौर से लोग खुश होते हैं और कभी नाराज़ कर देनीवाली बात से खुश हो जाते थे। उनका गुस्सा पानी के बुलबुले जैसा होता था।

हमारे ख़ानदान की एक जानवरों की बाज़ार थी जो सनीचर के दिन लगा करती थी। इस बाज़ार में जानवर बिकवाने के लिए दलाल रखे जाते थे। लेकिन दलाली की रक़म तय होती थी। यानी दलाली इतनी नहीं हो सकती जो बेचने-ख़रीदनेवाले को खल जाये। लेकिन दलाल इसका ख़याल क्यों करते। उन्हें तो ज़्यादा-से-ज़्यादा पैसा बना लेने में दिलचस्पी होती थी। मुश्ताक़ छँटे हुए दलाल थे। यहाँ तक के गाय ख़रीदने आये ग्राहक को भैंस ख़रिदवा दिया करते थे। कहते थे, 'भइया ये तो बड़ा आसान काम है। ये बार ये हुआ कि एक आदमी भैंस बेचने आया। भैंस देखने में तो बहुत अच्छी थी लेकिन उसमें बड़े ऐब थे। भैंस के मालिक से मैंने तीन सौ में सौदा पटा लिया। अब मैं भैंस के गाहक की तलाश में निकला। पूरा दिन हो गया। कोई न मिला। मुझे लगा कि आज की शाम ही नहीं पूरा हफ़्ता सूखा गुज़रेगा। इधर-उधर घूम ही रहा था कि एक गाहक से टकराया। उससे दुआ-सलाम हुई। गाँव-गिराव का नाम-पता पूछा। दो-चार आसपास के गाँव में रहनेवालों के नाम बताये। उसे एक दौना मिठाई खिलाई। मिठाई खाने के बाद वह आदमी खुल गया। कहने लगा, 'चाचा, हम तो एक अच्छी-सी गाय ख़रीदने आये थे। पर कोई जँची नहीं।' मैंने कहा, 'मैं एक अच्छी भैंस लेने आया था। भैंस तो मिल गयी है। पसंद है। पैसा भी है। पर लगता है क़िस्मत में नहीं है।' उसने पूछा, 'काहे चाचा क्या बात है ?' मैंने कहा, 'भइया भैंस का मालिक मुझे जानता है, कहता है किसी को भी बेच दूँगा, पर तुम्हें न बेचूँगा। उसने कहा, 'क्या कुछ दुश्मनी है।' मैंने कहा, 'हाँ यही समझ लेव। पर भइया अगर तुम मदद करो तो हम भैंस ख़रीद सकते हैं। तुम बात पक्की कर लो। भैंस लिखवाने जब लिखाई पर पहुँचोगे तो हम वहाँ आ जायेंगे और पैसे गिन देंगे। अब हमें इससे क्या मतलब के भैंस हमारे नाम पर ख़रीदी जाये या तुम्हारे नाम। हमें तो भैंस से मतलब।' तो

भइया वह आदमी भैंसवाले के पास गया। सौदा पाँच सौ में तय हो गया। बयाना-बट्टा हो गया। लिखाई पर पहुँचा। वहाँ तक तो मैं पीछे-पीछे था और उसे आँखों ही आँखों में बता रहा था कि चिंता न करो मैं हूँ। लेकिन भइया जैसे ही लिखाई शुरू हुई मैं ग़ायब हो गया। अब उसके नाम भैंस लिख गयी थी। बेचनेवाला कह रहा है पैसा निकालो। मुंशी भी कह रहा है कि पैसा निकालो। और वह मुझे खोज रहा है। मैं कहाँ मिलता। फिर क्या, कुछ देर बाद उस आदमी को पैसा निकालना पड़ा। उसके हाथ में भैंस थमा दी गयी। आया तो था गाय ख़रीदने पर ख़रीदनी पड़ गयी भैंस। और मेरी दलाली उसमें बनी दो सौ रुपये। शाम को बढ़िया गोश्त खाया। आधा सेर मिठाई और चमेली का गजरा लेके कल्लो रण्डी के यहाँ चला गया। अल्ला अल्ला ख़ैर सल्ला।'

मुश्ताक़ अपनी शादी का क़िस्सा बड़े मज़े ले-लेकर सुनाया करते थे। जिस ज़माने में वो रेलवे में काम करते थे तो पौबारा थी। मालगोदाम के मुंशी थे। जो नज़राना, बख़्शिश मिलती थी सो अलग। उसके अलावा बोरे खुल जाते थे। डिब्बे टूट जाते थे और वह सामान बनियों की दुकानों पर पहुँच जाता था। उन दिनों वो अलीगढ़ के मालगोदाम में थे। एक रण्डी को लेकर उनमें और एक छोटे-मोटे मुक़ामी ज़मींदार में ठन गयी। मुश्ताक़ ने एक दिन ज़मींदार को बड़े प्यार से समझाया कि हुज़ूर आप जो पैसा ख़र्च करते हैं वह तो आपका पैसा है। मेरे पास तो हराम की कमाई है। हराम के पैसे से हलाल का पैसा मुक़ाबला नहीं कर सकता। आप किसी और को पसंद कर लीजिए। इस शहर में रण्डियों की कमी नहीं है। ज़मींदार समझ गया। वह मुश्ताक़ के रास्ते से हट गया। क्योंकि मुश्ताक़ से टक्कर लेना उसे भी खल रहा था। वह रण्डी को एक शाल देता था तो मुश्ताक़ दस शालें दे देते थे। वह दो किलो काजू लाता था तो मुश्ताक़ दस किलो दे आते थे।

उन्हीं दिनों उन्हें ख़याल आया कि शादी करके घर बसाना चाहिए। ये रण्डीबाज़ी बहुत हो गयी। उनके साथ रेलवे में एक शिया सैयद बाबू काम करते थे। उन्होंने मुश्ताक़ की शादी करा देने का वायदा किया। अलीगढ़ के पास शियों का एक गाँव है। वहाँ दोनों गये। पता चला एक लड़की है। सूरत-शक्ल, हाथ-पैर की अच्छी है लेकिन यतीम है। बाप गुज़र चुका है, माँ है। मुश्ताक़ ने लड़की के बारे में तहक़ीक़ात कराई तो सबकुछ ठीक निकला। ख़ैर साब बातचीत पक्की हो गयी। निकाह से एक महीने पहले मुश्ताक़ की सास ने कहा कि नथ आठ तोले सोने की होना चाहिए। अगर नथ आठ तोले सोने की न होगी तो निकाह न होगा। उनकी ये माँग जायज़ न थी। मुश्ताक़ ने अपनी सास को बहुत समझाया लेकिन न मानीं। तो मुश्ताक़ ने कहा ठीक है मैं आठ तोले की नथ लाऊँगा। और मुश्ताक़ आठ तोले की नथ ले गये। निकाह हुआ। मुश्ताक़ का अपना घर तो बहुत दूर था। वही सुसराल में सुहागरात हुई। अगले दिन सब अंगनाई में चारपाइयों पर बैठे

थे। मुश्ताक़ ने सास से कहा, 'अम्माँ वो आठ तोले सोनेवाली नथ लाओ।' उनकी कुछ समझ में नहीं आया कि दामाद नथ क्यों माँग रहा है। बहरहाल नथ उन्हें दे दी। उसके बाद उन्होंने कहा कि 'एक सरौता लाओ।' सास ने कहा, 'बेटा सुपारी खाना है क्या ? लाओ मैं काटे देती हूँ।' उन्होंने कहा, 'नहीं, तुम सरौता लाओ।' सरौता उन्हें दिया गया तो उन्होंने नथ को सरौते के बीच में रखकर खट से काट दिया। नथ राँगे की थी। उस पर सोने का पानी भर था। सास ने रोना-धोना शुरू कर दिया। मुश्ताक़ ने कहा कि अब चाहे रो, चाहे चीख़ो, पीटो। निकाह तो हो गया है। मैं तुम्हारा दामाद हूँ और ये मेरी बीवी है।

मुश्ताक़ ने सास को ये धोखा देने के बाद कभी कोई धोखा नहीं दिया। बीवी को हमेशा साथ रखा। ये बात दूसरी है कि बीवी का इंतिक़ाल जल्दी हो गया और फिर उन्होंने दूसरा निकाह नहीं किया। रेलवे की नौकरी छोड़ने के बाद वो बीवी को गाँव ले आये थे। वहीं रहती थी और मुश्ताक़ ने पुलिस में नौकरी कर ली थी। सिपाही हो गये थे।

पुलिस की नौकरी में भी उनकी पाँचों उँगलियाँ घी में थीं। कहते थे कि उन्होंने कभी रिश्वत नहीं ली क्योंकि उन दिनों सिपाहियों को अच्छी रिश्वत न मिलती थी। दस-बीस रुपये से उनका क्या काम चलता था। एक दिन रात की ड्यूटी पर तैनात थे। एक और सिपाही उनके साथ था। शहर में गश्त कर रहे थे। अचानक उन्होंने देखा कि एक आदमी दीवार में सेंध लगा रहा है। मुश्ताक़ के साथ जो सिपाही था। वह अनाड़ी था। उसने चोर को ललकारना चाहा। मुश्ताक ने उसका मुँह बंद कर दिया। बताते थे, 'मैंने कहा साले क्यों चिल्लाता है ? क्या मिलेगा। भाग खड़ा होगा। हमें भी साले के पीछे-पीछे भागना पड़ेगा। ख़ैर भइया, वह सेंध लगाकर अंदर घुस गया। मैं और दूसरा सिपाही सेंध के पास छुपकर बैठ गये। कोई आधे घंटे बाद उसने सेंध के रास्ते एक पोटली बाहर फेंकी। हमने पोटली उठाकर धर ली। उसके बाद उसने टाँगें बाहर निकालीं तो हम दोनों ने उसे पकड़कर बाहर खींच लिया। उसकी तलाशी ली। हज़ार रुपया साले ने लँगोट में उड़सा हुआ था। वह ले लिया। पोटली में जेवर थे। वे ले लिए और उस साले से कहा, चल थाने। वह हाथ-पैर जोड़ने लगा, तो मैंने उसकी गाँड़ पर दो लात मारी और वह भागता चला गया। रुपया और ज़ेवर हम दोनों ने बराबर-बराबर बाँट लिये।'

पुलिस की नौकरी में उन्होंने टेढ़े-से-टेढ़े दारोग़ा को राम किया। कभी कप्तान साब की कोठी पर ड्यूटी लग गयी तो उन्हें ऐसा पटा लिया कि थानेदार तक मुश्ताक़ की लल्लो-चप्पो करने लगे। लेकिन तीन-चार साल बाद पुलिस की नौकरी से भी दिल भर गया और फिर अब्बा मियाँ के पास आ गये।

कुछ साल के बाद लड़ाई के ज़माने में उन्होंने आर्डीनेंस फैक्टरी में नौकरी कर ली थी। कानपुर चूँकि गाँव से पास था इसलिए वहाँ आना-जाना भी लगा रहता

था और नौकरी भी करते थे। उस ज़माने में वहाँ अमरीकी सिपाही आये थे। उनके साथ मुश्ताक़ की ड्यूटी लगा दी गयी। एक दिन इनके दिल में पता नहीं क्या आया कि बाज़ार से चटपटे सेव ख़रीदे और अमरीकनों को खाने के लिए दिये। उन्होंने खाये तो नाक और आँख से पानी निकलने लगा। खूब मिर्चें लगीं। लेकिन उन्हें सेव पसंद आये। मुश्ताक़ से पूछा कि इसे क्या कहते है तो उन्होंने बताया कि इन्हें सेवइयाँ कहते हैं। अमरीकनों ने कई बार इनसे 'सेवइयाँ' मँगवाकर खायीं। एक बार ये छुट्टी पर थे, किसी और की ड्यूटी थी। उससे अमरीकनों ने 'सेवइयाँ' मँगवायीं तो वाक़ई सेवइयाँ ले आया। गोरे सिपाही उस आदमी पे बड़े नाराज़ हुए। बहरहाल ये जब लौटकर आये तब ही गोरों को 'सेवइयाँ' खाने को मिल सकीं।

अब्बा मियाँ के मुक़द्दमों की पैरवी के लिए शफ़ी थे। शफ़ी अक्सर इधर-उधर आते-जाते रहते थे। कुछ मुक़द्दमे उस तहसील में चलते थे जहाँ अब्बा मियाँ की ज़मींदारी थी और कुछ सदर मुक़ाम से चला करते थे जहाँ हम लोग रहते थे। शफ़ी अधेड़ उम्र के आदमी थे। अपने काम से काम रखते थे। जब कचहरी से लौटते थे तो ड्योढ़ी पर खड़े होकर कँपकँपाती आवाज़ में कहते थे, 'मदार की माँ, खाना दे जाओ।' अंदर से मदार की माँ उनके लिए दो बेर्रे की रोटियाँ और एक प्याले में दाल ले आती थी। शफ़ी नौकरोंवाली खपरैल में बैठकर खाते थे और आवाज़ देकर बर्तन लौटा देते थे। शफ़ी में कोई ऐब न था। उनमें खूबियाँ क्या थीं, ये भी किसी को न मालूम था। लेकिन लगता है कि मुक़द्दमों की पैरवी अच्छी करते रहे होंगे।

ऊपर के काम और पानी भरने के लिए बक़रीदी था। बक़रीदी सत्रह-अट्ठारह साल का था। उसकी आँखों में तेज़ चमक थी और वह फुर्तीला था। इसलिए मुश्किल काम वही करता था। जैसे कभी घर में साँप निकल आता था तो उसे मारने का काम बक़रीदी का था। साँप बरसात के दिनों में अक्सर रात को निकलते थे। चूँकि घर के चारों तरफ़ झाड़-झंखाड़ और पेड़ वग़ैरा थे इसलिए साँपों की भरमार थी। अक्सर ऐसा होता था कि साँप निकलते ही ऊपर खपरैल पर चढ़ता था। चीख़-पुकार मच जाती थी। बक़रीदी एक हाथ में लालटेन और दूसरे हाथ में लाठी लिये आता था। बक़रीदी से घर की औरतें पर्दा न करती थीं क्योंकि वह यहाँ बचपन से था। वह साँप पर नीचे खड़े होकर लाठियाँ चलाता था। उसके बाद तीर की तरह छत पर चढ़ जाता था। ऊपर से खपरे टूटने की आवाज़ें आती थीं। घर के अन्दर सब एक तरफ़ सिमटे खड़े रहते थे। साँप दालान की छत पर आ जाता था। बक़रीदी और साँप के मुक़ाबले में जीत हमेशा बक़रीदी की होती थी। थोड़ी देर बाद लाठी में मरा हुआ साँप टाँगे नीचे उतरता था। साँप की आँखें कुचल दी जाती थीं। ये कहा जाता था कि साँप की आँखों में मारनेवाले की तस्वीर आ जाती है और फिर उसका जोड़ा वह तस्वीर देखकर बदला लेता है। ख़ास तौर पर

काले नाग या नागिन को मारने के बाद आँखें कुचलना और ज़रूरी समझा जाता था। बक़रीदी ऐसे क़िस्से जानता था जिनमें नागिनें बदला लेती थीं।

बक़रीदी सुबह-शाम पानी भरता था। सौदा-सुलफ़ लाता था। शाम को लालटैनें साफ़ करके उनमें मिट्टी का तेल भरता था। शाम होते ही वह घर-भर की आठ-दस लालटैनें लेकर नौकरों की खपरैल के आगे बैठ जाता था। सबकी चिमनियाँ निकालकर उन्हें चूल्हे की राख से रगड़ता था। बत्तियाँ देखता था। अगर उनका एक-आध कोना निकल आया होता था तो उसे कैंची से काटकर गोल करता था। कल्ले देखता था। तेल भरता था और सब कमरों में लालटैनें रख आता था।

वह जुनूनी क़िस्म का आदमी था और हर काम को बहुत सलीके से करता था। फ़ुर्सत में वह फूलों की क्यारियों में भी काम करता था। उसे फूल-पत्तियों के काम में दिलचस्पी थी। अब्बा मियाँ डाक से तरह-तरह के फूलों और फलों के बीज मँगवाते थे। उन्हें बक़रीदी ही बोता था। वह क़लम लगाना भी जानता था। आम तौर पर सिर्फ़ पट्टे का एक जाँघिया पहनता था। बाज़ार जाते वक़्त पाजामा और कमीज़ पहन लेता था। बोलता कम था। अब्बा मियाँ उसके खाने-पीने का ख़ास ध्यान रखते थे। कहते थे जवान आदमी है, मेहनत का काम करता है, इसे अच्छी गिज़ा मिलना चाहिए।

बक़रीदी की माँ जो उसके बड़े भाई मदार के नाम की वजह से मदार की माँ कहलाती थी, घर के अंदर ऊपर का काम करती थी। ख़ास तौर पर बावर्चीख़ाने में खाना पकानेवाली कुलसूमन बुआ की मदद करना, बर्तन धोना, मसाला पीसना, आटा गूँधना, सब्ज़ी काटना, आग सुलगाना उसका काम था। सभी नौकरों की तरह उसे तनख़्वाह के साथ-साथ हर महीने कुछ अनाज भी मिलता था। वह सब काम ख़त्म करने के बाद बक़रीदी के साथ घर चली जाती थी। उनका घर हमारे मकानों के पीछे एक पुरवे में था। वह बहुत दूर न था लेकिन बरसात में रास्ता ख़राब हो जाता था। घास-वास बहुत उग आती थी और कीड़े-मकोड़े का डर हो जाता था। बक़रीदी अपनी माँ के आगे-आगे लाठी ठकठकाता हुआ चलता था ताकि साँप-वाँप भाग जायें।

बक़रीदी का एक और काम घोड़े को खरैरा करना और उसे दाना-पानी देना भी था। अब्बा मियाँ के पास इक्का था। इक्का चलाने का काम तो बौरा के ज़िम्मे था लेकिन घोड़े की देखभाल बक़रीदी को करनी पड़ती थी।

जिस पुरवे में बक़रीदी रहता था उसी में अंधा जाफ़र भी रहता था। अंधा जाफ़र अब्बा मियाँ को गर्मियों के दिनों में पंखा झलता था। जाफ़र को बचपन में चेचक निकल आयी थी, उसी में उसकी दोनों आँखें चली गयी थीं। लेकिन वह सिर्फ़ नाम का अंधा था। यानी वह अंदाज़े से टटोलकर वह सब काम कर लेता था जो आँखोंवाले करते हैं। ज़रूरत पड़ने पर पानी तक भर लाता था। बाज़ार से

सौदा ले आता था और अपनी ज़रूरत के सारे काम तो खुद ही करता था। उसकी उम्र कोई पचास साल थी। काठी अच्छी थी। काफ़ी तगड़ा था और मेहनत के काम से कभी कचियाता न था। गर्मियों की पूरी-पूरी दोपहर पंखा झलता रहता था और एक मिनट के लिए पंखा न रुकता था।

फूल-पत्तियों और बाग़ वग़ैरा लगवाने के अलावा अब्बा मियाँ को जानवर पालने का भी शौक़ था। उनका कहना था कि जिस घर के आगे दूध देनेवाले जानवर न हों वह घर ही नहीं है। इसलिए हमारे फाटक के अंदर बायीं तरफ़ कुछ मरियल गायें, बछड़े और भैंसें बँधी रहती थीं। उनकी देखभाल का काम अफिम्चा के ज़िम्मे था। अफिम्चा जात का चमार था और उसका भी घर नज़दीक ही था। वह छोटे कद का आदमी था। जानवरों को बड़ी मोटी-मोटी गालियाँ दिया करता था। सुबह आता था। जानवर ढीलता था। उन्हें चराने ले जाता था। शाम होते-होते लौटता था। जानवरों को सानी देता था। दूध दुहने के लिए एक घोसी आता था। लेकिन दूध हमेशा कम ही होता था, यानी जितना पैसा जानवरों की देखभाल पर ख़र्च किया जाता था उससे कम पैसे में उससे ज़्यादा दूध आ सकता था। लेकिन अब्बा मियाँ ये बात न मानते थे। और अगर वो कुछ न मानते थे तो कोई मनवा न सकता था।

इक्का बौरा चलाता था। बौरा काफ़ी बूढ़ा था। उसकी उम्र साठ के ऊपर थी। वह हमारे परदादा की फिटन चलाया करता था। उससे अब्बा मियाँ को ख़ास लगाव था क्योंकि वह बहुत पुराना नौकर था। वह लम्बी-लम्बी मूँछे रखता था जो बिलकुल सफ़ेद थीं। सिर पर पगड़ी बाँधता था। चमड़ौधे जूते पहनता था और जाड़े के ज़माने में अपने पैरों पर घुटने तक गर्म मोटे कपड़े की ख़ाकी पट्टी बाँधता था। सफ़ेद धोती, कुर्ता और जाड़ों में बंद गले का काला कोट पहनता था। वह दूसरे नौकरों के मुक़ाबले में बहुत ज़्यादा सभ्य था। उसकी बातचीत का लहजा और रखरखाव पसंद किया जाता था। वह सुबह आते ही सबसे पहले अब्बा मियाँ के पास आता था और दूसरे लोगों के मुक़ाबले बहुत ज़्यादा झुककर सलाम करता था।

हम लोगों का घर चूँकि शहर के बाहर एक टीले के ऊपर था, जिसे क़िला कहा जाता था, इसलिए हिफ़ाज़त का इंतिज़ाम भी था। अब्बा मियाँ ने एक पहरेदार रखा हुआ था जो लँगड़ा था। उसकी झोपड़ी अब्बा मियाँ की खपरैल के पीछे थी। वह रात में लालटैन और लाठी लेकर मकान के पीछे घूमा करता था। वैसे अब्बा मियाँ के पास एक दोनाली बंदूक़ और एक रिवाल्वर भी था। उसका इस्तेमाल शायद ही कभी होता था। एक बार पाखाने में साँप निकल आया था। वह पाखाने में इस तरह फन काढ़े खड़ा था कि बक़रीदी उसे लाठी से न मार सकता था। उसके मारने के लिए अब्बा मियाँ ने बंदूक़ निकाली थी। एक सीढ़ी लगाई गयी थी जिस पर चढ़कर उन्होंने साँप का निशाना लिया था। साँप के चीथड़े हो

गये थे। अब्बा मियाँ का निशाना अच्छा था। लेकिन उन्हें शिकार वग़ैरा का शौक़ न था।

इन घरेलू नौकरों के अलावा ज़मींदारी और चौरे की देखभाल करने के लिए जो सिपाही थे उनमें से ज़्यादातर ठाकुर थे जो गाँव पर ही रहते थे और कभी-कभी आते थे। अब्बा मियाँ भी कभी-कभी गाँव जाते थे। गर्मियों में गाँव से अनाज की गाड़ियाँ आती थीं। गाड़ियाँ गाँव से सुबह रवाना होती थीं तो रात गये यहाँ पहुँचती थीं। ग़ल्ले से लदी गाड़ियों को दिन-भर के थके जानवर चढ़ाई पर नहीं खींच पाते थे। इसलिए गाड़ियाँ नीचे रोक दी जाती थीं और गाड़ीवानों में कोई आकर ख़बर करता था कि गाड़ियाँ नीचे खड़ी हैं। ऊपर से चार-पाँच लोग जाते थे और गाड़ियों के पहियों में हाथ डालकर ताक़त लगाते थे कि जानवर उन्हें ऊपर ला सकें। जब भी गाँव से अनाज आता था तो अब्बा मियाँ अपने सिपाहियों और कारिन्दों पर बहुत चीख़ते-चिल्लाते थे। उनकी आवाज़ घर के अंदर तक आती थी। शायद हर बार अनाज कम होता था या कोई गड़बड़ होती थी। पता नहीं क्या गड़बड़ होती थी लेकिन अनाज आते ही उनका चीख़ना-चिल्लाना, गालियाँ देना साफ़ सुनाई देता था। अनाज रातोंरात ही घर के अंदर एक दालान की कोठरी के नीचे बनी खों में रखा जाता था। धोती ऊपर तक उड़से हुए काले और मज़बूत किसान अनाज के बोरों को पीठ पर लादकर खों के अंदर पहुँचाते थे। खों के अंदर भूसा भरा रहा करता था। अनाज रखने का सिलसिला गयी रात तक चलता रहता था।

अब्बू साब की खपरैल के बराबर एक कोठरी और उसके सामने छोटा-सा खपरैलवाला एक घर और था। इस घर में यासीन मियाँ रहते थे। यासीन मियाँ न तो नौकर थे, न घर के लोगों में गिने जाते थे। न उन्हें रिश्तेदारों में गिना जाता था, न बाहर के लोगों में उनकी गिनती होती थी। दरअसल यासीन मियाँ हमारे दादा यानी अब्बा मियाँ के बड़े भाई जत्तन मियाँ की रखैल सत्ती अहीरन की लड़की ज़ुबैदा के पति थे। जत्तन मियाँ के मरने के बाद अब्बा मियाँ और उनके भतीजों में जो मुक़द्दमेबाज़ी हुई थी उसमें एक मुक़द्दमा अब्बा मियाँ ने ज़ुबैदा की तरफ़ से भी दायर कराया था कि उसे जायदाद में हिस्सा मिलना चाहिए। इस मुक़द्दमे में हुआ-हवाया तो कुछ नहीं लेकिन ज़ुबैदा और उसके शौहर यासीन को पालने-पोसने की ज़िम्मेदारी अब्बा मियाँ पर आ गयी थी। ज़ुबैदा तो जल्दी ही गुज़र गयी। यासीन मियाँ बीवी के मरने के बाद यहीं रह गये। कहाँ जाते क्योंकि वो भी कानपुर के किसी रईस की रखैल के बेटे थे। रईस मर चुका था और उसके बेटे यासीन मियाँ की सूरत देखना तक गवारा न करते थे।

यासीन मियाँ बड़े कल्ले-ठल्ले से रहते थे। आँखों में सुरमा लगाते थे। पट्टे रखते थे जिनमें चमेली का तेल लगाते थे। एक छोटा कंघा हर वक़्त जेब में रखते थे और दिन में बीसियों बार कंघी करते थे। दाढ़ी-मूँछें नहीं रखते थे और रोज़ खुद

शेव करते थे। वो बड़ी अदा और नज़ाकत से चलते थे। कभी-कभी तो लगता था कि ठुमक-ठुमक कर चल रहे हैं। उनकी आवाज़ महीन थी और काफ़ी ज़नाने अंदाज़ में बातें करते थे। औरतों की तरह बात-बात पर क़समें खाते थे और किसी पर नाराज़ हो जाते थे तो उसे औरतों की तरह कोसते थे। सफ़ेद पाजामा और अक्सर चेक की कमीज़ पहनते थे। जेब में लाल रंग का रूमाल ज़रूर रखते थे। उनका कोई काम न था। दिन-भर इधर-उधर बैठे रहते थे। यासीन मियाँ अब्बा मियाँ से बहुत डरते थे। कोशिश करते थे कि उनसे आमना-सामना न होने पाये। वो सुबह उठकर चौराहे पर चले जाते थे, वहाँ चाय पीते थे और क़रीब दो घण्टे बैठे गप्प-शप्प किया करते थे। उसके बाद लौट आते थे। मुश्ताक़, अब्बू साब या किसी और के साथ बैठ जाते थे। इस तरह दोपहर हो जाती थी। दोपहर में उन्हें भी खाना घर से मिलता था। लेकिन उन्हें बेर्रे की रोटी नहीं बल्कि गेहूँ की चपातियाँ मिलती थीं और दाल के साथ थोड़ा-बहुत गोश्त भी होता था। खाना खाकर यासीन मियाँ सो जाते थे और चार बजे के क़रीब उठते थे। फिर चौराहे पर चाय पीने चले जाते थे। सूरज डूबने से पहले लौट आते थे और इससे-उससे गप्प मारते थे, रात का खाना खाते और सो जाते थे।

यासीन मियाँ को कई बार तरह-तरह के छोटे-मोटे काम देकर देखे गये थे लेकिन किसी तरह का कोई काम वो कभी ठीक से न कर सके थे। इसलिए उन्हें उनके हाल पर छोड़ दिया गया था। उनको भी हफ़्ते में जेबख़र्च मिलता था और उसके अलावा उनका पूरा ख़र्च अब्बा मियाँ उठाते थे। अब्बा मियाँ उन्हें पसंद नहीं करते थे और वो खुद ये कोशिश करते थे कि यासीन मियाँ उनके सामने न आयें। यासीन मियाँ को कोई काम नहीं आता था। उर्दू लिख-पढ़ लेते थे लेकिन और कुछ न जानते थे। थोड़ी-बहुत उर्दू जाननेवाले के लिए बहुत काम हो सकते थे लेकिन उन्होंने कभी कोई काम न किया। उन्हें गाने-बजाने में दिलचस्पी थी। राग-रागनियों और सुरों की पहचान थी और अक्सर गुनगुनाया करते थे। लेकिन दूसरी तरफ़ अब्बा मियाँ को गाने-बजाने से सख़्त नफ़रत थी। इसलिए यासीन मियाँ का ये शौक़ कभी पूरा न हो पाया। वे तबला, सितार, हारमोनियम वग़ैरा बजाना भी जानते थे। गाते भी थे। ये सब शायद उन्होंने शादी से पहले कानपुरवाले रईस यानी अपने वालिद साहब की सोहबत में सीखा होगा। गाने-बजाने के अलावा उन्हें वे सब काम आते थे और उनमें उनकी दिलचस्पी भी थी जो औरतों के काम माने जाते हैं। जैसे सिलाई और कढ़ाई बहुत अच्छी करते थे। बुनाई भी कर लेते थे। खाना पकाना भी आता था। लेकिन इन कामों को करने का उन्हें मौक़ा न मिलता था।

यासीन मियाँ का गाने-बजाने का शौक़ किसी हद तक मोहर्रम में पूरा हो पाता था। वो नौहे बड़े अच्छे पढ़ते थे। उनके पास नौहे की बयाज़ थी जिसमें नये-नये

नौहे नोट करते थे। उनकी धुन बनाने में घण्टों गुनगुनाते रहते थे और आख़िर्कार अच्छी धुन बना लेते थे। हर मजलिस के बाद यासीन मियाँ नौहा पढ़ते थे और लोग अक्सर उनकी तारीफ़ करते थे।

अब्बा मियाँ जब कभी शहर से कहीं बाहर चले जाते थे तो रात के खाने के बाद मुश्ताक़, अब्बू साब, शफी, अंधा जाफ़र और दूसरे लोग यासीन मियाँ से गाने की फ़रमाइश करते थे। चाँदनी रात में बाहर मैदान में चारपाइयों पर बैठकर सब देर तक यासीन मियाँ का गाना सुनते थे। यासीन मियाँ की पाटदार आवाज़, ठण्डी हवा और बिखरी हुई चाँदनी समा बाँध देते थे। लेकिन ये मौक़ा बहुत ही कम आता था क्योंकि अब्बा मियाँ साल में एक-दो बार ही कहीं बाहर जाते थे।

अंधे जाफ़र ने एक बार यासीन मियाँ की बड़ी भद करायी। यासीन मियाँ बरसों से रँडुए थे। इतने पैसे होते न थे कि रण्डीबाज़ी कर सकें। इतनी हिम्मत थी नहीं कि अँगनू की तरह शहर की छिनाल औरतों को पटा सकें। इसलिए परेशान रहते थे। एक दिन चाँदनी रात में सबके पलँग मैदान में बिछे थे। उन्होंने अंधे जाफ़र से कुछ 'बातचीत' शुरू की। अंधा जाफ़र कुँवारा था। उसकी उम्र पचास के आसपास थी लेकिन काफी तगड़ा और हट्टा-कट्टा था। यासीन मियाँ और अंधे जाफ़र में मामला 'पट' गया। दोनों चाँदनी से निकलकर अँधेरे यानी यासीन मियाँ की कोठरी में आ गये। कोठरी में जाते वक़्त तो यासीन मियाँ धीरे-धीरे गुनगुना रहे थे। लेकिन जब बारह निकले तो धीरे-धीरे अंधे जाफ़र को कोसने लगे। उन्हें यह पता नहीं था कि अंधा जाफ़र इतना चालाक निकलेगा। यही नहीं, अंधे जाफ़र ने अगले दिन पूरा क़िस्सा अँगनू को सुनाया कि यासीन मियाँ उसके साथ 'अदला-बदली' करना चाहते थे। अदला तो हो गया लेकिन बदले के वक़्त अंधे जाफ़र ने मना कर दिया। अँगनू ने यह क़िस्सा मुश्ताक़ को बताया। मुश्ताक़ ने सारे में फैला दिया। उसके बाद अंधे जाफ़र का नाम ले-लेकर लोग, ख़ास तौर पर अब्बू साब, यासीन मियाँ को बरसों छेड़ते रहे। अंधे जाफ़र और यासीन की बातचीत भी सालों बंद रही।

घर की औरतें यासीन मियाँ से उसी तरह पर्दा करती थीं जैसे दूसरों से। जब यासीन मियाँ की बीवी जिंदा थी तो वो घर में अंदर जाती-आती थी। लेकिन यासीन मियाँ को अंदर जाने की इजाज़त न थी। दोनों वक़्त का खाना मदार की माँ उन्हें दे देती थी। घर की बड़ी-बूढ़ियाँ, जैसे मुन्नीबाजी तक उनसे पर्दा करती थीं। मुन्नीबाजी की उम्र का अंदाज़ा न होता था। उनका जिस्म दुबला-पतला था। कद छोटा था। चेहरे पर बेतहाशा झुर्रियाँ थी। आँखें छोटी और अंदर को कुछ धँसी हुई थीं। बाल बर्फ़ जैसे सफ़ेद थे। पलकें क़रीब-क़रीब ग़ायब थीं। भवें भी सफ़ेद थीं। चेहरे पर गालों के नीचे गढ़े थे जिनमें बेतहाशा झुर्रियाँ थीं। मुहँ में एक दाँत भी न था। बोलती थीं तो वैसी ही आवाज़ आती जैसे पोपले मुँह से आती है।

उनके दुबले-पतले हाथों पर झुर्रियों की भरमार थी। हाँ उँगलियाँ सख़्त थीं और हथेली पर गट्टे पड़े हुए थे। मुन्नीबाजी हमेशा सफ़ेद या काले कपड़े पहनती थीं। सफ़ेद बड़ा डुपट्टा सिर से ओढ़ती थीं और अक्सर लकड़ी की खड़ाऊँ पहनती थीं। देखने से ये अंदाज़ा नहीं होता था कि उनके दुबले-पतले और बूढ़े जिस्म में इतनी ताक़त होगी। वो सुबह सबसे पहले उठती थीं और सबके जागने से पहले नमाज़ वग़ैरा पढ़ लेती थीं। उसके बाद घर के सारे कामों में दिन-भर अपने-आपको खपाये रखती थीं। उन्हें कभी किसी ने बेकार बैठे नहीं देखा। वैसे उनकी सब इतनी इज़्ज़त करते थे कि कभी कोई उनसे किसी काम के लिए न कहता था। वो अपने-आप अपने लिए काम तलाश लेती थीं और करती रहती थीं। यही वजह थी कि सब मुन्नीबाजी से बहुत खुश रहा करते थे। घर की नौकरानियों तक के कामों को कर देती थीं। इसके अलावा बच्चों को खिलाने, उनकी देखभाल करने में लगी रहती थीं। गर्मियों की रातों में जब हवा बंद होती थी तो मुन्नीबाजी रात-रात भर छोटे बच्चों को हाथ से पंखा झलती रहती थीं। रात में बच्चे उनसे कहानियाँ सुनने की ज़िद भी करते थे और वो अजीब तरह की कहानियाँ सुनाती थीं। रात में सोने से पहले मुन्नीबाजी एक दुआ पढ़कर ताली बजाती थीं। कहती थीं इस ताली की आवाज़ जहाँ तक जाती है वहाँ तक खुदा की मेहरबानी से कुछ बुरा नहीं हो सकता। वो पाक और नापाक का बड़ा ख़याल करती थीं और सफ़ाई पर बड़ा ध्यान देती थीं, लेकिन इसके बावजूद बहुत छोटे बच्चों को खिलाती थीं जो अक्सर उन्हें नजिस कर देते थे और उन्हें पाक होना पड़ता था। घर के जितने काम हो सकते हैं सब उन्हें आते थे। सीने-पिरोने से लेकर खाना पकाने तक में माहिर थीं।

अब्बा मियाँ मुन्नीबाजी की बड़ी इज़्ज़त करते थे। जब घर के अंदर आते थे तो उनसे ज़रूर बात करते थे। अब्बा मियाँ साल में दो ही चार बार घर के अंदर आते थे। उनके अंदर आने से पहले अँगनू ड्योढ़ी पर खड़े होकर एलान कर देता था कि मियाँ अंदर आ रहे हैं। ये एलान सुनते ही सब अपनी-अपनी जगह तैयार हो जाते थे। मुन्नीबाजी चूँकि ऊँचा सुनती थीं इसलिए उनके कान में कोई ज़ोर से बताता था कि अब्बा मियाँ अंदर आ रहे हैं। मुन्नीबाजी अब्बा मियाँ की बहन की लड़की थीं। शादी के कुछ ही साल बाद बेवा हो गयी थीं। उनके वालिद का भी बहुत पहले इंतिक़ाल हो चुका था। कहते हैं उनके वालिद के क़ब्ज़े में जिन्नात थे। एक बार उन्होंने अब्बा मियाँ को एक जिन्न दिखाया। जिन्न इतना खौफ़ज़दा था कि अब्बा मियाँ ने कहा कि भाई इससे कहिए कि चला जाये। मुन्नीबाजी के अब्बा हमेशा रोज़ा-नमाज़ और अमल किया करते थे। एक बार उन्होंने आसमान में उड़ती एक हँड़िया देखी थी। यह किसी आदमी ने दूसरे आदमी पर जादू करवाया था। उन्होंने अमल से हँड़िया को वापस लौटा दिया था। उनके क़ब्ज़े में जो जिन्न था उसका कहना था कि मुझसे कभी ग़लत काम करने के लिए मत कहना। लेकिन

धोखे से एक बार उन्होंने उससे एक ऐसे काम के लिए कहा जो ग़लत था। एक आदमी पर क़त्ल का मुक़द्दमा चल रहा था। वह मुन्नीबाजी के अब्बा के पास आया और उसने इनसे कहा कि अदालत से मेरी फ़ाइल ग़ायब करा दीजिए, मैं बेगुनाह हूँ। उन्होंने जिन्न के सिपुर्द यह काम किया। जिन्न गया और लौट आया। बोला कि तुमने जिस आदमी का काम करने को कहा था वह वाक़ई क़ातिल है। तुमने वायदाख़िलाफ़ी की है। मुझसे ग़लत काम के लिए कहा है। इस वाक़ये के बाद उन्होंने जिन्न को आज़ाद कर दिया। उनका कहना था कि हम इनसान है, हमारा इल्म महदूद है। ये लोग जिन्नात हैं। इन्हें सब मालूम रहता है। इसलिए हमें इनको अपने क़ाबू में करने की कोशिश नहीं करना चाहिए। मुन्नीबाजी अपने अब्बा के इंतिक़ाल के बाद अब्बा मियाँ के पास आ गयी थीं। वैसे नीचे मोहल्ले में उनका घर था जहाँ कोई नहीं रहता था और घर खण्डहर हो चुका था।

अब्बा मियाँ की उम्र पचास से ऊपर रही होगी। वो दोहरे बदन और छोटे क़द के आदमी थे। थोड़ा झुककर चलते थे। उनके सिर पर बाल नहीं थे। बालों की एक सफ़ेद झालर-सी थी। ख़शख़शी दाढ़ी रखते थे, वह भी सफ़ेद थी। उनका रंग साफ़ था। आँखें बड़ी और नाक सितवाँ थी। माथे पर कई लकीरें थीं और चेहरा भरा-भरा था। दाँत काफ़ी टूट चुके थे और खाने में दिक़्क़त होती थी। उन्होंने नकली दाँत नहीं लगवाये थे। आम तौर पर अपना इलाज नहीं कराते थे। कहते थे, 'जनाब मैं इलाज किस-किस मर्ज़ का कराऊँ ? पैर के अँगूठे से लेकर सिर तक हर जगह कोई-न-कोई तकलीफ़ रहती है।' देसी दवाओं का इस्तेमाल अपने-आप करते थे। ख़ास तौर पर खाना खाने के बाद किसी तरह का चूरन खाया करते थे। उन्हें हुक़्क़ा पीने का शौक़ था। दिन में कई बार उनके लिए हुक़्क़ा ताज़ा किया जाता था। तम्बाकू के अलावा किसी तरह का नशा न करते थे।

उनकी जिस चीज़ के बारे में जो राय थी वह पक्की थी। मिसाल के तौर पर पक्के मकान में रहने के सख़्त ख़िलाफ़ थे। उनका कहना था कि पक्के मकान जाड़ों में ठण्डे और गर्मियों में गरम हो जाते हैं। उन्होंने अपने रहने के लिए घर से बाहर एक खपरैल डलवायी थी। खपरैल के एक तरफ़ एक कोठरी थी जो कच्ची थी। गर्मियों की दोपहरों में वो इसी कोठरी में सोते थे। उसके कच्चे फ़र्श पर छिड़काव कर दिया जाता था। खिड़की पर ख़स की टट्टी लगायी जाती थी जो पानी से तर रहती थी। अंधा जाफ़र हाथ का बड़ा पंखा झलता रहता था। गर्मियों की दोपहरों को छोड़कर वो खपरैल में ही रहते थे। खपैरल में तीन दर थे। एक दर में उनकी नमाज़ की चौकी बिछी रहा करती थी और बाक़ी दो दर अन्दर आने-जाने के लिए थे। खपरैल के बीचोंबीच उनका पलँग बिछता था। उसके बराबर एक तरफ़

चार आरामकुर्सियाँ और एक छोटी-सी मेज़ रखी रहती थी। दूसरी तरफ़ तख़्त था। खाना खाने के लिए वो तख़्त पर बैठते थे, बाक़ी दीगर वक़्त पलँग पर ही बैठते या लेटते थे।

पहनने-ओढ़ने का भी कोई शौक़ न था। बड़े पायँचे का पाजामा और मलमल का कुर्ता पहनते थे। कभी-कभी गर्मियों में कुर्ते के बजाय सिर्फ़ शलूका पहनते थे। जूता हमेशा नागरा पहनते थे। बाहर जाने से पहले शेरवानी और टोपी पहनते थे। उन्हें खुद कपड़े पहनना न आता था। हमेशा कपड़े पहनने में अँगनू उनकी मदद करता था। जाड़ों में गरम शेरवानी और सर्दियों में सिर्फ़ सफ़ेद रंग की सूती शेरवानी पहनते थे। हाथ में छड़ी लेकर बाहर निकलते थे और दोपल्ली टोपी लगाते थे। सनीचर के दिन बाज़ार ज़रूर जाते थे और वहाँ दो बजे तक लिखाई में बैठते थे।

अब्बा मियाँ कुछ अजीबो-ग़रीब तबीयत के आदमी थे। बाहरवाले ही नहीं घरवाले तक उन्हें सनकी, मूडी और गुस्सैल क़िस्म का आदमी समझते थे। सनक जाते तो अपनी सनक में वो सबकुछ कर डालते जो नहीं किया जाता। अच्छाई करने पर आते तो उसकी हदें ख़त्म कर देते। जो कुछ दिल में होता फट से कह देते। निडर होने को बड़ी चीज़ समझते थे और कहते थे कि वो अल्लाह के अलावा किसी से नहीं डरते। अगर उन्हें लगता कि कोई उनका अपमान कर रहा है तो उसके पीछे पड़ जाते। ज़िंदगी-भर के लिए उसके दुश्मन हो जाते। दोस्ती और दुश्मनी पूरी तरह निभाते थे। उनके दोस्तों और दुश्मनों की बड़ी तादाद थी। अपने दोस्तों पर जान छिड़कते थे। हद ये है कि घरवालों को भी दोस्तों के आगे कुछ न समझते थे। दोस्ती में उन्हें ऊँच-नीच का ख़याल भी न रहता था। बहुत-से मामूली हैसियत के लोग उनके अच्छे दोस्त थे। उनसे बेतकल्लुफ़ी से बातचीत करते थे। बातचीत के दौरान उस ज़माने की तहज़ीब के मुताबिक अपने-आपको एक छोटा गुनाहगार बंदा बताते थे। सामने बैठे हुए आदमी की तारीफ़ करते थे। उन्हें बातें करने का बहुत शौक़ था। दूसरे को बोलने का कम ही मौक़ा देते थे। अक्सर ये होता था कि लोग चार-चार घण्टे उनके पास बैठते थे और जो बात करने या कहने आये होते थे वह किये बग़ैर लौट जाते थे। बातचीत आम तौर पर क़िस्सों, वाक़यों, लोगों और उनके तजरबों पर होती थी। अक्सर दसियों बार सुनाये हुए क़िस्से सुना देते थे। बातचीत के दौरान अच्छा-ख़ासा अभिनय भी करते थे जिसका शायद उन्हें पता न होता था। बातचीत में उत्साहित हो जाते थे तो अपनी बात पर ज़ोर देने के लिए हाथों का पूरा इस्तेमाल करते थे। चेहरे की पूरी भाव-भंगिमाएँ उनके विचारों या भावनाओं को ज़ाहिर करती थीं। अगर कोई दुःखद प्रसंग होता तो ज़ोर-ज़ोर से रोने लगते थे। आँखों से बाक़ायदा आँसू निकलते थे। गालियों का इस्तेमाल दोस्तों, बराबरवालों या घरवालों से बातचीत करते हुए नहीं करते थे। वैसे गालियाँ देने में माहिर थे। जानवरों की बाज़ार के दलालों, अपने नौकरों या उनकी

नज़र में जो ग़लत लोग थे उनको घण्टों गालियाँ दे सकते थे। वे आम तौर पर दी जानेवाली गालियाँ न देते थे। उनकी अपनी गालियाँ थीं जिनकी तादाद बहुत थी। सामान्य गालियाँ तो कम हैं, जल्दी ख़त्म हो जाती हैं। लेकिन वो गालियों में आगे-पीछे बहुत कुछ जोड़ते थे। माँ, बहन, बेटी आदि की गालियों के साथ उनकी गालियाँ विशेष क्रियाओं तथा उनके परिणामों पर आधारित होती थीं। गालियाँ देते समय दूसरे आदमी को बोलने का मौक़ा न देते थे। गालियाँ देते-देते जब थक जाते थे तब ही पूछताछ शुरू कर देते थे।

उनके दोस्तों की फ़ेहरिस्त बहुत लम्बी थी। ज़िले के हर क़स्बे में उनके दोस्त थे। बड़े शहरों में भी उनके दोस्त थे। आम तौर से इलाक़े के ज़मींदार या खाते-पीते लोग उनकी फ़ेहरिस्त में थे। ऐसे लोग जब आ जाते थे तो उनकी ख़ातिर-मदारात में कसर न करते थे। हद ये थी कि अपनी सीमाओं से बाहर जाकर ख़ातिर करते थे। दरअसल उन्हें शायद अपनी सीमाओं का पता ही नहीं था या उनके बारे में कभी न सोचते थे। पैसा जितना होता था ख़र्च होता था। न होता था तो क़र्ज़ ले लेते थे और क़र्ज़ बराबर चुकाया जाता रहता था। क़र्ज़ भी हर एक से नहीं लेते थे। उनका बँधा हुआ एक रस्तोगी था। उसी के यहाँ से क़र्ज़ आता था। दीगर सामान ख़रीदने के लिए भी शहर में उन्होंने दुकानदारों को चुन रखा था। वहीं से सामान आता था। कभी खुद कोई चीज़ लेने बाज़ार न जाते थे। यह काम अब्बू साब का था। वही करते थे। लेकिन उन्हीं दुकानों से जो बँधी हुई थीं।

अब्बा मियाँ को कई शौक़ थे। कुछ तो ऐसे थे जो आम तौर पर लोगों को होते हैं जैसे फूल-पत्ती का शौक़, बाग़ लगवाने का शौक़ और अच्छी नस्ल के पेड़-पौधे लाने का शौक़। उन्होंने अपनी बँगलिया के दाहिनी तरफ़ दूर तक क्यारियाँ बनवायी थीं जहाँ बक़रीदी फूल-पत्ती का काम किया करता था। तरह-तरह के देसी फूलों के अलावा विलायती फूल भी लगवाते थे। इस सामान्य शौक़ के अलावा उन्हें जुनून की हद तक ग़रीब लड़कों को पढ़वाने का शौक़ था। ये शौक़ पागलपन तक जा पहुँचा था। यहाँ तक कि अपनी ज़मींदारी के गाँवों से उन लड़कों को साथ ले आते थे जो थोड़ा भी लिखने-पढ़ने में रुचि दिखाते थे। उन्हें अपने साथ रखते थे, पढ़वाते थे और फिर उन्हें नौकरी दिलवाते थे। उनके इलाक़े में एक कुर्मी के दो लड़के थे। पता नहीं कैसे अब्बा मियाँ दोनों से मिले। दोनों की उम्र आठ-दस के आसपास थी। एक भाई से पूछा कि तुम पढ़ोगे ? उसने कहा, पढ़े-लिखे का होई, हर जोते से बेरी होई।' दूसरे भाई ने पढ़ने में रुचि दिखाई। वे उसे अपने साथ ले आये। उसे हाई स्कूल कराया, फिर इंटर कराया और पुलिस में सिपाही भरती करा दिया। उनके पास हमेशा, आम तौर पर शिया, ऐसे दो-तीन लड़के रहा करते थे जो पढ़ते थे। मुक़ामी मुस्लिम स्कूल या सरकारी स्कूल में उनका नाम लिखवा दिया जाता था। अब्बा मियाँ उनकी फ़ीस, खाना-कपड़ा, दीगर ख़र्चे उठाते

थे और वो पढ़तें थे। उनमें कुछ ऐसे भी थे जो पढ़-लिखकर रोज़गार से लग गये और कुछ ऐसे भी थे जो बरसों रहे और न पढ़ सके। जो नहीं पढ़ पाते थे अब्बा मियाँ उन्हें किसी तरह का काम सिखवा देने की कोशिश करते थे। लेकिन ऐसा अक्सर नहीं हो पाता था।

लड़कों को पढ़वाने-लिखवाने के जुनून के पीछे हो सकता है ये राज़ रहा हो कि वो खुद पढ़-लिख नहीं पाये थे। उर्दू, फ़ारसी और थोड़ी अरबी घर में पढ़ी थी। गोराशाही अंग्रेज़ी भी जानते थे लेकिन कालिज या यूनिवर्सिटी में न पढ़ पाये थे। हालाँकि उनके वालिद साब नवाब अली हुसैन ख़ाँ ने बड़ी कोशिश की थी कि वो पढ़ लें लेकिन ऐसा न हो सका था। घर की पढ़ाई के बाद बारह-तेरह साल की उम्र में उनका नाम सरकारी स्कूल में लिखवाया गया था। वहाँ दर्जा चार तक पढ़ने के बाद उनके दिल में जाने क्या सनक आयी कि अपने अब्बा से कहा कि अब वो आगे की पढ़ाई विलायत जाकर करना चाहते हैं। उनके वालिद ने कहा, ठीक है तुम जाओ। मेरे पास पाँच हज़ार रुपये हैं, ये लेते जाओ और फिर मैं पैसा भेजता रहूँगा। लेकिन उनकी अम्माँ को जब पता चला कि बेटा विलायत, सात समन्दर पार जा रहा है तो उन्होंने एलान कर दिया कि ऐसा हुआ तो वो ज़हर खा लेंगी या साँप के बिल में हाथ डालकर लेट जायेंगी या कुएँ में कूद पड़ेंगी। इसलिए अब्बा मियाँ का विलायत जाना टल गया। लेकिन गुस्से में उन्होंने पढ़ाई छोड़ दी। और अपने जवानी के दिनों के दूसरे शौक़ यानी पहलवानी और शायरी की तरफ़ झुक गये। उन्हें दरअसल पढ़ाई की अहमियत का अंदाज़ा उस वक़्त हुआ जब उनके वालिद साब ने उन्हें ऑनरेरी मजिस्ट्रेट बनवा दिया। उनके वालिद खुद ऑनरेरी स्पेशल मजिस्ट्रेट और ऑनरेरी कलेक्टर थे। बुढ़ापे में उन्होंने इन ओहदों से इस्तीफ़ा दे दिया था और अपनी जगह अपने छोटे बेटे को मुक़र्रर करा दिया था।

ऑनरेरी मजिस्ट्रेट होने के बाद अब्बा मियाँ को अंग्रेज़ अफ़सरों के साथ उठना-बैठना पड़ता था और अंग्रेज़ी न जानने की वजह से उन्हें कई बार ख़िफ़्फ़त हुई थी। उन्हें लगा था कि अपनी इज़्ज़त करानी है तो थोड़ी-बहुत अंग्रेज़ी आना ज़रूरी है। और इज़्ज़त को वो बहुत बड़ी चीज़ समझते थे। इसलिए उन्होंने उन दिनों अपने-आप थोड़ी अंग्रेज़ी पढ़ी और काम चलने लगा। लेकिन यह महसूस होता रहा कि काश पढ़ लेते तो ऐसा न होता। लेकिन चिड़ियाँ खेत चुग चुकी थीं। पढ़ने की उम्र निकल गयी थी और वो आगे बढ़ चुके थे।

ग़रीब-बेसहारा बच्चों को पढ़ा देने की तरह ही उनको दूसरा शौक़ जो जुनून की हद तक था, वह कारख़ाने खोलने का शौक़ था। पता नहीं इसकी प्रेरणा उन्हें कहाँ से मिली थी। हो सकता है कि चूँकि वो नौकरी करने को बहुत बुरा समझते थे इसलिए उनकी नज़र में कारोबार करने की अहमियत बढ़ गयी हो। वैसे किसी तरह का कारोबार करने की उन्हें कोई ख़ास ज़रूरत न थी। ज़मींदारी मौजूद थी।

जानवरों की बाज़ार से भी हर हफ़्ते आमदनी हो जाती थी। काम मज़े में चलता था। लेकिन फिर भी वो ज़िन्दगी-भर तरह-तरह के कारोबार करते और हर कारोबार में पैसा डूबता रहा, वह नाकाम होता रहा लेकिन कारोबार करने से उन्हें ऐसा मोह था कि वह मरते दम तक ख़त्म न हुआ।

कारख़ाना खोलने से पहले वो बहुत अच्छी तरह ग़ौर करते थे, काग़ज़ पर एक-एक पाई का ख़र्च-आमदनी लिखी जाती थी और हर तरह की एहतियात बरती जाती थी। हर तरह से देखा जाता था कि कारख़ाना मुनाफ़ा देगा या नहीं। काग़ज़ पर कारख़ाना बहुत फ़ायदेमंद दिखाई देता था। जबकि ख़र्चों में छोटे-छोटे ख़र्चे जैसे अब्बा मियाँ जब कारख़ाने जायेंगे तो इक्के पर बैठकर जायेंगे, इक्का घोड़ा चलाता है, घोड़ा दाना खाता है तो घोड़े के दाने के पैसे तक कारख़ाने के हिसाब में डाले जाते थे। यानी छोटे-से-छोटा ख़र्च तक दर्ज किया जाता था। वैसे भी अब्बा मियाँ काग़ज़ पर हिसाब-किताब बनवाने में बहुत ज़्यादा तफ़सील में चले जाते थे, इतनी ज़्यादा तफ़सील में कि उन पर अमल हो ही नहीं हो पाता था।

उन्होंने अपनी जवानी के दिनों में यानी सन् बीस के आसपास एक शकर का कारख़ाना खोला था। मशीनें बंबई से मँगायी थीं। कारीगर भी वहीं से आये थे। अच्छा-ख़ासा पैसा लगा था। योजना ये थी कि बंबई के कारीगर मुक़ामी शिया सैयद लड़कों को कारख़ाने का काम सिखा देंगे और उसके बाद चले जायेंगे। और शिया सैयद लड़के रोज़गार से लग जायेंगे। अब्बा मियाँ के हर कारोबार का बड़ा उद्देश्य ज़िले के शिया सैयद लड़कों को रोज़गार से लगाना भी होता था। ये बात शिया सैयद लड़के और उनके माँ-बाप अच्छी तरह जानते थे। इसलिए अब्बा मियाँ जब भी कोई नया कारोबार या कारख़ाना शुरू करनेवाले होते थे तो कई-कई बार के आजमाये हुए नाकारा और आवारा शिया सैयद उन्हें घेर लेते थे।

शकर का कारख़ाना कुल एक सीज़न चल पाया था, उसके बाद वह ठप्प हो गया था। बंबई के मिस्त्री तो शिया सैयद लड़कों को काम सिखाकर चले गये थे लेकिन उन्होंने काम नहीं सीखा था। शकर के गोदाम की छत टपकने लगी थी और सारी शकर पानी हो गयी थी। गन्ने की पैदावार भी अगले साल कम हुई थी और जितना शकर शिया सैयद सेल्समैनों ने बेची थी उसके पैसे नहीं आये थे। ऐसे हालात में कारख़ाना कई साल बंद रहा और उसके बाद कानपुर के एक कबाड़ी ने कारख़ाने की मशीनें वग़ैरह ख़रीद ली थीं।

शकर बनाने के कारख़ाने के पाँच साल बाद उन्होंने मोज़े बनाने का कारख़ाना खोला था। इसे भी खोलने से पहले काग़ज़ी काम बहुत तफ़सील से हुआ था। मशीन ख़रीदने अब्बा मियाँ दिल्ली गये थे। उनके साथ अब्बू साब, अँगनू, मास्टर शराफ़त हुसैन और हस्सू मिस्त्री थे। कानुपर से उन्होंने दो और लोगों को साथ ले लिया था। पूरा काफ़ला दिल्ली में पंद्रह दिन ठहरा था। काग़ज़ पर जो हिसाब

लगाया था उसमें यह नहीं लिखा जा सका था कि इतने लोग मशीन ख़रीदने जायेंगे। होता हर बार यही था कि जब काम शुरू होता था तो काग़ज़ी प्लान धरा रह जाता था और वो अपनी सनक के हिसाब से काम करते थे। उनके नया कारख़ाना खोलने की ख़बर मिलते ही आसपास के शिया सैयद जो उनके मिज़ाज और कमज़ोरियों से अच्छी तरह वाक़िफ़ होते थे, जमा हो जाते थे। इसके अलावा नये लोग उनके साथ काम न कर पाते थे क्योंकि वे उनकी सनक और गुस्से को समझ न पाते थे और जल्दी ही भाग खड़े होते थे।

मोज़ों के कारख़ाने में जो पहली खेप तैयार हुई वह अब्बा मियाँ ने अपने दोस्तों को तोहफ़ों में भेज दी। छोटे-से शहर में कितने मोज़े बिक पाते। शिया सैयद सेल्समैन जो दूसरे शहरों में मोज़े बेचने जाते थे, उनका आने-जाने, ठरहने, खाने-पीने का ख़र्चा बहुत हो जाता था और मोज़े बिकते थे दो जोड़ी। कभी-कभी क्या अक्सर सेल्समैन गाँव में पड़े रहते थे और एक हफ़्ते बाद लौटकर कई शहरों में घूम-घूमकर मोज़े बेचने का ख़र्चा ले लेते थे। ये कारख़ाना भी बहुत दिनों तक नहीं चला और जल्दी ही बंद हो गया।

मोज़े के कारख़ाने के बाद उन्होंने कपड़ा बनाने का एक करघा लगवाया था। उसका अंजाम भी कुछ दूसरा न हुआ था। करघा बंद होने के बाद उन्होंने रेलवे स्टेशन पर एक 'स्टाल' खोली थी। स्टाल खोलने के पीछे आइडिया ये था कि 'सेल्स' की अपनी जगह होनी चाहिए। वह जब चल जाये तो 'प्रोडक्शन' शुरू किया जाये। स्टाल में बेचने के लिए तरह-तरह का सामान लाया गया। अब्बू साब स्टाल में बैठते थे। लेकिन अक्सर वो न जा पाते थे और किसी और को भेजा जाता था। धीरे-धीरे ये होने लगा कि हर रोज़ एक नया आदमी स्टाल पर बैठने जाने लगा और ये पता ही न लग पाता था कि स्टाल का जो सामान ग़ायब है वह किसने किया है ? स्टाल पर बैठनेवालों को कभी-कभी ये पता ही न होता था कि वहाँ क्या-क्या है और उसकी क़ीमत क्या है। स्टाल तीन साल चली और जब उसका घाटा बर्दाश्त से बाहर हो गया तो वह ख़त्म हो गयी। उसकी लम्बी-चौड़ी शीशे लगी खिड़कियाँ घर आ गयीं और तहख़ाने के कबाड़ के साथ रख दी गयीं। जो सामान बच गया वह उन्होंने आने-जानेवाले लोगों को तोहफ़े में दे दिया।

अब्बा मियाँ को कारोबार करने से जितना लगाव था, नौकरी करने से उतनी ही नफ़रत थी। एक बार शहर में एक नयी सड़क बन रही थी। उसके लिए पत्थर डालने का ठेका लेने के लिए अब्बा मियाँ अंग्रेज़ कलक्टर के पास पहुँचे। कलक्टर उन्हें जानता था। वह समझा कि इन्हें पैसे वग़ैरा की तंगी है इसलिए काम करना चाहते हैं। उसने इन्हें ख़त दिया और कहा कि तुम मौक़े पर जाकर डिप्टी कलक्टर से मिल लेना। ये गये। डिप्टी साब को ख़त दिया। डिप्टी साब ने ख़त खोलकर पढ़ा और उन्हें मुबारकबाद दी और बताया कि कलक्टर ने आपको तहसीलदार

मुक़र्रर कर दिया है। ये हैरान रह गये थे। गये थे ठेका लेने और मिली तहसीलदारी। लेकिन चूँकि नौकरी करने को बुरा समझते थे इसलिए तैयार न हुए।

नौकरी को वो गुलामी कहा करते थे। बताते थे कि जब उनके वालिद ज़िन्दा थे तो शहर में एक नया अंग्रेज़ कलक्टर आया। दसका नाम रसल था। वह था तो बड़ा सख़्त और सनकी क़िस्म का आदमी लेकिन अब्बा मियाँ के वालिद को बहुत मानता था। जब उसका तबादला हुआ और अब्बा मियाँ के वालिद उससे मिलने गये तो उसने कहा, 'वेल नोवाब, तुम्हारा छोटा लड़का इतना होशियार है कि किसी रियासत का दीवान बन सकता है।' वापस आकर अब्बा मियाँ के वालिद ने उनसे कहा कि 'कलेक्टर साब ने इशारा किया है कि वो तुम्हें किसी रियासत का दीवान बनवा सकते हैं। अगर तुम कहो तो मैं बात करूँ।' लेकिन इन्होंने सख़्ती से इनकार कर दिया क्योंकि गुलामी नहीं करना चाहते थे।

कारख़ाने खोलने के अलावा उन्हें इलेक्शन लड़ने का भी शौक़ था। दो बार म्युनिस्पल बोर्ड के मेम्बर रह चुके थे। इलेक्शन लड़ने का काम भी वो कारोबार की तरह बहुत ज़्यादा तफ़सील से करते थे। काग़ज़ी काम बहुत ज़्यादा होता था। हर वोटर के नाम का एक चार्ट बनता था। चार्ट में कई ख़ाने होते थे। वोटर के नाम-पते वग़ैरा जैसी सामान्य जानकारियों के बाद एक ख़ाने में वोटर की कमज़ोरियाँ लिखी जाती थीं। मतलब उसमें कौन-सी कमज़ोरी है जिसे पूरा करने से वोट दे सकता है। एक ख़ाने में लिखा जाता था कि वह किसके असर में है। जिसके असर में होता था उसका नाम और पता लिखा जाता था। एक और ख़ाना था जिसमें वोटर किस साहूकार से क़र्ज़ लेता है, ये लिखा जाता था। इसके बादवाले ख़ाने में यह लिखा जाता था कि वह किसका मुरीद है यानी उसके पीर का क्या नाम और पता है। वोटर अगर हिंदू है तो यजमान का नाम-पता लिखा जाता था। एक ख़ाना फ़ौरी तकलीफ़ का भी बनता था। मतलब वोटर को तत्काल अगर कोई मदद दी जा सकती है तो वह क्या है, ताकि उसका दिल और फिर वोट जीता जा सके। अंतिम बड़ा ख़ाना क़ैफ़ियत का बनता था। इसमें विस्तार से लिखा जाता था कि वोटर से उनका कौन आदमी कब मिला और क्या बातचीत हुई। इसी ख़ाने में वोटर के साथ की गयी और की जानेवाली अगली कार्रवाई लिखी जाती थी। अगर ये तय पा ही जाता था कि वोटर उन्हें वोट नहीं देगा तो उसे इलेक्शन के दिन पूलिंग बूथ तक न पहुँचने दिया जाये, इसकी तरकीब भी इसी ख़ाने में लिखी जाती थी। मतलब उसे उसी दिन झूठा तार मिलेगा कि सास सख़्त बीमार है या पुलिस के सिपाही किसी इल्ज़ाम में हवालात में बंद कर देंगे या कुछ और।

इतनी ज़बरदस्त तैयारियों में पैसे का ख़र्च तो होता ही था। इलेक्शन के ज़माने में उनके सारे काम ठप्प हो जाया करते थे। गाँव पर से सारे सिपाही बुला लिये जाते थे। आसपास के गाँवों से दूसरे वर्कर जिनमें हर जाति-धर्म के लोग होते थे,

बुलाये जाते थे। बड़ी नीम के नीचेवाले फूस के छप्पर में कढ़ाव चढ़ जाता था और दिन-भर पूड़ियाँ छनती रहती थीं। अब्बा मियाँ को इलेक्शन लड़ने का ही नहीं, लड़वाने का भी शौक़ था। वो इलेक्शन लड़वाने लखनऊ तक जाते थे। सन् सैंतालीस से पहलेवाले इलेक्शन में उन्होंने मुक़ामी मुस्लिम लीग के उम्मीदवार के लिए काम किया था क्योंकि उम्मीदवार ख़ानदानी आदमी और उनका दोस्त था। लेकिन लखनऊ जाकर उन्होंने कांग्रेस के उम्मीदवार के लिए काम किया था क्योंकि वह शिया सैयद था और उससे उनके पुराने ताल्लुक़ात थे। वो इलेक्शन में सियासत और पार्टी न देखते थे। कहते थे हमारा आदमी है, जहाँ होगा हमारा काम करेगा। हमारा आदमी नहीं है, तो हमारा काम नहीं करेगा।

उनकी ज़मींदारी शहर से दूर एक दूसरी तहसील में थी। वहाँ वे रहते नहीं थे लेकिन कभी-कभी जाते ज़रूर थे। रहने के लिए गाँव के बीचोंबीच एक मकान था जिसे चौरा कहा जाता था। यह ऊँची कुर्सी देकर बनाया गया एक कच्चा मकान था जिसके सामने छप्पर पड़ा था और सामने अच्छी-ख़ासी बड़ी कच्ची चौहद्दी खिंची थी जिसमें नीम के दो बड़े पेड़ और कोने में एक कुआँ था। चौरें में वैसे उनके एक कारिन्दे अज़ीम मियाँ रहते थे। बाक़ी सिपाही गाँव के रहनेवाले थे जो अपने-अपने घरों में रहते थे। अब्बा मियाँ इक्के पर ही गाँव जाते थे। अपने यहाँ से सुबह रवाना होते थे तो गाँव दोपहर तक पहुँच जाते थे।

वो जमींदारी सख़्ती से करने के क़ायल थे। उनका मानना था कि ज़मींदार अगर ढीला पड़ गया तो ज़मींदारी ख़त्म हो जाती है। यही वजह है कि वो इलाक़े के सरकश लोगों को बड़ी-से-बड़ी सज़ा देते थे। एक बार उनके बाग़ से एक अहीर लड़के ने एक आम तोड़ लिया। उनके कारिन्दे ने लड़के को डाँटा और कहा-सुनी हो गयी। गाँव के लोग जमा हो गये। लाठी चल गयी और इनके कारिन्दे का हाथ टूट गया। जब इन्हें ये ख़बर मिली तो इन्होंने मेवातियों को बुलवाया। मेवातियों का एक गाँव इनके वालिद नवाब अली हुसैन ख़ाँ ने इसीलिए बसाया था कि फ़ौजदारियों में मेवातियों का मुक़ाबला कोई न कर पाता था। मेवाती बड़े ख़तरनाक लड़नेवाले और बहादुर मशहूर थे। मेवातियों के इस गाँव से लगान भी न वसूल किया जाता था। मेवाती जानते थे कि ये सहूलत उन्हें इसीलिए दी जाती है कि मौक़ा पड़ने पर मालिक की तरफ़ से जान तक दाँव पर लगाना है। उन्होंने मेवातियों से उस पूरे गाँव को लुटवाकर उसमें आग लगवा दी जहाँ उनके कारिन्दे पर लाठी चलायी गयी थी। इस वाक़ये पर कांग्रेसियों ने बड़ा आंदोलन चलाया था। कलक्टर तक के पास गये थे। जाँच करवायी गयी थी लेकिन कुछ न हो पाया था, क्योंकि ऊपर से नीचे तक के सरकारी अहलकार इनका साथ दे रहे थे।

जब गाँवों में लगानबंदी का आंदोलन शुरू हुआ तो उसके साथ भी अब्बा मियाँ ने बहुत सख़्तीवाला रुख़ अपनाया। बड़ी तादाद में किसानों को बेदख़ल किया।

उन पर तरह-तरह के झूठे-सच्चे मुक़द्दमे चलाये। उनको इतना परेशान किया कि नेता क़िस्म के किसान गाँव छोड़-छोड़कर भाग गये। इसी दौरान ज़मींदारों से असहयोग का आंदोलन चलाया गया था। एक बार अब्बा मियाँ चौरे पर थे तो धोबी नहीं आया। भंगी नहीं आया। नाई नहीं आया। पता चला कि ये सब असहयोग आंदोलन में शामिल हैं और चाहते हैं कि ज़मींदार गाँव से भाग जाये। अब्बा मियाँ को ऐसी चुनौतियाँ अच्छी लगती थीं। उन्होंने बहुत दूर के इलाक़े से सबसे पहले भंगी बुलाया क्योंकि पाखाना सड़ रहा था। फिर धोबी बुलाया गया। और अब्बा मियाँ जो हफ़्ते-दस दिन चौरे में रहकर लौट आते थे, पूरे एक महीने रहे। कुछ दिनों बाद उन्होंने उन सबको सज़ा देना शुरू की जो उनका बॉयकाट कर रहे थे। जल्दी ही हालात फिर क़ाबू में आ गये और वो शहर लौट आये। उनका मानना था कि आदमी दबा तो मरा और ख़ास तौर पर ज़मींदारीवाले काम में तो किसी भी तरह की मसलहत से काम न लेते थे। उनका एक ही उसूल था, वह था सख़्ती। यही वजह थी कि वो शहर के कांग्रेसियों में बड़े बदनाम थे। कांग्रेस से उनकी ये दुश्मनी आज़ादी के बाद भी चलती रही, जबकि उनको मालूम था कि अब हालात बदल चुके हैं और कांग्रेसी ही मुल्क पर हुकूमत कर रहे हैं और उनके साथ मिलकर या उन्हें खुश करके बहुत-कुछ हासिल हो सकता है। जमींदारी ख़त्म होने के बाद भी वे कांग्रेस में नहीं गये। वो उस वक़्त भी कांग्रेस को लुच्चों-लफंगों की पार्टी मानते रहे जब पूरे देश पर उनका राज्य था।

रात आठ बजे के बाद जब चारों तरफ़ अँधेरा और सन्नाटा इस तरह छा जाता था कि लगता अब सुबह ही न होगी तब काला बुर्क़ा पहने एक लम्बी-चौड़ी औरत अब्बा मियाँ के पास आया करती थी। आगे-आगे लालटैन लिए अँगनू चलते थे और वह उनके पीछे-पीछे आती थी। कहते थे वह एक बेड़िन थी जिसे अब्बा मियाँ ने डाल लिया था। उसका कद और काठी ही नहीं, बल्कि शक्ल भी मर्दों जैसी थी। अब्बा मियाँ उसके साथ रात का खाना खाते थे और वह रात-भर उनके साथ रहती थी। सुबह तड़के फिर अँगनू उसे उसके घर छोड़ आते थे। रात में बेड़िन का अब्बा मियाँ के पास आना एक ऐसा राज़ था जो जगज़ाहिर था। घरवाले और यहाँ तक कि शहरवाले भी इस बारे में तरह-तरह के मज़ाक़ किया करते थे। बेड़िन पर जो पैसा ख़र्च होता था उसकी तफ़सील अब्बू साब को मालूम होती थी और अब्बू साब ये सब अब्बा को बताते थे। अब्बा को ये लगता था कि उनके वालिद यानी अब्बा मियाँ बेड़िन पर अपना पैसा लुटा रहे हैं, जबकि उनके पैसे पर अगर किसी का हक़ बनता है तो वह उनका है, क्योंकि वो अब्बा मियाँ के इकलौते बेटे हैं। अब्बू साब बेड़िन के बारे में या ख़ास तौर पर उस पर होनेवाले ख़र्च की पूरी जानकारी अब्बा को दिया करते थे और अब्बा के दिल पर साँप लोटा करता था। एक बार अब्बू साब ने बताया कि बेड़िन ने मियाँ से कहा है कि उसका घर बनवा

दिया जाये। मज़दूर लग गये हैं, ईंट और सीमेंट आ गया है, घर बन रहा है। अब्बा को यह बहुत बुरा लगा क्योंकि वे खुद कच्चे घर में रहते थे और बेड़िन का पक्का घर बन रहा था। इसका यह मतलब भी था कि अब्बा मियाँ अपने बेटे-बहू को तो कच्चे घर में सड़ा रहे हैं और रखैल के लिए पक्का घर बनवा रहे हैं। रखैल के घर बनने के काम की एक-एक तफ़सील अब्बू साब अब्बा को बताते थे, जैसे आज लिंटर पड़ गया, आज प्लास्टर हो रहा है, आज दरवाज़े लग रहे हैं। इन सब बातों पर अब्बा का दिल जलता था।

औरतें अब्बा मियाँ की कमज़ोरी थीं। शुरू से ही उनके पास रखैलें थीं। रखैलों के अलावा दूसरी औरतों से ताल्लुक़ न करते थे। इस बात का ख़ास ख़याल रखते थे कि रखैलें उनके ही पास आयें, दूसरों के पास न जायें। दादी के मर जाने के बाद तो उन्होंने बेखटके रखैलों को बुलाना शुरू कर दिया था। दादी की ज़िंदगी में भी उनके पास कोई-न-कोई रखैल ज़रूर रहती थी पर उसे रोज़ न बुलाते थे। दादी जल्दी ही मर गयी थीं। जब वो मरीं तो उनकी उम्र पैंतालीस के आसपास थी। उन्होंने मरते वक़्त बसीअत की थी कि उन्हें इराक़ ले जाकर कर्बला-ए-मोअल्ला में दफ़न किया जाये। उनकी मौत के बाद अब्बा मियाँ दो नौकरों के साथ उनकी लाश लेकर इराक़ गये थे और वापसी पर हज करते हुए लौटे थे। उनका ये पहला समन्दरी सफ़र था जिसके क़िस्से सुनाया करते थे। पूरे सफ़र में उन्हें एक साल लगा था। इस सफ़र में एक दुर्घटना ये हुई थी कि वापसी पर एक नौकर कराची बंदरगाह पर छूट गया था और फिर लौटकर वापस न आ सका क्योंकि उसके बाद पाकिस्तान बन गया था और वह पाकिस्तानी शहरी हो गया था।

दादी की लाश को इराक ले जाना मुश्किल काम था। पहले लाश पर मसाले वग़ैरा लगाकर उसे तरह-तरह के कपड़ों और कफ़न में लपेटा गया था कि उसमें बदबू न आये और लाश ख़राब न हो। इसके बाद एक लकड़ी के बड़े संदूक में बहुत-से मसालों वग़ैरा के साथ लाश रखी गयी थी और ख़ासी क़ानूनी कार्रवाइयों के बाद उसे इराक़ ले जाने की इजाज़त मिली थी। अब्बा मियाँ जब वापस आये थे तो अरबों के बारे में उनकी अच्छी राय न थी। वो उन्हें जाहिल बद्दू और लुटेरे क़िस्म के लोग कहते थे। वो ये भी बताते थे कि अरबों का ईमान उतना पक्का नहीं होता जितना हिंदुस्तानी मुसलमानों का होता है। अरबों के बरख़िलाफ़ वो ईरानियों की तारीफ़ करते थे।

अब्बा मियाँ की शादी उनके लड़कपन में ही लखनऊ के एक ऐसे ख़ानदान में हुई थी जिससे पुरानी रिश्तेदारी थी। शादी के बाद उनकी कई औलादें जाती रही थीं। एक लड़का तो आठ साल का होकर मरा था। उसके मरने का अब्बा मियाँ पर इतना सदमा हुआ था कि ईसाई होने पर तुल गये थे। कहते थे मेरे अल्लाह ने जब मेरा गिड़गिड़ाना न सुना तो किसी दूसरे खुदा की तलाश क्यों न

करूँ ? ये जुनूनी कैफ़ियत उन पर कई महीने रही थी। बहुत ज़्यादा समझाने-बुझाने के बाद और मौलवियों के क़ायल-माक़ूल करने से ही उन्होंने ईसाई हो जाने का अपना इरादा बदला था। कई बच्चों के गुज़र जाने के बाद बड़ी मन्नतों और मुरादों के बाद अब्बा हुए थे। उसके बाद तीन लड़कियाँ हुई थीं। अब्बा चूँकि बड़ी मन्नतों-मुरादों के बाद हुए थे और अकेले लड़के थे इसलिए उन पर ख़ास ध्यान दिया गया। अब्बा के लड़कपन के ज़माने में ही अब्बा मियाँ और उनके भतीजों के दरम्यान ज़बरदस्त मुक़द्दमेबाज़ी शुरू हो चुकी थी। इसलिए भी अब्बा की ख़ासी निगरानी की जाती थी कि वो कहीं नज़रों से ओझल न होने पाएँ। उन्हें ऐसी जगहों पर जाने और ऐसे काम करने से रोका जाता था जिनमें किसी भी क़िस्म के ख़तरे की गुंजाइश होती थी। जैसे शिकार पर जाने की उन्हें इजाज़त न थी। तैरना उन्हें नहीं सिखाया गया था। उन्हें घर के बाहर न जाने दिया जाता था। ज़्यादातर वो घर के अंदर ही रहते थे और अकेले खेलते थे। बचपन में उन्हें जूतियों से खेलना बहुत पसंद था और घण्टों वो जूतियों से खेला करते थे। जब वो बाहर जाते थे तो उनके साथ हमेशा बहुत विश्वसनीय क़िस्म के दो नौकर होते थे। उनके खाने-पीने, नहाने-धोने पर भी ध्यान रखा जाता था कि कहीं तबीयत न ख़राब हो जाये या ठण्ड न लग जाये। सबसे बड़ी बात यह थी कि उनके ऊपर एक सख़्त, ज़िद्दी और गुस्सैल बाप का साया था।

पढ़ाई के ज़बरदस्त समर्थक अब्बा मियाँ ने अपने बेटे को पढ़ाने-लिखाने में कोई कसर न उठा रखी। शुरू में घर पर उन्हें कुरान पढ़ाया गया। उर्दू पढ़ायी गयी। उसके बाद उनका नाम स्कूल में लिखाया गया। घर पर दो-दो मास्टर आकर पढ़ाते थे। लेकिन जितनी ज़्यादा कोशिशें की जाती थीं अब्बा उतने ही ज़्यादा पिछड़ते जाते थे। आठवीं में दो बार फेल हो गये। उसी दौरान उनकी शादी तय हो गयी। चूँकि इकलौते लड़के थे और अब्बा मियाँ के ताल्लुक़ात बहुत लोगों से थे इसलिए कहलाया कि बारात में एक हज़ार आदमी आयेंगे। दूसरी तरफ़ से कहलाया गया कि इतने लोगों को ठहराने का इंतिज़ाम नहीं किया जा सकता। अब्बा मियाँ अपनी सारी सनक, कमज़ोरियों और अकड़ के साथ-साथ ऐसे आदमी भी थे जो मौक़ा पड़ने पर शतरंज की ऐसी चाल चल देते थे कि सामनेवाला पस्त पड़ जाता था। उन्होंने कहलवाया, ठीक है आप लोग हमारे ठहराने की फ़िक्र न करें। बारात मुस्लिम मुसाफ़िरख़ाने में ठहर जायेगी। यह वार अचूक साबित हुआ। लड़कीवालों को लगा कि उनके घर आयी बारात अगर मुसाफ़िरख़ाने में ठहरी तो उनकी नाक कट जायेगी। उन्होंने कहला भेजा कि नहीं बारात वही ठहरायेंगे। बहरहाल बारात में एक हज़ार तो नहीं लेकिन सात सौ के आसपास लोग गये थे।

शादी के बाद अब्बा की पढ़ाई जारी न रह सकी। लेकिन अब्बा मियाँ उन्हें हाईस्कूल का प्राइवेट इम्तिहान दिलवाते थे। दोनों कमर कसे थे। अब्बा कमर कसे

थे कि पास होकर न देंगे और अब्बा मियाँ कमर कसे थे कि देखें कब तक पास नहीं होते। ये रस्साकशी चार साल तक चलती रही। आख़िरकार अब्बा को हार माननी पड़ी। वो हाईस्कूल थर्ड डिवीजन पास हो गये। अब्बा की सबसे बड़ी कमज़ोरी हिसाब था। वो रुपये गिनने तक को हिसाब का बहुत बड़ा काम समझते थे और अक्सर टाल जाते थे। गणित के साधारण सवाल तक न कर पाते थे। पहाड़े नहीं आते थे। गणित में ही वे हर साल फेल होते थे। उन्हें इतिहास में बहुत दिलचस्पी थी। लेकिन कुल मिला-जुलाकर पढ़ने में उनका दिल न लगता था। हाईस्कूल के बाद अब्बा मियाँ उन्हें अलीगढ़ भेजना चाहते थे लेकिन उन्होंने कुछ इस तरह गिड़गिड़ाकर माफ़ी माँगी कि अब्बा मियाँ को तरस आ गया और अब्बा की पढ़ाई ख़त्म हो गयी।

अब्बा के कोई दोस्त न थे। उनका ज़्यादातर वक़्त नौकरों, ख़ास तौर पर अब्बू साब के यहाँ बातचीत करने में गुजरता था। इसके अलावा मुश्ताक़ और दूसरे नौकरों से भी बातें करते थे। अपने बराबरवाले लोगों से मिलने-जुलने में बहुत घबराते थे। ख़ास तौर पर अगर कोई बाहर का आदमी होता था तो अब्बा की घबराहट और झुँझलाहट बढ़ जाती थी। जायदाद या ज़मींदारी के कामों में वे दिलचस्पी न लेते थे या अब्बा मियाँ के रहते ये मुश्किल था। क्योंकि अब्बा मियाँ हर फ़ैसला खुद करते थे इसलिए अब्बा को कोई फ़िक्र न थी। दिन-दिन भर घर में रहा करते थे या नौकरोंवाली खपरैल और अब्बू साब के घर में बैठे बातें करते रहते थे। अब्बा मियाँ अब्बा को बेवकूफ़ और गावदी समझते थे इसलिए भी उन्हें कोई काम न सौंपा जाता था। धीरे-धीरे वो किसी भी तरह के काम से घबराने लगे थे। ज़िम्मेदारी उठाना उन्हें पसंद न था।

अब्बा सुबह से शाम तक घर में इधर-उधर आते-जाते और यहाँ-वहाँ उठते-बैठते थे। चूँकि हम लोगों का घर शहर से बाहर था इसलिए आम तौर पर वही लोग आते थे जिन्हें कोई काम होता था, अब्बा मियाँ से मिलना होता था। जो रोज़ के आनेवाले थे, वो अपना काम करने आते थे और चले जाते थे।

अब्बा का क़द छोटा था और वे दोहरे बदन के थे। आम तौर पर कमीज़-पाजामा पहनते थे। बाहर जाने के लिए शेरवानी थी जिसे पहनने की नौबत कम ही आती थी। उनका रंग गहरा था और कान काफ़ी मोटे थे। सिर पर बाल न थे और दाढ़ी-मूँछें भी न रखते थे। माथे पर लकीरें थीं और चेहरा भरा-भरा था।

अब्बा हम लोगों का बड़ा ख़याल रखते थे। बचपन की यादों में एक यह याद बहुत स्पष्ट है कि जब हममें से किसी को जाड़ा देकर बुख़ार आ जाता था तो पूरे जिस्म में बड़ी थरथरी होती थी। ऐसे में लिहाफ़ उढ़ाया जाता था लेकिन थरथरी फिर भी कम न होती थी तो अब्बा लिहाफ़ के ऊपर उल्टे लेटकर इस तरह दबोच लेते थे कि थरथरी कम हो जाती थी। अब्बा बीमारी में हम लोगों का ख़ास ख़याल

रखते थे। दवाएँ देना, खाना खिलाना, डॉक्टरों को बुलवाना और दीगर तीमारदारी करते न थकते थे।

हम दोनों भाई जब क़रीब चार या पाँच साल के थे तो रोज़ सुबह उठकर मुँह-हाथ धोने और नाश्ता करने के बाद बाहर अब्बा मियाँ को आदाब करने जाते थे और हम दोनों को रोज़ एक-एक आना मिलता था। हम दोनों को खिलाने के लिए प्यारे नाम का एक लड़का नौकर था जो हमें साथ लेकर क़िले से नीचे उतरता था और बाग़ ले जाता था। बाग़ में फलों की कोई ऐसी फ़सल ज़रूर होती थी जो हम फ़ौरन तोड़कर खा सकते, जैसे कभी अमरूद होते थे, कभी संतरे होते थे और कभी फालसे का मौसम होता था। प्यारे हम लोगों को फल तोड़कर देता था और कहता था कि फल पेड़ के हैं। पेड़ उनका मालिक है। हमें पेड़ को पैसे देने चाहिए। हम दोनों अपनी-अपनी इकन्नी पेड़ पर रख दिया करते थे। वह ज़रूर बाद में जाकर उठा लेता होगा।

कभी-कभी वह हम लोगों को कच्ची सड़क तक ले जाता था जहाँ मक्कू भुँजवे की दुकान थी। वहाँ से हम लोग मुरमुरे और गट्टे खरीदते थे और उन्हें खाते हुए घर लौट आते थे। अभी हम लोग इतने बड़े न थे कि हमारी पढ़ाई-लिखाई की फ़िक्र की जाती। लेकिन दो साल के बाद हम लोगों की बिस्मिल्लाह हुई। नये अच्छे कपड़े बने। एक छोटी-सी चाँदी की तख़्ती और क़लम बनवाया गया। ज़ाफ़रान की स्याही बनी। एक मौलवी साहब आये और अब याद नहीं लेकिन कुछ दुआएँ वग़ैरा पढ़कर उन्होंने हम लोगों के हाथ में क़लम दिया। हमारे हाथ को पकड़कर मौलवी साहब ने क़लम दावात में डुबोकर 'बिस्मिल्लाह' लिखा। मिठाई और खाने-पीने का इंतिज़ाम था। उसके बाद से एक मौलवी साब रोज़ सुबह आने लगे और हमने कुरान पढ़ना शुरू कर दिया। पढ़ना क्या था वो हमें रटवाते थे और हम जितना हो सकता था, रट लेते थे। मुश्किल ये थी कि देर तक बैठना अच्छा नहीं लगता था और जी चाहता था कि खड़े-खड़े या भागते-दौड़ते हुए पढ़ाई हो तो ज़्यादा अच्छा है।

अब्बा से हम लोग जब कोई फ़रमाइश करते थे तो कभी मना न करते थे। हम लोगों के लिए उनकी जुबान से कभी नहीं न निकलता था। जब हम छोटे थे तो हम दोनों भाई उनकी उँगली पकड़कर बाग़ तक जाते थे। आम तौर पर गर्मियों की सुबहें खुशगवार हुआ करती थीं और बाग़ में आम की फ़सल होती थी। हम लोग टपके हुए पक्के आम लेकर घर आते थे। अब्बा को आम बहुत पसंद थे। आम के अलावा उन्हें हर तरह का अच्छा खाना पसंद था, ख़ास तौर पर भिण्डी की सब्ज़ी पर जान देते थे।

जब हम लोग कुछ बड़े हो गये और घर पर कुरान पढ़ानेवाले मौलवी साब ने कई साल पढ़ा लिया तो अब्बा हम लोगों को लेकर सरकारी स्कूल गये और वहाँ हमारा नाम लिखवा दिया। स्कूल में पहले दिन मेरा छोटा भाई बहुत रोया था। मैं उससे एक साल बड़ा था लेकिन हम दोनों का नाम एक ही क्लास में लिखवाया गया था ताकि हमें एक-दूसरे से दुसराहट रहे और हम घबरायें नहीं।

बचपन में अब्बा की यादों में एक और याद अब्बा के साइकिल सीखने की है। अब्बा को कोई नौकर साइकिल सिखाता था और हम लोग साइकिल के पीछे-पीछे भागते थे। कई महीने साइकिल सीखने के बाद भी अब्बा साइकिल चलाना न सीख सके थे और आख़िरकार उन्होंने ये छोड़ दिया था। कुछ साल बाद जब हम कुछ बड़े हुए और दूसरों की साइकिलों से साइकिल चलाना सीख लिया तो अब्बा ने हम लोगों के लिए एक नयी साइकिल ख़रीदी थी।

सुबह अब्बा किसी मिस्त्री के साथ साइकिल लेने कानपुर गये थे क्योंकि हमारे शहर में छोटी साइकिलें न मिलती थीं। हम लोगों ने दिन-भर बेसब्री से अब्बा का इंतिज़ार किया था। शाम हो गयी थी। अँधेरा घिर आया था। लालटैनें जल गयी थीं। चारों तरफ़ घना अँधेरा छा गया था लेकिन अब्बा लौटकर नहीं आये थे। अब्बा जब साइकिल लेकर आये तो रात काफ़ी हो गयी थी। नयी चमचमाती हुई साइकिल उनके साथ थी। लालटैन की रोशनी में उसकी ख़ूबसूरती देखते ही बनती थी। उसकी घण्टी की आवाज़ से अच्छी आवाज़ कोई न थी। रात का वक़्त था लेकिन फिर भी हम लोगों ने फाटक के अंदर साइकिल से एक चक्कर लगाया था।

अब्बा कभी नाराज़ हो जाते थे तो पिटाई तक कर देते थे। आम तौर पर वे शाम देर से लौटने पर बहुत नाराज़ होते थे। शाम को देर से घर लौटने पर हुई दो-चार पिटाइयाँ मुझे याद हैं। अब्बा अर्रे की छड़ी से पैरों पर मारते थे और आम तौर पर मारते ही चले जाते थे।

शहर की मुख्य सड़क से एक पतली कच्ची सड़क निकलती थी जो गंगाधाट तक जाती थी। इस सड़क पर मुड़ते ही कुछ अजीब-सा सन्नाटा हो जाता था। सड़क के दाहिनी तरफ़ एक नाला था। नाले के सामने, जहाँ से कच्ची सड़क से बायीं तरफ़ आने के लिए एक रास्ता निकलता था, मक्कू भुँजवे का घर और दुकान थी। बायीं तरफ़ मुड़कर क़रीब दो सौ बीघे का एक मैदान था जिसमें जगह-जगह नीम के विशाल पेड़ लगे थे। यह बरधाई बाज़ार कहलाती थी जहाँ हर सनीचर को जानवरों की बाज़ार लगती थी। इस मैदान में एक-दो खपरैलें पड़ी थीं जिन्हें लिखाई कहा जाता था। जहाँ बेचे-ख़रीदे गये जानवरों की लिखा-पढ़ी होती थी। बाज़ारवाले मैदान के उत्तर की तरफ़ दबे-दबे कच्चे घरों की दो क़तारे थीं जिनके बीच से एक रास्ता निकलता था जो एक टीले की चढ़ाई तक आता था। टीले की चढ़ाई के एक तरफ़ तालाब और दूसरी तरफ़ खेत थे। चढ़ाई की ढलानों पर

चिलवर, नीम, जंगल-जलेबी, बबूल, शीशम और अर्रे के विशाल पेड़ थे। नीचे से देखने पर यह पता ही न चल पाता था कि इस टीले पर मकानात भी हो सकते हैं। इन्हीं मकानों को क़िला कहा जाता था।

ऊपर आकर चढ़ाई दो हिस्सों में बँट जाती थी। एक तरफ़ परदादा का बनवाया हुआ हवेलीनुमा मकान था और दूसरी तरफ़ एक फाटक था। यहीं से हमारे घर की हद शुरू होती थी। फाटक के दाहिनी तरफ़ कुछ हटकर कुआँ था। क़िले पर यही कुआँ पानी का अकेला साधन था। इसी कुएँ में पुराही लगती थी तो सिंचाई होती थी। कुएँ पर दो तरफ़ पत्थर की सिलें लगाकर उन पर गरारियाँ लगायी गयी थीं। जब पानी भरा जाता था तो रस्सी पत्थर की सिल पर घिसती थी जिससे सिल पर गहरे-गहरे रस्सी खींचे जाने के निशान पड़ गये थे। पता नहीं कितने सौ सालों में ये निशान पड़े थे। पता नहीं उन निशानों को बनने में कितने लाख घड़े पानी खींचा गया होगा। कुएँ के बारे में तरह-तरह की बातें मशहूर थीं। उनमें से एक तो ये थी कि इस कुएँ के अंदर लोहे के सात बड़े-बड़े तवे पड़े हैं जो पानी रोकने के लिए डाले गये हैं। जब कुआँ खुद रहा था तो पानी का एक ऐसा सोता मिल गया था जो उफनता ही चला आता था। उसको कम करने के लिए एक-दो नहीं पूरे सात तवे डाले गये थे तब कहीं जाकर पानी उफनने से रुका था। दूसरी कहानी ये थी कि इस कुएँ के अंदर बड़ा क़ीमती सामान पड़ा है। ग़दर में जब यहाँ से लोग भागे थे तो क़ीमती सामान इसी कुएँ में डाल दिया गया था। वह अब तक इसी में है। निकाला नहीं गया। तीसरी कहानी ये थी कि जब यह क़िला बनाया गया तो कई कुएँ खोदे गये लेकिन हर कुएँ से खारा पानी निकलता था। थक-हारकर एक पहुँचे हुए फ़क़ीर को बुलाया गया। वह आया। खुले आसमान के नीचे खड़ा हुआ। उसने कोई दुआ पढ़ी। आँखें बंद कीं और चारों तरफ़ घूमा। फिर एक सिम्त चल पड़ा और एक जगह आकर रुक गया उसने कहा, 'यहीं कुआँ खोदो। इतना पानी निकलेगा कि कभी ख़त्म न होगा। इतना ज़्यादा पानी निकलेगा कि उसे रोकना दुश्वार हो जायेगा। ऐसा पानी निकलेगा कि जो एक बार उसे पी लेगा यहीं का हो जायेगा।' ख़ैर साहब, वहीं कुआँ खोदा गया और फ़क़ीर की भविष्यवाणियाँ सही साबित हुईं।

बक़रीदी कुएँ से बड़ा प्यार करता था। गर्मियों में पानी भरते-भरते उसकी उँगलियों में छाले पड़ जाते थे। वे फट जाती थीं और गट्टे पड़ जाते थे। लेकिन वह कुएँ की लगातार तारीफ़ करता था। कुएँ में अगर कभी कोई कंकड़ या लकड़ी डाल देता था तो बक़रीदी उसका दुश्मन हो जाता था। कहता था, भइया किसी और कुएँ का पानी पीकर प्यास ही नहीं बुझती। यही कुआँ है जो प्यास बुझाता है। कुएँ से पुराही करनेवाला अफ़ीमची सुखराम चमार तो यही कहता रहता था कि बस इसी कुएँ के दम से हरियाली है। बस इसी कुएँ का परताप है। बस यही

कुआँ तो है। गर्मियों की तपती दोपहर में वह सिर्फ़ लँगोट बाँधकर पुराही करता था। उसका काला, तगड़ा और पसीने से भीगा शरीर धूप में चमकता रहता था और हर घण्टे बाद वह पुर से गिरनेवाले पानी के नीचे बैठ जाता था। बिलकुल तर हो जाता था। कहता, आत्मा तर गयी, आत्मा। बिन पानी सब सून। आसपास रहनेवाले इसी कुएँ से पानी भरने आते थे। राहगीर रास्ता छोड़कर यहाँ पानी पीते थे। कहा जाता था कि बर्फ़ के पानी से प्यास भड़कती है लेकिन इस कुएँ के पानी से प्यास बुझती है। अब्बू साब तो यहाँ तक कहते थे कि भइया इस कुएँ का पानी पीनेवाला कहीं दूसरी जगह बीमार पड़ जाये और लौटकर यहाँ आये, इस कुएँ का पानी पिये तो अच्छा हो जाता है।

दो खंभों, जिनमें फाटक नहीं था, के अंदर जो मैदान था उसमें बायीं तरफ अस्तबल था। अस्तबल के बराबर एक कच्चा दालान था जिसके सामने छप्पर पड़ा था। मुश्ताक़ यहीं रहते थे। अस्तबल में घोड़ा बँधता था और सामने बाहर इक्का खड़ा रहता था। अस्तबल के दाहिनी तरफ़ एक कोठरी थी जिसके नीचे एक खों थी। इसमें आम तौर पर जानवरों को खिलाने के लिए भूसा भरा रहता था। अस्तबल के दाहिनी तरफ़ के मैदान में बहुत-से खूँटे थे और कुछ नाँदें बनी हुई थीं जहाँ जानवर बँधते थे। मैदान के बायीं तरफ़ एक लम्बी-चौड़ी खपरैल थी जहाँ अब्बा मियाँ ने करघा लगवाया था। करघा तो अब न था लेकिन खपरैल थी जिसमें जाड़ों में जानवर बाँधे जाते थे। मैदान के ठीक पूरब में कुछ आगे जाकर गुलहड़ की एक बाड़ जैसी लगी थी और लकड़ी का एक और ऊँचा गोल दर था जिस पर लताएँ चढ़ी रहती थीं। इस दर के सामने एक बड़ा आँगन जैसा था जिसमें नीम का पेड़ लगा था, उसी आँगन में पूरब की तरफ़ अब्बा मियाँ की खपरैल थी जिसे बँगलिया कहा जाता था। बँगलिया के दाहिनी तरफ़ नौकरोंवाली खपरैल और उसके पीछे फूस का बड़ा छप्पर था। अब्बा मियाँ की बँगलिया के दाहिनी तरफ़ ही फूलों की क्यारियाँ और बेलें, चमेली, रात की रानी की रविशें थीं। यहीं हारसिंगार का एक बड़ा पेड़ था।

यह पूरा रक़्बा कोई चार बीघे का रहा होगा जिसमें से ज़्यादातर हिस्सा खुला हुआ था। वहाँ या तो मौसमी सब्ज़ियाँ लगायी जाती थीं या जंगली घास उगी रहती थी। मैदान के एक तरफ़ थूहड़ की क़रीब दस-पंद्रह फुट ऊँची बाड़ लगी थी। बाहर दो पाखाने थे जो दोनों खपरैलों से अच्छी-ख़ासी दूर थे। एक बड़ा पाखाना था जिस पर खपरैल की छत थी और दूसरा छोटा था जिस पर कोई छत नहीं थी। छोटावाला पाखाना अब्बा मियाँ इस्तेमाल करते थे। बड़ा सबके लिए था। आम तौर पर नौकर उसमें जाते थे।

घर के अंदर जाने के लिए जो ड्योढ़ी थी उसके पास अब्बू साब की खपरैल और उससे मिला यासीन मियाँ का घर था। ड्योढ़ी में लकड़ियाँ भरी रहती थीं जो

खाना पकाने के काम आती थीं। ड्योढ़ी की छत कच्ची थी। बाहरवाला दरवाज़ा मामूली लेकिन मजबूत था। ड्योढी के अंदर कच्चा आँगन था जिसमें तीन तरफ़ खपरैलें पड़ी थीं। दो तरफ़ की खपरैलों के पीछे दालान थे और तीसरी खपरैल के पीछे कुछ नहीं था जो बावर्चीख़ाने के तौर पर काम में लायी जाती थी। बावर्चीख़ाने की खपरैल धुएँ से बिलकुल काली हो गयी थी। खपरे, बाँस और धन्नियाँ सबकुछ काला था।

दोनों दालानों के बग़ल में कोठरियाँ थीं। उनमें से एक कोठरी के नीचे खों थी जिसमें अनाज रखा जाता था। आँगन के चौथी तरफ़ बाहरी दीवार थी जिसके पीछे खेत और अमरूद के बाग़ थे। इस दीवार और बावर्चीख़ानेवाली खपरैल के बीच से एक पतला गली जैसा रास्ता था जो मकान के उस हिस्से में जाता था जहाँ तीन पक्के कमरे थे। इन कमरों के नीचे तहख़ाना था। कमरों में बड़ी-बड़ी खिड़कियाँ थीं जिनमें लोहे की सरियाँ और लकड़ी के पल्ले लगे थे। हर कमरे के साथ एक कोठरी थी। और दो कमरों के बीच गुसलख़ाना था। कमरों की खिड़कियों से नीचे खेत और अमरूद के बाग़ दिखाई देते थे। दूर अस्पताल की इमारत और तहसील के कुछ हिस्से भी नज़र आते थे। किनारेवाले कमरे के बराबर एक टीन का सायबान था जिसमें लकड़ी के बड़े-बड़े बक्सों में लिहाफ़-गद्दे रखे जाते थे। किनारेवाला कमरा काफ़ी साफ़-सुथरा और रँगा-चुना रहता था। बीचवाला कमरा इमामबाड़ा था जो मोहर्रम में ही खुलता था। वैसे साल-भर बंद रहता था।

किनारेवाले कमरों की खिड़कियों पर, जो बाहर की तरफ़ खुलती थीं, टीन के छज्जे थे। कुल तीन कमरों और तीन कोठरियों में बारह टीन के छज्जे थे और सायबान पर टीन की छत भी काफ़ी बड़ी थी।

बरसात की काली सुनसान और डरावनी रातों में मूसलाधार बारिश की आवाज़ टीन के छज्जों और सायबान पर सिहरन पैदा कर देनेवाला एहसास पैदा करती थी। रात-रात भर पानी बरसता रहता था। बिजली की कड़क एक पल के लिए दूर तक फैले अँधेरे को दिन जैसा रौशन बना देती थी और फिर भयानक सन्नाटा और टीन के छज्जों पर पानी गिरने की आवाज़ के साथ-साथ मेंढकों, और झींगुरों के बोलने की लगातार आती आवाज़ें जिनमें कभी-कभी एक अजीब तरह की आवाज़, जो दाँत किरकिराने जैसी होती थी, शामिल हो जाती थी। कहते थे यह साँप की आवाज़ है। उनके बिलों में जब पानी चला जाता है तो गुस्से में चिल्लाते हैं और सूखी जगह की तलाश में बाहर निकलते हैं। सूखी जगहें वहीं बचती थीं जहाँ लोग रहते थे। कमरे, दालान या खपरैलें।

बारिश के साथ-साथ तेज़ हवा के झोंके फुहार कमरे के अंदर तक ले आते थे और चादरें भीग जाती थी। किसी खिड़की या दरवाज़े के पट भड़भड़ाते थे और लालटैन फक्क से बुझ जाती थी। अँधेरे में तड़ातड़ की आवाज़ों के साथ झीं-झीं

और टर्र-टर्र और कभी-कभी क्रीऽऽ-की-क्रीऽऽ-की की आवाज़ें लगता था एक-दूसरे से मुक़ाबला कर रही हैं। हवा जब तेज़ होती तो अरटि सुनायी देते। कभी किसी पेड़ की डगाल टूटती तो चर्राहट गूँजती और डगाल के ज़मीन पर गिरने की आवाज़ आती।

किनारेवाले कमरों में नहीं, क्योंकि वे पक्के थे, लेकिन दालानों और खपरैलों में अक्सर पानी टपकने लगता था हालाँकि बरसात शुरू होने से पहले खपरे नीचे उतारे जाते थे, ठट्टर बाँधा जाता था, टूटे-फूटे खपरे बदले जाते थे। दालान की कच्ची छतों पर मज़दूर दिन-दिन भर लकड़ी की हथौड़ीनुमा चीज़ से ठुक-ठुक किया करते थे। मिट्टी डाली जाती थी। इतने सारे इंतिज़ाम के बाद भी छतें टपकती थीं। उसका फौरी इंतिज़ाम ये किया जाता था कि पलँग खिसका लिए जाते थे और पानी टपकनेवाली जगह हँडिया रख दी जाती थी जिसमें टपाटप बूँदें गिरती रहती थीं।

सुबह अगर बारिश रुक जाती तो पूरा दृश्य पानी में धुला-धुलाया इतना साफ़ होता था कि काल्पनिक तक लगने लगता था। जैसे सचमुच पेड़-पौधे, आसमान न हों बल्कि उनकी छायाएँ हों। जैसे कभी-कभी तालाब के साफ़ ठहरे पानी में उभर आती हैं। एक-एक पत्ती ताज़ी लगती थी और ज़मीन बीरबहूटियों और केंचुओं से भर जाती थी। केंचुओं में तो हम लोगों को कोई ख़ास दिलचस्पी न थी लेकिन लाल मख़मल की खालवाली बीरबहूटियों को पकड़कर हाथ पर बैठाना और उन्हें हाथ पर चलने देना मज़ेदार खेल होता था। बीरबहूटियाँ छूने से रुक जाती थीं, और फिर कुछ देर बाद अपने-आप चलने लगती थीं। हम लोग मेंढक के बच्चों को पकड़ने की भी कोशिश करते थे और उन्हें पकड़कर बोरे में बंद कर लेते थे।

तीनों तरफ़ के तालाब बारिश में लबालब भर जाते थे और आपस में मिल जाते थे। आने-जानेवाले छोटे-मोटे रास्ते या तो बंद हो जाते थे या घुटनों-घुटनों तक पानी में हैलते हुए आना पड़ता था। कभी-कभी पानी इतना ज़्यादा हो जाता था कि चढ़ाईवाला रास्ता तक बंद हो जाता था। चढ़ाई से नीचे उतरते ही कीचड़ का एक ऐसा सिलसिला शुरू होता था जो कच्ची सड़क पर जाकर ही कुछ कम होता था। बरसात के दिनों में रबड़ के जूते निकाल लिए जाते थे क्योंकि न तो चमड़े के जूते काम आते थे और न चप्पलें ही चल पाती थीं।

कभी-कभी मूसलाधार बारिश होने के बाद झड़ी लग जाती थी, जो कई-कई दिन जारी रहती थी। पहली बारिश में नहीं, लेकिन उसके बाद जो अच्छी बारिशें होती थीं उनमें लोग नहाते भी थे। अब्बू साब कहते थे कि बारिश में नहाने से गर्मी-दाने ख़त्म हो जाते हैं। वे तेज़ बारिश में एक बँसखटा अपने आँगन में डाल लेते थे और उस पर जाकर बैठ जाते थे। हम लोग कमीज़ें या कुर्ते उतारकर बारिश में खूब नहाते थे।

बरसात के दिनों में रात का खाना शाम को ही, सूरज डूबने से पहले खा लिया जाता था क्योंकि रात में लालटैनें या लैम्प जलते ही न जाने कहाँ से लाखों की तादाद में कीड़े और पतिंगे आ जाते थे जो खाने में गिरते थे। खाना पकानेवाली बुआ लकड़ियों के गीली होने की लगातार शिकायत करती रहती थीं और खाना-वाना बनाकर सूरज ढलते ही अपने घर चली जाती थीं।

एक-दो बारिशों के बाद सामनेवाले मैदान को छोड़कर हर तरफ़ लम्बी-लम्बी घास निकल आती थी जो कभी-कभी तो इतनी ऊँची हो जाती थी कि उसमें आदमी तक आसानी से छिप सकता था। कुछ दीवारों, ख़ास तौर पर मस्जिद की दीवारों और मीनारों पर हरी काई जम जाती थी जो देखने में बहुत अच्छी लगती थी। चारों तरफ़ दूर-दूर तक खेतों में धान लगाया जाना शुरू हो जाता था और कुछ ही दिन बाद हरे और नीले रंग के अलावा कुछ और न दिखाई देता था। कहीं-कहीं उसमें से झाँकती कच्चे घरों की दीवारें या छप्परों और खपरैलों के एक-आध कोने ही दिखाई पड़ते थे।

दिन में जब बादल आते थे तो लगता शाम हो गयी है। सुरमई, गहरे स्लेटी और काले बादल इस तरह उमड़कर आते थे कि अँधेरा-सा छाने लगता था। उमड़ते-घुमड़ते और हरे पेड़ों की फुनगियों को छूते बादलों को देखकर खुशी से चिल्लाने और लगातार भागते रहने का मन होता था। नीम के बड़ेवाले पेड़ में झूला डाला जाता था और लम्बी-लम्बी पेंगें लगायी जाती थीं।

इसी ज़माने में आम आना शुरू हो जाते थे। तहख़ाने में आम की पाल डाली जाती थी। बाग़ से आम बैलगाड़ियों में भरकर आते थे और तहख़ाने के फ़र्श में पयाल, बोरों और आम की पत्तियों का बिस्तर जैसा तैयार करके उन पर रख दिये जाते थे। सब आम एक साथ नहीं आते थे। कभी ख़बर मिलती थी कि दसहरी की सीकल टपक गयी है और वह तोड़ा जायेगा। कभी सफ़ेदा और सबसे बाद चौंसा आता था।

बाग़ में एक देसी आम का बहुत बड़ा पेड़ था जिसे सब 'कलुआ' कहते थे। कलुआ में आम खूब लगते थे। अच्छी फ़सल होती थी तो दो-तीन गाड़ी आम हो जाते थे। कलुआ के आम छोटे होते थे, छिलका मोटा होता था और उसे दबा-दबाकर पिलपिला करने के बाद चूसा जाता था। उससे सिर्फ़ रस निकलता था, किसी तरह का गूदा न होता था। लेकिन फिर भी सबको कलुआ के आम बहुत पसंद थे। वैसे सबकी अपनी अलग अलग पसंद थी। जैसे अम्माँ को चौंसा बहुत पसंद था। अब्बा दसहरी के आशिक़ थे। अब्बू साब लंगड़ा पसंद करते थे। ये तो हुई ख़ास पसंद। लेकिन जब जो आम तैयार होते थे उन्हें सभी खाते थे।

आम आने से पहले कैरियाँ आना शुरू हो जाती थीं। कैरियों की चटनी, मुरब्बा और अचार बनाया जाता था लेकिन नमक के साथ कच्ची खाने में भली लगती

थीं। कैरियों को आग की भूभल में दबाकर रख दिया जाता और फिर उसका रस निकालकर शरबत बनाया जाता था जो शाम को शकर मिलाकर पिया जाता था। अम्माँ शरबत में बर्फ़ ज़रूर डालती थीं।

बर्फ़ शहर में सिर्फ़ एक जगह मिलती थी। अम्माँ को चूँकि गर्मियों में बर्फ़ का पानी पीने की आदत थी इसलिए गर्मियों के दिनों में सुबह और शाम बर्फ़ आती थी जो धो और तोड़ कर थर्मस में भर दी जाती थी और दोपहर के खाने के वक़्त ठण्डा पानी बनाया जाता था। गर्मियों की दोपहरों में जब लू चला करती थी और पूरा घर बुरी तरह तपने लगता था तो हम लोग नीचे तहख़ाने में लेटने जाते थे। तहख़ाने में तीन बड़े कमरे थे जिनमें से एक में तो अल्लम-ग़ल्लम भरा रहता था और वह बंद ही रहता था। दूसरे कमरे में दोपहर को सोया जाता था और उससे मिले तीसरे कमरे में प्याज़, आलू वग़ैरा रखा जाता था। इसी कमरे में आमों की पाल डाली जाती थी।

जिस कमरे में हम लोग सोते थे उसमें एक छतवाला पंखा लगा था जिसे डोरी से खींचा जाता था तो हवा आती थी। आम तौर पर कोई लड़का इस काम के लिए नौकर रहता था जो अपने पैर में डोरी बाँधकर लेट जाता था और पूरी दोपहर डोरी खींचता रहता था। कभी-कभी उसकी आँख लग जाती थी और हवा आना बंद हो जाती थी तो अम्माँ 'हूँ' जैसी आवाज़ निकालती थीं, लड़का जाग जाता था और फिर पैर से डोरी खींचने लगता था।

हम लोगों को दोपहर में नींद न आती थी और अम्माँ-अब्बा के सो जाने के बाद चुपके से बाहर निकल जाते थे। बाहर ज़न्नाटे मारती लू चलती थी और ज़मीन ऐसी तपती थी कि नंगे पैर नहीं चला जा सकता था। आँगन की दीवार पर कभी-कभी काले कव्वे मुँह खोले बैठे या उड़ते दिखाई देते थे। घर में सन्नाटा होता था। हम लोग बाहर निकल जाते थे। कभी जंगल-जलेबी के पेड़ पर फली लाल जंगल-जलेबियों पर ईंटों के टुकड़े मार-मारकर उन्हें गिराने की कोशिश करते थे और कभी थूहड़ की बाड़ में छिपे गिदगिदानों को ईंटों से मारते थे। कभी सियाही के काँटे जमा करते थे और कभी नीचे तालाब तक चले जाते थे जहाँ धोबी कपड़े धोया करते थे। वैसे गर्मी की दोपहरों में हम लोगों के तहख़ाने से निकलने पर सख़्त पाबंदी थी और इस बात पर नज़र रखी जाती थी कि कोई बाहर न निकलने पाये।

शाम होते-होते सब लोग तहख़ाने से बाहर निकलते थे। कच्ची आँगन में कोई नौकर छिड़काव करता था। तख़्त के चौके पर भी पानी डाला जाता था और फिर उस पर दरियाँ और चादरें बिछाई जाती थीं। अम्माँ हर शाम शर्बत बनाती थीं। कभी भुनी हुई कच्ची कैरियों का शर्बत, कभी 'रूह अफ़ज़ा' या कभी नींबू का शर्बत, या कभी काले-काले से बीजों का, जिन्हें 'तुख़्मे बालंगा' कहा जाता था,

शर्बत बनाती थीं। शर्बत में बर्फ़ ज़रूर होती थी। सूरज ढलने के बाद आँगन में तख़्तों के चौके पर बैठकर सब शर्बत पीते थे और उसके बाद ही हम लोगों का घर से निकलना ठीक समझा जाता था।

गर्मियों की रातें कभी-कभी बड़ी उमस भरी होती थीं। अम्माँ बिस्तर पर लेटे-लेटे कहती थीं कि सात चिड़ियों के नाम लो जो 'सीन' से शुरू होते हों तो हवा चलने लगेगी। कभी-कभी वाक़ई ऐसा होता था। अम्माँ को पहेलियाँ भी खूब आती थीं। मुक़रियाँ सुनाती थीं, इधर-उधर की बातें होती थीं। ज़रा देर में चाँदनी निकल आती थी। चाँदनी कभी-कभी इतनी तेज़ होती थी कि इसकी रौशनी में नींद न आती थी। रात ढलने के साथ-साथ ठण्डी हवा चलने लगती थी।

सब खूब तड़के उठ जाते थे। चार-साढ़े चार बजे दिन शुरू हो जाता था और हम लोग अब्बा के साथ बाग़ तक टहलने जाया करते थे। वापसी पर कैरियाँ ले आते थे या कभी और कोई मौसमी फल या फूल।

सर्दियाँ धीरे-धीरे आती थीं। पहले गुलाबी जाड़ा आता था और उसके बाद दाँत कटकटानेवाला जाड़ा आ जाता था। लेकिन सुबह चार बजे उठनेवाला नियम बदलता न था। हाँ, चाय बनना शुरू हो जाती थी। सुबह-सुबह चाय पीना अम्माँ को पसंद था। हम लोगों को आधी चाय और आधा दूध मिलाकर दिया जाता था। जाड़ों में पलँगों के नीचे अंगीठियाँ रखी जाती थीं और लिहाफ़-तोशकें बाहर निकल आती थीं।

अंदर घर में रहनेवालों की कमी न थी। दादी मर चुकी थीं और एक तरह से उनकी जगह मुन्नीबाजी ने ले ली थी। अब्बा मियाँ की तीन लड़कियाँ थीं। एक और लड़की थी जिसका नाम चुनकी था। चुनकी को दादी ने पाला था। चुनकी को दादी ने एक दिन पीछेवाली खिड़की से एक जुँड़िन के साथ बकरियाँ चराते देखा। उनको पता चला कि यह लड़की यतीम है। उन्होंने उसे ले लिया कि उनकी लड़कियों के साथ खेलेगी और पल जायेगी। इसके अलावा घर के अंदर ऐसे रिश्तेदारों का आना लगा रहता था जो तीन-तीन महीने रहते थे और फिर दूसरे उनकी जगह ले लेते थे।

मेहमानों और ख़ास तौर पर रिश्तेदारों के आने से अब्बा मियाँ को बड़ी खुशी होती थी। कुछ रिश्तेदारों को तो वो महीनों रोक लेते थे। मेहमानों की ख़ातिरदारी के भी उनके अपने तरीक़े थे। हिंदू मेहमानों के लिए हिंदू रसोइया बुलाया जाता था। वह अपने बर्तन साथ लाता था। उसे सूखी जिन्स दी जाती थी और वह बड़ी नीम के नीचे ईंटें रखकर चूल्हा बनाता था और शुद्ध खाना तैयार करता था। वे हिंदू का छुआ न खाते थे। इसी तरह इस बात को भी सही समझते थे कि हिंदू मुसलमान के हाथ का छुआ न खायें। अगर कोई हिंदू उनसे यह कह देता था कि वह मुसलमान के हाथ का छुआ नहीं खाता, उन्हें यह बुरा तो क्या बहुत ही उचित

लगता था और उसकी ख़ातिरदारी हिंदू रसोइया करता था।

उनके मिलनेवाले हिंदू दोस्त जब आते थे तो उनकी ख़ातिर सूखी चीज़ों से की जाती थी जिन्हें वे स्वीकार कर लेते थे। इलायची, सौंफ़, लौंग या इसी तरह की दीगर चीज़ें दी जाती थीं। अगर वे पानी माँगते थे तो उनके लिए एक अलग शीशे का गिलास था। बहुत-से ऐसे भी थे जो कभी पानी न माँगते थे। उनके हिंदू दोस्तों में आम तौर पर ऊँची जाति के हिंदू ही थे।

पानी न पीने या खाना न खाने की वजह से उनके और उनके हिंदू दोस्तों की दोस्ती में कोई फ़र्क़ न पड़ता था। शायद उन लोगों ने ताल्लुक़ात निभाने के दूसरे पैमाने बना रखे थे। उसमें खाना-पीना शामिल न था।

अब्बा मियाँ ऊँचे अच्छे और ख़ानदानी लोगों की क़द्र करते थे चाहे वे जिस मज़हब के हों। उनके दोस्तों में इलाक़े के पंडित, ठाकुर और कायस्थ ज़मींदार थे। वे इन सबसे अपने पुश्तैनी ताल्लुक़ात बताया करते थे। उन्हें यह तक याद था कि फलाँ ठाकुर साब के दादा ने हमारे दादा के फलाँ मामले में इस तरह मदद की थी इसलिए वो हमारे दोस्त हैं और उनकी मदद करना हमारा फ़र्ज़ है। इसलिए उनकी दोस्तियाँ कई-कई पीढ़ियों पुरानी दोस्तियाँ थीं। दोस्त ख़ानदान का कोई अजनबी आदमी तक आकर जब अपना परिचय देता था तो अब्बा मियाँ उसकी पूरी मदद करते थे चाहे उस आदमी से पहली बार ही क्यों न मिल रहे हों।

उन्हें अपने ख़ानदानी और ईरानी नस्ल का होने पर बड़ा फ़ख्र था। बहुत शान और गर्व से अपने ख़ानदान का ज़िक्र करते थे। जिन पुरानी पीढ़ी के लोगों को उन्होंने देखा था उनका ज़िक्र तो बिलकुल आँखों-देखा करते थे। बताते थे, उनके बचपन में उनके दादा ज़िंदा थे। अस्सी बरस की उम्र हो चुकी थी। चलना-फिरना क्या उठना-बैठना तक मुश्किल था। आँखों से दिखाई नहीं देता था और हाथों में राशा था। लेकिन अपने सिरहाने तलवार रखकर सोते थे। जब उनसे ये पूछा जाता था कि आप इस उम्र में तलवार रखकर क्यों सोते हैं तो बताते थे कि उम्र-भर की आदत है। अगर तलवार न रखूँ तो नींद नहीं आती।

अब्बा मियाँ जब कभी मौज में आते थे तो कहते थे कि सोचता हूँ बुढ़ापे में अपने पुरखों के वतन 'ख़ाफ़' चला जाऊँ जहाँ से हमारे जद्दे अमजद हुमायूँ के साथ उसकी फ़ौज में हिंदोस्तान आये थे।

2

रफ़्तगाँ का निशाँ नहीं मिलता
उग रही है ज़मीं पे घास बहुत

सैयद इकरामुद्दीन मुग़ल बादशाह हुमायूँ के साथ ईरान से हिंदोस्तान आये थे। कहते हैं अफ़ग़ानों से हारने के बाद जब हुमायूँ ईरान पहुँचा और वहाँ के शहंशाह से मदद माँगी तो उसके सामने ये शर्त रखी गयी थी कि वो अगर शिया हो जाये तो मदद दी जायेगी। हुमायूँ ने शर्त कुबूल कर ली थी।

तेहरान के पास एक गाँव है ख़ाफ़। इकरामुद्दीन उसी गाँव के रहनेवाले थे। जब वो हिन्दोस्तान आये तो उनकी उम्र करीब सौ साल थी। भवें सफ़ेद और इतनी लम्बी थीं कि उन्हें एक कपड़े की पट्टी से माथे पर बाँधना पड़ता था। वो सूफ़ी सिपाही थे। तीन महीने के रोज़े रखते थे और रात-दिन यादे-खुदा में डूबे रहते थे। जौ की रोटी और पानी उनकी ख़ूराक़ थी। वो जब मैदाने-जंग में तलवार चलाते थे तो लगता था कि जैसे सैकड़ों तलवारें चल रही हों।

हुमायूँ की फ़तेह के बाद इकरामुद्दीन हिंदोस्तान में ही बस गये। बादशाह ने लाख चाहा कि उन्हें कोई ओहदा दिया जाये लेकिन उन्होंने कुबूल न किया। कुछ साल बाद अपने बेटों से उन्होंने कहा कि वो हज करने जाना चाहते हैं। उनके बेटे यानी अलीकुली ख़ाँ और बहादुर ख़ाँ उन्हें पानी के जहाज़ से लेकर रवाना हुए। रास्ते में एक दिन इकरामुद्दीन की तबीयत ख़राब हुई। उन्होंने अपने बेटों से कहा कि 'अब मैं न बचूँगा। मेरा वक़्त आ गया है। मेरे मरने के बाद दो लोग आयेंगे और मेरी लाश माँगेंगे। उन्हें बग़ैर किसी हील-हुज्जत के मेरी लाश दे देना।'

यही हुआ। समन्दर में एक छोटी-सी नाव चलाते दो लोग आये और इकरामुद्दीन की लाश तलब की। बाप के समझाये जाने के बावजूद बेटों ने आनाकानी की। इस पर उन दोनों ने कहा कि 'देखो, तुम्हारे बाप तुम्हें सब बता चुके हैं। अगर तुमने चुपचाप लाश हमारे हवाले न की तो बड़ी मुसीबत में पड़

जाओगे। तुम लोगों को खुदा ने मिट्टी से बनाया है। हमें आग से बनाया है। हम तुम्हारे जहाज़ पर अगर घूँसा ही मार देंगे तो पूरा जहाज़ समन्दर में ग़र्क़ हो जायेगा।' बहरहाल, बेटों ने लाश दे दी और वो दोनों लाश लेकर चले गये। यही वजह है कि इकरामुद्दीन की क़ब्र कहीं नहीं है।

अलीकुली ख़ाँ और बहादुर ख़ाँ लौटकर हिंदोस्तान आये तो बैरम ख़ाँ 'वकील-उस-सल्तनत' थे। चूँकि हालात ठीक न थे, बादशाह कमउम्र था, अफ़ग़ान फिर से हमला करने की तैयारी कर रहे थे, इसलिए बड़े-बड़े अमीरों ने बैरम ख़ाँ को सल्तनत के वकील के तौर पर कुबूल कर लिया था। लेकिन बैरम ख़ाँ शिया थे और दीगर बड़े अमीरों में बड़ी तादाद तूरानी अमीरों की थी, जो सुन्नी थे। बैरम ख़ाँ लगातार इस कोशिश में थे कि सल्तनत पर उनकी गिरफ़्त मज़बूत हो जाये लेकिन दूसरे अमीर, ख़ास तौर पर तरही बेग उनकी सख़्त मुख़ालफ़त कर रहे थे। बैरम ख़ाँ ने अपने मुख़ालिफ़ अमीरों को न सिर्फ़ ओहदों से हटाया बल्कि अपने लोगों—ख़ास तौर पर ईरानी नस्ल के अमीरों को आगे बढ़ाया। अलीकुली ख़ाँ और बहादुर ख़ाँ को ऐसे हालात में फ़ायदा हुआ।

मुग़ल दरबार की इस खींचातानी के दौरान अफ़ग़ानों ने हमला किया। मुग़ल फ़ौज की कमान तरदी बेग ने सँभाली जो बैरम ख़ाँ का पक्का दुश्मन था और चाहता था कि अफ़ग़ानों को हराने के बाद उसकी हैसियत दरबार में बैरम ख़ाँ से बेहतर हो जाये। लेकिन हालात ने ऐसा पलटा खाया कि मुग़ल फ़ौज हार गयी और तरदी बेग शाही ख़ेमे में भाग आया जो पंजाब में था। बैरम ख़ाँ के लिए ये सुनहरा मौक़ा था। उसने तरदी बेग पर इल्ज़ाम लगाया कि वो जानबूझकर शाही सेना को लड़ाई के मैदान में छोड़कर भाग आया है। इस जुर्म में बैरम ख़ाँ ने बिना बादशाह से पूछे तरदी बेग को फाँसी पर लटका दिया।

तूरानी अमीरों ने जो उस वक़्त काबुल में थे, तरदी बेग की फाँसी को ख़तरे की घण्टी समझा और दूसरी तरफ़ से भी चालें चली जाने लगीं। बैरम ख़ाँ ने 'सदर-उल-सदर' के ओहदे पर शेख़ गदाई को बिठा दिया जो शिया था। इससे आग और भड़क उठी।

इस पूरी खींचातानी में फ़ायदा फ़ारसी अमीरों को हो रहा था। उन्हें बड़ी-बड़ी जागीरें मिल रही थीं और उनकी हैसियत दरबार में बढ़ रही थी।

लेकिन बैरम ख़ाँ को सबसे बड़ा धक्का उस वक़्त लगा जब उसकी मर्ज़ी के ख़िलाफ़ उसके दुश्मन गुट के एक अमीर की बेटी से युवा बादशाह यानी अकबर की शादी बड़ी धूमधाम से करा दी गयी। अब शाही हरम भी दरबारी सियासत में उतर आया था। बादशाह की शादी से पैदा हुए नये मोहरे के तोड़ के तौर पर बैरम ख़ाँ ने अपनी शादी अकबर की बहन सलीमा सुलतान बेगम से कर ली। लेकिन उसकी गिरती हुई साख़ गिरती ही चली गयी। शायद घबराहट में वो

लगातार अपनी मर्ज़ी से, सख़्त से सख़्त फ़ैसले ले रहा था जिनका आख़िरकार नतीजा ये निकला कि बादशाह ने उसे 'वकील-उस-सल्तनत' के ओहदे से हटा दिये जाने का एलान कर दिया। बैरम ख़ाँ के सभी ईरानी अमीर उसका साथ छोड़-छोड़-कर भागने लगे। डूबते हुए जहाज़ की सवारी कौन करता ? अलीकुली ख़ाँ ने भी नयी दरबारी सियासत में अपने लिए जगह बनायी। बैरम ख़ाँ को हटाने के बाद अकबर दूसरे ईरानी अमीरों को तंग करके कोई नयी मुसीबत मोल नहीं लेना चाहता था।

अलीकुली ख़ाँ की दो पुश्तों ने चैन का ज़माना देखा। लेकिन उनके परपोते मुहम्मद तक़ी ख़ाँ जो शाहजहाँ के ज़माने में मनसबदार थे, फिर दरबारी सियासत की चपेट में आ गये। उन्होंने औरंगज़ेब के ख़िलाफ़ दाराशिकोह का साथ दिया था। दाराशिकोह के हारने और उसके क़त्ल के बाद हालाँकि औरंगज़ेब ने मुहम्मह तक़ी की जागीरें और मनसब बरक़रार रखा था लेकिन दरबार में शिया-दुश्मनी अपने उरूज पर पहुँच चुकी थी। ऐसे हालात में मुहम्मद तक़ी ख़ाँ को सबसे बेहतर यही लगा कि गोशानशीन हो जायें। उन्होंने जागीरों और मनसब से इस्तीफ़ा दे दिया और दिल्ली से दूर कोल में गोशानशीनी की ज़िंदगी इख़्तियार कर ली।

औरंगज़ेब के मरने के बाद दिल्ली के हालात बिगड़ते-बिगड़ते इतने बिगड़ गये कि सिपाही तलवारें और ढालें बेचने लगे और किसी तरह के रोज़गार की सूरत न रह गयी तो सबकी तरह मुहम्मद तक़ी ख़ाँ के लड़के ज़ैनुल आब्दीन ख़ाँ ने लखनऊ का रुख़ किया। ये नवाब आसिफुद्दौला का ज़माना था। यहाँ शियत का बोलबाला ही न था बल्कि हालात ऐसे थे कि अपने-अपने मज़हब और यक़ीनों पर अमल करते हुए रहा जा सकता था।

ज़ैनुल आब्दीन ख़ाँ बहादुर और परहेज़गार आदमी थे। बताया जाता है कि वो साल में एक बार अपनी ब्याहता बीवी के साथ हमबिस्तरी करते थे और हमल रह जाता था, हलाल की कमाई के अलावा एक छदाम भी गवारा न करते थे। नवाब उन्हें पसंद करते थे। लेकिन बड़े इमामबाड़े की बुनियाद रखते वक़्त एक ऐसा वाक़्या पेश आया कि नवाब की नज़रों में ज़ैनुल आब्दीन ख़ाँ बहुत चढ़ गये। हुआ ये कि क़हत के मारे लोगों को राहत देने के लिए जब बड़ा इमामबाड़ा बनाने का ख़याल हुआ तो नवाब ने भरे दरबार में एलान किया कि दरबारियों में जो भी कुरान पर हाथ रखकर ये कसम खाये कि उसने एक वक़्त की भी नमाज़ कज़ा नहीं की है और ब्याही औरत के अलावा किसी और के साथ हमबिस्तरी नहीं की है, वही इमामबाड़े का संगे-बुनियाद रखेगा। नवाब का ये एलान सुनते ही दरबारियों को साँप सूँघ गया। एक लम्हे के लिए तो नवाब को भी ये लगा कि उन्होंने क्या कह डाला। लेकिन उसी वक़्त ज़ैनुल आब्दीन ख़ाँ आगे बढ़े और हाथ जोड़कर अर्ज़ की, 'हुज़ूरेआली, बंदे ने जब से होश सँभाला है और नमाज़ वाजिब हुई है उस

वक़्त से आज तक एक वक़्त की भी नमाज़ कज़ा नहीं हुई है। अपनी ब्याही औरत के अलावा किसी और के साथ मैंने कभी हमबिस्तरी नहीं की है। हद ये है कि बंदा घोड़ी की सवारी तक नहीं करता।' ज़ैनुल आब्दीन ख़ाँ अगर ये एलान न करते तो क्या होता ? ख़ैर, नवाब ने उन्हें गले से लगा लिया और उनके हाथों बड़े इमामबाड़े की बुनियाद रखी गयी। उन्हें ख़ाँ का ख़िताब दिया और दीगर तोहफ़े दिये गये। ज़ैनुल आब्दीन ख़ाँ ने लखनऊ में माली ख़ाँ की सराय के पास अपने महलात बनवाये थे और वहीं रहते थे।

अवध के दोआब इलाक़े में एक क़िलेदार था ग़यासुद्दीन ख़ाँ। उसने कई सालों से शाही ख़ज़ाने में मालगुज़ारी न भेजी थी और इलाक़े के सदरमुकाम से हटकर एक घने जंगल के अंदर कच्ची और मज़बूत गढ़ी बना ली थी। उसने अच्छी-ख़ासी फ़ौज भी जमा कर ली थी और लखनऊ दरबार से गये अहकामात को न मानता था। नवाब ने ग़यासुद्दीन की सरक्बी के लिए कई फ़ौजें रवाना की थीं लेकिन वह इतना ताक़तवर हो गया था कि किसी तरह क़ाबू में न आता था। धीरे-धीरे उसके ऊपर मालगुज़ारी का नौ करोड़ रुपये बक़ाया हो गया था। आख़िरकार नवाब ने ज़ैनुल आब्दीन ख़ाँ को इस काम पर मुकर्रर किया कि किसी तरह क़िलेदार को शिकस्त दें और उससे मालगुज़ारी वसूल करें। ज़ैनुल आब्दीन ख़ाँ ने अपनी फ़ौज के साथ गंगा नदी पार की और इलाक़े के सदरमुकाम से होते हुए उस तरफ़ बढ़े जिधर ग़यासुद्दीन ने गढ़ी बना रखी थी। गढ़ी क्या थी ये पूरा क़िला था। ककई ईंटों की मोटी दीवारों पर बाहर की तरफ़ से मिट्टी की दीवारें उठायी गयी थीं ताकि तोप के गोले ईंटों की दीवारों को न तोड़ सकें। चार तरफ़ ऊँची बुर्जियाँ थीं और उन पर तोपें लगी थीं। क़िले के चारों तरफ़ गहरे तालाब थे और अंदर आने के लिए जो रास्ता था वह गहरे तालाब पर लकड़ी के पटरों को जोड़कर बनाया गया था। ये तख़्ते किसी भी वक़्त अंदर से खींचकर क़िले के दरवाज़े के सामने इस तरह लग जाते थे कि सामने गहरी खाई बन जाती थी और क़िले का दरवाज़ा दोहरा हो जाता था।

ज़ैनुल आब्दीन ख़ाँ ने अपनी फ़ौज काली नदी के उस पार रोक दी और घोड़े पर बैठकर अकेले ग़यासुद्दीन के क़िले पहुँचे। ग़यासुद्दीन को उन्होंने अपने आने का मक़सद बताया। उसने कहा ठीक है मुझसे जंग कीजिए। अगर मैं हार गया तो पैसा दे दूँगा और अगर आप हार गये तो वापस चले जाइयेगा। ज़ैनुल आब्दीन ख़ाँ जानते थे कि जंग का अंजाम क्या होगा। ग़यासुद्दीन क़िले में छिपकर बैठ जायेगा और वहाँ से तोपें दग़ती रहेंगी। उनकी फ़ौज कब तक घेरा डाले पड़ी रहेगी। जंगल में रसद कहाँ से मिलेगी और फिर रात के अँधेरे में ग़यासुद्दीन के सिपाही चोरदरवाज़ों से निकलकर हमले करेंगे और भाग जायेंगे। ज़ैनुल आब्दीन ख़ाँ ने क़िलेदार से कहा, 'देखो लड़ाई मेरे और तुम्हारे दरम्यान है। मैं नहीं चाहता कि

हमारी लड़ाई में बेगुनाह फ़ौजी मारे जायें। क्यों न हम दोनों लड़कर इस मसले को तय कर लें। अगर तुम हार जाओ तो पैसा दे दो। मैं हार गया तो वापस लौट जाऊँगा। लड़ने का तरीक़ा ये होगा कि मैं अपने बायें हाथ से तुम्हारा दाहिना हाथ पकड़ूँगा। तुमने अगर अपना दाहिना हाथ छुड़ा लिया तो मैं हार जाऊँगा। अगर तुम न छुड़ा सके तो तुम हार जाओगे।'

ज़ैनुल आब्दीन ख़ाँ की बातों और ख़ासकर लड़ने के तरीक़े को सुनकर ग़यासुद्दीन आगबबूला हो गया। उसे लगा कि अगर उसने इनकार कर दिया तो उसकी इज़्ज़त ख़ाक में मिल जायेगी। ये कैसे हो सकता है कि दूसरे आदमी के बायें हाथ की गिरफ़्त से वो अपना दाहिना हाथ न छुड़ा सके। उसने कहा, 'ठीक है। मुझे मंजूर है।' मुक़ाबला शुरू हुआ। ग़यासुद्दीन ने बेहद ताक़त लगायी लेकिन ज़ैनुल आब्दीन ख़ाँ की गिरफ़्त लोहे के फौलादी पंजे जैसी थी। ज़ोर लगाते-लगाते ग़यासुद्दीन का चेहरा लाल हो गया और उसके चेहरे से ज़ाहिर होने लगा कि वो अपना हाथ छुड़ा न सकेगा। उस वक़्त ग़यासुद्दीन के सिपाही तलवारें लेकर आगे बढ़े। लेकिन उससे पहले ज़ैनुल आब्दीन ख़ाँ ने अपने दाहिने हाथ से खंजर निकाल कर ग़यासुद्दीन की गर्दन पर रख दिया और कहा, 'अगर कोई आगे बढ़ा तो मैं इसका गला काट दूँगा। मर्दों की ज़बान एक होती है।' ग़यासुद्दीन ने कहा कि नहीं कोई आगे न बढ़े। उसने कहा, 'ठीक है, आप जीत गये। मैं हार गया। लेकिन मेरी ये भी शर्त है कि आप नवाब से मुझे माफ़ी दिलवायेंगे।' ज़ैनुल आब्दीन ख़ाँ ने माफ़ी दिलवाने का वायदा किया। रुपया सरकारी ख़ज़ाने में पहुँच गया। लेकिन माफ़ीवाली बात पर दरबार से ये हुक्म आया कि ठीक है, माफ़ किया जाता है लेकिन ग़यासुद्दीन को किसी दूसरे चकले में भेजा जायेगा। अब उसके चकले के चकलेदार ज़ैनुल आब्दीन ख़ाँ मुकर्रर किये जाते हैं। ज़ैनुल आब्दीन ख़ाँ ने बहुत हाथ-पैर मारे और नवाब से कहा कि हुजूर, बंदा सिपाही है उसे सिपाही ही रहने दिया जाय, लेकिन नवाब ने एक न सुनी।

ज़ैनुल आब्दीन ख़ाँ अपनी चकलेदारी के फ़रायज़ अच्छी तरह पूरी कर रहे थे। कहीं कोई गड़बड़ न थी। हर तरफ़ अमन-चैन था। लेकिन उन्हीं दिनों एक ऐसा वाक़्या हुआ कि अपनी रफ़्तार से चलती ज़िंदगी में कुछ बदलाव आ गया। हुआ यह कि ज़ैनुल आब्दीन ख़ाँ के चकले के एक गाँव में पुराना कायस्थ ख़ानदान रहा करता था। दो भाई थे। एक का नाम राज सहाय था, दूसरे का प्रभु सहाय था। राज सहाय लावल्द थे। प्रभु सहाय के तीन लड़के थे। राज सहाय के मन में न जाने क्या आयी कि उन्होंने यह एलान कर दिया कि वो मुसलमान होना चाहते हैं। यहाँ तक तो बात समझ में आती थी लेकिन उन्होंने ये भी एलान किया कि वे अवध के वज़ीरे आज़म मियाँ इल्यास के हाथों मुसलमान होना चाहते हैं। उन्होंने इस तरह का एक ख़त भी मियाँ इल्यास को लिख भेजा। मियाँ इल्यास की तरफ़

से जवाब भी फ़ौरन आया। इतना नेक काम उनके हाथों से हो इसमें उन्हें एतराज़ क्या होता, खुशी ही हुई। मियाँ इल्यास खुद आये और राज सहाय को न सिर्फ़ मुशर्रफ़-ब-इस्लाम किया बल्कि उन्हें गोद लेकर अपना बेटा बना लिया और जागीर अता कर दी। राय का ख़िताब दिया और उनका नाम राय इलाहीबख़्श बहादुर रख दिया। इस वाक़ये से ज़ैनुल आब्दीन ख़ाँ के लिए कोई ख़तरा तो न था लेकिन वो जानते थे कि एक म्यान में दो तलवारें नहीं रह सकतीं। इसलिए उन्होंने अपनी रिहायश वहाँ से उठा दी और क़रीब सत्तर मील दूर दूसरे क़स्बे में आकर बस गये। काम उनका वही रहा और मरते दम तक अवध दरबार में उनका मान-सम्मान भी बराबर बना रहा। दूसरी तरफ़ राय इलाहीबख़्श बहादुर के इंतिक़ाल के बाद उनकी जायदाद उनके भतीजों को मिली और वे रईसों में गिने जाने लगे।

ज़ैनुल आब्दीन ख़ाँ के दस लड़के थे। दसियों इधर-उधर निकल गये। दो लड़के यानी सबसे बड़े अली ख़ाँ और सबसे छोटे मुहम्मद ख़ाँ ने बाप की जायदाद और जागीर को सँभाला। इसके बाद हालात ने पलटा खाया। बक्सर की लड़ाई में कंपनी बहादुर से हार जाने के दण्डस्वरूप नवाब को यह इलाक़ा कम्पनी को देना पड़ा। अवध की सरकार की तरफ़ से अली ख़ाँ चकलेदार थे। जब ये इलाक़ा कंपनी के पास चला गया तब उन्होंने कोई ऐसा दाँव चला कि चकलेदार वही रहे।

अली ख़ाँ बहुत तेज़तर्रार, दुनियादार, घाघ और निहायत सख़्त क़िस्म के आदमी थे। लोगों पर जुल्म करते उनको दया न आती थी। कंपनी लगातार लगान की दरें बढ़ाती जाती थी और अली एक-एक पाई वसूल कर लेते थे। जो ज़मींदार मालगुज़ारी नहीं दे पाते थे उनका सामान तक नीलाम करा देते थे। जानवर तक हँकवा लेते थे। औरतों के ज़ेवर तक ज़ब्त कर लेते थे। उन्होंने अपनी एक निजी फ़ौज जैसी खड़ी कर ली थी। जो ज़मींदार मालगुज़ारी किसी तरह भी न चुका सकते थे उन्हें गिरफ़्तार करके उनकी जायदाद नीलाम कराते थे। नीलामी में सबसे बड़ी बोली वही लगाते थे या उनकी बोली के बाद दूसरों में कुछ बोलने की हिम्मत न रह जाती थी। इस तरह जैसे-जैसे लगान बढ़ता गया, काश्तकार और ज़मींदार उजड़ते गये, वैसे-वैसे अली ख़ाँ का इक़बाल बुलंद होता गया। एक वक़्त वो आया जब वो अपनी जागीर के अलावा तीन सौ पैंसठ मौज़ों के मालिक बन बैठे। वे खुद कंपनी को दो लाख रुपये से ऊपर मालगुज़ारी देते थे।

कंपनी बहादुर अली ख़ाँ के काम से खुश थी। कलकत्ते तक उनकी पहुँच थी। यही वजह थी कि उन्हें दूसरी बार भी चकलेदारी का ठेका मिल गया और वो और ज़्यादा सख़्ती से लगान वसूल करने लगे। उनका नाम सुनकर ही लोग काँप जाते थे। उनके आदमी खड़ी फ़सलें कटवा लिया करते थे। वे पूरे-के-पूरे गाँवों पर हल चलवा देते थे। उनका आतंक इतना था कि लोग उनके इताब से अच्छा मौत को समझते थे।

कोई चौदह-पंद्रह साल बाद कंपनी का कोई नया गर्वनर-जनरल आया और उसने परमानेन्ट सेटेलमेंट के तहत ज़मींदारियों का मुआयना कराया। इसमें पता चला कि अली ख़ाँ के पास तीन सौ पैंसठ ऐसे मौज़े हैं जो उन्होंने नीलामी में ख़रीदे थे। चूँकि नीलामी करानेवाले भी वही थे और ख़रीदनेवाले भी वही, इसलिए इस ख़रीद को ग़ैरक़ानूनी माना गया। अली ख़ाँ ने काफ़ी हाथ-पैर मारे। कलकत्ते तक गये लेकिन कुछ न हुआ। तीन सौ पैंसठ मौज़े ज़ब्त कर लिये गये। सिर्फ़ ख़ानदानी जागीर ही बची। बुढ़ापे में अली ख़ाँ इस सदमे की ताब न ला सके और गुज़र गये।

उनका मक़बरा क़िले से कुछ दूर सड़क के किनारे एक छोटी चहारदीवारी के अंदर था। इसे कंपनी बाग़ कहा जाता था। बाग़ के अंदर अली ख़ाँ ने एक मस्जिद भी बनवायी थी। उनका मक़बरा बड़ा डरावना और वहशतनाक था। वह कोई बड़ी इमारत न थी लेकिन फिर भी अच्छी-ख़ासी थी। उसकी दीवारें काई से काली पड़ गयी थीं और पूरा मक़बरा दो हिस्सों में खड़ा था। उस पर कभी बिजली गिरी थी जिसकी वजह से उसके दो हिस्से हो गये थे। मक़बरे की छत पर सूखी घास लहराती रहती थी और कंपनी बाग बिलकुल उजाड़ लगता था। मक़बरे की देखरेख या सफ़ाई न होती थी। पता नहीं क्यों हमारे ख़ानदान के लोग, ख़ास तौर पर अब्बा मियाँ तक अपने पुरखे अली ख़ाँ को इस तरह भूल बैठे थे कि क्या कहा जाये। मक़बरे में कभी-कभी जुआरी अड्डा जमा लेते थे। उसके दर भी खुले हुए थे इसलिए नापाक जानवर तक अंदर चले जाते थे। अंदर क़ब्र का पत्थर कोई उखाड़ ले गया था और ये तक पता न चलता था कि यह क़ब्र किसकी है। कंपनी बाग़ की चहारदीवारी भी टूट गयी थी और उसके अंदर लोगों ने कूड़ा फेंकना शुरू कर दिया था। वहाँ अच्छा-ख़ासा कूड़े का ढेर लगा रहता था।

मस्जिद भी वीरान-सी लगती थी। उसकी भी देखरेख या मरम्मत न होती थी। उसका एक बुर्ज टूट गया था। इस मस्जिद को कुछ लोग जिन्नातोंवाली मस्जिद कहते थे। कहा जाता था कि रात में यहाँ जिन्नात नमाज़ पढ़ते हैं। आवाज़ें सुनायी देती हैं लेकिन कोई दिखाई नहीं देता। मस्जिद के आँगन में चिलवर के बड़े सायादार पेड़ और एक कुआँ था।

अली ख़ाँ लावल्द थे। उन्होंने अपने छोटे भाई को गोद ले लिया था। उनके मरने के बाद मुहम्मद ख़ाँ ख़ानदान के सरपरस्त बने। ये उन्नीसवीं सदी के शुरू का ज़माना था। अब इस इलाक़े को कंपनी ने ज़िला बना दिया था। यहाँ अंग्रेज़ कलेक्टर, जज और दीगर अफ़सर आ गये थे। सिविल लाइन बनायी गयी थी जहाँ फूस की बड़ी विशाल कोठियाँ अंग्रेज़ी सत्ता की प्रतीक थीं। अंग्रेज़ इंजीनियर रेल की पटरी डालने के लिए पैमाइश कर रहे थे और ये किसी की समझ में न आ रहा था कि वह लोहे की गाड़ी जो अपने-आप चलेगी, कैसी होगी। जितने मुँह थे

उतनी बातें थीं। कोई कहता था कि लोहे की गाड़ी जब तेज़ी से गुज़रेगी तो मुर्गियाँ अण्डा देना बंद कर देंगी। कोई यहाँ तक कहता कि उसकी आवाज़ से औरतों का हमल गिर जायेगा और जिन खेतों के पास से गाड़ी गुज़रेगी वो बंजर हो जायेंगे। कभी उड़ती-उड़ाती ये अफ़वाह भी सुनायी देती थी कि रूस का ज़ार हिंदुस्तान पर हमले की तैयारी कर रहा है और बस गोरों के दिन पूरे हो गये हैं। दूसरी तरफ़ ज़िले में एक नये जज टकर साब आ गये थे जिन्होंने न सिर्फ़ गिरजाघर बनवा दिया था बल्कि एक सड़क के दोनों तरफ़ पत्थरों पर खुदवाकर ईसाई मज़हब के उसूल लगा दिए थे। हर राह चलते की नज़र उन पर पड़ती थी। कभी-कभी ये ख़बरें उड़तीं कि किसी गाँव का कोई नीच जात ईसाई हो गया है और उसे बिरादरी से बाहर कर दिया गया है।

मुहम्मद ख़ाँ अपने भाई अली ख़ाँ के मुकाबले सीधे-साधे आदमी थे। वे इन अफ़वाहों पर कान न धरते थे। धीरे-धीरे उनका झुकाव मज़हब की तरफ़ हो रहा था। दिन का ज़्यादातर हिस्सा नमाज़ और तिलावत में लगाते थे। बाक़ी वक़्त में जागीर का काम देखते थे और खुदा का शुक्र अदा करते थे। शहर के दूसरे ज़मींदारों से, जिनमें पठान, ठाकुर और कायस्थ शामिल थे, उनके कोई अच्छे या बुरे ताल्लुक़ात न थे। ये एक तरह से गोशानशीन आदमी थे और ज़िंदगी के दिन सुकून से काट देने पर यक़ीन करते थे।

कुछ साल बाद ये ख़बर तेज़ी से फैली और आसपास के गाँव-देहातों में इसका बड़ा असर हुआ कि कंपनी अपने सिपाहियों को जो नये कारतूस देती है उन्हें दाँत से खोलना पड़ता है। उन कारतूसों को बनाने में गाय और सुअर की चर्बी इस्तेमाल की जाती है। उजड़े हुए किसान जो कंपनी की फ़ौज में भरती हो जाया करते अब किसी सूरत में भी इस बात पर तैयार न होते थे चाहे भूखे ही क्यों न मर जायें। खाते-पीते किसान महसूलों से तंग आ गये थे। जुलाहे परेशान थे कि अब उनके कपड़ों के ख़रीदार न रहे थे। विलायती कपड़ा सस्ता था और उनसे कोई कपड़ा न ख़रीदता था। क़िस्सा मुख़्तसिर ये कि उन दिनों अजीब-सी अफ़रातफ़री थी। इन्हीं दिनों ख़बर आयी कि दिल्ली के ऊपर मेरठ के बाग़ी फ़ौजियों ने क़ब्ज़ा कर लिया है। फिरंगियों का क़त्लेआम किया गया है। उसके बाद तो ख़बरों का ताँता लग गया।

जून की एक गर्म तपती हुई दोपहर थी। मोहम्मद ख़ाँ आराम कर रहे थे और उनके मुंशी करीमुद्दीन बेचैनी से बाहर टहल रहे थे। ख़बर ही कुछ ऐसी वहशतनाक थी। मोहम्मद ख़ाँ के उठ जाने के बाद उन्हें बताया गया कि कानपुर में भी बग़ावत हो गयी है। नाना साब पेशवा ने हुकूमत अपने हाथ में ले ली है। इस ख़बर के बाद ही इलाहाबाद में बग़ावत की ख़बर आयी और लोगों पर एक-एक पल भारी हो गया। किसी की समझ में कुछ नहीं आ रहा था कि क्या किया जाये। हाँ, ये

सब महसूस करते थे कि कुछ यहाँ भी होनेवाला है। ज़िले में गिनती के चार-पाँच फिरंगी थे। कुछ इलाहाबाद से भागकर आ गये थे। इतना तो तय था कि बग़ावत हो गयी तो वे कुछ न कर सकेंगे। कुछ दिन बाद रात में बड़ा ग़ज़ब का शोर मचा, गोलियाँ चलने की आवाज़ आयी और सुबह होते-होते कई ख़बरें फैल गयीं। पहली ये कि ख़ज़ाने और जेल को बाग़ियों ने तोड़ दिया है, दूसरे ये कि फिरंगी जमुना पार करके बाँदा भाग गये हैं और तीसरी ये कि फिरंगियों के डिप्टी कलेक्टर हिकमत उल्ला ने ज़िले की हुकूमत अपने हाथ में ले ली है। कुछ ही दिनों बाद उन्हें नाना साब पेशवा की तरफ़ से ज़िले पर हुकूमत करने के इख़्तियारात यानी चकलेदारी मिल गयी थी।

लेकिन एक क़ाबिले ज़िक्र बात थी। वह ये कि मिस्टर टकर जो जज थे, नहीं भागे थे। उन्होंने बाग़ियों पर गोलियाँ चलाई थीं और आख़िकार उनके बँगले में आग लगाकर उनका क़िस्सा तमाम किया गया था। गिरजा और डाकबँगला भी जला दिया गया था। पूरी सिविल लाइन में राख हुई कोठियों के अलावा कुछ नज़र न आता था। हिकमत उल्ला पठान थे। ज़िले के पठान और दीगर ज़मींदारों ने उन्हें अपना चकलेदार मान लिया था और उनकी मदद कर रहे थे। हिकमत उल्ला ने मुहम्मद ख़ाँ के पास भी अपने आदमी भेजे थे। मुहम्मद ख़ाँ ने अपने गोशानशीन होने पर ज़ोर देते हुए ये बंद लफ़्ज़ों में कहा था कि वो हिकमत उल्ला के साथ हैं। वैसे भी हिकमत उल्ला के हिमायती बहुत थे और अतराफ़ के ठाकुरों ने उनके साथ जीने-मरने की क़सम खाई थी। गंगाजल उठाया था। वैसे कहने को तो सबकुछ बदल गया था लेकिन सबके दिल से फिरंगियों का ख़ौफ़ न गया था। और एक महीना भी नहीं गुज़रा था कि ख़बर मिली कि फिरंगियों ने इलाहाबाद के क़िले पर फिर से क़ब्ज़ा कर लिया है और खुसरू बाग़ में बाग़ियों को फाँसी पर लटकाकर शहर में क़त्लेआम किया है और अब फिरंगी फ़ौजें इस तरफ़ आ रही हैं। लेकिन इसी के साथ-साथ ये भी ख़बर थी कि नाना साब ने फिरंगी फ़ौज से मुक़ाबला करने के लिए एक फ़ौज रवाना की है जो बस पहुँचने ही वाली है। हिकमत उल्ला ने भी क़रीब एक हज़ार लोगों को जमा कर लिया था और उन्हें असलहा दे दिये गये थे। ये तय था कि जंग होगी। जंग में जीत किसकी होती है, ये देखना था।

नाना साब ने ज्वालाप्रसाद को पाँच हज़ार फ़ौज के साथ भेजा था जो तेज़ी से इलाहाबाद की तरफ़ बढ़ गयी। रास्ते में ज्वालाप्रसाद ने फिरंगियों की एक टुकड़ी देखी जो दरअसल पूरी फ़ौज नहीं बल्कि सिर्फ़ हिरावल दस्ता था। ज्वालाप्रसाद ये समझे कि बस इतनी ही फिरंगी फ़ौज है। उन्होंने अपनी फ़ौज को पूरी तरह इस टुकड़ी का पीछा करने का हुक्म दे दिया। फिरंगी हिरावल दस्ता तेज़ी से जाकर अपनी फ़ौज में मिल गया जो पूरी तरह मुस्तैद थी। सामने तोपें मुँह फाड़े खड़ी थीं और पीछे योरोपियन नियम-क़ायदों के मुताबिक फ़ौज मौजूद थी। जैसे ही

ज्वालाप्रसाद की फ़ौज आँधी की तरह सामने आयी वैसे ही तोपें गरजने लगीं। ज्वालाप्रसाद को ये उम्मीद बिल्कुल नहीं थी। अगर होती तो वे भी अपनी फ़ौज को क़ायदे से जमाते और शायद लड़ाई का नतीजा कुछ और होता। चार घण्टे के अंदर ज्वालाप्रसाद की फ़ौज बिखर गयी। ज्वालाप्रसाद वापस लौट आये और फिरंगी फ़ौज आसपास के गाँव लूटने और रसद जमा करने निकल खड़ी हुई।

रात का वक़्त था। मुहम्मद ख़ाँ इंशा की नमाज़ पढ़ने के बाद चौकी पर ही बैठे थे कि उन्हें नाना साब की फ़ौजों की शिकस्त की ख़बर मिली। अब ये तय था कि हमला यहाँ होगा। हालाँकि शहर में डुग्गी पीटी जा रही थी कि नाना साब ने दूसरी फ़ौज रवाना कर दी है जो शहर की हिफ़ाज़त करेगी, लेकिन मुहम्मद ख़ाँ को यक़ीन नहीं था। उन्हें मालूम था कि कानपुर यहाँ से चौबीस कोस है और फिरंगी फ़ौज महज़ चार कोस के फ़ासले पर पड़ी है। अगर कानपुर से फ़ौज रवाना भी की गयी तो वह फिरंगी फ़ौज की लूटमार, क़त्लो-ग़ारतगरी से इस शहर को नहीं बचा सकती। इलाहाबाद के क़त्लेआम से ही पता चल गया था कि फिरंगी फ़ौज कैसा सख़्त बदला ले रही है। शहर लूटा गया तो सबसे पहले रईस ही निशाना बनेंगे। फिरंगी तोपों का कौन मुक़ाबला कर सकता है ? फिर क्या क़िला छोड़ दें ? लेकिन ये भी आसान न लगता था। हिकमत उल्ला के जासूस चारों तरफ़ लगे थे। अगर कानोंकान उन्हें ख़बर मिल गयी तो क्या होगा ? उन्हें बाग़ी मानकर हिकमत उल्ला जो सज़ा चाहे दे सकते हैं ? और फिर उनके उस क़ौल का क्या होगा जो उन्होंने दिया है ? मुसीबत तो ये थी कि सोचने तक का वक़्त न था। रात की रात थी। सुबह तो कुछ न हो सकेगा।

मुहम्मद ख़ाँ ने जितना सोचा उतने उलझते चले गये। आख़िरकार उन्होंने तस्बीह निकालकर इस्तिख़ारा देखा। क़िला छोड़कर कहीं महफ़ूज़ जगह चले जाने पर इस्तिख़ारा वाजिब आया। अल्लाह का नाम लेकर उन्होंने करीमुद्दीन से कहा कि सफ़र की तैयारियाँ करो।

सोते बच्चों को जगाया भी नहीं गया। चुपचाप पालकियों में लिटा दिया गया। भारी तिजोरियाँ छोड़ दी गयीं। कपड़े-लत्ते, असबाब-सामान सब वैसे का वैसा ही पड़ा रहा। सोना-चाँदी और दीगर चीज़ें ज़रूर ले ली गयीं। हाथी नहीं निकाले गये क्योंकि वे दूर से ही दिखाई देते। आधी रात होते-होते इंतिज़ाम पूरा हो गया। नौकरों तक को ख़बर नहीं थी कि क्या हो रहा है और सब कहाँ जा रहे हैं।

जुलाई के महीने की एक रात थी। आसमान पर घने बादल थे और किसी भी वक़्त बारिश हो सकती थी। बारिश से रास्ते और ख़राब होने का भी डर था। दूसरी तरफ़ ये डर भी खाये जाता था कि अगर कहीं हिकमत उल्ला को पता चल गया, अगर रास्ते में आते-जाते किसी ने देख लिया तो क्या होगा। इसी डर-ख़ौफ़ और उम्मीद के साथ क़िले के पिछले दरवाज़े से एक छोटा-सा कारवाँ अँधेरे में डूब

गया। करीमुद्दीन चाहते थे कि सूरज निकलने से पहले कम-से-कम दस कोस का सफ़र तय हो जाये ताकि जमुना के कछार शुरू हो जायें। और एक बार जमुना के कछार मिल गये तो फिर उन्हें असली खेड़ा पहुँचने से कोई न रोक सकेगा।

असली खेड़ा जमुना के कछार में मुहम्मद ख़ाँ की जागीर का आख़री गाँव था। गाँव के एक तरफ़ ऊँचे टीले थे जिन पर घना जंगल था और नीचे नदी बहती थी। बाक़ी तीन तरफ़ कोसों तक फैला कछार था। कहीं इधर-उधर जो छुटपुट गाँव थे वो भी मुहम्मद ख़ाँ की जागीर ही में आते थे।

असली खेड़ा के उजड्ड-गँवार और लड़ाकू ठाकुरों ने मुहम्मद ख़ाँ का साथ पूरी तरह निभाया। बदले में मुहम्मद ख़ाँ ने वायदा किया कि वो इस गाँव से कभी लगान न वसूल करेंगे। ये वायदा मुहम्मद ख़ाँ के बाद भी उस वक़्त तक निभाया जाता रहा जब तक ज़मींदारी रही।

मुहम्मद ख़ाँ गाँव में क़रीब चार महीने रहे। यहीं ये ख़बर मिली कि फिरंगी फ़ौजों ने हिकमत उल्ला को फाँसी दे दी है। यहीं यह भी मालूम हुआ कि खजुआ के पास इमली के एक पेड़ पर बावन लोगों को फाँसी पर लटका दिया गया। यहीं यह भी पता चला कि शहर को चारों तरफ़ से घेरकर फिरंगी फ़ौज ने जला डाला है। ये ख़बर भी मिली कि फिरंगियों ने क़िले को तोपों से उड़ा दिया है। यहीं उन्हें इंग्लिस्तान की मल्का के मुआफ़ीनामे के बारे में सुनने को मिला और वो लौट आये।

क़िला पूरी तरह मिसमार हो चुका था। फिरंगी फ़ौजें जो नहीं लूट सकी थीं, वो गाँव-देहात के लुटेरों ने लूट लिया था। फाटकों के पल्ले तक ग़ायब थे। दरवाज़े-खिड़कियाँ तक नहीं थीं। सबसे पहले कुएँ की सफ़ाई करायी गयी। उसके बाद एक बची हुई मज़बूत दीवार पर एक दालान और उसके सामने खपरैल डाली गयी। दो खपरैलें और एक छप्पर डाला गया और ज़िंदगी फिर नये सिरे से शुरू हुई। क़िले को फिर से बनवाने की न तो इजाज़त थी और न मुहम्मद ख़ाँ के पास इतना पैसा ही था कि बनवा सकते।

मुहम्मद ख़ाँ के बाद उनके बेटे अहमद हुसैन ख़ाँ ने जागीर का काम सँभाला। बेटे बाप से बिलकुल अलग थे। बाप ने ज़िंदगी में जो कुछ न किया था बेटे ने सबकुछ किया। वो अपने बाप से जुदा ही नहीं उनसे बिलकुल उल्टे थे। बाप रात-दिन रोज़े-नमाज़ में लगे रहते थे तो बेटे उड़ाने, खाने और ऐयाशी में दिन काटते थे। उनका हाथ खूब खुला हुआ था और बाहर की औरतों पर बेदरेग़ पैसा ख़र्च करते थे। बाप के मरने के बाद तो उनका हाथ और खुल गया था। उन्होंने एक डोमनी को डाल लिया था और उसके ख़ानदान पर खूब ख़र्च करते थे। जागीर सलामत थी लेकिन पैसा जब पूरा न पड़ता था तो गाँव रेहेन रख देते थे और महाजनों के यहाँ से क़र्ज़ आ जाता था।

उन्होंने न तो जायदाद की तरफ़ ही तवज्जो दी और न ख़ानदान की देखभाल

की ही कोई फ़िक्र की। उनके मुंशी-कारिंदे भी अपने मालिक की तरह ही थे। धीरे-धीरे क़र्ज़ इतना बढ़ गया था कि सूद में ही हज़ारों रुपये निकल जाते थे। लेकिन उन्हें कोई फ़िक्र न थी। ऐसा लगने लगा था कि अहमद हुसैन बहुत जल्दी ही सबकुछ स्वाहा कर डालेंगे। वो ऐसा कर भी डालते अगर उनके बेटे रज़ी हुसैन ख़ाँ ने समय रहते एक क़दम न उठाया होता।

रज़ी हुसैन ख़ाँ अपने बाप के उसी तरह बरअक्स थे जैसे उनके बाप अपने बाप के थे। यानी रज़ी हुसैन ख़ाँ बहुत संजीदा और सोच-विचारकर काम करनेवाले नौजवान थे। ज़माने के चलन के हिसाब से उन्हें घर पर ही फ़ारसी, अरबी और उर्दू पढ़ाई गयी थी लेकिन उन्हें अंग्रेज़ी का थोड़ा-बहुत ज्ञान था। डिक्शनरी देखकर अंग्रेज़ी के ख़त वग़ैरा समझ लेते थे। उन्होंने जब देखा कि उनके वालिद रुकने का नाम ही नहीं ले रहे तो किसी तरह कोशिश करके अपने बाप को इस बात पर तैयार कर लिया कि जागीर 'कोर्ट ऑफ़ वार्ड्स' में दे दी जाये।

क़र्ज़ में डूबे जागीरदारों के लिए उस ज़माने में सरकार ने 'कोर्ट ऑफ वार्ड्स' बनाया था। इसके तहत जायदाद सरकार के इंतिज़ाम में आ जाती थी। जागीरदार को हर साल बँधी हुई रक़म मिलती थी। बाक़ी पैसे से क़र्ज़ चुकाये जाते थे और फिर जायदाद वापस दे दी जाती थी।

रज़ी हुसैन ख़ाँ से उम्मीद थी कि आठ-दस साल में क़र्ज़ अदा हो जायेगा और जागीर वापस मिल जायेगी। लेकिन उनके बूढ़े ख़र्राच और ऐयाश बाप को पैसों की कमी हो गयी थी। एक दिन उनके दिमाग़ में पता नहीं क्या सनक आयी कि किसी को बताये बग़ैर इलाक़े पर चले गये और सरकारी कारिंदों को मारपीट कर उनसे लगान वसूली का पैसा ले आये। तहसीलदार ने इसकी रिपोर्ट कलक्टर से की और कलक्टर ने उनके नाम वारंट जारी कर दिया। अब तो मामला उलझ गया। लेकिन रज़ी हुसैन ख़ाँ ने किसी तरह सिविल सर्जन से ये सर्टीफिकेट ले लिया कि उनके बाप का दिमाग़ चल गया है। तब कहीं जाकर मामला रफ़ा-दफ़ा हुआ।

बाप को ये पता चल गया कि बेटे ने उनके पागल होने का सर्टीफिकेट लिया है। नतीजे में दोनों के ताल्लुक़ात बहुत ख़राब हो गये। लेकिन रज़ी हुसैन ख़ाँ ने इस मौक़े पर सख़्ती से काम लिया और बाप से साफ़ कह दिया कि आपको इलाक़े पर जाने की ज़रूरत नहीं है। इस वाक़्ये के कुछ ही साल बाद अहमद हुसैन ख़ाँ गुज़र गये।

'कोर्ट ऑफ वार्ड्स' से जायदाद छूटी तो रज़ी हुसैन ख़ाँ ने इंतिज़ाम इस तरह अपने हाथ में लिया कि खुद ही काम करते थे। गुड़, भुने हुए चने, सत्तू, लोटा और डोर लेकर जागीर पर खुद ही निकल जाते थे। दो-दो, तीन-तीन दिन गाँवों के चक्कर लगाते रहते थे। कारिंदों की तादाद भी बहुत कम कर दी थी और जो थे वो इनकी ही तरह नेक और ईमानदार थे। धीरे-धीरे इन्होंने जागीर के वो इलाक़े

छुड़ाये जो इनके बाप ने गिरवी रख दिये थे। उसके बाद उन्होंने घर की तरफ़ ध्यान दिया। ग़दर के बाद से क़िला टूटा पड़ा था। रज़ी हुसैन ख़ाँ ने बाहर बैठक के तौर पर एक अच्छी इमारत बनवाई। यह ऊँची कुर्सी देकर बनायी गयी थी। बरामदे के चार दर थे। उसके बाद हाल था। हाल की छत हालाँकि साखू की धन्नियों से पटी थी लेकिन पक्की थी। हाल के पीछे एक लम्बा कमरा था। बरामदे के सामने एक मैदान था जिसके चहारदीवारी थी, और एक बड़ा दरवाज़ा लगवाया गया था। बरामदे और हाल के बायीं तरफ़ भी बरामदे और पीछे कमरे बनवाये गये थे। ये सब काम बहुत आहिस्ता-आहिस्ता और क़रीने से किया गया था।

रज़ी हुसैन ख़ाँ पहनावे और रहन-सहन में ही नहीं, पूरे मिज़ाज में अवध के देहाती और शहराती मेलजोल की एक मिसाल थे। घर में मलमल की हल्की धोती बाँधते थे। लेकिन जब बाहर निकलते थे तो छः कली का अँगरखा पहनते थे। जूते उन्होंने ज़िंदगी-भर नहीं पहने, जूतियाँ पहनते थे। खाने-पीने में बहुत सादगी बरतते थे। बेर्रे की रोटी का एक टुकड़ा उनके दोनों वक़्त के खाने में ज़रूर हुआ करता था। अरहर की दाल दोनों वक़्त पाबंदी से खाते थे। घर में दसियों नौकरों के बावजूद उन्हें खाना बेगम साहिबा खुद खिलाती थीं।

रज़ी हुसैन ख़ाँ ने अपने रहने के लिए कोठे पर एक कोठरी बनवाई थी जिसके सामने खपरैल पड़ी हुई थी। कोठे पर जाने के दो ज़ीने थे—एक बाहर से और दूसरा अंदर से ऊपर जाता था। रात में नमाज़ वग़ैरा पढ़ने के बाद ऊपर से आवाज़ आती थी—'साहब'। इस आवाज़ का मतलब होता था कि खाना माँगा जा रहा है। बेगम साहिबा एक सीनी में खाना लेकर ऊपर जाती थीं।

रज़ी हुसैन ख़ाँ को उनके मुलाज़िम ही नहीं, घर के लोग, यहाँ तक के बच्चे भी हुज़ूर कहते थे। हुज़ूर की औलादें नहीं बचती थीं। शादी के बाद पाँच लड़के-लड़कियाँ हुईं लेकिन सब गुज़र गये। आख़िर बड़ी दुआओं और मन्नतों के बाद तीन बेटे बचे थे। उनमें से बड़े बेटे बत्तन मियाँ कुछ सनके हुए थे। पागल तो नहीं कहा जा सकता लेकिन दीवाने थे। बहकी-बहकी बातें करते थे। कभी-कभी उन पर कँपकँपी के दौरे भी पड़ जाते थे। हुज़ूर ने उनका बहुत इलाज कराया था लेकिन नाकामी हाथ लगी थी। कुछ हकीमों ने कहा था कि अगर उनकी शादी हो जाये तो शायद ठीक हो जायें। पगले बेटे की शादी करा देना हुज़ूर के लिए कोई मुश्किल काम न था। लेकिन वो चाहते ये थे कि शादी किसी अच्छे ख़ानदान में हो जो हर तरह से उनके टक्कर का हो। इसके लिए ज़रूरी था कि लड़के का पागलपन छुपाया जाये। हुज़ूर ने किसी तरह बत्तन मियाँ की शादी लखनऊ के एक अच्छे, शरीफ़ ख़ानदान में कर दी। ब्याहकर जो बहू आयी उसे जल्दी ही पता चल गया कि उसका मियाँ दीवाना है। बहू ने उफ़ तक न की। न तो उसने ये बात अपने घरवालों को बताई और न अपने सुसरालवालों पर कोई इल्ज़ाम धरा। उसने

जानमाज़ बिछाकर दो रकत नमाज़ पढ़ी और खुदा का शुक्र अदा किया। खुदा की मसलहेत के आगे सिर झुका दिया। उसके इस रवैये से हुज़ूर बहुत मुत्तास्सिर हुए। उन्हें तो ये डर था कि राज़ खुल जाने के बाद उनकी बड़ी बदनामी होगी। शादी के बाद भी बत्तन मियाँ ठीक न हुए थे। उनकी दीवानगी बरक़रार थी। हुज़ूर ने उनके ठीक हो जाने की उम्मीदें छोड़ दी थीं। लेकिन अपनी बहू को दिलो-जान से चाहने लगे थे जिसने उनकी इज़्ज़त बचा ली थी। बहू ने कुछ साल बाद हुज़ूर से कहा कि वह अपने भतीजे को गोद लेना चाहती है। हुज़ूर ने इसकी इजाज़त दे दी।

हुज़ूर के दूसरे बेटे जत्तन मियाँ की शादी हैदराबाद के एक ख़ानदान में हुई थी। मँझली बहू यानी जत्तन मियाँ की बीवी बहुत खूबसूरत और समझदार थी। तीसरे और सबसे छोटे बेटे सत्तन मियाँ की शादी लखनऊ में ही हुई थी। इस ख़ानदान से हुज़ूर की पुरानी रिश्तेदारी थी। वैसे तो तीनों बेटों की शादियों के बाद सबकुछ ठीक ही चल रहा था, लेकिन बड़ी बहू के भतीजे को गोद लेते ही हालात बदलना शुरू हो गये। पहले तो ये समझा जा रहा था कि बड़े बेटे यानी बत्तन मियाँ लावल्द मर जायेंगे और हुज़ूर की जायदाद सिर्फ़ दो भाइयों—जत्तन मियाँ और सत्तन मियाँ में बँट जायेगी। लेकिन बड़ी बहू ने भतीजे को गोद लिया जिसका मतलब यह हुआ कि अब जायदाद में तीन हिस्से होंगे।

जागीर के इंतिज़ाम को बेहतर बनाने के बाद हुज़ूर ने अंग्रेज़ अफ़सरों और सरकार की तरफ़ तवज्जो दी। इसका नतीजा भी अच्छा निकला। उनके ख़ानदान को अवध की सरकार से जो नवाब का ख़िताब हासिल था वह अंग्रेज़ सरकार की तरफ़ से बहाल कर दिया गया। हुज़ूर को ऑनरेरी स्पेशल मजिस्ट्रेट और फिर ऑनरेरी स्पेशल कलक्टर बनाया गया। उन्होंने सरकारी अदालत में जाकर बैठने से बेहतर ये समझा कि खुद अपना इजलास तामीर करायें। कलक्टर ने उन्हें इजाज़त दे दी। हुज़ूर ने क़िले के नीचे इमली के बड़े पेड़ों के नज़दीक कचहरी बनवाई। यह उसी तरह की कचहरी थी जैसी उस ज़माने की सरकारी कचहरियाँ होती थीं। दोनों तरफ़ खपरैल के बरामदे, बीच में बड़ा-सा हाल और आगे-पीछे पक्के कमरे। हुज़ूर हफ़्ते में एक बार अपना इजलास यहीं किया करते थे। इसी दौरान गवर्नर के दरबार में भी नवाब रज़ी हुसैन ख़ाँ को कुर्सी हासिल हो गयी थी। उनका इक़बाल बुलंद से बुलंदतर होता जा रहा था।

हुज़ूर स्कूल में नहीं पढ़े थे। लेकिन उन्होंने जत्तन मियाँ और सत्तन मियाँ को स्कूल भेजा। जत्तन मियाँ जब चौथी क्लास में थे तो किसी ईसाई मास्टर ने क्लास में रसूले-खुदा की शान में कोई ऐसी-वैसी बात कह दी। इसके जवाब में जत्तन मियाँ ने उसे क्लास के अंदर ही उठाकर पटक दिया और उसका एक हाथ तोड़ दिया। चूँकि मामला ईसाई मास्टर का था इसलिए हुज़ूर ने जत्तन मियाँ को एक

साल के लिए लखनऊ भेज दिया और दौड़धूप करके मामला दबा दिया। उसके बाद जत्तन मियाँ के पढ़ने का सवाल ही न पैदा हुआ। वो अपनी घुड़सवारी और पंजा लड़ाने के शौक़ में पूरी तरह डूब गये। तीसरा शौक़ उन्हें पैसा ख़र्च करने का था। पैसा इस तरह ख़र्च करते थे कि पैसा उनसे पनाह माँगता था। एक बार चाँदी का एक रुपया उनकी जेब में कई दिन पड़ा रह गया। आख़िरकार उन्होंने झुँझलाकर उसे तालाब में फेंक दिया और कहा, 'पता नहीं किस साले कंजूस का रुपया था, ख़र्च ही नहीं हो रहा था।'

जत्तन मियाँ के छोटे भाई सत्तन मियाँ यानी अब्बा मियाँ विलायन न जा पाने के ग़म में पढ़ाई छोड़ चुके थे और उन्होंने बड़ी-बड़ी मूँछें रखकर पहलवानी शुरू कर दी थी। उस्ताद काले ख़ाँ पहलवान रोज़ शाम को आते थे। अखाड़े में दाँवपेंच होते थे। पहलवानी के अलावा सत्तन मियाँ को शायरी का शौक़ था। 'दिल' लखनवी के शागिर्द थे और उन्हें ग़ज़लें दिखाते थे।

दोनों भाइयों में बड़ा फ़र्क़ था। जत्तन मियाँ बहुत ज़्यादा मस्ततबीयत थे। सत्तन मियाँ रख-रखाव, रौबदाबवाले और संजीदा आदमी थे। उन्हें गुस्सा आ जाता था तो आपे से बाहर हो जाते थे। अगर गुस्से में किसी को मारने लगते थे तो उनका हाथ 'हुजूर' भी न पकड़ सकते थे। उनका हाथ पकड़ने और समझाने-बुझाने के लिए उनके उस्ताद 'दिल' लखनवी को बुलाया जाता था जो शहर के ही एक मोहल्ले में रहते थे और डिप्टी साहब के पेशकार थे। जत्तन मियाँ को लोगों, ख़ासकर अफ़सरों से मिलने-मिलाने का शौक़ न था। लेकिन सत्तन मियाँ हुजूर के साथ अंग्रेज़ कलक्टरों और दूसरे ओहदेदारों के पास जाते थे।

हुजूर के दीगर मुंशी-कारिंदों में एक ख़ास मुलाज़िम मीर तक़ी थे। इनका ताल्लुक़ लखनऊ के किसी अच्छे घराने से था जो ग़दर में लुट-पिट चुका था। ग़दर के बाद मीर तक़ी के वालिद उन्हें लिये इधर-उधर छुपते फिरते रहे। कई जगह ठहरे लेकिन बात न बनी। अपने वालिद के मरने के बाद मीर तक़ी किसी रईस का सिफ़ारिशी ख़त लेकर हुजूर के पास आये। हुजूर ने उन्हें दो रुपये हफ़्ता खाना और कपड़ों पर नौकर रख लिया।

मीर तक़ी दुबले-पतले, मुनहनी-से आदमी थे। पट्टे और बड़ी-बड़ी मूँछें रखते थे। नक़्शा खड़ा था। आँखें गहरी और कुछ अंदर को धँसी हुई थीं। बातचीत और आदतों से वो किसी बड़े घर के आदमी लगते थे। बहुत शायस्ता उर्दू बोलते थे। फ़ारसी और अरबी भी आती थी। मीर तक़ी के ज़िम्मे कोई काम न था। वो बाहर हाल के बराबर जो कमरे बने थे उन्हीं में रहते थे और घर के लड़कों को कभी-कभी बहुत तरकीब और प्यार से आचार-व्यवहार, शिष्टाचार सिखाते थे। अगर कोई हुजूर से मिलने आता था तो उससे बात करने, उसे हस्बे-हैसियत बैठाने, ख़ातिर करने और हुजूर को इत्तिला देने का काम करते थे।

मीर तक़ी हँसमुख और खुशमिज़ाज आदमी थे। अफ़ीम खाने के अलावा उनमें कोई ऐब न था। वैसे उन दिनों अफ़ीम खाने को ऐब न माना जाता था। हुज़ूर भी शाम के वक़्त थोड़ी अफ़ीम लेते थे। लेकिन मीर तक़ी के अफ़ीम खाने का तरीक़ा निराला था। वो अफ़ीम की बड़ी-बड़ी गोलियाँ मुँह में डालकर चूसते थे। लेकिन पूरे नशे में भी उनके होशो-हवास बरक़रार रहते थे।

वो घर से दिया जानेवाला खाना सिर्फ़ एक वक़्त खाते थे। शाम को चौक की तरफ़ निकल जाते थे। मिठाई और पूरी खाते थे। ज़ाहिर है कि ये ख़र्च दो रुपये हफ़्तेवाली तनख़्वाह से पूरा न होता था। मीर तक़ी के पास एक पोटली थी जिसमें कुछ क़ीमती पत्थर वग़ैरा थे। उन्हीं को बेच-बेचकर वो ख़र्च चलाते थे। हुज़ूर की सख़्त हिदायत थी कि घर का कोई आदमी उनसे कुछ न ख़रीदे। हुज़ूर ये नहीं चाहते थे कि लोग इल्ज़ाम धरें कि अपने घर रखकर उन्होंने मीर तक़ी के क़ीमती हीरे-जवाहरात कौड़ियों के मोल ख़रीद लिये। मीर तक़ी को जब पैसों की ज़रूरत होती थी तो शहर के सुनारों के हाथ कुछ बेच डालते थे।

अफ़ीम खाने के अलावा मीर तक़ी को एक अजीबो-ग़रीब शौक़ चिड़ियों को खाना खिलाने का भी था। उनका यह शौक़ जुनून और पागलपन की हद तक पहुँच गया था। उन्हें हुज़ूर के यहाँ से जो रात का खाना मिलता था उसे मिलाकर अच्छी तरह मलते थे। बारीक, छोटे-छोटे टुकड़े करते थे ताकि चिड़ियाँ अच्छी तरह से खा सकें। उन्हें ये काम करने में ख़ासी देर लगती थी। इस दौरान चिड़ियाँ उनके सामने आकर बैठ जाती थीं और चहचहाने लगती थीं। वो चिड़ियों से बातचीत भी करते जाते थे, उसी तरह जैसे कोई माँ अपने बच्चों को खाना देने से पहले करती है—'मैं जानता हूँ तुम भूखी हो। लेकिन थोड़ा सब्र करो। भई, इतनी जल्दी मेरे हाथ तो नहीं चल सकते। बूढ़ा हो गया हूँ न। अब इन हड्डियों में वो जान नहीं जो पहले थी। चलो, अलग हटो। ये क्या नदीदापन है कि खाना तैयार नहीं और तुमने खाना शुरू कर दिया। टुकड़े बड़े-बड़े होंगे तो तुम वैसे भी नहीं खा सकोगी। बस लो, तैयार हो गया।'

चिड़ियों का खाना तैयार करने के बाद मीर तक़ी उसे एक सफ़ेद कपड़े पर फैला देते थे और सैकड़ों की तादाद में गौरैयाँ उस पर आ बैठती थीं। वो उन्हें खाता देखकर शाद हो जाते थे। कभी-कभी डाँटते भी थे—लड़ो मत··· सबको खाने दो। गौरैयों के चहचहाने की आवाज़ में कभी उनकी आवाज़ दब जाती थी।

पूरा घर मीर तक़ी के इस जुनून या पागलपन से वाक़िफ़ था। इसलिए सबके लिए यह सामान्य बात हो गयी थी। कभी-कभी मीर तक़ी जब ज़्यादा तरंग में आते थे तो चिड़ियों के लिए राई या दलिया बाज़ार से ख़रीद लाते थे और खिलाते थे। दिन में एक बार, एक ख़ास वक़्त चिड़ियों को खिलाना उनका दस्तूर बन गया था। ठीक उसी वक़्त इधर-उधर से चिड़ियाँ आकर मीर तक़ीवाले बरामदे में चहचहाने

लगती थीं। चिड़ियों को देखकर मीर तक़ी सब काम भूल जाते थे। कहते थे—'भई, बच्चे आ गये हैं। अब मुझे इजाज़त दीजिए।' चिड़ियों को खिलाते हुए वे चिड़ियों के झुण्ड में ग़ायब हो जाया करते थे। ख़ास तौर पर गर्मियों के दिनों में मीर साहब मिट्टी के साफ़ बरतनों में पानी भरकर यहाँ-वहाँ रखते फिरते थे। एक हँडिया मस्जिद में, एक बरामदे में, एक नीम के पेड़ पर, एक अस्तबल में, एक ड्योढ़ी में और पता नहीं कहाँ-कहाँ कितनी हँडियों में पानी भरकर रखते थे। रोज़ हँडिया उठाकर साफ़ करते थे और फिर ताज़ा पानी भरकर रखते थे।

नवाब रज़ी हुसैन ख़ाँ हमेशा आमदनी बढ़ाने की फ़िक्र में रहते थे। जागीर की आमदनी के अलावा उनको बाग़ों से भी अच्छी आमदनी हो जाती थी। इसी दौरान उनको किसी ने राय दी या वो खुद इस नतीजे पर पहुँचे कि जानवरों की बाज़ार लगवाना चाहिए। क़िले के नीचे क़रीब डेढ़-दो सौ बीघे का एक मैदान था। यह बाज़ार लगवाने के लिए आदर्श जगह थी। सड़क के किनारे भी थी और क़िले के नज़दीक भी थी। बाज़ार कामयाब होगी या न होगी ?—ये टेढ़ा मसला था। हुजूर के एक कारिंदे ने बताया कि एक पंडित है जो सच्ची भविष्यवाणी करता है। हुजूर ने पंडित को बुलाया और उससे पूछा। पंडित ने माश के आटे का एक साँप बनाया। एक जगह साफ़ की गयी। वहाँ उसने साँप रख दिया। उसके बाद तरह-तरह की कुछ दीगर चीज़ें रखीं। एक मिट्टी की कटोरी में कड़वा तेल, शेर की हड्डी का टुकड़ा, सिंदूर और पता नहीं क्या-क्या। उसके बाद वह जाप करने लगा। उसने मंत्र पढ़-पढ़कर माश के दाने साँप पर मारने शुरू किये। कुछ देर बाद उसने हुजूर से कहा कि बाज़ार कामयाब हो जायेगी। हुजूर ने पूछा कि इसका क्या सुबूत है ? पंडित ने कहा कि वह एक और मंत्र पढ़कर साँप के ऊपर माश के सात दाने फेंकेगा। सातवाँ दाना फेंकते ही साँप के मुँह से ताज़ा खून निकल आयेगा। यह सुबूत होगा कि बाज़ार चलेगी। लेकिन उसके बाद वह खुद न बचेगा। मर जायेगा। हुजूर ने उसकी जान की क़ीमत पर सुबूत हासिल करने से इनकार कर दिया।

बाज़ार लगवाना कोई हँसी-खेल न था। कई सालों तक सिर्फ़ पैसे का ख़र्च ही ख़र्च था। लेकिन हुजूर ने तय कर लिया था कि बाज़ार तो लगना ही लगना है। कलक्टर से उन्होंने इजाज़त ले ली और बाज़ार का नाम अपने परदादा के नाम पर रखा। दस डुग्गी पीटनेवाले नौकर रखे जो बड़े-बड़े गाँवों और मेलो-ठेलों में जा-जाकर मुनादी करने लगे। हिंदी-उर्दू में पर्चे छपवाये गये और पूरे ज़िले में बाँटे गये। जानवरों के व्यापारियों से मुंशी-कारिंदों ने संपर्क साधे और हर सनीचर बाज़ार लगने लगी। बाज़ार में जानवर बेचने-ख़रीदने जो आते थे उनसे कम ही 'लिखाई' ली जाती थी। लेकिन उनको जो सहूलियतें दी जाती थीं वो बहुत थीं। यानी हर आदमी को खाने-पकाने के लिए मिट्टी की दो हँडियाँ, कंडे और दो लकड़ी के चैले

दिये जाते थे। कभी किसी व्यापारी के पास दाल-चावल घटता था तो वह भी दे दिया जाता था। बाज़ार में मशालों का इंतिज़ाम किया जाता था ताकि रौशनी रहे। दो-चार क़िस्सा सुनानेवाले आते थे जो रात में व्यापारियों को क़िस्से सुनाते थे। इसके अलावा कभी-कभी नाच भी कराया जाता था। रात बाज़ार में पहरे का भी पूरा इंतिज़ाम किया जाता था। जानवरों के लिए नाँदें बनवायी गयी थीं। उनके लिए भूसा भी मुफ़्त दिया जाता था। एक बार तो हुज़ूर की तरफ़ से बड़े व्यापारियों को साफ़े तक बाँटे गये थे। बहरहाल ऐसी हर तरकीब की जाती थी कि माल बेचने और ख़रीदनेवाले आयें और कारोबार होता रहे। क़रीब चार-पाँच साल बाद बाज़ार अपना रंग दिखाने लगी थी यानी आमदनी होने लगी थी। जानवरों की बाज़ार के साथ-साथ चमड़े की बाज़ार, बरतनों की बाज़ार, अनाज की बानगी की बाज़ार और बिसाते की दुकानें लगने लगी थीं। मिठाई, सत्तू और लाई-चने और जूते-कपड़े की दुकानें भी सजती थीं। इन सब दुकानों से भी महसूल लिया जाता था जो हालाँकि बहुत कम था लेकिन आमदनी का एक ज़रिया था।

जानवरों की बाज़ार के संबंध में हुज़ूर के सामने पहली बड़ी दिक़्क़त जो आयी वह यह थी कि शहर के एक दूसरे रईस और बड़े ज़मींदार लाला ईश्वर सहाय ने भी जानवरों की बाज़ार लगवानी शुरू कर दी। मतलब एक ही दिन एक ही शहर में दो बाज़ारें लगने लगीं और यह भी तय था उनमें से एक ही बाज़ार बचेगी। लाला ईश्वर सहाय ने नये अंग्रेज़ कलक्टर मिस्टर स्मिथ के नाम से 'स्मिथ कैटेल मार्केट' लगवाना शुरू की थी और इसलिए ज़ाहिर था कि कलक्टर उनका ही साथ दे रहा था। कलक्टर साथ दे रहा था तो ज़िले का पूरा सरकारी अमला और पुलिस भी लाला साहब का साथ दे रहे थे।। पुलिसवाले रास्ते में रोककर व्यापारियों से रसीदें देखते थे। जानवर अगर 'गोरे साहब की बाज़ार' या 'सरकारी बाज़ार' के न होते थे तो मारपीट करते थे। जो व्यापारी ख़रीदने आते थे उनसे भी कह दिया जाता था कि गोरे साहब और सरकार बहादुर की बाज़ार से जानवर न ख़रीदे तो जेल चले जाओगे। हुज़ूर तक ये शिकायतें पहुँचती थीं। लेकिन वो जानते थे कि मिस्टर स्मिथ से अगर बात की जाये तो वो कान न धरेंगे। सोचते-सोचते उनके दिमाग़ में एक सवा लाख टके का ख़याल आया। उन्हें मालूम था कि अंग्रेज़ अफ़सरान के लिए ये सख़्त हुक्म है कि वो मुक़ामी लोगों के झगड़ों में न पड़ें, किसी की तरफ़दारी न करें जबकि मिस्टर स्मिथ ने अपने नाम से लाला साहब को बाज़ार लगाने की इजाज़त दे दी थी। यानी मालिक थे लाला साहब और नाम चलता था मिस्टर स्मिथ का। हुज़ूर ने अपने कारिंदों से कहा कि लाला साहब की बाज़ार में जाकर जानवर ख़रीदें। चार जानवर ख़रीदे गये। रसीदें मिलीं। उन पर साफ़ लिखा था कि बाज़ार का नाम 'स्मिथ कैटेल मार्केट' है और मालिक लाला ईश्वर सहाय हैं। हुज़ूर इन रसीदों को लेकर लखनऊ गये। लाट साहब से उनकी

मुलाक़ात तो नहीं हो सकी लेकिन राजा जटवारा की मदद से वो लाट साहब के स्पेशल असिस्टेंट मिस्टर नील से मिले और रसीदें दिखाकर पूरा क़िस्सा बताया। उन्होंने मिस्टर नील की ख़िदमद में एक हीरे जड़ा हार भी पेश किया। चूँकि सारे सबूत थे इसलिए लाट साहब के दफ़्तर से मिस्टर स्मिथ के ताबदले का हुक्म आ गया। लाला साहब भी समझ गये और स्मिथ को भी पता चल गया कि यह नवाब रज़ी हुसैन ख़ाँ का काम है। लेकिन चिड़ियाँ खेत चुग चुकी थीं।

स्मिथ के बाद जो नये कलक्टर आये उन्होंने मुक़ामी रईसों की लड़ाई में पड़ने से इनकार कर दिया। मिस्टर स्मिथ के ताबदले का बदला लाला साहब ने बड़े शानदार तरीके से लिया—जिस ज़मीन पर सड़क के एक किनारे हुज़ूर की बाज़ार लगती थी उस सड़क के दूसरे किनारे सईद ख़ाँ की ज़मीन थी। लाला साहब ने सईद ख़ाँ की वह ज़मीन चुपचाप ख़रीद ली और अब उनकी बाज़ार हुज़ूर के बाज़ार के बिलकुल सामने लगने लगी। दोनों बाज़ारों में एक ही सड़क से व्यापारी आते थे और दोनों बाज़ारों के मुंशी-कारिंदे व्यापारियों और ख़रीदारों को अपनी बाज़ार में लाने की कोशिश करते थे। पहले ये कोशिश ज़्यादा से ज़्यादा सहूलियतें देने की शक्ल में सामने आयी। जैसे लाला साहब ने एलान कराया कि उनकी बाज़ार में जो व्यापारी आयेंगे उन्हें अँगौछे दिये जायेंगे तो हुज़ूर ने एलान कराया कि उनकी बाज़ार में जो आयेंगे उन्हें साफ़े दिये जायेंगे। लाला साहब साइकिल पर बैठकर बाज़ार आते थे। साइकिल उन दिनों ऐसी सवारी थी जिसे देखने सैकड़ों लोग जमा हो जाते थे। लाला साहब की साइकिल के जवाब में हुज़ूर ने अपने कारिंदे खुदाबख़्श को साइकिल ख़रीद दी। लाला साहब ने अपनी बाज़ार में व्यापारियों को शर्बत पिलाया तो हुज़ूर ने पूड़ी-कचौड़ी छनवा दी। लाला साहब ने जानवरों के गले में लगाने की घण्टियाँ दीं तो हुज़ूर ने पूरी-पूरी माला ही अता फ़रमा दी। कहने का मतलब यह कि दोनों तरफ़ से पैसा पानी की तरह बहने लगा।

हुज़ूर को पता चला कि ज़िले की नहर की पटरियों पर उगी घास का ठेका उठनेवाला है। लाला साहब ठेका लेना चाहते हैं क्योंकि व्यापारी जानवरों को नहर की पटरियों के रास्ते लाते हैं। अगर लाला साहब को ठेका मिल जाता है तो उन व्यापारियों को परेशान किया जायेगा जो हुज़ूर की बाज़ार में जानवर लाते हैं। इसलिए हुजरू ने अपने मुंशी-कारिंदों को भी ठेका लेने के लिए बोली लगाने भेजा और सख़्त हिदायत दी कि चाहे जितने में भी ठेका मिले, उन्हीं को मिलना चाहिए। बोली शुरू हुई। बोली बढ़ते-बढ़ते चार हज़ार तक पहुँच गयी। छोटे-मोटे ठेकेदार बीच से हट गये। वे समझ गये थे कि ये दो हाथियों के बीच की लड़ाई है। वे बीच में आये तो पिस जायेंगे। बोली बढ़ती रही। लाला साहब ने सात हज़ार बोली लगायी। हुज़ूर की तरफ़ से बोली दस हो गयी। लाला साहब ग्यारह पर आये। इधर से बोली चौदह हो गयी। लाला साहब ने आगे बढ़कर बोली नहीं लगायी।

वह ठेका जो हर साल तीन-साढ़े तीन हज़ार में उठता था, सोने के भाव उठा। हुज़ूर ने पूरे ज़िले में एलान करा दिया कि नहर की पटरियों की घास का ठेका उन्होंने ले लिया है और उनकी बाज़ार आनेवाले व्यापारी अपने जानवरों को नहर की पटरी की घास चरा सकते हैं। हुज़ूर की जय-जयकार होने लगी। इसी तरह के दो-चार और सख़्त मुक़ाबले हुए। पठान लाला साहब का साथ दे रहे थे। एक बार हुज़ूर के एक सिपाही को पठानों ने लाठी मार दी। अब मामला फ़ौजदारी पर आ टिका था। हुज़ूर ने भी तय कर लिया कि लाला साहब को ख़त्म कराये बग़ैर वे बाज़ार लगाने में कामयाब न होंगे। उन्होंने मेवाती लठैत बुलवाये। मेवातियों में एक बड़ा कड़ियल जवान था। उसके ज़िम्मे यह काम सौंपा गया कि वह दूसरे लोगों की मदद से लाला साहब पर ऐसा वार करे कि वे बच न सकें। इस कार्रवाई से पहले हुज़ूर ने चुपचाप अपनी बाज़ार का ठेका अपने एक मुंशी करामत हुसैन को दे दिया था। मतलब ये कि बाज़ारों की फ़ौजदारी में अगर दो-चार खून हो जाते तो हुज़ूर पर कोई आँच न आती। वो असानी से ये कहकर बच सकते थे कि उन्होंने अपनी बाज़ार का ठेका करामत हुसैन को दे दिया है। लेकिन पीछे से जो भी पैसा ख़र्च होता और क़ानूनी कार्रवाई होती वह हुज़ूर ही करते। लाला साहब को इसकी ख़बर न थी।

जून की एक तपती दोपहर थी। दोनों तरफ़ बाज़ारें लगी थीं। मेवाती जवानों को साथ लिए हुज़ूर के एक कारिंदे जोधासिंह सड़क के आसपास मँडरा रहे थे। उनका काम लाला साहब को पहचनवा देना था। उसके बाद सारा काम मेवाती खुद ही कर लेते। शाम चार बजे लाला साहब अपनी साइकिल पर बाज़ार आये। अभी वो सड़क पर ही थे कि जोधासिंह ने इशारा कर दिया। मेवाती बाज़ की तरह उन पर झपट पड़े। लाला साहब का सोलो हैट हवा में उड़ गया। दूसरी तरफ़ से जब तक पठान आते-आते उस वक़्त तक लाला साहब का सिर बुरी तरह फट गया था। पठानों के आते ही मेवातियों को पीछे हटा लिया गया। पुलिस में हुज़ूर के लोगों ने ही ख़बर कर दी। मेवाती पिछले रास्ते से निकाल दिये गये। लाला साहब मर चुके थे। नतीजा वही हुआ जो हुज़ूर ने सोचा था। यानी उनकी बाज़ार के ठेकेदार मुंशी करामत हुसैन गिरफ़्तार कर लिये गये। हुज़ूर ने उनकी जमानत करायी। ज़बरदस्त मुक़द्दमा चला जो कई बरस तक चलता रहा। सेशन में जाकर करामत हुसैन छूट गये। लाला साहब की मौत के बाद उनकी बाज़ार उखड़ गयी। लाला साहब के भाइयों ने फिर बाज़ार लगवाने की कोशिश नहीं की।

लाला साहबवाला मुक़द्दमा जीतने के कोई दो बरस बाद एक ऐसा वाक़्या हुआ जिसने हुज़ूर को हिलाकर रख दिया। एक दिन उनके सबसे बड़े बेटे बत्तन मियाँ जो नीम पागल थे, दोपहर का खाना खाकर घर से बाहर आये तो उन्हें खून की लम्बी क़ै हुई। उसके बाद हकीमों-डाक्टरों के आते-आते उन्हें लगातार चार-पाँच

खून की उल्टियाँ हुईं और जिस्म नीला पड़ने लगा। चार घण्टे बाद वो मर गये। इतना तय था कि उन्हें ज़हर दिया गया था। ज़हर देने की वजह भी साफ़ थी। उनके मर जाने से जायदाद के तीन हिस्सों में बँट जाने का इमकान ख़त्म हो गया था। बत्तन मियाँ को ज़हर कौन दे सकता है ? ज़ाहिर है भाइयों या घरवालों पर शक नहीं किया जा सकता। तो फिर किस पर शक किया जाये ? हुजूर बत्तन मियाँ के कफ़न-दफ़न का इंतिज़ाम कर ही रहे थे कि पुलिस आ गयी। क्योंकि शहर के रईस के घर का मामला था इसलिए अंग्रेज़ कप्तान साहब बहादुर खुद आये थे। लाश देखकर उन्हें यक़ीन हो गया था कि ज़हर दिया गया है। उन्होंने कहा कि लाश का 'पोस्टमार्टम' होगा। 'पोस्टमार्टम' का सीधा मतलब ये था कि मुक़द्दमा चलता और हुजूर के घर के अंदर से क़ातिल तलाश करने की कोशिश की जाती। घर की औरतों के बयान होते, उनसे सरकारी वकील जिरह करता। सौ-सौ तरह के सवालात पूछे जाते। पूरा ख़ानदान अदालत के कटहरे में खड़ा हो जाता और किसी पर जुर्म साबित हो जाता तो क्या होता ? ये सबकुछ ऐसा था कि हुजूर किसी तरह भी इसे नहीं चाहते थे। लेकिन अंग्रेज़ कप्तान पुलिस अजीब ख़रदिमाग़ आदमी था। वह पोस्टमार्टम कराने पर तुला हुआ था और इसे क़त्ल का मामला मान रहा था। घर के अंदर भी ये ख़बर पहुँच गयी थी कि लाश का पोस्टमार्टम होने पर गोरा कप्तान पुलिस ज़ोर दे रहा है। औरतें फ़रयादी मातम करने लगी थीं। बाहर हाल में हुजूर कप्तान पुलिस को लाख-लाख समझा रहे थे। उसे हज़ारों तक देने के इशारे कर रहे थे। लेकिन वह किसी सूरत से तैयार ही नहीं हो रहा था। हाल के बाहर शहर के रईस और ख़ानदान के लोग जमा हो गये थे। कफ़न-दफ़न का इंतिज़ाम हो रहा था। पुलिस के सिपाही कप्तान साहब का हुक्म सुनने के इंतिज़ार में तैयार खड़े थे। सत्तन मियाँ ने तय कर लिया था कि भाई की लाश पुलिस के हवाले न करेंगे चाहे चार-पाँच लाशें और ही क्यों ने गिर जायें। वो गुस्से में बिलकुल पागल हो रहे थे। उन्होंने अपनी सोल बोर की राइफ़िल निकाल ली थी। लोग उन्हें समझा रहे थे कि गुस्सा न करो, हुजूर ज़रूर मामला निपटा देंगे।

हाल के अंदर हुजूर कप्तान बहादुर को समझाते-समझाते पस्त पड़ चुके थे। जब उसने आख़िरी बार 'नहीं' कहा तो हुजूर ने अपनी टोपी उतारकर उसके पैरों में डाल दी और कहा, 'ये मेरी इज़्ज़त नहीं, सरकारी इंग्लिशिया की इज़्ज़त है। मुझे आपकी सरकार ने ख़िताबात दिये हैं। गवर्नर के दरबार में मुझे कुर्सी मिलती है। मैं ऑनरेरी स्पेशल कलक्टर और ऑनरेरी स्पेशल मजिस्ट्रेट हूँ। अगर मेरी इज़्ज़त जाती है तो सरकारी इंगिलशिया की इज़्ज़त जायेगी।' जवान बेटे के ग़म में डूबे बाप की ये बात गोरे कप्तान को पता नहीं क्यों ठीक लगी। वह चला गया। लाश दफ़न की गयी।

बत्तन मियाँ की मौत के बाद हुजूर पूरी तरह गोशानशीन हो गये थे। महीनों

अपनी कोठरी से न निकलते थे। उन्हें पता चल गया था कि ज़हर किसने दिया था। कभी-कभार मुंशी-कारिंदे उनसे मिल लेते थे। बत्तन मियाँ की मौत, लगता था आधी उनकी मौत थी। अब हुजूर की यही सबसे बड़ी और अकेली ख़्वाहिश थी कि उनके बाद उनके दोनों बेटे मिल-जुलकर रहें। वो जानते थे कि ख़ानदानों में झगड़े जायदाद की वजह से होते हैं इसलिए उन्होंने अपनी जागीर के दो हिस्से कर दिये थे। एक हिस्सा उनकी मौत के बाद सत्तन मियाँ को मिलना था और दूसरा जत्तन मियाँ को।

बत्तन मियाँ की मौत के बाद धीरे-धीरे ज़िंदगी अपनी डगर पर आ गयी थी। हुजूर की तबीयत तेज़ी से गिर रही थी और उनकी गोशानशीनी बढ़ती जाती थी। इस दौरान एक और वाक़्या हुआ जिसका बड़ा असर हुजूर पर पड़ा। मीर तक़ी हस्बे-दस्तूर शाम को अफ़ीम पीने के बाद चौक गये थे और वहाँ से मिठाई खाकर आ रहे थे। पुलिया से नीचे उतरे ही थे कि बरधाई बाज़ार में किसी चीज़ से पैर टकराया और गिर गये। अँधेरी रात, उस पर अफ़ीम का नशा। पर जैसे-तैसे उठे और क़िले आ गये। अपने बिस्तर पर लेटे और सो गये। लेकिन सुबह उठे तो देखा कि उनकी पोटली ग़ायब है। मीर तक़ी फ़ौरन बरधाई बाज़ार गये। अपने ख़याल से उस जगह उन्होंने पोटली तलाश की जहाँ रात में गिरे थे। लेकिन पोटली नहीं मिली। फिर घर के सभी नौकर पोटली तलाश करने गये। पूरे मैदान को छान मारा गया लेकिन पोटली नहीं मिली। सब जानते थे कि पोटली खो जाने का मतलब मीर साहब के लिए क्या है। हुजूर ने उनकी तनख़्वाह दो रुपये हफ़्ता से बढ़ाकर चार रुपये कर दी। अपने निजी नौकर करमशेर से कह दिया कि मीर साहब को जब ज़रूरत हो या वो माँगें तो उन्हें अफ़ीम दे दी जाये। हुजूर की अल्मारी में हमेशा अफ़ीम रहती थी। लेकिन कुछ माँगना मीर साहब की आदत न थी। अगर करमशेर उन्हें अपने-आप अफ़ीम देता तो मीर साहब ले लेते, नहीं तो कभी न माँगते।

पोटली खो जाने के बाद जब सब लोग मायूस हो चुके थे कि पोटली न मिलेगी तब भी मीर साहब कभी-कभी रात में लालटैन लेकर बरधाई बाज़ार चले जाते थे। पता नहीं क्यों उन्होंने उम्मीद न खोई थी। रात में देर-देर तक पोटली तलाश करते रहते थे और फिर लौट आते थे। कुछ दिनों बाद तो ये उनकी आदत बन गयी थी कि इधर अँधेरा होता उधर वो लालटैन उठाकर पोटली की तलाश में निकल खड़े होते। कभी-कभी रौशनी होने पर लौटते। उनके सिर में धूल, ख़ाक, तिनके भरे होते। आँखें लाल होतीं और हाथ काँपते रहते। लालटैन रखकर सीधे कुएँ पर जाते। हाथ-मुँह धोते और चिड़ियों के लिए पानी रखते।

चिड़ियों को खाना खिलाना अब भी जारी था। अब वो अपना आधा खाना ही चिड़ियों को खिलाते थे। हुजूर का हुक्म था कि कोई मीर साहब से कुछ न कहे। लेकिन पोटली का खो जाना भूलने के बजाय मीर साहब को और ज़्यादा

याद आने लगा था। वो चिड़ियों को खिलाते वक़्त अपनी पोटली के बारे में बातचीत करते थे।

एक दिन मीर साहब लालटैन लिए सुबह लौटे तो उन्हें बुखार था। बुखार में भी उन्होंने चिड़ियों के लिए पानी रखा, उन्हें खिलाया और फिर चादर ओढ़कर पड़ गये। रात होते-होते बुखार तेज़ हो गया। उन्होंने करमशेर से कहा कि 'हुज़ूर को ख़बर कर दो कि मेरा चल-चलाव है।' हुज़ूर नीचे उनके पास आ गये। उनसे दिलजूई की बातें करने लगे। लेकिन मीर साहब ने फीकी मुस्कुराहट के साथ कहा कि अब वो रुख़्स्त लेना चाहते हैं और अपनी ग़लतियों को माफ़ कराना चाहते हैं। हुज़ूर ने उनका हाथ अपने हाथ में ले लिया। उनका हाथ तप रहा था। हुज़ूर ने उन्हें आबे-ज़मज़म पिलाया। मीर साहब की आँखों से आँसू बहने लगे। उनकी नब्ज़ भी डूबने लगी। हुज़ूर समझ गये कि आख़री वक़्त आ पहुँचा है। उन्होंने करमशेर से कुरान शरीफ़ मँगवाया। करमशेर ने ताक़ पर रखी लालटैन उतारी और हाथ में लेकर खड़ा हो गया। हुज़ूर ने कुछ बुलंद आवाज़ में तिलावत शुरू कर दी। लालटैन की रौशनी कुरान शरीफ़ के पन्नों और मीर साहब के चेहरे पर पड़ रही थी। दूसरे मुंशी और नौकर भी आ गये थे। वे पायँताने खड़े थे। उनके चेहरे अँधेरे में थे। हुज़ूर ने सूर-ए-यासीन शुरू किया। सूरा ख़त्म करके उन्होंने मीर साहब की तरफ़ देखा तो उनकी आँखें झपकना बंद हो गयी थीं। नब्ज़ डूब गयी थी। हुज़ूर ने 'इन्ना इलाहे वेइन्ना इलाहे राजऊन' कहा और अपने हाथ से मीर साहब की आँखें बंद कर दीं।

सुबह मीर साहब को गुस्ल देकर कफ़न दिया गया और जनाज़ा बरामदे में रखा गया। अचानक गौरैयों का जत्था आया और उन पर बैठ गया। उनके बाद तो ताँता लग गया। उनकी मय्यत गौरैयों से ढक गयी। गौरैयाँ चीं-चीं कर रही थीं और मय्यत पर से हटने का नाम न लेती थीं। उन्हें किसी ने हटाया भी नहीं। हुज़ूर नें भी कहा कि चिड़ियों को मय्यत के ऊपर से न हटाया जाय। लोग वहाँ से हट आये। मीर साहब चिड़ियों के साथ अकेले हो गये। थोड़ी देर बाद चिड़ियाँ अपने-आप उड़ गयीं तो मय्यत उठाकर दफ़न कर दी गयी। किसी को मीर साहब के किसी रिश्तेदार या घरवाले का अता-पता न था। ख़बर कहाँ दी जाती ?

हुज़ूर की ज़िंदगी के आख़री चंद साल बड़ी कसमापुरसी में कटे। इसलिए नहीं कि किसी चीज़ की कमी थी, बल्कि इसलिए कि हुज़ूर का बुढ़ापा बहुत लम्बा खिंच रहा था। बेटों-बहुओं के पास फुरसत न थी। मुंशी-कारिंदे अब जत्तन मियाँ और सत्तन मियाँ के दरमियान बँट गये थे। उनको अब हुज़ूर के पास जाने की ज़रूरत न थी। जाते भी तो हुज़ूर कोई बातचीत न कर पाते थे। उनके दिमाग़ पर भी असर हो गया था। अक्सर उन लोगों को बुलाते थे जो मर चुके हैं। कभी-कभी अपने लड़कों तक को पहचान न पाते थे। कहते थे जनाब आप कौन हैं ? मैंने

पहचाना नहीं। कभी-कभी अपने बड़े बेटे बत्तन मियाँ को बुलाने को कहते थे जिन्हें जवानी में ही ज़हर देकर मार डाला गया था। हुज़ूर को उनका निजी नौकर करमशेर अगर बिस्तर पर बैठा देता था तो दिन-दिन-भर बैठे रहते थे। अगर लिटा दिये जाते थे तो दिन-दिन भर लेटे रहते थे। उनकी आँखें गँदले पानी-जैसी धुँधली हो गयी थीं और दाढ़ी के बाल पीले हो गये थे।

हुज़ूर को आख़री दिनों में हल्दी का ख़ब्त भी हो गया था। ये शिकायत लगातार किया करते थे कि खाने में हल्दी नहीं डाली जाती। उनके लिए जो पतीली पकती थी उसमें काफ़ी हल्दी डाली जाती थी लेकिन हुज़ूर फिर भी यही शिकायत करते थे कि खाने में हल्दी नहीं डाली जाती। चूँकि उनके हाथों में राशा हो गया था इसलिए खाना खाते वक़्त शोरबा कपड़ों पर टपकता रहता था। कुर्ता पीला हो जाता था। दाढ़ी भी पीली हो जाती थी। दाँत सब गिर चुके थे और उनके पोपले मुँह से आवाज़ इस तरह निकलती थी कि करमशेर को छोड़कर कोई और न समझ पाता था कि क्या कह रहे हैं।

हुज़ूर के साथ-साथ करमशेर भी बूढ़ा हो गया था। उसके अंदर इतनी ताकत न बची थी कि हुज़ूर की कोठरी की अच्छी तरह सफ़ाई करता रहे। इसलिए उनकी कोठरी में पेशाब की खारी और देसी दवाओं की सड़ी हुई बदबू इस क़दर रहती थी कि वहाँ बैठना मुश्किल हो जाता था। महीने में एक-दो बार कोई और नौकर सफ़ाई करता था लेकिन वह काफ़ी न था। उनके पलँग के आसपास छोटी-छोटी मेज़ों पर दवाओं, चूरनों और अर्कों की शीशियों पर बेतहाशा गर्द जमा रहती थी। हुज़ूर की कोठरी में जो अकेली खिड़की थी वह भी खोली नहीं जाती थी। इसलिए वहाँ जाने से लोग कतराते थे।

हुज़ूर के बेटे अपने बाप के पास दिन में एक बार ज़रूर जाते थे। लेकिन हुज़ूर पर इसका कोई फ़र्क़ न पड़ता था कि कोई उनको देखने आ रहा है या नहीं। हकीम अब्दुल वहीद भी हुज़ूर को देखने और नया नुस्ख़ा लिखने आते थे। लेकिन उन्होंने भी दबी जुबान से कह दिया था कि बुढ़ापे का कोई इलाज नहीं है। लाइलाज बुढ़ापा खिंचता चला जा रहा था। इस कैफ़ियत के बाद सोलह अक्टूबर उन्नीस सौ अट्ठारह ईसवी को हुज़ूर गुज़र गये। उनका तीजा, चालीसवाँ बड़े पैमाने पर किया गया।

हुज़ूर की सबसे बड़ी और आख़री ख़्वाहिश पूरी न हो सकी। उनकी ज़िंदगी में ही लगने लगा था कि जत्तन मियाँ और सत्तन मियाँ मिल-जुलकर न रह सकेंगे। वजह भी वही थी जो हुज़ूर ने सोची थी और अपने तईं उनका हल भी निकाला था। हुज़ूर ने जागीर तो दो बराबर हिस्सों में बाँट दी थी लेकिन कुछ ज़मीनों के अलावा

ऐसी जायदाद भी थी जो दो हिस्सों में बाँटी नहीं जा सकती थी। ऐसी जायदादों में जानवरों की बाज़ार एक बहुत बड़ी जायदाद थी। हुजूर के आख़री वक़्त में बाज़ार से अच्छी-ख़ासी आमदनी होने लगी थी। आमदनी भी ऐसी जो हर हफ़्ते बिलकुल नक़द रक़म के तौर पर होती थी। दूसरी जायदादें वो ज़मीनें और इमारते थीं जिन्हें हुजूर ने बाँटा नहीं था। उनका ख़याल था कि ये इतनी छोटी चीज़ें हैं कि जत्तन मियाँ और सत्तन मियाँ इन पर झगड़ा नहीं करेंगे।

हुजूर की ज़िंदगी में ही घर में दो चूल्हे हो गये थे। उनकी मौत के बाद सत्तन मियाँ ने क़िले पर ही हटकर अपने लिए खपरैल डलवा ली थी और एक अलग घर बनवा लिया था। इस घर के साथ पुश्तैनी घर का पिछला हिस्सा शामिल कर लिया था जो हुजूर का बनवाया हुआ था। कुल मिलाकर क़िले पर तीन घर थे। पहला तो वही पुश्तैनी हवेलीनुमा घर जो हुजूर ने बनवाया था। दूसरा घर जो सत्तन मियाँ ने बनवाया था, नया घर कहलाता था। तीसरा एक और घर था जो इन दो घरों के बीच में था, इसे छोटा घर कहते थे। छोटे घर में हुजूर की बहन की औलादें रहती थीं। छोटे घर के सामने और चढ़ाई के बिलकुल ऊपर पुरानी मस्जिद थी। ये मस्जिद हुजूर ने नहीं बनवायी थी। उसे इस क़िले के पुराने क़िलेदार ग़यासुद्दीन ने बनवाया था जो ज़ैनुल आब्दीन ख़ाँ के बायें हाथ की गिरफ़्त से अपना दाहिना हाथ न छुड़ा पाया था और नतीजे में ज़ैनुल आब्दीन ख़ाँ को उसका चकला दिया गया था।

मस्जिद में छत नहीं थी। दो ऊँची मीनारें थीं। पुश्त की दीवार थी और बीच में सहन था जहाँ नमाज़ पढ़ी जाती थी। मस्जिद की मीनारों और दीवारों का रंग काला पड़ चुका था। बरसात में वह काला रंग हरा हो जाता था। लेकिन उसके बाद हरापन ख़त्म हो जाता था। मस्जिद के समाने एक छोटा-सा अहाता था जिसमें चिलवर और नीम के सायादार पेड़ थे। मस्जिद सौ फ़ीसदी वीरान रहती थी। उसका दरवाज़ा बंद रहता था लेकिन सुबह-शाम वहाँ अज़ान दी जाती थी। इस काम के लिए एक मुअज़्ज़िन नौकर थे। मस्जिद में चूँकि बाजमात नमाज़ न होती थी इसलिए यहाँ कुछ न था। बिलकुल साफ़ लेकिन काली मस्जिद के सहन में हरे पेड़ बड़े खुशनुमा मालूम होते थे। वहाँ गंदगी का नाम भी न था। हालाँकि उसकी वैसी कोई सफ़ाई नहीं होती थी लेकिन सूखे पत्तों को छोड़कर वहाँ और कुछ न दिखाई पड़ता था। मस्जिद के सहन में हवा चलती रहती थी और हरे पेड़ हिलते रहते थे। इन पेड़ों के नीचे तीन क़ब्रें थीं। ये ख़ानदान के लोगों की क़ब्रें थीं। हुजूर को भी यहीं दफ़न किया गया था।

हुजूर के इंतिक़ाल के बाद पुश्तैनी हवेली में जत्तन मियाँ और उनका ख़ानदान बचा था। जत्तन मियाँ मस्तमौला क़िस्म के आदमी थे। उन्होंने एक निहायत खूबसूरत अहीरन सत्ती को डाल रखा था। उसको दिलो-जान से चाहते थे। उसके

लिए नीचे मोहल्ले में एक साफ़-सुथरा लेकिन कच्चा घर बनवाया था। सत्ती की खूबसूरती अफ़सानों और दास्तानों की शक्ल इख़्तियार कर गयी थी। जत्तन मियाँ उस पर दिलो-जान से फ़िदा थे। कुछ लोग ये भी कहते थे कि जत्तन मियाँ ने सत्ती से निकाह पढ़वा लिया है। लेकिन किसी को कुछ ठीक पता न था। हाँ, इतना सबको मालूम था कि जत्तन मियाँ रात का खाना सत्ती के साथ खाते हैं और रात वहीं गुज़ारते हैं। सुबह चार बजे हवेली आते हैं और अपने पलँग पर लेट जाते हैं।

सत्ती अगर खूबसूरत थी तो जत्तन मियाँ की बेगम, नवाब लताफ़त यार जंग की बेटी, जहाँआरा बेगम जो बड़ी बहू कहलाती थीं, कम खूबसूरत न थीं। लेकिन मुश्ताक़ के कहने के मुताबिक जत्तन मियाँ ने बड़ी बहू को सिर्फ़ अच्छे ख़ानदान और नस्ल की औलादें पैदा करने के लिए रख छोड़ा था। बाक़ी दूसरे कामों के लिए सत्ती थी। जत्तन मियाँ के लड़के अलीगढ़ में पढ़ रहे थे। उन्हें सब लक्खू मियाँ कहते थे। जत्तन मियाँ बेटे की पढ़ाई में भी कोई दिलचस्पी न लेते थे। इसके अलावा कुछ न करते थे कि लक्खू मियाँ का जब पैसा माँगने के लिए ख़त आता था तो पैसे भेज देते।

अंदर और बाहर के घर अलग-अलग थे लेकिन बाहर की सब ख़बरें अंदर और अंदर की सब ख़बरें बाहर बहुत जल्दी और आराम से पहुँच जाती थीं। कई साल पहले जब बड़ी बहू को पता लगा था कि जत्तन मियाँ ने सत्ती नाम की एक अहीरन को डाल लिया है तो उन्हें ये उम्मीद न थी कि यह सिलसिला इतना लम्बा खिंचेगा। उन्होंने दबी ज़बान से एक-आध बार जत्तन मियाँ से पूछा भी था। जत्तन मियाँ टाल गये थे। वैसे भी बड़ी बहू को जत्तन मियाँ से बातचीत करने के मौक़े कम ही मिल पाते थे। घर के अंदर उनका आना ही कम होता था। शाम होते ही वो सत्ती के पास चले जाते थे और फिर सुबह चार बजे आते थे तो बड़ी बहू सो रही होती थीं। वो भी अपने पलँग पर लेट जाते थे और सुबह देर तक यानी आठ नौ बजे तक सोते थे। बड़ी बहू जल्दी उठ जाती थीं और जत्तन मियाँ को सोते देखती रहती थीं। जत्तन मियाँ का थका चेहरा रात की पूरी कहानियाँ सुनाता था। बड़ी बहू चुपचाप उन्हें देखती रहती थीं और फिर धीरे से उठकर अपने कामों में लग जाती थीं। एक दिन पता नहीं उन्हें क्या हुआ कि सुबह छः बजे उन्होंने जत्तन मियाँ को जगा दिया। जत्तन मियाँ सो रहे थे कि बड़ी बहू उनके पलँग पर बैठ गयीं। उनका हाथ जत्तन मियाँ के माथे पर चला गया। जत्तन मियाँ ने सोते में काफ़ी प्यार से अपना हाथ उनके हाथ पर रख दिया। लेकिन अचानक उठ बैठे। उन्हें ये देखकर ताज्जुब हुआ कि जहाँआरा उनके बिस्तर पर बैठी हैं। उनके चेहरे पर बड़ी बहू ने ये भाव पढ़ लिये कि जत्तन मियाँ ने उनके हाथ पर अपना हाथ शायद इस धोखे में रख दिया था कि वो सत्ती का हाथ है। बड़ी बहू के चेहरे

पर अजीब क़िस्म के भाव आये। जत्तन मियाँ ने उनसे पूछा–'क्यों क्या है ?'

'एक बात बताइये,' बड़ी बहू धीरे से फुसफुसाईं।

'पूछो ? क्या हैदराबाद जाना चाहती हो ?'

इस सवाल पर बड़ी बहू के आग लग गयी। उन्होंने सोचा इससे ज़्यादा ये मेरे बारे में सोच ही नहीं सकते।

'नहीं,' वे बोलीं।

'फिर क्या बात है ?'

'सत्ती क्या मुझसे ज़्यादा खूबसूरत है ?' बहुत सधे हुए, साफ़ और चुभनेवाले लफ़्ज़ों के इस सवाल की उम्मीद जत्तन मियाँ नहीं कर रहे थे। उनके चेहरे पर पहले तो आश्चर्य लेकिन फिर नापसंदी के भाव आये और बोले–'लाहौलविलाकुव्वत, तुम्हें ऐसी बातें नहीं करनी चाहिए।' इतना कहकर जत्तन मियाँ उठे और बाहर निकल गये।

बड़ी बहू ने लातादाद रातें जत्तन मियाँ के ख़ाली बिस्तर को तकते हुए बितायीं। गर्मियों की तारों-भरी रातों और जाड़ों की सर्द रातों में उनके साथ उनके ख़यालात हमबिस्तर हुआ करते थे। बरसात की रातों में तरह-तरह की आवाज़ें उन्हें चौंक-चौंककर उठने पर मजबूर कर देती थीं और हर बार उन्हें जत्तन मियाँ का ख़ाली बिस्तर एक काले नाग की तरह दिखाई पड़ता था जो उन्हें डसने के लिए तैयार बैठा है लेकिन हिलडुल नहीं रहा।

दूसरी तरफ़ जत्तन मियाँ वक़्त गुज़रने के साथ-साथ सत्ती में डूबते चले गये। उन्हें ज़मीन-जायदाद के काम से दिलचस्पी न थी। सबकुछ मुंशी-कारिंदे करते थे। हाँ, मुंशी-कारिंदे ये जानते थे कि जत्तन मियाँ जब भी पैसे माँगें तब उन्हें पैसे मिलना चाहिए। पैसे चाहे जैसे आयें, जहाँ से आयें, जिस तरह आयें। मुंशी-कारिंदे उन्हें जो राय देते थे, जत्तन मियाँ उसे आँखें बंद करके मान लेते थे, क्योंकि वे उनकी पैसेवाली शर्त पूरी करते थे। जत्तन मियाँ सबसे ज़्यादा पैसा सत्ती पर ख़र्च करते थे। उसके लिए हीरे की कील लेने लखनऊ जाते थे। साड़ियाँ लेने बनारस जाते थे। चिकन के कुर्ते ख़ास तौर पर कढ़वाते थे। सत्ती के घर के बावर्चीख़ाने में उनके पसंद के खाने पका करते थे। आमों की फ़सल में बाग़ के चुनिंदा आम सत्ती के यहाँ पहुँच जाते थे। ये सब बातें बड़ी बहू से छिपी हुई न थीं। इसी तरह सालों पर साल गुजरते गये। बड़ी बहू के दिल में उस आदमी के लिए नफ़रत का तूफ़ान खड़ा हो गया जिससे उन्हें प्यार करना चाहिए था, जो उनका खाविंद था। लेकिन जत्तन मियाँ उन्हें लड़ने तक का मौक़ा न देते थे। अगर कभी बड़ी बहू कोई ऐसी बात करती थीं जिससे लड़ाई का इमकान हो तो उठकर बाहर चले जाते थे।

बड़ी बहू का अकेला सहारा और उम्मीदों क़ा मरकज़ लक्खू मियाँ थे। लक्खू

मियाँ गर्मियों और जाड़ों की छुट्टियों में जब घर आते थे तो बड़ी बहू उनसे घण्टों बातें करती थीं। बड़ी बहू उन्हें समझाती थीं कि उनके अब्बा जत्तन मियाँ किस तरह पैसा पानी की तरह बर्बाद कर रहे हैं और सत्ती और उसके घरवालों को भर रहे हैं। लक्खू मियाँ उस नयी दुनिया के आदमी थे जो बहुत बड़ी थी, जिसमें चकाचौंध थी, जिसमें आगे बढ़ने की उमंग और इरादे थे। वे ये नहीं चाहते थे कि दादा की बनायी हुई जायदाद को उनके वालिद पानी की तरह बहा दें। लेकिन उनके इख़्तियार में कुछ नहीं था। इतना ज़रूर था कि बड़ी बहू ने बेटे के दिल में भी बाप के लिए नफ़रत के बीज बो दिये थे जो आगे चलकर तनावर दरख़्त बने। बड़ी बहू को इंतिज़ार ही उस वक़्त का था जब लक्खू मियाँ पढ़ाई पूरी करके घर लौटेंगे।

जत्तन मियाँ के सत्ती से एक लड़की जुबैदा थी। लोगों और ख़ास तौर पर बड़ी बहू ने ये उम्मीद भी लगा रखी थी कि लड़की पैदा होने के बाद शायद जत्तन मियाँ कुछ उबरेंगे। लेकिन ऐसा न हुआ। जुबैदा को जत्तन मियाँ अपनी बेटी की तरह चाहते थे। उसे लिये-लिये फिरते थे। उससे लाड़-प्यार करते थे। लेकिन ख़ानदानी रवायत के मुताबिक उसे कभी घर के अंदर न लाये थे। लेकिन बड़ी बहू को ये ख़बरें बराबर मिलती थीं।

सत्तन मियाँ यानी अब्बा मियाँ दूसरे ही रास्ते पर चल रहे थे। उन्हें अपनी शोहरत, अपने ताल्लुक़ात, अपनी इ़ज़्ज़त, अपना दर्जा, अपना वक़ार, अपना रुतबा, अपना इक़बाल, अपनी पहुँच और कामयाबी और इख़्तियारात बढ़ाने की फ़िक्र थी। ऑनरेरी मजिस्ट्रेट तो वे थे ही, उसी के साथ-साथ म्युनिस्पल बोर्ड के मेम्बर भी हो गये थे। मुस्लिम स्कूल की मैनेजिंग कमेटी के चेयरमैन हो गये थे। कोऑपरेटिव बैंक के मेम्बर चुन लिये गये थे। उनकी सामाजिक स्थिति तेज़ी से आगे की तरफ़ बढ़ रही थी। हुज़ूर के मरने के बाद वो जायदाद जो दोनों भाइयों की बीच मुश्तरिक थी उस पर भी अब्बा मियाँ की पकड़ काफ़ी मज़बूत थी। उन्होंने हुज़ूर की ज़िंदगी में ही एक बाग़ लगवाया था जो अब मुश्तरिका ज़मीन पर था। लेकिन उनके सामने किसी की मजाल न थी कि बाग़ के बँटवारे के बारे में एक लफ़्ज़ भी कहता। इसी तरह जानवरों की बाज़ार के इंतिज़ाम में जत्तन मियाँ तो दिलचस्पी लेते न थे, यही हर सनिचर को लिखाई में जाकर बैठते थे और हिसाब-किताब देखते थे। ज़िले के अफ़सरों और ख़ास तौर पर अंग्रेज़ अफ़सरों से जत्तन मियाँ न मिलते थे। लेकिन सत्तन मियाँ बाक़ायदा क्लब के मेम्बर थे और रोज़ शाम वहाँ जाते थे। इस तरह सत्तन मियाँ ने छोटा बेटा होते हुए भी बाप की जगह ले ली थी।

हुज़ूर ने मज़हबी कामों और ख़ास तौर पर मुहर्रम के ख़र्च के लिए एक गाँव वक़्फ़ किया था। इस वक़्फ़ का इंतिज़ाम बड़े होने की वजह से जत्तन मियाँ के ज़िम्मे आया था। वही वक़्फ़ के मुतवल्ली बने थे। अचानक सत्तन मियाँ को लगा

कि वक़्फ़ का मुतवल्ली उन्हें होना चाहिए। उन्होंने अपने भाई जत्तन से कहलवाया। जत्तन मियाँ ने साफ़ इनकार कर दिया और कहा कि वक़्फ़ का मुतवल्ली छोटा बेटा नहीं हो सकता। इस पर अब्बा मियाँ बेवजह भड़क गये और उन्होंने जत्तन मियाँ पर मुक़द्दमा दायर कर दिया। लोगों को जो उम्मीद थी वो पूरी हो गयी। यानी सब हुज़ूर के इंतिक़ाल के बाद ये इंतिज़ार ही कर रहे थे कि भाइयों में मुक़द्दमेबाज़ी कब शुरू होती है।

जत्तन मियाँ की तरह सत्तन मियाँ की भी एक रखैल थी। ये एक बेवा कुँजड़िन थी जो पास के एक गाँव में रहती थी। उसका नाम अल्लारखी था। वह रात में आती थी और सुबह अपने घर चली जाती थी। लेकिन अपने बड़े भाई की तरह सत्तन मियाँ उसे प्यार न कर सके।

गर्मियों की एक सुबह थी। बड़ी बहू आँगन में पलँग पर बैठी दोपहर के खाने के लिए जिन्स तौलवा रही थीं। उसी वक़्त घर के अंदर चार-पाँच साल की एक लड़की 'अब्बा अब्बा' कहती अंदर घुसी। बड़ी बहू को समझते देर न लगी कि ये जुबैदा है। उसे देखते ही उनके अंदर सुलगता लावा फट पड़ा, उन्होंने कहा—'ये हराम की औलाद यहाँ कैसे आ गयी, निकालो इसको बाहर।'

सत्तन मियाँ ऊपर कोठे पर खड़े थे। उन्होंने भी जुबैदा को आते देख लिया था और बड़ी बहू की बात सुन ली थी। उन्होंने वहीं से कहा—'बेगम साहिबा, ये हराम की औलाद नहीं है। सत्ती से मैंने निकाह किया है। वो मेरी निकाही बीवी है। ये मेरी लड़की है।' इतना कहकर जत्तन मियाँ नीचे आये और जुबैदा को गोद में लेकर बाहर चले गये। बड़ी बहू कुछ देर तक तो सकते के आलम में बैठी रहीं। उनकी समझ में न आ रहा था कि ये क्या हो गया। उसके बाद उन्होंने फ़ौरन लक्खू मियाँ को अलीगढ़ तार करवाया कि जल्दी से जल्दी घर आ जाओ। मैं सख़्त बीमार हूँ।

दो दिन बाद लक्खू मियाँ आ गये। जत्तन मियाँ को उन्होंने बताया कि यूनीवर्सिटी एक हफ़्ते के लिए बंद हो गयी है, इसलिए घर आ गये हैं। जत्तन मियाँ सीधे आदमी थे, वो समझ न पाये कि लक्खू मियाँ अचानक किसलिए आये हैं।

बड़ी बहू ने बेटे को पूरा वाक़्या बताया और कहा कि तुम्हारे बाप ने खुद कहा है कि उन्होंने सत्ती से निकाह पढ़वा लिया है और जुबैदा उनकी लड़की है। लक्खू मियाँ के हाथों से भी तोते उड़ गये। इसका सीधा मतलब यही था कि जायदाद में न सिर्फ़ सत्ती और जुबैदा को हिस्सा मिलेगा बल्कि सत्ती के अगर कोई और बच्चा होता है तो वो भी जायज़ वारिस होगा और जायदाद में हिस्सा पायेगा। समस्या विकट थी। माँ-बेटे, दोनों हैदराबाद रवाना हो गये। बड़ी बहू अपने अब्बा

हज़ूर यानी नवाब लताफ़त यार जंग से सलाह-मशविरा करना चाहती थीं।

नवाब लताफ़त यार जंग अमरोहा के सैयद थे। मक़तब में पढ़ाई हुई थी लेकिन अपनी कोशिशों से उन्होंने अपने लिए हैदराबाद की सरकार में जगह बना ली थी और तरक़्क़ी करते-करते निज़ाम के वज़ीरों में शामिल हो गये थे। उन्हें आदिलाबाद में जागीर भी मिली थी और सरकार से तनख़्वाह भी पाते थे। नवाब लताफ़त यार जंग ने मामले की नज़ाक़त को अच्छी तरह समझा और हमेशा की तरह बेटी को ऐसी तरकीब बताई जो अचूक थी।

एक साल बाद जब लक्खू मियाँ बी.ए. का इम्तिहान देकर लौटे तो अच्छा-ख़ासा जश्न मनाया गया। हैदराबाद से नवाब लताफ़त यार जंग और उनके बेटे सरवत जंग आये। ख़ानदान के दूसरे लोग जमा हुए। कई दिनों तक चहल-पहल रही। जत्तन मियाँ की खुशी का ठिकाना न था क्योंकि लक्खू मियाँ ख़ानदान में पहले ग्रेजुएट थे।

एक रात खाने के बाद जब सब बैठे थे और नवाब लताफ़त यार जंग के तल्ख़ सिगार की खुशबू छायी हुई थी तो उन्होंने लम्बा कश लेकर लक्खू मियाँ से पूछा—'क्यों लक्खू मियाँ, अब आपका क्या इरादा है ? आप कहें और आपके वालदैन तैयार हों तो मैं आपके लिए हैदराबाद की सरकार में डिप्टी कलक्टरी के तक़र्रुर का ख़त भिजवा दूँ?'

बड़ी बहू ने हँसकर कहा, 'अब्बा हुज़ूर, सब यही कहेंगे कि बेटा पढ़कर आया नहीं और पैसा कमाने के लिए झोंक दिया गया।'

इस जुमले का असर जत्तन मियाँ पर खूब हुआ। वो बोले, 'हमने लक्खू को इसलिए तो नहीं पढ़ावाया कि हमसे दूर चला जाये।'

नवाब साहब यही चाहते थे। उन्होंने एक और कश लेकर कहा, 'लेकिन जत्तन मियाँ, यहाँ क्या करेंगे ? छोटी जगह है, यहाँ न तो नौकरी के मौक़े हैं और न कोई कारोबार हो सकता है ?'

बड़ी बहू तड़ से बोलीं, 'लक्खू वही करेंगे जो इनके परदादा और दादा करते आये हैं और अब अब्बा कर रहे हैं।'

'बेशक,' जत्तन मियाँ बोले।

'ठीक है भाई··· आप लोग जो फ़ैसला करें।'

'लेकिन ये भी सच है कि मैं यहाँ क्या करूँगा ?' लक्खू मियाँ ने धीरे से कहा।

'करोगे क्या ? जायदाद की देखभाल करना,' बड़ी बहू ने कहा।

'अम्माँ, आपका हुक्म सिर आँखों पर। लेकिन जायदाद की देखभाल करने का मेरे पास क्या इख़्तियार है ?'

'तुम मेरे बेटे हो मियाँ,' जत्तन मियाँ हँसकर बोले।

'आप ठीक कह रहे हैं दूल्हा मियाँ,' नवाब साहब बोले। 'लेकिन लक्खू मियाँ जो कह रहे हैं अपने तौर पर बजा है। ये अगर आपकी जायदाद के सिलसिले में कल कलक्टर से मिलते हैं, परसों किसी मुक़द्दमे की पैरवी करते हैं, या कहीं से पैसा लेते हैं या कहीं कुछ और करते हैं तो इनको हर बार आपके दस्तख़त दरकार होंगे। भाई, ये ज़मीन-जायदाद के मामले—हमारे-आपके दरम्यान तो ज़बान पर चल जाते हैं लेकिन सरकारें तो ज़बान पर नहीं चलतीं। क़ानून तो आपको ही अहमियत देगा, लक्खू मियाँ क़ानून की नज़र में कुछ न होंगे।'

जत्तन मियाँ सोच में डूब गये। उसी वक़्त सरवत जंग ने कहा, 'अब्बा हुज़ूर, इसका एक रास्ता समझ में आता है।'

'क्या बेटे ?' नवाब साहब बड़ी मासूमियत से बोले।

'दूल्हा भाई लक्खू मियाँ को अपना मुख़्तारे-आम बना दें।'

'हाँ, इसमें क्या मुश्किल है,' जत्तन मियाँ बोले।

'मियाँ, मेरे ख़्याल से इससे ज़्यादा खुशी की बात किसी बाप के लिए और क्या हो सकती है कि उसकी ज़िम्मेदारियाँ जवान बेटे के ऊपर आ जायें,' नवाब साहब ने हँसकर कहा।

अगले दिन मुख़्तारनामा तैयार हो गया। नवाब लताफ़त यार जंग ने मुख़्तारनामे का मज़मून खुद लिखा और इतना पक्का लिखा कि इससे पक्का मुख़्तारनामा हो ही नहीं सकता था। कुल जायदाद के सभी इख़्तियारात लक्खू मियाँ को दे दिये गये। जत्तन मियाँ ने मुख़्तारनामा पढ़ने की तकलीफ़ भी न की। जहाँ-जहाँ उनसे दस्तख़त करने को कहा गया वहाँ-वहाँ उन्होंने दस्तख़त कर दिये। गवाहों के तौर पर नवाब साहब और लाला शिवप्रसाद ने दस्तख़त किये। मुख़्तारनामा बड़ी बहू की तिजोरी में चला गया जिसकी चाबियाँ उस वक़्त भी उनके पास रहती थीं जब वो नहाती थीं।

मुंशियों-कारिंदों को ही नहीं, हर ख़ासो-आम को पता चल गया कि जत्तन मियाँ ने लक्खू मियाँ को अपना मुख़्तारे-आम बना दिया है। ये बात सत्ती को भी पता चली और वह हक़ीक़त में बहुत खुश हो गयी। उसे लगा कि ज़मीन-जायदाद के कामों से बेफ़िक्र होकर जत्तन मियाँ पूरी तरह उसकी तरफ़ आ जायेंगे।

मुख़्तारनामा लिखे जाने के कुछ महीनों तक तो सबकुछ वैसे ही चलता रहा जैसे चलता था, यानी मुंशी-कारिंदे जत्तन मियाँ को पैसे देते रहे। हिसाब-किताब लक्खू मियाँ देखते रहे। लेकिन धीरे-धीरे लक्खू मियाँ ने पुराने मुंशियों और कारिंदों की छुट्टी करना शुरू कर दी और उनकी जगह पर अपने आदमी नौकर रखने शुरू कर दिये। कुछ कारिंदे जो हुज़ूर के ज़माने से काम करते थे, अलग कर दिये गये। जत्तन मियाँ को इसकी ख़ास फ़िक्र न थी, क्योंकि उनको लक्खू मियाँ बराबर पैसा

देते रहते थे और उनकी फुजूलख़र्ची पर कोई असर नहीं पड़ रहा था।

नये मुंशियों और कारिंदों को लक्खू मियाँ की सख़्त हिदायत थी कि पैसा जत्तन मियाँ को न दिया जाये। बाज़ार की आमदनी भी लक्खू मियाँ के पास आती थी। बाज़ार के बड़े मुंशी हर इतवार को सुबह आमदनी लेकर लक्खू मियाँ के पास आते थे और उन्हें हिसाब देते थे। एक दिन लक्खू मियाँ कहीं गये हुए थे। बाज़ार के मुंशी आये तो जत्तन मियाँ ने हिसाब देख लिया और आमदनी ले ली। ये बात जब लक्खू मियाँ को पता चली तो उन्होंने बाज़ार के मुंशी को ख़ास तौर पर बुलाया और इस तरह उन्हें डाँटा कि बुजुर्ग मुंशी को वैसा कभी हुजूर तक ने न डाँटा था। यही नहीं, लक्खू मियाँ ने बूढ़े मुंशी से साफ़-साफ़ कह दिया कि वो नौकरी से निकाल दिये गये हैं। अगली बाज़ार से वो न आयें। मुंशी सिर झुकाए सबकुछ सुनते रहे और बाहर निकलकर अब्बा मियाँ के पास आये। अब्बा मियाँ अभी नमाज़ की चौकी पर ही बैठे थे। अँगनू सामने खड़ा था। मुंशीजी ने उन्हें झुककर सलाम किया और बोले, 'सत्तन मियाँ, मैं जब उन्नीस साल का था तो हुजूर ने मुझे बाज़ार में नौकरी दी थी। आज मेरी उम्र साठ साल है। चालीस साल तक मेरे काम से न तो हुजूर को कोई शिकायत हुई और न आप लोगों को। लेकिन आज लक्खू मियाँ ने मुझे नौकरी से निकाल दिया। हुक्म दिया है कि मैं अगली बाज़ार से न आऊँ।'

ये सुनते ही अब्बा मियाँ पर जैसे बिजली गिरी। मुंशीजी की वो न सिर्फ़ इज़्ज़त करते थे बल्कि उनकी मेहनत और वफ़ादारी के क़ायल भी थे। यही नहीं, मुंशीजी से व्यापारियों के गहरे ताल्लुक़ात थे।

'किसने निकाला है आपको ?' वे शेर की तरह गरजे।

'लक्खू मियाँ ने।'

'लक्खू कौन होता है आपको निकालनेवाला। लक्खू है क्या ? कल का लौण्डा। बी.ए. पास हो गया तो अपने को क्या समझने लगा है ? क्या ये बाज़ार सिर्फ़ लक्खू की है, बिलकुल नहीं। मुंशीजी, आपको बाज़ार से कोई नहीं निकाल सकता। मैं देखता हूँ कि लक्खू में कितनी हिम्मत है। अगली बाज़ार के दिन मैं आपको लिखाई में बिठाऊँगा। देखूँ कौन आपको वहाँ से हटाता है ?'

अबा मियाँ रुके नहीं, लगातार चीख़ते-चिल्लाते रहे। मुंशीजी के जाने के बाद उन्होंने अपने भाई जत्तन मियाँ के नाम एक पर्चा लिखा जिसमें इस पूरी बाबत ये लिखा कि मुंशीजी को लक्खू मियाँ ने क्यों निकाला है। उन्हें निकालने का उसे कोई इख़्तियार नहीं है। पर्चा उन्होंने अँगनू के हाथ जत्तन मियाँ को भिजवाया। जत्तन मियाँ का दो लाइन का जवाब आया कि उन्होंने लक्खू मियाँ को अपना मुख़्तारे-आम बना दिया है और जायदाद के मामलात में वही खुदमुख़्तार हैं।

अगली बाज़ार के दिन सबको उम्मीद थी कि अच्छा-ख़ासा हंगामा होगा। अब्बा मियाँ मुंशीजी को लेकर लिखाई जायेंगे और लक्खू मियाँ उन्हें वहाँ बैठने

न देंगे। लेकिन ऐसा नहीं हुआ। अब्बा मियाँ मुंशीजी को साथ लेकर गये और बाज़ार की लिखाई में बैठा दिया। लक्खू मियाँ अभी सीधे अब्बा मियाँ से टकराने को ठीक नहीं समझ रहे थे। लेकिन ये ज़ाहिर था कि उनकी किरकिरी हो गयी थी। जिस नौकर को उन्होंने निकाल दिया था, वह अब तक काम कर रहा है। लेकिन उसका एक असर ज़रूर हुआ कि मुंशीजी अब बाज़ार की आमदनी का पैसा लक्खू मियाँ के हाथ में ही देते थे। जत्तन मियाँ ने वैसे भी किसी मुंशी-कारिंदे से हिसाब या पैसा लेना बंद कर दिया था।

लक्खू मियाँ ने अपने इख़्तियारात को कई तरह से आज़माया। मसलन, हुज़ूर की फिटन बेच डाली गयी थी और उसकी जगह एक आस्टिन कार आ गयी। पुराने पहरेदार को निकाल दिया गया था। फिटन चलानेवाले बौरा को अलग कर दिया गया। घोड़ा बिक गया। अस्तबल को मोटरख़ाना बना दिया गया। घर के नौकरों में जो उन्हें फालतू लगे, अलग कर दिये गये। हाल के लिए कानपुर से नया फर्नीचर लाया गया। दो गैस बत्तियाँ ख़रीदी गयीं। घर में छुरी-काँटे आये और हाल के पीछेवाले कमरे को 'गेस्ट रूम' के तौर पर सजाया गया। उसके बराबर एक नये फ़ैशन का बाथरूम बनाया गया। पानी के नल तक लगे लेकिन नलों में से भी वही पानी निकलता था जो कुएँ का पानी था। यानी बाथरूम के ऊपर बनी टंकी में बाल्टियों से पानी भरा जाता था और वह नल खोलने पर निकलता था।

लक्खू मियाँ सिविल लाइन्स क्लब के मेम्बर भी हो गये थे और सरकारी अफ़सरों में उनका आना-जाना बढ़ गया था। शिकार पार्टियाँ और क्लब में आइसक्रीम पार्टियाँ दिया करते थे। लक्खू मियाँ की दिलचस्पी मिशन अस्पताल में भी बढ़ गयी थी क्योंकि हाल में वहाँ एक आइरिश लेडी डॉक्टर आयी थी जो बहुत खूबसूरत थी। वैसे लक्खू मियाँ खुद कुछ क़म सुंदर न थे। उनकी उम्र चौबीस-पच्चीस के आसपास थी। सिर पर घने काले घुँघराले बाल थे। चौड़ा माथा था। बड़ी आँखें और खड़ी नाक थी। रंग बहुत साफ़ था। कभी-कभी लोग उनके अंग्रेज़ होने तक का धोखा खा जाते थे। उनका क़द औसत था और हड्डी चौड़ी थी। पहनावा अंग्रेज़ी पसंद करते थे और दिल्ली के 'न्यू फैशन्स टेलर्स' के यहाँ के सिले सूट पहना करते थे। चूँकि पैसे की कमी न थी इसलिए उन्हें घेरे रहनेवालों की बड़ी जमात थी। उनमें छोटे दर्जे के सरकारी अफ़सरों से लेकर शहर के गुण्डे क़िस्म के लोग भी थे जिन पर लक्खू मियाँ पानी की तरह पैसा बहाते थे।

इतवार के दिन लक्खू मियाँ अपनी चमचमाती आस्टिन पर डॉ. विक्टोरिया को बिठाकर कानपुर जाते थे। वहाँ गाड़ी सबसे पहले माल रोडवाले चर्च पर रुकती थी। डॉ. विक्टोरिया अंदर चली जाती थीं और लक्खू मियाँ पार्क में क़रीब एक

घण्टे टहलते रहते थे। उसके बाद वो डॉ. विक्टोरिया को माल रोड के ही किसी अंग्रेज़ी रिस्टोरेन्ट में लंच करवाते थे। कुछ घण्टे इधर-उधर चहलकदमी करते थे और शाम होते-होते उनकी आस्टिन जी.टी. रोड पर ज़न्नाटे भरती लौट आती थी। पहले तो किसी को इस राज़ का पता न था। लेकिन जब लक्खू मियाँ हर इतवार को ग़ायब रहने लगे और लोगों को उनकी गाड़ी मिशन कम्पाउण्ड में डॉ. विक्टोरिया के घर के सामने खड़ी नज़र आने लगी तो पता चला कि इतवार के दिन वो डॉ. विक्टोरिया के पास जाते हैं। और ये ख़बर भी मिलते देर न लगी कि डॉ. विक्टोरिया को लक्खू मियाँ हर इतवार को कानपुर के रोमन कैथलिक चर्च ले जाते हैं। बड़ी बहू तक जब ये खबरें पहुँचीं तो उन्हें एक डर यह लगा कि लक्खू मियाँ कहीं ईसाई न हो जायें। उन्होंने लक्खू मियाँ से एक दिन पूछ ही लिया, 'क्यों लक्खू मियाँ, तुम मिशन अस्पताल जाते हो ?'

'हाँ, जाता हूँ अम्माँ,' वे झूठ नहीं बोले।

'क्यों ? क्या खुदानाख़ास्ता कोई तकलीफ़ है ?'

'नहीं, तकलीफ़ क्या होगी··· वहाँ डॉ. विक्टोरिया मुझसे उर्दू पढ़ती हैं।'

'वही मिशन अस्पतालवाली गोरी मेम ?'

'जी हाँ।'

'उसे उर्दू पढ़ने के लिए पूरे शहर में तुम ही एक मिले हो ?'

'ये तो आप उसी से पूछिए,' लक्खू मियाँ ने हँसकर जवाब दिया।

जवाब में बड़ी बहू भी मुस्कुरायीं। वे अच्छी तरह समझ गयी थीं कि वह कौन-सी उर्दू है जो लक्खू मियाँ गोरी मेम को पढ़ा रहे हैं।

'बस कहीं उसके चक्कर में अपने दीन-ईमान से न चले जाना।'

'लाहौलविलाकुव्वत अम्माँ, आप भी कैसी बातें करती हैं,' वो बोले। लेकिन अम्माँ की इस बात से वो खुश हुए थे। मतलब ये कि अम्माँ को कोई और शिकायत नहीं है। न तो इस पर नाराज़ हैं कि वो डॉ. विक्टोरिया को उर्दू पढ़ाते हैं, न इस पर ख़फ़ा हैं कि उस पर पैसा बहाते हैं, न इसकी फ़िक्र है कि उसके साथ कानपुर जाते हैं। फ़िक्र है तो यही कि कहीं क्रिस्तान न हो जायें। अलीगढ़ में पढ़ने की वजह से लक्खू मियाँ का ईमान पक्का हो गया था। अंग्रेज़ों से उनका अच्छा-ख़ासा तआरुफ़ था लेकिन ईसाई मज़हब के लिए उनके दिल में रत्ती बराबर भी जगह न थी। यह बात दूसरी थी कि डॉ. विक्टोरिया के लिए उनका दिल एक विशाल घाटी था।

'तो तुम्हारे लिए मैं कोई अच्छी-सी लड़की देखूँ ?' कुछ देर बाद बड़ी बहू बोलीं।

'जैसा आप मुनासिब समझिए,' उन्होंने बहुत सआदतमंद लड़के की तरह जवाब दिया। बड़ी बहू हँस दीं।

एक तरफ़ लक्खू मियाँ के लिए किसी अच्छी लड़की की तलाश शुरू हो चुकी थी और दूसरी तरफ़ वो डॉ. विक्टोरिया से खुलकर मिलने लगे थे। उनके पास पैसों की कमी न थी। ज़मींदारी एक ऐसा सदाबहार पेड़ था जिस पर जब लाठियाँ मारो पैसा झड़ता था। दूसरी तरफ़ बाज़ार की हर हफ़्ते होनेवाली आमदनी थी। तीसरी तरफ़ हुज़ूर की मौत के बाद उनकी तिजोरी से निकली सोने की तीन सौ साठ गिन्नियाँ थीं जो दोनों भाइयों में बँट चुकी थीं। और अब वो बैंक में जमा करवा देने के नाम पर लक्खू मियाँ के कब्ज़े में थीं।

लक्खू मियाँ रोज़ क्लब से वापस लौटते हुए डॉ. विक्टोरिया के बँगले पर रुक जाते थे। कभी-कभी डॉ. विक्टोरिया भी उनके साथ होती थीं और कभी वो उन्हें बँगले पर अपना इंतिज़ार करता पाते थे। क्लब भी सिविल लाइन में था और डॉ. विक्टोरिया का खपरैल का बना पुराना और बड़ा बँगला भी वहीं था। कोलतार की पतली, काली सड़क पर, जिसके दोनों तरफ़ विशाल देसी आमों के पेड़ थे, रेंगती हुई कार क्लब से बँगले तक आती थी। लक्खू मियाँ को क्लब से बँगले तक सात मिनट लगते थे। लेकिन जब वो अकेले होते थे तो सात मिनट का ये फ़ासला सात दिन या सात महीने का लगता था।

आम तौर पर 'अप कण्ट्री' में बने अंग्रेज़ों के बँगलों-जैसा डॉ. विक्टोरिया का बँगला कई एकड़ के रक़बे में था। मेन गेट से रास्ता दो हिस्सों में बँट जाता था। बीच में बड़ा-सा लॉन था और दोनों रास्ते पोर्टिको के पास पहुँचते थे। लाल बजरी पड़े इस रास्ते पर कार के पहियों के नीचे कंकड़ किरकिराते थे। पोर्टिको की छत पक्की थी और वह इतना बड़ा था कि वहाँ कम-से-कम दो कारें एक साथ खड़ी की जा सकती थीं। ऊपर छत में एक केरोसीन का बड़ा लैम्प रौशन रहता था और बरामदे में मुख्य दरवाज़े के दोनों तरफ़ छोटे लैम्प जलते थे।

बरामदे की छत विलायती खपरों की थी और उसके दरों में खूबसूरत पत्तोंवाले पौधे सुर्ख़ गमलों में सजे रहते थे। बरामदे में केन का सोफ़ा सेट और कपड़े टाँगने का एक रैक था जिस पर एक पुरानी सोलो हैट टँगी रहती थी। मुख्य रास्ते से कॉरीडोर अंदरूनी बरामदे तक जाता था जिसके सामने पक्का चबूतरा था और फिर उसके आगे फूलों की क्यारियाँ, अमरूद और आम के पेड़ थे जिनकी ओट में सर्वेंट क्वार्टरों की दीवार छिप जाती थी। पूरे बँगले की छत खपरों की थी और विशाल ड्राइंगरूम और खाने के कमरे का फ़र्नीचर कुछ विक्टोरियन क़िस्म का था।

डॉ. विक्टोरिया लक्खू मियाँ को अंदर के बरामदे में पड़े बेंत के सोफ़ों पर बैठी मिलती थीं जिस पर सफ़ेद कवरवाले मोटे रुई के गद्दे पड़े थे। आम तौर पर वो अपनी पसंद की अंग्रेज़ी पत्रिकाओं और अख़बारों के बीच होती थीं। मेज़ पर एक ऊँचा केरोसीन लैम्प और दीवारों पर भी रौशनी के लिए लैम्प लगे थे। लक्खू मियाँ बरामदे में बैठ जाते थे और खानसामा अब्दुल करीम उनके लिए व्हिस्की की

ट्रे ले आता था। डॉ. विक्टोरिया शेरी के छोटे-छोटे घूँट लेती थीं और लक्खू मियाँ ठण्डी व्हिस्की और सोडे की चुस्कियाँ।

रात का खाना अक्सर दोनों साथ खाते थे। लक्खू मियाँ ने ये कह रखा था कि वो आधे मुसलमान हैं, यानी शराब तो पीते हैं लेकिन सुअर का गोश्त नहीं खाते। इसलिए पोर्क की कोई डिश उन्हें नहीं सर्व की जाती थी।

डॉ. विक्टोरिया के लिए भी यह सुखद इत्तिफ़ाक़ था कि इस छोटे शहर-जैसे 'अप कण्ट्री' स्टेशन में उन्हें एक ऐसा मुक़ामी आदमी मिल गया था जो न सिर्फ़ अंग्रेज़ी अच्छी तरह बोलता और समझता था, बल्कि अच्छे खानदान का और पैसेवाला आदमी था। लक्खू मियाँ डॉ. विक्टोरिया को देखने में भी अच्छे लगते थे। उनकी आदतें और हाव-भाव बहुत हद तक डॉ. विक्टोरिया की नज़रों में 'सिविलाइज़्ड' थे जबकि उनकी आम तौर से ये राय थी कि हिंदुस्तानी लोगों में 'एटीकेट्स' और 'मैनर्स' का नितांत अभाव होता है। डॉ. विक्टोरिया अक्सर सोचती थीं कि अगर यहाँ लक्खू मियाँ न मिले होते तो उनकी शामें और ख़ास तौर पर रातें कितनी बेजान होतीं। हिंदुस्तान में ये उनकी पहली पोस्टिंग न थी। इससे पहले वो इसी तरह के छोटे ज़िलों में रह चुकी थीं और उन्हें मालूम था कि वहाँ ऐसे लोगों का नितांत अभाव है। या तो पढ़े-लिखे हिंदुस्तानी नौकरियों में निकल जाते थे या बड़े शहरों में जाकर बस जाते थे।

देखने में विक्टोरिया पक्की अंग्रेज़ थीं। दुबला और लम्बा क़द, भूरे बाल, इतना सफ़ेद रंग कि उस पर झाँइयाँ-सी पड़ी लगती थीं। नीली आँखें और खड़े-खड़े चेहरेवाला नाक-नक़्शा। छोटे कान और लम्बोतरा चेहरा, कटे हुए बाल। उनकी उम्र कोई तीस के आसपास रही होगी लेकिन शायद डॉक्टर होने की वजह से उन्होंने अपने को काफ़ी सँभालकर रखा था और कम-से-कम पाँच-सात साल कम की लगती थीं। लक्खू मियाँ को उनमें और भी बहुत-कुछ दिखाई देता था। वो जब उनका परिचय किसी अंग्रेज़ अफ़सर से कराती थीं तो लक्खू मियाँ को लगता था कि वो भी उसी बिरादरी का हिस्सा हैं जो ऐसे 'इम्पॉयर' की मालिक है जहाँ सूरज नहीं डूबता। ये सच भी है कि विक्टोरिया ने उन्हें ज़िले के ही नहीं, आसपास के ज़िलों, ख़ास तौर पर कानपुर और लखनऊ के उस अंग्रेजी सामाजिक जीवन में घुसने में मदद दी थी जहाँ वैसे वो कभी न पहुँच सकते थे।

अब जत्तन मियाँ को पैसा लक्खू मियाँ के हाथ से ही मिलता था। चूँकि खुद लक्खू मियाँ के ख़र्चे बढ़े हुए थे इसलिए ज़ाहिर है कि उनका हाथ तंग रहा करता था। दूसरी तरफ़ जत्तन मियाँ ने पूरी ज़िंदगी कभी हाथ की तंगी न महसूस की थी। बुढ़ापे में ये उन्हें खलता था। उन्हें ये भी खलता था बाप बेटे से पैसे माँगे। लेकिन

मजबूरी थी। पैसे माँगने पर लक्खू मियाँ दे दिया करते थे लेकिन कभी-कभी न होने या दो-चार दिन बाद देने का वाय्दा कर लेते थे। ऐसे मौक़ों पर जत्तन मियाँ अपना निजी क़ीमती सामान जैसे अँगूठियाँ, घड़ी, बटन वग़ैरा बेच डालते थे। जुबैदा की 'बिस्मिल्लाह' कराने के लिए उन्होंने अपनी हीरे की अँगूठी बेच डाली थी। ये राज़ खुल गया और बड़ी बहू को इसका पता चल गया। उन्होंने ये बात लक्खू मियाँ को बताई। हीरे की वो अँगूठी लक्खू मियाँ को बहुत पसंद थी। वो अँगूठी हुजूर ने सस्ती के ज़माने में किसी लखनऊ के जौहरी से आठ हज़ार में ख़रीदी थी। लक्खू मियाँ की नज़र में आजकल उसकी क़ीमत कम-से-कम बीस हज़ार थी लेकिन जत्तन मियाँ ने छः हज़ार में बेची थी। लक्खू मियाँ को इस बात पर इतना गुस्सा आया कि उन्होंने बाक़ायदा बाप को तलब किया।

'अब्बा, आपके पास जो हीरे की अँगूठी थी वो मुझे कुछ दिन के लिए चाहिए,' उन्होंने कहा।

'वो तो बेटा, मैंने फ़रोख़्त कर दी।'

'फ़रोख़्त कर दी··· लेकिन क्यों ?'

'मुझे पैसे की ज़रूरत थी,' उन्होंने थोड़ी सख़्ती से कहा।

'आपको जब भी पैसे की ज़रूरत होती है मैं देता हूँ कि नहीं ?'

'हाँ, लेकिन पिछले महीने मैंने तुमसे माँगा था तो··· '

'अब्बा, पैसे मैं तो बनाता नहीं··· कभी होते हैं कभी नहीं होते··· लेकिन इसका ये मतलब नहीं है कि घर का सामान बेच डाला जाये।'

'तो मुझे इस बात का भी हक़ नहीं है कि मैं अपनी कोई चीज़ बेच सकूँ ?'

'है, इस बात का हक़ है अब्बा, सबको है। लेकिन अँगूठी तो हुजूर मरहूम की थी। खानदानी चीज़ थी,' लक्खू मियाँ ने काफ़ी बदतमीज़ी से कहा।

'क्या बेहूदा बात करते हो। लक्खू··· वो अँगूठी मेरी थी। मेरा जो जी चाहता मैं उसके साथ कर सकता था।'

'जी नहीं··· वो अँगूठी आपकी ख़रीदी हुई नहीं थी। आप ख़ानदानी जायदाद को इस तरह बर्बाद नहीं कर सकते।'

लक्खू मियाँ के इस जुमले का जवाब जत्तन मियाँ इसके अलावा क्या देते कि उसके मुँह पर अपने फौलादी पंजे से एक ऐसा थप्पड़ मारते कि उसका निशान महीनों बना रहता। लेकिन लक्खू मियाँ की आँखों में उन्होंने पढ़ लिया कि उनके थप्पड़ का जवाब भी दिया जा सकता है। यानी अपने बाप पर हाथ उठाया जा सकता है। अगर लक्खू ने उन पर हाथ उठा दिया तो सारा शहर क्या कहेगा। जत्तन मियाँ खून का घूँट पीकर रह गये।

रात उन्होंने सत्ती को पूरा वाक़्या बताया तो सत्ती ने लक्खू मियाँ का ही पक्ष लिया।

उसने कहा, 'साहिब, जब बाप का जूता बेटे के आने लगे तो बेटा, बेटा नहीं रहता, दोस्त हो जाता है।'

'नहीं सत्ती, तुम समझतीं नहीं··· लक्खू की मैंने हर ख़्वाहिश पूरी की है। लेकिन आज जो कुछ मैंने उसकी आँखों में देखा वो···' जत्तन मियाँ चुप हो गये। सत्ती ने ध्यान से उनकी तरफ़ देखा। जत्तन मियाँ के चेहरे पर परेशानियों की वो परछाइयाँ थीं जो उसने कभी न देखी थीं।

'इतना तो ठीक है साहिब कि आप पैसा बहुत ख़र्च करते हैं,' उसने कहा।

'हाँ मानता हूँ सत्ती··· लेकिन ये भी मानता हूँ मैं हमारे ख़ानदान में कभी ऐसा न हुआ था कि बेटा बाप पर हाथ उठाने के लिए तैयार हो जाये!'

'आपको लक्खू मियाँ जितना देते हैं उसी से सबर-शुकर करें··· जवान बेटे के मुँह न लगना चाहिए।'

'हाँ तुम ठीक कहती हो··· ख़ैर, देखो क्या होता है।'

हुज़ूर की ज़िंदगी में ही अब्बा मियाँ ने जो बाग़ लगवाया था उसमें उन्होंने अपने सारे अरमान पूरे कर डाले थे। बाग़ भी बीस-पच्चीस साल की मेहनत और लगातार पैसा ख़र्च किए जाने की वजह से शहर में बेमिसाल हो चुका था। उसमें उन्होंने पता नहीं कहाँ-कहाँ से मँगवाकर किस-किस तरह के पेड़ लगवाये थे। रविशें बनवायी थीं। मौसमी फूलों के तख़्तों के अलावा चमेली की कई क़िस्मों की क्यारियाँ थीं और एक तख़्ता संतरे का था जिसका फल इतना बड़ा और मीठा होता था कि लाजवाब माना जाता था। संतरे की पौध उन्होंने नागपुर से मँगवायी थी। केले का एक तख़्ता था और अंगूर की पैदावार भी होती थी। लोकाट और लीची तक के पेड़ थे जो फलते तो न थे पर उन दिनों बड़ी चीज़ समझे जाते थे। इसके अलावा क़लमी आम और अमरूद के कई तख़्ते थे। फ़ालसे की पैदावार बहुत अच्छी होती थी। खिन्नी, अंजीर और जामुन के भी पेड़ थे। काग़ज़ी नींबू का अब्बा मियाँ को ख़ास शौक़ था, वह भी वहाँ खूब होता था।

बाग में सबकुछ था लेकिन कमी ये थी कि वह ऐसी ज़मीन पर था जो पूरी तरह उनकी न थी। यानी हुज़ूर ने अपनी ज़िंदगी में जुबानी उन्हें दे दी थी लेकिन काग़ज़ात पर वह अब दोनों भाइयों के नाम चढ़ी थी। इसलिए उसमें जत्तन मियाँ का भी उतना ही हिस्सा था जितना अब्बा मियाँ का।

जानवरों की बाज़ार के मुंशीवाले मामले में चूँकि लक्खू मियाँ की किरकिरी हो चुकी थी इसलिए उन्होंने बदला लेने के लिए बाग़ के बँटवारेवाला मामला उठाया। अब्बा मियाँ को बाग़ से इतना प्यार था और वो उसे अपना इतना बड़ा शाहकार मानते थे कि उसके बँटवारे की बात से ही उनका गुस्सा सातवें आसमान

पर जा पहुँचा। वो जानते थे कि ये सब उनके भाई नहीं, बल्कि भतीजे की चालें हैं। उन्होंने जत्तन मियाँ और लक्खू को जबानी कहला दिया कि बाग़ की ज़मीन हुज़ूर उन्हें दे चुके हैं और उसमें किसी और का कोई हिस्सा नहीं है। लेकिन काग़ज़ात कुछ और ही कहते थे। और चूँकि अब्बा मियाँ इससे पहले ही भाई पर मुक़द्दमा दायर कर चुके थे इसलिए लक्खू मियाँ को बाग़ के बँटवारे का मुक़द्दमा दायर करने में वक़्त न लगा। मुक़द्दमे की नोटिस आयी तो अब्बा मियाँ तड़प गये। लेकिन उनका ख़याल था कि वो अपना क़ब्ज़ा साबित करेंगे और हुज़ूर के जुबानी हिब्बानामे को अदालत में साबित करेंगे। बहरहाल मुक़द्दमा शुरू हो गया। ये दोनों भाइयों के दरम्यान दूसरा मुक़द्दमा था। वैसे तो इस मुक़द्दमे से पहले ही दोनों भाई एक-दूसरे से नहीं मिलते थे। लेकिन इसके बाद तो हालात इतने बिगड़े कि लगा एक-एक चीज़ पर मुक़द्दमा चलेगा। अब्बा मियाँ ने यह भी कहा कि पुश्तैनी हवेली में भी उनका हिस्सा है जिस पर सिर्फ़ जत्तन मियाँ का क़ब्ज़ा है। इसके अलावा उस जायदाद की फ़ेहरिस्त लम्बी-चौड़ी थी जिस पर मुक़द्दमे चल सकते थे।

मुक़द्दमा शुरू हो जाने के बाद भी बाग़ पर पूरी तरह अब्बा मियाँ का क़ब्ज़ा था। उन्हीं के नौकर बाग़ की देखभाल करते थे। दूसरे बाग़ों में फ़सल तैयार होने पर आम तौर से कुँजड़ों को उठायी जाती थी। लेकिन अब्बा मियाँ के बाग़ की फ़सल शायद ही कभी उठ पाती हो। क्योंकि बाग़ उठाने के लिए कुँजड़ों से उनकी शर्तें बहुत टेढ़ी होती थीं। आम तौर पर कुँजड़े उनकी शर्तों और दाम पर तैयार नहीं होते थे। कुँजड़े बहुत कम दाम लगाते थे। इस पर अब्बा मियाँ चिढ़ जाते थे और कहते थे वो फ़सल की देखभाल खुद करायेंगे और खुद ही बेचेंगे। कहने को तो ये बहुत आसान होता था लेकिन इसका नतीजा हमेशा ये होता था कि पैसा मिलने के बजाय उल्टा ख़र्च ही ज़्यादा हो जाता था।

कुँज़ड़े अब्बा मियाँ से पनाह माँगते थे। क्योंकि बाग़ उठाने से पहले, हिसाब-किताब और काग़ज़ी मामलात में पक्के, अब्बा मियाँ कुँजड़ों को पस्त कर देते थे। वो एक-एक आम का औसत वजन, हर पेड़ पर होनेवाले आमों की औसत गिनती, फिर पूरे बाग़ के आमों की पैदावार का वज़न, फिर उसमें से आधा नुक़सान निकालकर बचे हुए आमों की बाज़ार-दर से बिक्री और फिर ख़र्च निकालकर मुनाफ़े में आधे की माँग करते थे। कुँजड़ों को ये रक़म बहुत ज़्यादा लगती थी। अब्बा मियाँ को बहुत मुनासिब लगती थी और सौदा नहीं पट पाता था।

अब्बा मियाँ को बहुत लोग समझाते थे कि कुँजड़े जो दाम लगाते हैं उसमें थोड़ा घट-बढ़कर सौदा कर लिया कीजिए क्योंकि फ़सल की देखभाल और उसे बेचना सबके बस की बात नहीं है। लेकिन वो कहते थे, 'जनाब मैंने बाग़ लगवाया है। मैं कोई नाजायज़ पैसे नहीं माँगता। मैं औने-पौने में सौदा नहीं कर सकता।' नतीजा ये निकलता था कि औने-पौने भी नहीं मिल पाते थे और जेब से ही पैसे

निकल जाते थे। लेकिन अब्बा मियाँ खुश रहते थे कि कुँजड़ों के हाथों उन्होंने नुकसान नहीं उठाया।

इतने सालों में जत्तन मियाँ और बूढ़े हो गये थे और लक्खू मियाँ और जवान हो गये थे। उनकी जायदाद पर गिरफ़्त और पक्की हो गयी थी। ज़िले और आसपास के अफ़सरों से उनकी दोस्तियाँ हो चुकी थीं। सब मुंशी-कारिंदे उनके थे। जत्तन मियाँ का हाथ और ज़्यादा तंग रहने लगा था क्योंकि लक्खू मियाँ अब उन्हें और कम पैसे देते थे। अब ख़र्च चलाने के लिए जत्तन मियाँ के पास कोई क़ीमती सामान भी न था। अँगूठियाँ, सोने के बटन, घड़ी और वो सबकुछ जो उनकी तहवील में था, धीरे-धीरे बिक चुका था। अब ये होता था कि सत्ती अपना सामान बेच-बेचकर अपने घर का ख़र्च चलाती थी और ये जानते हुए भी जत्तन मियाँ अनजान बने रहते थे। लेकिन इन हालात ने उन पर बुरा असर डाला था। उम्र से पहले ही कमज़ोर और सूखकर हड्डियों का ढाँचा रह गये थे। लेकिन सत्ती में उनकी दिलचस्पी कम न हुई थी। हमेशा की तरह रात का खाना वहीं खाते थे और सुबह घर आते थे।

किसी को न मालूम था, ख़ास तौर पर जत्तन मियाँ और सत्ती तो बिलकुल अनजान थे कि यह जो ड्रामा खेला जा रहा है इसका अंतिम दृश्य क्या होगा। उन दोनों को तो अब जुबैदा की फ़िक्र थी कि कहीं से अच्छा लड़का तलाश करके उसकी शादी कर दी जाये। दोनों अक्सर इसी फ़िक्र में घण्टों बिता देते थे। इन दिनों जत्तन मियाँ का अकेला साहारा सत्ती ही थी। बड़ी बहू से तो जीवन-भर उनके जो संबंध रहे थे वो औपचारिक थे। धीरे-धीरे दोनों ही तरफ़ से उस औपचारिकता में उपेक्षा और बढ़ गयी थी। लक्खू जिन्हें जत्तन मियाँ ने कभी आशाओं का केंद्र बनाया था, ऐसे हो गये थे। भाई से मुक़द्दमेबाज़ी हो रही थी। उनके दोस्त कोई ऐसे न थे जिनसे किसी तरह की हिम्मत बँधती या जिनसे मिलकर दिल ठहरता। ले-देके सत्ती ही थी। अब वो दिन में भी सत्ती के घर रहने लगे थे। वह कहती थी, 'हम दोनों का क्या है साहब, उम्र कट गयी।' लेकिन जत्तन मियाँ जानते थे कि ये उनके बारे में तो ठीक है लेकिन सत्ती के बारे में ठीक नहीं है। सत्ती उनसे कम-से-कम अट्ठारह साल छोटी है। उसकी उम्र नहीं कटी है। ये तय है कि उनके मरने के बाद भी सत्ती काफ़ी लंबे अर्से तक जियेगी। और जब वो न होंगे तो सत्ती का कौन होगा ? सत्ती का परिवार उनके और जुबैदा के अलावा कोई न था। सत्ती के अपने भाई-बहन थे, गाँव में रहते थे, लेकिन अब न तो वो सत्ती को मानते थे और न सत्ती ही उनको कुछ समझती थी। यानी वे कोई सहारा न थे। ये बात तो और ज़्यादा तकलीफ़देह थी कि उनकी मौत के बाद सत्ती का गुज़र-बसर कैसे होगा? वह अपना सामान बेच-बेचकर कब तक गुज़ारा करेगी और कौन जाने उससे

बदला लेने की कोशिश की जाये ? अगर ऐसा किया गया तो उसे कौन बचोयगा ? इन्हीं सब उलझनों में वो रात-दिन पड़े रहते थे। रात-रात भर नींद नहीं आती थी। सत्ती से बातें किया करते थे। सत्ती कहती, 'साहिब, सबके ऊपर ऊपरवाला है। आप इतनी चिंता न करें।' लेकिन जत्तन मियाँ कैसे चिंता ने करते। वे सोचते कि आज मेरे पास ज़मीन का एक टुकड़ा भी नहीं है जो मैं सत्ती के नाम लिख दूँ ताकि उसकी गुज़र-बसर होती रहे। फिर उनके मन में अपने को धिक्कारने का भाव आता। जब सबकुछ उनके हाथ में था तो उन्होंने कुछ क्यों न किया।

जत्तन मियाँ को लगता सारे रास्ते बंद हो चुके हैं। वो सत्ती को लेकर कहीं जा भी नहीं सकते। बुढ़ापे में क्या करेंगे ? और उन्हें आता भी क्या है ? ज़िंदगी-भर घुड़सवारी की है और पंजा लड़ाया है। इन दो सलाहियतों के बिना पर उन्हें क्या नौकरी मिलेगी ? अक्सर सोचते कि लक्खू मियाँ को उन्होंने जो मुख़्तारनामा दिया है उसे वापस ले लें। लेकिन क्या ये मुमकिन है ? लक्खू मियाँ तूफ़ान खड़ा कर देंगे। पूरे शहर में लक्खू मियाँ की मुख़ालफ़त कोई न करेगा। और फिर उनके पास न तो मुक़द्दमा लड़ने का पैसा है, न फ़ौजदारी करने की ताक़त है। सबसे बड़ी बात ये कि लक्खू मियाँ और उनके झगड़े पर पूरा शहर हँसेगा। लोग कहेंगे, ये बुढ़ापे में जत्तन मियाँ को क्या सूझी कि रखैल के लिए अपने बेटे से मुक़द्दमेबाज़ी कर रहे हैं। सबसे बड़ी बात यह कि सत्ती भी ये न चाहेगी कि वो लक्खू मियाँ से मुख़्तारनामा वापस लें। अब सिवाय चुप रहने और किसी तरह गुज़र-बसर करने के अलावा कोई रास्ता न था। लेकिन फिर जुबैदा एक बड़े सवाल की तरह खड़ी हो जाती थी। हालाँकि सत्ती ने उसके लिए कुछ ज़ेवर रख छोड़ा था लेकिन शादी में सिर्फ़ ज़ेवर ही थोड़ी लगते हैं ? कम-से-कम पाँच हज़ार की रक़म चाहिए होगी। और उनकी जेब बिलकुल खाली है।

लक्खू मियाँ ने बाप पर सख़्ती की हदें ख़त्म कर दी थीं। लोग कहते थे ये लक्खू मियाँ नहीं हैं, उनके पीछे बड़ी बहू हैं जो अब एक-एक करके जत्तन मियाँ से बदले ले रही हैं। हद ये है कि ईद-बक़रीद मनाने के लिए भी जत्तन मियाँ के पास पैसे न होते थे। और एक बार ईद से दो दिन पहले उन्होंने लक्खू मियाँ से कहा, 'बेटे परसों ईद है। आज तो मुझे कुछ दे दो।' तो लक्खू मियाँ बिफर गये, 'अब्बा आपको तो हर वक़्त पैसे की लगी रहती है। ये मेरा ही दिल जानता है कि मैं किस तरह ख़र्च पूरा कर रहा हूँ... जब होगा तो मैं दूँगा आपको... मुझे शर्म आती है, जब आप मुझसे पैसे माँगते हैं।' जत्तन मियाँ चुप हो रहे। हमेशा की तरह अपने को अपमानित महसूस किया और सत्ती के पास आ गये। सत्ती ने पता नहीं किस तरह ईद मनाने का पूरा इंतिज़ाम कर रखा था। यहाँ कि जत्तन मियाँ के लिए नया जोड़ा भी तैयार था।

जत्तन मियाँ अच्छी तरह जानते थे कि उन्हें जान-बूझकर तंग किया जा रहा

है। पैसे की कोई कमी होती तो लक्खू मियाँ की शिकार पार्टियाँ कैसे चलतीं ? पैसा न होता तो मोटर कैसे चलती और हर इतवार को लक्खू मियाँ डॉ. विक्टोरिया के साथ कानपुर कैसे जाते ?

दूसरी तरफ़ लक्खू मियाँ अब उस मंज़िल पर पहुँच गये थे जहाँ वो ये छुपाने की कोशिश भी न करते थे कि उनके पास पैसा है। जहाँ जिस तरह चाहते ख़र्च करते और जिसको न देना होता न देते। उनकी हैदराबाद के एक मौलवी ख़ानदान में शादी तय हो चुकी थी। मौलवी सिब्तुलहसन ग़रीब लेकिन खरे सैयद थे। वैसे होने को तो लक्खू मियाँ की शादी किसी रईस और नामी ख़ानदान में भी तय हो सकती थी लेकिन बड़ी बहू ये नहीं चाहती थीं कि ऐसी बहू आये जो उनसे दबकर न रहे। ग़रीब घर की लड़की आयेगी तो बड़ी बहू उसे कान पकड़कर जिस तरफ़ मोड़ेंगी, मुड़ जायेगी।

शादी तय हो जाने के बाद भी लक्खू मियाँ और विक्टोरिया के संबंध अपनी ही गति से चल रहे थे। ऐसा नहीं था कि उन्होंने विक्टोरिया से अपनी शादी तय हो जानेवाली बात छुपाई हो। क्योंकि विक्टोरिया और लक्खू मियाँ, दोनों जानते थे कि उनके संबंधों की सीमा क्या है। विक्टोरिया किसी हिन्दुस्तानी से क्या बल्कि शादी ही न करना चाहती थीं क्योंकि उन्हें शादी का अनुभव हो चुका था जो इतना कड़वा था कि शादी के नाम से ही उन्हें हँसी आती थी और लक्खू मियाँ ने उन्हें जब बताया कि वे शादी करने जा रहे हैं तो विक्टोरिया हँसने लगीं।

'क्यों हँस क्यों रही हो ?' उन्होंने पूछा।

'शादी मुझे मज़ाक़ लगती है। कम-से-कम मुझे शादी का जो अनुभव हुआ है उसके बाद से तो लगने लगा है कि इससे बड़ी बेवकूफ़ी नहीं हो सकती। लेकिन तुम हिंदोस्तानी हो। हो सकता है तुम्हारे लिए ये बेवकूफ़ी न हो।'

'लेकिन ये हमारे लिए मजबूरी है,' उन्होंने कहा।

'ठीक है, करो··· जिससे कर रहे हो उसे देखा न होगा। जानते न होगे··· ये अच्छी शादी है। शादी ऐसी ही होनी चहिए।'

'क्यों ?'

'इसलिए कि अगर शादी सफल होना है तो क़िसी भी तरह हो सकती है। नहीं होना है तो करने से पहले चाहे जितनी एहतियात बरतो नहीं होती।'

'यानी जो क़िस्मत में लिखा है।'

'हाँ, हिंदोस्तान में पाँच साल रहने के बाद मैं यही सच समझती हूँ।'

लक्खू मियाँ हँसने लगे।

'देखो, कितनी दिलचस्प बात है कि तुम अपनी आज़ादी बचाये रखने के लिए

शादी कर रहे हो और मैं अपनी आज़ादी बचाये रखने की ख़ातिर शादी नहीं कर रही,' विक्टोरिया ने कहा।

ये बात कितनी सच है, लक्खू मियाँ ने सोचा। उन्हें विक्टोरिया में ये भी पसंद है कि वो बात की तह तक जल्दी ही पहुँच जाती है और चीज़ों को समझने में देर नहीं लगाती।

ठीक उसी वक़्त ख़ानसामा अब्दुल करीम ने आकर बताया कि मिडवाइफ़ आयी है, कुछ कहना चाहती है। विक्टोरिया के सिर हिलाते ही अब्दुल करीम चला गया। ये दोनों चुप हो गये। मिडवाइफ़ आयी। उसने बताया कोई इमरजेंसी केस आ गया।

'ठीक है, टोम चलो... अम अबी आटा है।' डॉ. विक्टोरिया ने उससे हिंदी में कहा। मिडवाइफ़ के जाने के बाद उन्होंने लक्खू मियाँ से अंग्रेज़ी में कहा, 'मेरा इंतिजार करना, ठीक है ?'

'हाँ, ठीक है।'

डॉ. विक्टोरिया के जाने के बाद ख़ानसामा अब्दुल करीम व्हिस्की का दूसरा पैग और प्लेट में भुने हुए तीतर ले आया और काफ़ी तहज़ीब से मेज़ पर सब सजा दिया। अचानक लक्खू मियाँ ने जेब में हाथ डाला। अब्दुल करीम से कहा, 'ज़रा ठहरो।' जेब से उन्होंने दस का नोट निकलकर आगे बढ़ाया, 'बच्चों के लिए कुछ ले लेना।' अब्दुल करीम ने फ़र्शी सलाम ठोंका और चला गया। लक्खू मियाँ ने सामने रखे मोढ़े पर पैर रख दिये। बरामदे से बाहर का चबूतरा, उसके तीन तरफ़ रखे गमलों में लगे पौधे और चबूतरे के नीचे फूलों की क्यारियाँ और उनके पीछे के दरख़्त दिखाई पड़ रहे थे। थोड़ी ही देर पहले सूरज उसी तरफ़ डूबा था। गुलाबी जाड़ों की एक ऐसी शाम थी जो आदमी को थोड़ा भावुक कर देती है। पश्चिम की तरफ़ आसमान पर लाली-सी थी। एक आम के घने पेड़ के ऊपर तोतों का एक झुण्ड मँडरा रहा था। सामने किचन की छत पर चिमनी से निकलता धुआँ आसमान में इस तरह ठहर गया था मानो किसी के अगले आदेश की प्रतीक्षा कर रहा हो।

लक्खू मियाँ ने व्हिस्की का एक लम्बा घूँट लेकर सोचा ज़िंदगी कितनी खूबसूरत है और ख़ास तौर पर ये बँगला जहाँ आकर वो सबकुछ भूल जाते हैं। मुक़द्दमों की तारीख़ें, जायदाद में सत्ती का हिस्सा होने की समस्या, जानवरों की बाज़ार के झगड़े और वह सबकुछ जो उनकी जान को लगा रहता है। इस विशाल बरामदे में बितायी शामें और अलग-अलग मौसमों में सामने का बदलता परिदृश्य उन्हें याद आने लगा। उन्हें बरसात की वो शामें याद आयीं जब मूसलाधार पानी में सामने के पेड़ झूमते हैं। खपरों की छत पर पानी गिरने की आवाज़ सब तरफ़ गूँजती है। और फिर उन्हें गर्मियों की शामें याद आयीं। रात में चमेली की खुशबू

और रात की रानी की झाड़ियों में चमकते जुगनू चंचल ख़यालों जैसे उड़ते हैं।

लक्खू मियाँ को विक्टोरिया के बेडरूम में बिताई रातें याद आने लगीं। उन्हें इससे पहले भी औरतों का तजरबा था लेकिन विक्टोरिया ने उनके लिए अनदेखे दरवाज़े खोले थे जिनकी वे कल्पना भी नहीं कर सकते थे। कैरोसीन के लैम्प की मद्धिम रौशनी में उसका पूरा जिस्म अपनी सारी संभावनाओं के साथ कभी तो एक चुनौती लगता था, कभी रहस्य लगता था और कभी ऐसी सच्चाई जिसे छू और देख सकते हैं। विक्टोरिया कभी अपनी आँखें नहीं बंद करती थी। रात-भर बिस्तर में उनके साथ लेटे रहने पर भी वे जब देखते उसकी आँखें खुली पाते थे। उसकी आँखों में हमेशा कुछ अनबूझा-सा दिखाई देता था, या हमेशा ऐसा लगता था कि अभी तक वे तह तक पहुँच ही नहीं पाये हैं। वह एक ऐसी घाटी है जो नीचे उतरनेवाले के लिए चुनौती ही बनी रहती है।

अक्सर विक्टोरिया उनके सोये हुए शरीर को इस तरह जगा देती थी जैसे सँपेरा थके हुए साँप को नाच दिखाने के बाद बार-बार उसे बाँसुरी से उकसाता है और थका हुआ साँप चिढ़कर अचानक अपना फन काढ़कर खड़ा हो जाता है। विक्टोरिया को उनके शरीर की यह प्रतिक्रिया बहुत पसंद थी और उन्हें अपने-आप पर आश्चर्य होता था कि इन संभावनाओं का उन्हें पता ही नहीं था। विक्टोरिया के साथ ही उन्हें यह पता चला था कि उन क्षणों में कुछ भी वर्जित नहीं है और वर्जनाओं को तोड़ना दरअसल उन क्षणों की सबसे बड़ी उपलब्धि है। विक्टोरिया अक्सर उनके कंधे पर सिर रखकर उन्हें बताती थी कि प्यार करने की कला हिंदुस्तान में कभी बहुत विकसित थी लेकिन पता नहीं कैसे लोग उसे भूलते चले गये जबकि यूरोप में इसका बिलकुल उल्टा हुआ है। वे यूरोप की श्रेष्ठता के क़ायल न थे लेकिन विक्टोरिया की इस बात से इनकार करना आसान न था, विशेषकर उस स्थिति में जब वह यह कहती थी। चूँकि दोनों के बीच किसी तरह का भ्रम न था और दोनों अच्छी तरह जानते थे कि उनके बीच ये जो संबंध हैं वे किसी पर कोई दबाव नहीं डालते, किसी के सामने कोई शर्तें नहीं लगाते, इसलिए लक्खू मियाँ अपने को पूरी तरह तनावमुक्त महसूस करते थे। जबकि इससे पहले इस तरह के संबंध साधारण या जटिल थे और उनकी शर्तों को पूरा करने का एक दबाव या महत्त्वहीनता का भार उन पर रहा करता था।

आदमी के मज़बूत होने और कमज़ोर होने की कोई हद नहीं है। जत्तन मियाँ बुढ़ापे और हालात की मार से इतना टूट चुके थे कि सबकुछ देखने से ही पता चल जाता था। लेकिन गाड़ी किसी तरह घिसट रही थी। उन्हें लगता था इसी तरह कट जायेगी। लेकिन इसी बीच उनके ऊपर क़हर जैसा टूटा। बिलकुल साफ़-साफ़ दोटूक

लफ़्ज़ों में एक दिन लक्खू मियाँ ने अब्बा के सामने उनसे कहा, 'आप सत्ती को तलाक़ दे दीजिए।'

पहले तो वो आँखें फाड़े लक्खू मियाँ को देखते रहे। लेकिन लक्खू मियाँ की आँखों में सफ़्फ़ाकी के अलावा कुछ न था। उन्होंने अपनी बेगम की तरफ़ देखा और पाया कि ज़िंदगी में पहली बार बेगम जितने आत्मविश्वास के साथ उन्हें देख रही हैं, उतना आत्मविश्वास उनमें कभी न था।

'ये कभी नहीं हो सकता,' जत्तन मियाँ ने जवाब दिया।

'ये हो ही नहीं सकता··· यही होगा,' लक्खू मियाँ ने दोहराया।

'नहीं, मैं ये नहीं करूँगा,' उनकी आवाज़ गुस्से नहीं बल्कि दुःख के कारण फट गयी।

'अब्बा, आपको ये करना पड़ेगा।'

'तुम मुझे हुक्म देनेवाले कौन होते हो ?'

'ये हुक्म नहीं है अब्बा··· लेकिन आपको करना पड़ेगा।'

'तुम··· तुम··· तुम मुझे इस हालत में भी नहीं छोड़ सकते,' वे हकलाने लगे।

'तलाक़नामा तैयार हो जायेगा। उस पर आपको दस्तख़त करने होंगे,' लक्खू मियाँ ने इस तरह कहा जैसे बात ख़त्म कर रहे हों।

'नहीं, मैं नहीं करूँगा।'

'आप करेंगे··· ज़रूर करेंगे,' इतना कहकर लक्खू मियाँ उठे और चले गये।

अब जत्तन मियाँ और बड़ी बहू आमने-सामने बैठे थे। कुछ देर तक दोनों ख़ामोश बैठे रहे, फिर जत्तन मियाँ उठकर बाहर आ गये।

बाहर खड़े होकर वो सामने इस तरह देखने लगे कि अब कहाँ जायें ? फिर चढ़ाई उतरकर नीचे मोहल्ले में पहुँचे लेकिन सत्ती के घर की तरफ़ जाने के बजाय शहर की तरफ़ चल दिये। फिर सड़क पर पीछे मुड़े और सुनसान सड़क पर चलते रहे। फिर मुड़े और रास्ता उन्हें वापस ले आया। लौटकर घर आ गये। सूरज डूब गया था और क़ायदे से ये उनके सत्ती के घर जाने का वक़्त था लेकिन वो बरामदे में पड़े निवाड़ के पलँग पर लेट गये। छत में साखू की काली धन्नियाँ लगी थीं। आँखें बंद कीं तो लगा बुख़ार है। वो तेज़ी से उठे और सत्ती के घर की तरफ़ चल दिये। उनकी समझ में नहीं आ रहा था कि वो ये सत्ती को बतायेंगे कैसे।

सत्ती को ये भाँपते देर नहीं लगी कि कुछ हुआ है। जत्तन मियाँ का पूरा जिस्म जल रहा था और आँखें लाल थीं। कई दिन के शेव के बावजूद चेहरा लाल हो रहा था। सत्ती ने उनसे पूछना चाहा कि क्या बात है लेकिन वो टालते रहे। लेकिन दिल में सोचते रहे कब तक टालेंगे। इतना तो तय था कि वो तलाक़नामे पर दस्तख़त नहीं करेंगे। तब बात बढ़ेगी और सत्ती को भी पता चल जायेगा। इसलिए अच्छा है अभी बता दिया जाये। लेकिन क्या वो सत्ती से ये कह सकते हैं ? सत्ती

लगातार कुरेदती रही। फिर अचानक जत्तन मियाँ को गुस्सा आ गया। वो काँपने लगे। लेकिन कुछ बताने पर तैयार न थे। तब सत्ती ने उन्हें जुबैदा की क़सम दे दी। जत्तन मियाँ फूट-फूटकर बच्चों की तरह रोने लगे। सत्ती ने उन्हें कभी ज़िंदगी में रोते न देखा था। किसी और ने भी न देखा था। आख़िरकार सत्ती ने उनसे पूछ ही लिया और उन्होंने बता दिया।

सुनते ही सत्ती चुप हो गयी। उसके चेहरे पर कई रंग आये और चले गये। जत्तन मियाँ लगातार कहते रहे कि ये नहीं हो सकता। किसी क़ीमत पर भी नहीं हो सकता। चाहे उनकी जान ही क्यों न चली जाये, ये नहीं हो सकता। सत्ती चुपचाप सुनती रही। धीरे-धीरे उसके चेहरे पर वही रंग आया जो रहता था। वह थोड़ा रुकी तो लालटैन की रौशनी में उसकी नाक की कील का हीरा एक बार जगमगा उठा। वह इंतिज़ार कर रही थी कि जत्तन मियाँ रुकें तो वह कुछ कहे लेकिन जत्तन मियाँ रुकने का नाम ही न ले रहे थे।

'सुनिए साहिब··· मेरी तो सुनिए।'

जत्तन मियाँ उसकी तरफ़ देखने लगे।

'आप मेरी बात मानिएगा ?' वह बोली।

'क्या बात है ?

'पहले कहिए साहिब, आप मानेंगे तो··· '

'बताओ न।'

'आप साहिब···' वह अटक-अटककर बोली, 'तलाक़ दे दीजिए।'

जत्तन मियाँ का सारा गुस्सा उफन पड़ा। वो चिल्लाने लगे। लेकिन सत्ती ख़ामोश रही। जब जत्तन मियाँ थक गये तो वह बोली, 'मेरे कारन आपके और आपके बेटे के बीच कुछ क्यों हो।'

'अब कुछ बचा है होने को··· ? क्या रह गया है मेरे और मेरे बेटे के बीच ?' वो बोले।

'नहीं साहिब, आप चाहे जो कहें··· वो आपके बेटे हैं··· आपका खून हैं··· मैं··· '

'जुबैदा मेरा खून नहीं है··· ?'

'है साहिब, है··· पर उसमें मिलावट है,' वह बहुत तल्ख़ी से मुस्कुराई।

'तो मैं कौन-सा जायदाद में हिस्सा माँग रहा हूँ जुबैदा के लिए ?'

'साहिब, आप मेरी बात मान लें··· मैं आपके पैर पड़ती हूँ··· बिनती करती हूँ··· '

'नहीं, ये नहीं हो सकता··· उसने मुझे समझ क्या रखा है।'

'बाप समझते हैं तभी तो अपना हक़ माँग रहे हैं।'

'क्या बेहूदा बात है··· कौन-सा मैं उसका हक़ छीन रहा हूँ ?'

'साहिब, आपकी जायदाद पर उनका हक़ है··· उन्हीं को मिलना चाहिए··· मैं साहिब··· ' वह रुक गयी।

'सत्ती, दुनिया इधर की उधर हो जाये··· मैं ये नहीं करूँगा।'

'जग-हँसाई होगी साहिब··· बुढ़ापे में आप बेटे से झगड़ा करेंगे ?'

'देखो, मैंने सबकुछ उसे दिया··· एक-एक तिनका अब उसका है··· इस पर भी उसे चैन नहीं है ?'

'साहिब, दस्तख़त-भर कर देने से होता क्या है··· ये तो आपके मन की बात है··· पर साहिब, मेरी बिनती है आप लक्खू मियाँ की बात मान लीजिए,' वह गिड़गिड़ाकर बोली।

पक्के काग़ज़ पर तलाक़नामा तैयार हो गया था। उस पर जत्तन मियाँ के दस्तख़त होने से पहले ही गवाहों के दस्तख़त हो गये थे। अब सवाल ये था कि जत्तन मियाँ के दस्तख़त कैसे लिये जायें।

लक्खू मियाँ ने एक दिन तलाक़नामा अपने बाप के सामने रखा और उनसे दस्तख़त करने को कहा तो वे बोले, 'लक्खू, तुम ख़ानदान के पहले ग्रेजुएट हो। मुझ पर हाथ उठाकर तुम ख़ानदान के ऐसे पहले बेटे भी बन जाओ जिसने अपने बाप को मारा हो।'

लक्खू मियाँ समझ गये कि सख़्ती से काम न चलेगा। उन्होंने एक-एक करके उन सब लोगों के ज़रिये जत्तन मियाँ पर दबाव डलवाया जो उनके ख़याल से ऐसा कर सकते थे। मौलवी अली नक़ी से कहलवाया। मुंशी करामत हुसैन से दबाव डलवाया। दो-चार रिश्तेदारों को बीच में डाला कि जत्तन मियाँ किसी तरह तैयार हो जायें, लेकिन जत्तन मियाँ ने जो 'न' शुरू की तो 'न' ही कहते रहे।

लेकिन इसका नतीजा ये निकला कि जत्तन मियाँ अकेले होते चले गये। अब वो रात ही में नहीं, दिन में भी सत्ती के यहाँ रहने लगे। वो किसी के हत्थे ही नहीं लगते थे कि उनसे तलाक़नामे पर दस्तख़त करने की बातचीत की जाये।

लक्खू मियाँ और बड़ी बहू अक्सर देर-देर तक इस मसले पर सिर खपाते रहते थे लेकिन कोई रास्ता न नज़र आता था। दूसरी तरफ़ सत्ती जत्तन मियाँ को समझा-समझाकर थक चुकी थी कि तलाक़नामे पर दस्तख़त कर दें लेकिन ज़िंदगी में पहली बार वो सत्ती की बात भी नहीं मान रहे थे। सत्ती ने उन्हें तरह-तरह से समझाया था। ये भी कहा था कि उसके उनसे जो ताल्लुक़ात हैं वो तो ऊपरवाले ने बनाये हैं। वह अगले जनम भी उन्हें अपना मानती रहेगी। दस्तख़त-भर कर देने से क्या होता है। काग़ज़ी लिखा-पढ़ी से पति-पत्नी थोड़ी बनते-बिगड़ते हैं।

सत्ती के इन सब तर्कों के जवाब में जत्तन मियाँ सिर्फ़ चिढ़ जाते थे। बिगड़

उठते थे। चीख़ने-चिल्लाने लगते थे। खाना छोड़ देते थे या मुँह लपेटकर पड़ जाते थे। बुढ़ापे में वे बच्चों जैसी हरकतें करने लगे थे। कभी सत्ती से बोलना बंद कर देते थे और हज़ार तरह मिन्नत करने के बाद, सैकड़ों क़समों-वायदों के बाद बोलते थे।

लक्खू मियाँ ज़िले के बड़े-से-बड़े अफ़सर से किसी भी तरह का काम करवा लेने की स्थिति में थे। लखनऊ तक में उनकी बात चलती थी। उन्हें यह सोचकर बहुत बुरा लगता था कि एक इतना छोटा-सा काम वे नहीं करा सकते। उन्हें यह सोच-सोचकर और गुस्सा आता था कि उनके बाप एक रखैल के आगे अपने बेटे और बीवी को भी कुछ नहीं समझते। उन्हें इसका यक़ीन था ये सत्ती की ही चाल है। इस चाल का अगला मोड़ भी उनकी नज़र में था। वह यह कि जत्तन मियाँ के मरते ही सत्ती उन पर जायदाद में हिस्सा पाने का मुक़द्दमा दायर करेगी। लेकिन उन्हें इसका यक़ीन न था कि सत्ती से जत्तन मियाँ ने जो निकाह किया है उसका कोई काग़ज़ भी है या सिर्फ़ ज़बानी मामला है। बहरहाल, अगर काग़ज़ या सत्ती के पास कोई सुबूत है तो मामला उलझ जायेगा। सत्ती सिर्फ़ ज़मींदारी में ही नहीं, बाज़ार में, पुश्तैनी हवेली में, यहाँ तक कि एक-एक तिन में हिस्सा पाने की हक़दार हो जायेगी। हो सकता है जत्तन मियाँ के मरने के बाद कुछ बदमाश क़िस्म के मुक़द्दमेबाज़ पैसे के लालच में उसको मुक़द्दमे में मदद देने के लिए तैयार हो जायें। ऐसे लोगों की इस छोटे-से शहर में भी कमी नहीं है।

आख़िरकार उनकी समझ में आया कि क्यों न सत्ती के ज़रिये ही ये कोशिश की जाये। मुमकिन है वो पैसे के लालच में जत्तन मियाँ को इस बात पर तैयार कर ले। अगर सत्ती दस-बीस हज़ार लेकर भी ये काम करा दे तो बुरा न होगा।

उन्होंने इसका मश्विरा अपनी माँ से किया। उन्हें भी ये राय पसंद आयी। शायद इसलिए भी कि और कोई रास्ता नज़र न आता था।

लक्खू मियाँ ने सत्ती से बात करने की ज़िम्मेदारी एक निहायत शातिर और घाघ मुंशी शरीफुल को सौंपी। मुंशी शरीफुल के बारे में मशहूर था कि वो आसमान में थिगली तक लगा सकते हैं।

एक दिन जब जत्तन मियाँ जुमे की नमाज़ पढ़ने गये थे तो मुंशी शरीफुल सत्ती के घर पहुँच गये। दो ही चार बातें करने के बाद उन्हें यक़ीन हो गया कि वो पैसे के लालच में तलाक़नामे पर दस्तख़त न करवायेगी। उस पर दूसरी क़िस्म का दबाव डाला जाना चाहिए। मुंशी शरीफुल ने उससे कहा, 'देखो, इस ख़ानदान में हमेशा से रखैलें रखी जाती रही हैं। लेकिन किसी रखैल ने आज तक जायदाद में हिस्से की माँग नहीं की।'

'मुंसीजी, तो हम कहाँ माँग रहे हैं ?'

'आज नहीं माँग रही हो तो कल माँगोगी।'

'नहीं मुंसीजी, परमात्मा की सौगंध ले लो। कभी नजर··· '

'देखो, अदालतें और कानून सौगंध नहीं मानते··· कल तुम्हारी लड़की की शादी होगी। दामाद आयेगा। अगर उसने लक्खू मियाँ पर मुक़द्दमा ठोंक दिया तो क्या होगा ?'

'दामाद ऐसा काहे को करेगा ?' सत्ती ने टूटा-फूटा तर्क दिया।

'पैसे के लालच में करेगा। तुम सबके दिल में तो बैठी नहीं हो। तुम्हें क्या मालूम किसके दिल में क्या है ? क्यों अपना परलोक खराब करती हो ?'

'पर मुंसीजी, हम तो साहिब से कई बार कह चुके हैं कि दस्तख़त कर दें पर साहिब तैयार नहीं हैं तो हम क्या करें ?'

'साहिब तैयार हो जायेंगे। साहिब सीधे आदमी हैं। तुम तो जानती ही हो। साहिब को ये नहीं मालूम कि अगर उन्होंने तुम्हें तलाक़ दे दी तो साहिब के बाद भी लक्खू मियाँ तुम्हारा और तुम्हारी बेटी का पूरा ख़याल करेंगे। उनके दिल से ये काँटा निकल जायेगा कि तुम्हारी नज़र उनकी जायदाद पर है। ये सोचे तुम्हारी ज़रूरत ही कितनी है ? लक्खू मियाँ बड़े आराम से तुम्हारी बेटी का ब्याह करा देंगे और तुम्हें दस-बीस बीघा ज़मीन दे देंगे। उससे तुम्हारी ज़िंदगी कट जायेगी। अरे, इतने बड़े ज़मींदार हैं, दस-बीस बीघा ज़मीन उनके लिए क्या है। इतना तो नौकरों, चाकरों तक को दे देते हैं। और नहीं तो बदला लेने पर आ जायें तो उन्हें क्या करने से कौन रोक सकता है। बूढ़े बाप के साथ हाथापाई करने लगें तो कौन उनका हाथ पकड़ सकता है। कहो किसी का क़त्ल ही करा दें तो कौन उनको जेल हो जायेगी··· तुम समझदार हो, साहिब को समझाओ। बाप-बेटे में मेल करा दोगी तो तुम्हारा ही नाम होगा। पुन्न होगा··· तुम समझती नहीं हो, ये ज़मीन-जायदाद के मामले बड़े टेढ़े होते हैं। दसियों खून हो जाते हैं। परिवार बर्बाद हो जाते हैं। अरे, तुमने जिसका नमक खाया है उसके परिवार की चिंता तो करना ही पड़ेगी कि नहीं···?'

'हाँ, काहे नहीं मुंसीजी ?' वह बोली।

'बस, अब मैं चलता हूँ। मेरा क्या लेना-देना है इस झगड़े से, कुछ नहीं। पर सोचा बाप-बेटे में सुलह हो जाये तो अच्छा है। अरे, साहिब की उम्र अब फ़ौजदारी और मुक़द्दमा लड़ने की तो है नहीं। उन्हें तो अल्ला-अल्ला करना चाहिए। समझाओ साहिब को, नहीं तो पता नहीं क्या से क्या हो जाये··· लक्खू मियाँ अपने बाप की तरह रईस हैं। रईसों से बनाकर रखने में ही फ़ायदा है। उनसे लड़कर क्या मिलेगा ? अच्छा तो मैं चलता हूँ। सलाम।'

सत्ती के यहाँ से सीधे मुंशी शरीफुल लक्खू मियाँ के पास आये जो बेचैनी से उनके इंतिज़ार में टहल रहे थे।

'क्या हुआ मुंशीजी ?'

'इनाम दीजिए सरकार।'

'कितने पर मामला पटा।'

'बस, पट गया।'

'फिर भी कितना देना होगा ?'

'हुज़ूर जो देना होगा वो बंदे का इनाम है। और बंदा झोली भरकर ही माँगेगा।'

'वो तो ख़ैर हो जायेगा। ये बताइये कि बात क्या हुई ?'

'बड़े सरकार तलाक़नामे पर दस्तख़त कर देंगे।'

'कैसे ? आपने कौन-सी जादू की छड़ी फेर दी ?'

'हुज़ूर, इसी की तो खाता हूँ।'

'देखता हूँ।'

लक्खू मियाँ मुंशी शरीफुल की बातों को गंभीरता से ले रहे थे। मुंशीजी की बड़ी साख़ थी। जाली दस्तावेज़ बनवाने, गवाहों को तोड़ने, गवाही देने या गवाह दिलवाने, फ़ाइलें ग़ायब कराने और दीगर तिड़ीबाज़ी के कामों में बड़े-बड़े उनका लोहा मानते थे।

जत्तन मियाँ के लिए जो एक रास्ता खुला था वह भी बंद हो गया। सत्ती ने उनके किसी भी तर्क को सुनने और मानने से इनकार कर दिया। उसने ऐसा विकराल रूप दिखाया जो पच्चीस साल में जत्तन मियाँ ने कभी न देखा था। सत्ती ने खाना-पीना छोड़ दिया। ज़बरदस्ती भी नहीं की जा सकती थी। उसने जत्तन मियाँ को दसियों क़स्में धरायीं। उन्हें समझाया भी कि जुबैदा का भवष्यि सिर्फ़ उनके दस्तख़त करने से ही सुरक्षित हो सकता है। उधर जत्तन मियाँ भी अपनी बात पर अड़े हुए थे। लेकिन इतना तनाव उन्होंने कभी न झेला था। कहीं चैन न था। घर जाते तो कहाँ जाते, किससे बात करते ? सत्ती के पास होते तो वही ले-देके एक बात। जत्तन मियाँ को लगता था कि उनके दिमाग़ की नसें फट जायेंगी।

दूसरे दिन रात को जत्तन मियाँ जब सत्ती के पास आये तो उसने साफ़-साफ़ कहा, 'साहिब आप दस्तख़त न करोगे तो मैं जान दे दूँगी। मैं जुबैदा की सौगंध खाती हूँ।'

जत्तन मियाँ बौख़ला गये। वे जानते थे कि सत्ती झूठी क़समें नहीं खाती और ख़ास तौर पर जुबैदा की झूठी क़सम तो वह खा ही नहीं सकती।

'हाँ साहिब, मैं सच कहती हूँ। जब झगड़े की जड़ ही न रहेगी तो झगड़ा कैसा ?' सत्ती का ये कहना था कि जत्तन मियाँ आगे बढ़े और ज़िंदगी में पहली बार उस पर हाथ उठा दिया। वे पागलों की तरह उस पर थप्पड़ों की बारिश करने लगे। वह गिर पड़ी। जत्तन मियाँ चीख़े, 'ठीक है, जाता हूँ। अभी जाता हूँ।' वे तीर की तरह बाहर न्किल गये।

हवेली के सामने खड़े होकर वे इतनी ज़ोर से चीख़े कि किसी को यक़ीन ही

नहीं आया कि ये जत्तन मियाँ हैं, 'कहाँ है लक्खू ? कहाँ है लक्खू ?'

लक्खू मियाँ क्लब से वापस आकर खाना खा रहे थे। आधा खाना छोड़कर वो बाहर आ गये।

'लक्खू, कहाँ है तलाक़नामा··· लाओ, मैं दस्तख़त करता हूँ।'

लक्खू मियाँ समझदार थे। इस वक़्त उन्होंने आज्ञाकारी बेटे की तरह फ़ौरन तलाक़नामा और क़लम बाप की तरफ़ बढ़ाया।

जत्तन मियाँ ने दस्तख़त किये और उसके बाद बक़लम खुद लिखा और वापस सत्ती के पास आ गये।

'लो, खुश हो जाओ। अब तुम मेरी बीवी नहीं हो।'

सत्ती रोने लगी। पता नहीं ये कैसे आँसू थे—ग़म के या खुशी के ?

'साहिब, आपको मुझसे कौन छीन सकता है।'

'लक्खू छीन सकता है। उसने छीन लिया।'

'नहीं साहिब··· ये तो सब ज़मीन-जायदाद का झगड़ा है। इसमें क्या रखा है ?'

'मेरे पास एक तुम ही बची थीं सत्ती··· ' उनका गला रुँध गया। सत्ती कुछ नहीं बोली। कुछ देर बाद उसने कहा, 'जो भाग में लिखा होंता है साहिब··· वही होता है। हम-आप का करें ?'

दस्तख़त करने के बाद जत्तन मियाँ को ऐसा लगने लगा था कि उन्होंने इतना बुरा काम किया है या उनका ऐसा अपमान हुआ है कि वे किसी को मुँह दिखाने लायक़ नहीं बचे हैं। वे चौबीसों घण्टे सत्ती के यहाँ पड़े रहते थे। उनकी तबीयत भी ख़राब रहने लगी थी। दमे का पुराना मर्ज़ उभर आया था। लेकिन दवाएँ न खाते थे। शायद अब वो जिंदा न रहना चाहते थे। किसी भी तरफ़ उन्हें कुछ न दिखाई देता था। सत्ती की तमाम कोशिशों के बावजूद न तो उन्होंने इलाज कराया, न दवाएँ खायीं। बस, चुपचाप लेटे रहते थे। कभी-कभी उठकर ऊपर हवेली में आ जाते थे और बाहर बरामदे में पड़ी ढीली निवाड़ से बुनी मसहरी में लेट जाते थे। ये सिलसिला कोई छः-सात महीने तक चलता रहा। और इस दौरान वे लगातार कमज़ोर होते चले गये।

इसी हालत में एक रात वो सोते में गुज़र गये। सत्ती मरने के बाद उनकी शकल भी न देख सकी। वो ख़ानदानी क़ब्रिस्तान में दफ़न कर दिये गये।

अब्बा मियाँ अपने बड़े भाई की मिट्टी में गये थे। उन्हें सब मालूम था कि जत्तन मियाँ के साथ सबने मिल-जुलकर क्या किया है। वो ख़ास तौर पर अपने भतीजे से बहुत नाराज़ थे। उन्होंने लक्खू मियाँ को बाप के मरने का पुरसा तक नहीं दिया था। दफ़न के बाद सीधे घर चले आये थे।

कहते हैं बदले की आग जंगल की आग से भी ज़्यादा ख़तरनाक होती है। ग़रचे बड़ी बहू को ज़िंदगी-भर सतानेवाले, सत्ती पर दिलो-जान न्यौछावर करनेवाले, पैसे को दुश्मन समझनेवाले, लाहोबाली, मस्तमौला, फक्कड़मिज़ाज और लापरवाह जत्तन मियाँ इस दुनिया में नहीं थे लेकिन सत्ती तो थी।

बड़ी बहू ये मानती थीं कि ग़लती जत्तन मियाँ की नहीं थी। उनकी ज़िंदगी को ज़हर बनाने के पीछे सत्ती थी। सत्ती न होती तो उन्हें ताने-तिशने, अपमान, उपेक्षा, अकेलापन और दुःख न सहना पड़ता जो उन्होंने जीवन-भर सहा था। सत्ती थी और अकेली थी। उसके गहने-ज़ेवर बिक चुके थे। उसे देनेवाला मर चुका था। इससे अच्छा मौक़ा क्या हो सकता था सत्ती से हिसाब चुकाने का ? हिसाब इसी तरह चुकाया जा सकता था कि सत्ती का ऐसा अपमान किया जाये, उसकी ऐसी ज़िल्लत की जाये जो उसे मरते दम तक याद आती रहे। वह एक-एक क्षण उस तरह अपमान की आग में जलती रहे जैसे जत्तन मियाँ की ज़िंदगी में बड़ी बहू जली थीं।

बड़ी बहू ने लक्खू मियाँ को राय दी कि सत्ती का निकाह हव्वा से करा दिया जाये।

हव्वा ज़ात का कुँजड़ा था। साल में छः महीने उसका दिमाग़ ख़राब रहता था। जाड़ों में कुछ सुधरता था। लेकिन गर्मियाँ आते ही फिर उस पर पागलपन के दौरे पड़ने लगते थे। वह इतना गंदा रहता था और उसके पास से इतनी सख़्त बू आती थी कि कोई उसे अपने पास बैठाता तक न था। जिसके घर के सामने जाता था वह उसे कुछ खाने को देकर आगे बढ़ा देता था। हव्वा जुनून में कपड़े फाड़ डालता था और गर्मियों में उसके जिस्म पर सिर्फ़ एक लँगोटी ही रह जाती थी।

बड़ी बहू ने लक्खू मियाँ को ये राय दी तो उन्हें इस राय में कोई मुश्किल न नज़र आयी। बल्कि उन्हें भी लगा कि सत्ती के होश ठिकाने आ जायेंगे और उसे एक अच्छा सबक़ मिल जायेगा।

अगले दिन उन्होंने सत्ती से कहलवा दिया कि वे उसका निकाह हव्वा से कराना चाहते हैं। ज़ाहिर था कि लक्खू मियाँ चाहते थे तो उन्हें कौन रोक सकता था ? हव्वा उनकी रिआया था। सत्ती पूरी तरह उनके रहमो-करम पर थी। न मौलवियों की कमी थी और न गवाहों की।

ज़िंदगी में पहली बार सत्ती चढ़ाई चढ़कर हवेली के सामने आयी। उसने दूर से ज़मीन छूकर लक्खू मियाँ के पैर छुए। उनके सामने रोयी, गिड़गिड़ायी, नाक रगड़ी, हाथ-पैर जोड़े। अपनी भाषा में बहुत समझाया। उसने कहा, 'सरकार, घोड़े की सवारी के बाद गधे की सवारी न कराओ। आम खिलाने के बाद इमली न खिलाओ। मैं आपकी ताबेदार हूँ, जो कहोगे वैसा करूँगी। आप मुझे कुछ न देना, मैं मजूरी करके अपना पेट पाल लूँगी।'

उसकी इन सब बातों का लक्खू मियाँ के पास एक ही जवाब था, 'यह हमारा हुक्म है। यही होगा।'

सुबह वैसी ही थी जैसी हुआ करती थी। अब्बा मियाँ नमाज़ पढ़ने के बाद चौकी पर बैठे थे और उनके सामने उनके नौकर खड़े थे जो सुबह-सुबह उन्हें सलाम करने और दिन-भर के कामों के बारे में हिदायतें लेने आते थे। उसी वक़्त एक औरत सिर पर चादर डाले और दस-ग्यारह साल की एक बच्ची का हाथ पकड़े उनकी बँगलिया के सामने आयी। लताओं चढ़े फाटक से अंदर आयी और कुछ फ़ासले पर नीम के पेड़ के नीचे खड़ी हो गयी।

आम तौर पर औरतें या छोटी जाति के लोग जब किसी काम से अब्बा मियाँ के पास आते थे तो कुछ फ़ासले पर चुपचाप खड़े हो जाते थे। वे उन्हें देखकर खुद ही पूछते थे कि क्यों आये हो ? क्या काम है ?

उन्होंने जल्दी ही इस औरत और बच्ची को देख लिया। अँगनू से कहा कि जाकर देखो कौन है।

जब उन्हें बताया गया कि ये सत्ती है, आपसे कुछ कहना चाहती है, तो सीधे होकर बैठ गये। उन्होंने सबको सामने से हटा दिया। ज़िंदगी में पहली बार वे सत्ती को देख रहे थे।

'सलाम छोटे साहिब।' सत्ती ने कहा।

'कहो क्या बात है ?' अब्बा मियाँ ने अंदाज़ा लगाया कि शायद जत्तन मियाँ की मौत की बाद उसे खाने-ख़र्चे की कमी हो गयी होगी और कुछ माँगने ही आयी होगी। वे मानसिक रूप से इसके लिए पूरी तरह तैयार हो गये। उनके लिए एक औरत और एक लड़की के पेट भरने की ज़िम्मेदारी कुछ न थी।

'छोटे साहिब··· ये आपके भाई बड़े साहिब की अमानत है,' सत्ती ने जुबैदा का हाथ पकड़कर उसे आगे किया।

अब्बा मियाँ ने उसे देखा। वह बिलकुल उनके भाई पर गयी थी। सौ फ़ीसदी। उनको जुबैदा में अपनी शक्ल भी दिखाई दी, क्योंकि दोनों भाई, मिज़ाज को छोड़कर, देखने-सुनने में एक-से थे।

'कहो, क्या बात है ?' उन्होंने फिर पूछा।

'छोटे साहिब··· ये हराम की औलाद नहीं है,' ये कहते हुए सत्ती ने अपनी साड़ी के पल्लू से बँधा एक तुड़ा-मुड़ा पर्चा अब्बा मियाँ की तरफ़ बढ़ा दिया।

उन्होंने पढ़ा तो सकते में आ गये। ये सत्ती और जत्तन मियाँ का निक़ाहनामा था। इस पर शहर के दो मशहूर मौलवियों के दस्तख़त थे। उन्होंने निक़ाहनामा खूब ठोंक-बजाकर देखा। कोई कमी न थी। कोई ग़लती न थी। कोई जाल या

हेरफेर न था।

'हूँ तो फिर ?' उन्होंने पूछा।

'छोटे साहिब, आपके भाई की अमानत आपके ज़िम्मे है,' सत्ती ने जुबैदा को और आगे बढ़ाया।

'मैंने सुना है लक्खू ज़बरदस्ती तुम्हारा निकाह हव्वा से कराना चाहता है। अगर तुम कहो तो मैं··· '

'नहीं छोटे साहिब, नहीं··· साहिब के रहते कभी लक्खू मियाँ की बात न टाली तो अब काहे को टालें।'

अब्बा मियाँ ने रुपया-पैसा देने की बात कही लेकिन उसने इनकार कर दिया और जुबैदा के साथ वापस चली गयी।

लक्खू मियाँ ने सत्ती और हव्वा के निकाह की जो तारीख़ तय की थी उससे एक दिन पहले सत्ती ने चूड़ियाँ पीसकर खा लीं और मर गयी।

अब्बा मियाँ ने अँगनू को भेजकर जुबैदा को अपने पास बुलवा लिया।

जत्तन मियाँ के चालीसवें के फ़ौरन बाद अब्बा मियाँ ने नया सनसनीखेज़ मुक़द्दमा लक्खू मियाँ पर दाग़ दिया। उन्होंने जुबैदा की तरफ़ से जत्तन मियाँ की जायदाद में हिस्से पर दावा किया था। जाहिर था कि अगर जुबैदा जत्तन मियाँ की बेटी थी तो उसे उनकी जायदाद में हिस्सा मिलना ही चाहिए था। अब्बा मियाँ चूँकि पुराने मुक़द्दमेबाज़ थे इसलिए शुरू में सारे पत्ते न खोले थे, यानी सत्ती और जत्तन मियाँ का निक़ाहनामा अदालत में पेश न किया गया था। लक्खू मियाँ को निक़ाहनामे की ख़बर न थी। वो ये समझ रहे थे कि यह हवाई मुक़द्दमा है और उनके चचा ने सिर्फ़ दिल की भड़ास निकालने के लिए दायर किया है। लेकिन जैसे-जैसे मुक़द्दमा आगे बढ़ता गया और धमाके के साथ सत्ती का निक़ाहनामा पेश किया गया तो लक्खू मियाँ के हाथों के तोते उड़ गये। मुक़द्दमा लड़ने के लिए अब्बा मियाँ ने शहर के सबसे बड़े वकील बाबू हृदयनारायण को किया था। लक्खू मियाँ ने इलाहाबाद से वकील बुलाया था। होते-हुआते पूरा मुक़द्दमा निक़ाहनामे पर आकर टिक गया था। लक्खू मियाँ का वकील कहता था कि जत्तन मियाँ के दस्तख़त जाली हैं लेकिन एक्सपर्ट ने रिपोर्ट दी थी कि दस्तख़त जाली नहीं हैं। अब निक़ाहनामे पर गवाहों के दस्तख़तों पर बहस हो गयी थी। लक्खू मियाँ ने गवाहों पर ज़ोर डाला कि वो अपने दस्तख़तों से इनकार कर दें। दूसरी तरफ़ अब्बा मियाँ ने गवाहों को कहलाया कि अगर उन्होंने बयान बदला या दस्तख़त मानने से इनकार किये तो उन्हें भी सज़ा हो सकती है।

लक्खू मियाँ और उनका वकील इस काम में कामयाब हो गये थे कि मुक़द्दमा

लम्बा खिंच रहा था और लक्खू मियाँ को गवाह तोड़ने का मौक़ा मिल रहा था। उन्होंने अपनी जान-पहचान के अंग्रेज़ अफ़सरों को बीच में डाला और गवाह तोड़ दिये। कई साल चलने के बाद मुक़द्दमा होईकोर्ट तक पहुँचा और वहाँ घसिटता रहा। बरसों मुक़द्दमा चला और आख़िरकार कुछ न हुआ।

3

अभी रस्तों की धूप-छाँव न देख
हमसफ़र दूर का सफ़र है ये

तरह-तरह के पेड़ों, झाड़ियों, सियार और सियाही के भटों, साँप की बाँबियों, तालाबों, बाग़ों से घिरे और शहर के एक कोने में बसे इस घर में रहनेवाले हम लोग दुनिया से इस तरह कटे हुए थे कि महीनों नये आदमी की शक्ल न दिखाई देती थी। लेकिन साल में एक बार इस ठहरे हुए पानी में एक कंकड़ गिरता था यानी हम लोग अपनी अम्माँ और अब्बा के साथ ननिहाल जाते थे जो हमारे यहाँ से क़रीब पचास मील दूर एक बड़े शहर में थी।

पैसेंजर गाड़ी जब बड़े-से स्टेशन पर रुकती थी तो वहाँ सैकड़ों लोगों का शोर, चीख़- पुकार, कुलियों की खींचा-तानी, इक्के ताँगे और रिक्शेवालों की आवाज़ें, खोंमचेवालों का चिल्लाना और शहर का पूरा कोलाहल हमें डरा देता था। स्टेशन से ताँगों या रिक्शों पर बैठकर हम लोग बीच शहर से होते हुए एक पतली-सी सड़क पर आते थे जिसे रामनारायन की बाज़ार कहा जाता था। इस पतली-सी सड़क पर दोनों तरफ़ तरह-तरह की दुकानें थीं और बहुत भीड़ रहा करती थी। इसी सड़क पर एक बड़ा और पुराना शाही ज़माने-जैसा फाटक था जिसे बड़ा फाटक कहा जाता था। इस फाटक के अंदर एक पतली गली अंदर की तरफ़ जाती थी। गली के दोनों तरफ़ छोटे-छोटे घर और कहीं-कहीं दुकानें थीं। गली एक विशाल फाटक तक पहुँचती थी। इस फाटक के दोनों तरफ़ तीन-तीन दर की दालानें और उनके पीछे कोठरियाँ थीं। बीच में लकड़ी का बड़ा-सा दरवाज़ा था। कहते थे कि ये फाटक इतना बड़ा है कि इसमें से हाथी हौदे समेत निकल जाता था। वह दरवाज़ा खुला रहता था और इस पर टाट का एक बड़ा-सा पर्दा पड़ा रहता था। इसके अंदर ड्योढ़ी थी जिसकी छत ऊँची थी और वह काले रंग की धन्नियों से पटी थी।

ड्योढ़ी से निकलकर सामने एक बहुत बड़ा, शायद कई हज़ार फुट लम्बा-चौड़ा

आँगन था। आँगन के बायीं तरफ़ काफ़ी ऊँची कुर्सी देकर बनाया गया इमामबाड़ा था। इमामबाड़े के लिए दस-बाहर सीढ़ियाँ चढ़ना पड़ती थीं। इमामबाड़े की मुख्य इमारत के आगे ऊँचा चबूतरा था और फिर इमामबाड़े के ऊँचे-ऊँचे पाँच दर थे। दर बहुत खूबसूरत थे और उनमें अंदर की तरफ़ से पर्दे पड़े रहते थे। इमामबाड़े के दर बाहरवाले फाटक से भी ऊँचे थे और बहुत शानदार लगते थे। पाँचों दर इमामबाड़े में खुलते थे। इसके एक कोने में मिम्बर रखा रहता था। इमामबाड़े के इस हिस्से के अलावा उसी से मिली उतनी ही लंबी लेकिन कम चौड़ी शहनशीन थी जहाँ मोहर्रम में अलम-पटके और ताजिये रखे जाते थे। इमामबाड़े की छत की धन्नियाँ बहुत मोटी साखू की लकड़ियों की थीं जिनकी उम्र तीन सौ साल बतायी जाती थी।

इमामबाड़ा सचमुच बहुत सुंदर और भव्य था। उसमें बैठने के लिए सफ़ेद बर्फ़ बिछा रहता था और छत से झाड़-फानूस लटकते रहते थे। इसके अलावा शहनशीन में तरह-तरह के झाड़-फानूस लगे थे और रंगीन शीशों के कमल थे जिनमें मोमबत्तियाँ जलाई जाती थीं। मिम्बर बहुत ऊँचा और शानदार था। कहते थे कि इस मिम्बर पर उर्दू के मशहूर मर्सियागो मीर अनीस बैठ चुके हैं। इमामबाड़े के दाहिनी और बायीं तरफ़ ऊपरी मंज़िल के कमरे थे जिनकी खिड़कियाँ इमामबाड़े की तरफ़ खुलती थीं और औरतें वहाँ बैठकर मजलिस सुनती थीं।

बीचवाले आँगन के दूसरी तरफ़ और इमामबाड़े के बिलकुल सामने इमामबाड़े जितनी लम्बी विलायती खपरों की खपरैल थी और उसके पीछे गोल खंभों पर बनाया गया ऊँचा बरामदा था। फिर कमरे थे और उनके बाद फिर पीछे के कमरे थे।

विशाल आँगन के दाहिनी और बायीं तरफ़ भी दो मंज़िला इमारतें थीं जिनमें बेहिसाब कमरे, बरामदे, आँगन और दीगर चीज़ें थीं। पूरी इमारत के नीचे तहख़ाना था। उसके अंदर जाने के रास्ते कई तरफ़ से थे।

इस इमारत को महल कहा जाता था। इसके बायीं तरफ़ जो इमारतें थीं उनके बीच से होकर एक रास्ता और अंदर जाता था और वहाँ भी बड़े-से आँगन के तीन तरफ़ बरामदे-कमरे थे। ये पूरी इमाारत पक्की, मजबूत और शानदार थी। फ़र्श बहुत खूबसूरत, काले, सफ़ेद और कहीं-कहीं रंगीन टायल्स के थे। अंदर की सजावट भी महलों-जैसी ही थी। बड़ी-बड़ी तस्वीरें, आदमकद आईने, शीशे के झाड़-फानूस और दीगर क़ीमती बरतन सजे रहते थे। पुराना और क़ीमती फ़र्नीचर विलायती तर्ज़ का था लेकिन तख़्तों के चौके भी थे।

महल जितना बड़ा था उतनी ही बड़ी तादाद वहाँ रहनेवालों की भी थी। ख़ानदान के पुरखे ने उन्नीसवीं शताब्दी के मध्य में यह महल अपनी लड़की और दामाद के लिए बनवाया था लेकिन अब इसमें सौ साल बाद पचास-साठ लोग रहते

थे। सबका ताल्लुक़ उसी लड़की और दामाद से था। सब एक-दूसरे के रिश्तेदार थे। धीरे-धीरे इन लोगों ने महल के हिस्से आपस में बाँट लिए थे और उसमें इस तरह रहते थे कि अलग भी थे और साथ भी।

अपने घर से, जो एक तरह से गँवारू-सा घर था, यहाँ आकर हमें डर लगता था। प्रभावित भी होते थे और अच्छा भी लगता था, लेकिन मज़ा न आता था। क्योंकि यहाँ जंगल-जलेबी के पेड़ न थे जिन पर ईंटें-कंकड़ मार-मारकर जंगली जलेबी तोड़ने और खाने में हमें मज़ा आता था। न यहाँ बबूल के पेड़ थे जिनकी गोंद हम खाया करते थे। न चिलवर-शीशम और अर्रे के घने पेड़ थे और न थूहड़ की बाड़ थी जहाँ छिपे गिदगिदान मारने में हमें महारत हासिल हो गयी थी।

यहाँ तो चारों तरफ़ इमारतें और लोग थे। महल के अलावा हाते की दूसरी बड़ी इमारत सफ़ेद कोठी कहलाती थी। यह बिलकुल अंग्रेज़ी फ़ैशन की इमारत थी और इसे कभी मशहूर सेठ रामनारायन ने अपनी रखैल और अंग्रेज़ दोस्तों की ख़ातिरदारी करने के लिए बनवाया था। दस एकड़ के बाग़ में बनी सफ़ेद कोठी हर तरह से विलायती थी। खिड़कियाँ फ्रांसीसी तर्ज़ की थीं। कहीं-कहीं बाहर से निकली हुई अंग्रेज़ी फैशन की केसमेण्ट खिड़कियाँ थी। खिड़कियों के शीशे तरह-तरह के रंगीन काँच के टुकड़ों से मोज़ैक स्टाइल में बने थे। उनसे होकर जब धूप अंदर आती थी तो कमरों में तरह-तरह के रंग बिखर जाते थे। घुमावदार सीढ़ियों के दोनों तरफ़ पत्थर की यूनानी तर्ज़ की मूर्तियाँ लगी थीं। पहली मंज़िल पर चारों तरफ़ 'टेरेस' थे। बीच का सेण्ट्रल हाल 'डबल रूफ़' था जिसके चारों तरफ़ बड़े-बड़े कमरे थे। अंदर का फ़र्नीचर और झाड़-फानूस भी पुराने क़िस्म का था।

महल की तरह सफ़ेद कोठी भी ननिहाली रिश्तेदारों में बँट गयी थी। सबके हिस्से अलग-अलग होते हुए भी एकसाथ थे और इन हिस्सों को मर्दानी बैठक के तौर पर इस्तेमाल किया जाता था।

सफ़ेद कोठी और उसका बाग़ उन्नीसवीं सदी के शुरू में मोतमुद्दौला ने सेठ रामनारायन से ख़रीदा था।

मोतमुद्दौला आज अफ़साना लगते हैं। लेकिन ऐसा था नहीं। वो अवध की सरकार में वज़ीरे-आज़म थे और हालात के पल्टा खाने की वजह से मुल्कबदर कर दिये गये थे। अवध से निकलकर वो यहाँ आ गये थे और यहीं बस गये थे। अपने ज़माने में वो हिंदोस्तान के मशहूरतरीन और मालदारतरीन लोगों में गिने जाते थे। उन्होंने 'नासिख़' को अपने ऊपर क़सीदा लिखने का इनाम एक लाख रुपया दिया था। ये सुनकर असदुल्लाह ख़ाँ 'ग़ालिब' ने भी मोतमुद्दौला पर क़सीदा लिखा था। लेकिन 'ग़ालिब' के नसीब में मोतमुद्दौला का पैसा न था।

हुआ यह कि क़सीदा लिखने के बाद 'ग़ालिब' ने मोतमुद्दौला को ख़त लिखा था कि 'मैंने आपकी शान में क़सीदा लिखा है लेकिन आपकी ख़िदमत में अर्ज़

करने से पहले ख़्वाहिश है कि जब मैं क़दमबोसी को हाज़िर हूँ तो जनाबेवाला उठकर दरवाज़े तक आयें और बंदे से बग़लगीर हों, अपने पास मसनद पर बैठने की जगह दें, और बंदा जब जाने लगे तो हुजूर करम फ़रमाकर दरवाज़े तक रुख़्सत करने आयें।'

मोतमुद्दौला ने जवाब तहरीर कराया कि 'बिरादरे-अज़ीज़, आप ज़रूर तशरीफ़ लायें और क़सीदा सुनायें लेकिन आपके साथ वही सुलूके-मुश्फ़िक़ाना किया जायेगा जो दूसरे शायरों के साथ किया जाता है।' मुख़्तसर ये कि मोतमुद्दौला ने ये कुबूल नहीं किया कि 'ग़ालिब' का उठकर स्वागत करेंगे, उनको अपने साथ बिठायेंगे और 'ग़ालिब' के जाते वक़्त दरवाज़े तक छोड़ने आयेंगे। 'ग़ालिब' को जब ये जवाब मिला तो पता नहीं क्यों, चुप बैठ रहे। नहीं आये, और क़सीदे में कुछ हेरफेर करके किसी और को सुना दिया और उससे कुछ हासिल कर लिया।

मोतमुद्दौला अबुल मुज़फ़्फ़र मुग़ज़ुद्दीन शाहे-ज़मन ग़ाज़ीउद्दीन हैदर के वज़ीरे-आज़म थे। लेकिन ग़ाज़ीउद्दीन हैदर उनकी मुट्ठी में थे। मुल्क-ओ-माल के वज़ीर उनके इशारों पर नाचते थे। बेगमें उनके रहमो-करम पर थीं। जिस क़दर उनके पास ताक़त थी उसी क़दर उनके पास इख़्तियारात और दौलत थी। शाही ख़ज़ाने की चाबी उनकी जेब में थी। हुक्मे-शाही उनकी जुबान था। स्याह को सफ़ेद और सफ़ेद को स्याह बना देने में उनको लोग हकीम लुक़मान कहा करते थे। उनकी मर्ज़ी के बग़ैर कोई अवध के बादशाह से न मिल सकता था। उन्होंने अपने दुश्मनों के साथ ऐसा सुलूक किया था कि लोग काँप जाते थे। दरअसल अपने ज़माने में अवध के नवाब या कहें बादशाह वही थे, वही थे, वही थे। अवध में उनकी तूती बोलती थी। उनके पेशाब से चिराग़ जलता था।

सन् 1814 के जुलाई महीने की एक रात अवध के रेज़ीडेंट बहादुर कर्नल जॉन बेली को नवाब के दीवानख़ाने के दारोग़ा ने ख़बर भिजवायी कि नवाब सआदत अली ख़ाँ नहीं रहे। कर्नल बेली ने दफ़्तर में आकर हरकारे दौड़ाये कि जो पल्टनें शहर के बाहर या कानपुर में पड़ी हैं वो फ़ौरन शहर की तरफ़ कूच कर दें। उसके बाद गवर्नर-जनरल को डाक रवाना की, कि अवध के नवाब गुज़र गये। इसके बाद कर्नल जॉन बेली ने अपने उस्ताद और अवध के एक बड़े ताल्लुक़ेदार मिर्ज़ा जाफ़र को बुलवाया। मिर्ज़ा जाफ़र जॉन बेली को उर्दू और फ़ारसी पढ़ाते थे और उसकी नज़र में बड़े मोतबिर आदमी थे। मिर्ज़ा जाफ़र के बड़े लड़के मिर्ज़ा हादी रेज़ीडेंसी में ख़ज़ांची थे। ख़ज़ांची का काम तो वो बरायेनाम ही देखते थे, दरअसल उनको नौकरी देने की ख़ास वजह मिर्ज़ा जाफ़र को खुश रखना था जो नवाब सआदत अली ख़ाँ के दाहिने हाथ समझे जाते थे।

रेज़ीडेंसी के ख़ज़ांची मिर्ज़ा हादी और मोतमुद्दौला गहरे दोस्त थे। मोतमुद्दौला के वालिद मिर्ज़ा इलाहीबख़्श की उन्नाव में जागीर थी और वो बहुत पाकदामन शख़्स माने जाते थे। मोतमुद्दौला अवध के ऐसे ख़ानदान के चश्मो-चिराग़ थे जो मुद्दत से दरबार के क़रीब था।

नवाब का इंतिक़ाल 'फ़रहबख़्श महल' में हुआ था। आख़िरी वक़्त उनके पास उनके छोटे बेटे शम्सुद्दौला मौजूद थे। नवाब ने अपने बड़े बेटे ग़ाज़ीउद्दीन हैदर को नहीं बल्कि छोटे बेटे शम्सुद्दौला को वली अहद बनाया था। वजह ये थी कि ग़ाज़ीउद्दीन हैदर जिन्नाती मिज़ाज के आदमी थे। दिल में जो आता था, वो सोचे-समझे बग़ैर कर गुज़रते थे। उनका याराना शहर के रईसों के उन लड़कों से भी था जिन्हें आम तौर पर नाकारा और निठल्ला समझा जाता था। कुछ लोग तो यहाँ तक कहते थे कि ग़ाज़ीउद्दीन हैदर सही दिमाग़ नहीं हैं, सिड़ी और दीवाने हैं। दूसरी तरफ़ शम्सुद्दीन अपने बड़े भाई के मुक़ाबले हज़ार गुना अच्छे आदमी थे। समझदार, संजीदा और पढ़े-लिखे। यही सब सोचकर नवाब ने छोटे बेटे को वली अहद बनाया था।

रेज़ीडेंट बहादुर चंद दीगर अंग्रेज़ों के साथ 'फ़रहबख़्श' पहुँचे और उसी वक़्त महल के दरवाजों पर गोरी फ़ौज तैनात कर दी गयी। रेज़ीडेंट बहादुर के साथ उनके उस्ताद मिर्ज़ा जाफ़र और मिर्ज़ा हादी भी थे। शम्सुद्दौला वहीं मौजूद थे। लेकिन सुबह तड़के नमाज़ के वक़्त अपने महल नमाज़ पढ़ने चले गये। उनके जाने के बाद ग़ाज़ीउद्दीन हैदर आ गये।

शम्सुद्दौला अपने महल से नमाज़ पढ़कर जब वापस आये तो महल के दरवाज़े पर गोरे सिपाहियों का पहरा था। गोरे सिपाहियों ने उन्हें अंदर न जाने दिया। लाख समझाने-बुझाने पर भी न माने। दरअसल उनसे मिर्ज़ा हादी ने कह रखा था कि शम्सुद्दौला को किसी क़ीमत पर भी अंदर न आने दिया जाये। हज़ार कोशिशों के बाद शम्सुद्दीन वापस लौट गये लेकिन उन्हें यक़ीन था कि गद्दी उन्हीं को मिलेगी क्योंकि वली अहद वही थे।

दूसरी तरफ़ 'फ़रहबख़्श' के अंदर नवाब की मय्यत के सामने ये बहस हो रही थी कि गद्दी पर कौन बैठे। ग़ाज़ीउद्दीन हैदर ने कर्नल जॉन बेली का हाथ पकड़कर कहा कि वही सबसे बड़े लड़के हैं, गद्दी पर उन्हीं का हक़ है। दूसरी तरफ़ ये सबको मालूम था कि नवाब ने अपना वली अहद छोटे बेटे शम्सुद्दौला को बनाया था। ऐसे नाजुक मौक़े पर मिर्ज़ा जाफ़र सामने आये। उन्होंने जॉन बेली को समझाया कि भलाई इसी में है कि ग़ाज़ीउद्दीन गद्दी पर बिठाये जायें, क्योंकि शम्सुद्दौला अलग क़िस्म के आदमी हैं और उनसे निबाह मुश्किल है। उनका हलक़ा अलग है। खुश्कमिज़ाज आदमी हैं। ये सब बातें तो बहाना या इशारा थीं। असली बात ये थी कि सही दिमाग़ नवाब से अच्छा है झक्की, सनकी और दीवाने क़िस्म का

नवाब। फिर जॉन बेली ये भी जानते थे कि मिर्ज़ा जाफ़र और मिर्ज़ा हादी के ग़ाज़ीउद्दीन हैदर से अच्छे ताल्लुक़ात हैं। ज़ाहिर है वो इन्हीं को चाहेंगे।

जॉन बेली ने ये उज्र किया कि ग़ाज़ीउद्दीन हैदर दीवाने हैं। मिर्ज़ा जाफ़र ने कहा, 'नहीं, ये दुश्मनों ने उड़ायी है। उन्हें नवाब बनाकर देखा जाये। अगर दीवाने साबित हों तो हटा दिये जायें।'

ये तो सब कहने की बातें थीं। मिर्ज़ा जाफ़र और जॉन बेली, दोनों ये चाहते थे कि ग़ाज़ीउद्दीन हैदर ही गद्दी पर बिठाये जायें। अब सवाल ये उठा कि अगर शम्सुद्दौला ने हंगामा किया तो क्या होगा।

मिर्ज़ा जाफ़र ने कहा, 'पहली बात तो ये कि एलान होते ही सब लोग ग़ाज़ीउद्दीन हैदर के साथ हो जायेंगे और ऐसा कोई न बचेगा जो शम्सुद्दौला की तरफ़दारी करे। अगर शम्सुद्दौला हंगामे करते हैं तो उन्हें नायब नवाब बनाया जा सकता है।'

नायब नवाबवाली बात जॉन बेली को पसंद आयी। छोटे भाई हैं तो बड़े के नायब ही बनेंगे। जब ये बात शम्सुद्दौला को बतायी गयी तो वे हरगिज़ तैयार न हुए। उनकी ज़िद देखकर जॉन बेली समझ गये कि आदमी ख़तरनाक है और कहीं इसे नवाब बना दिया जाये तो ग़ज़ब हो जायेगा। बहरहाल, एलान ये हुआ कि ग़ाज़ीउद्दीन हैदर नवाबी की गद्दी पर बिठाये जायेंगे। अगले ही दिन ग़ाज़ीउद्दीन मसनदनशीन हो गये। धूमधाम हुई और एक बाज़ी बिछ गयी।

बाजी ये थी कि नायब कौन बनता है। मोतमुद्दौला ने मिर्ज़ा हादी को समझाया कि उनके नायब बन जाने का यही मौक़ा है। यानी एक तरफ़ रेज़ीडेंट क़ब्ज़े में है तो दूसरी तरफ़ नवाब भी उनकी तरफ़दारी करेगा। मिर्ज़ा हादी कमर कसकर नायब बनने की कोशिश में जुट गये। मोतमुद्दौला नवाब के मिज़ाज को इस क़दर पहचानते थे कि अगर उनके मुँह से 'प' निकलता था तो मोतमुद्दौला बता देते कि पानी माँग रहे हैं या पंखा झलने को कह रहे हैं या पतंगबाज़ी का खेल देखना चाहते हैं या प्यारियों की सोहबत दरकार है।

नायबत के दूसरे उम्मीदवार अवध के सबसे बड़े ताल्लुक़ेदार हकीम मेहँदी अली ख़ाँ थे। हकीम साहब मिर्ज़ा हादी-जैसे नौसिखिया न थे। काफ़ी तजरबेकार आदमी थे। कई इलाक़ों में उनकी जागीरें थीं। लखनऊ में कई महलात थे। हाथियों और घोड़ों और सिपाहियों का लंबा-चौड़ा कारख़ाना था। उनके पास पैसे की कमी न थी और दूसरे दरबारी भी उनके नायब बनाये जाने के हक़ में थे।

मोतमुद्दौला को एक दिन ये ख़बर मिली कि हकीम मेहँदी अली ख़ाँ उनसे मिलना चाहते हैं। हकीम साहब को ये पता चल गया था कि मोतमुद्दौला नवाब पर इस बात के लिए ज़ोर डाल रहे हैं कि मिर्ज़ा हादी नायब बनाये जायें। इसलिए हकीम साहब उन्हें हमवार करना चाहते थे।

रात की तारीकी में एक पालकी हकीम साहब के महल के पिछले चोरदरवाज़ों से होती अंदर गयी। बिलकुल ख़ास महल में रख दी गयी। जब कहार तक चले गये तो उसमें से मोतमुद्दौला निकले और हकीम साहब से बातचीत हुई।

हकीम साहब ने साफ़ लफ़्ज़ों में कहा, 'मैंने आपको इसलिए तकलीफ़ दी है कि आपसे साफ़-साफ़ लफ़्ज़ों में ये बता सकूँ कि अगर मैं नायब हो गया तो हुकूमत में जो ओहदा आप कहेंगे आपको हासिल हो जायेगा। आप मुझे अपना दुश्मन न ख़याल करें।' मोतमुद्दौला ने कहा, 'हुजूर, ये आपकी ज़र्रानवाज़ी है। मैंने कभी ये ख़्वाब में भी नहीं सोचा कि आपकी वजह से कभी मेरा कोई नुक़सान हो सकता है।'

'मिर्ज़ा हादी आपको दे क्या सकते हैं ? रेज़ीडेंसी का ख़ज़ांची बनना आपके शायानेशान नहीं है। वो एक छोटा ओहदा है।'

'जनाबे मोहतरम, शायद आपको नहीं इल्म के मिर्ज़ा हादी ख़ज़ांची का ओहदा भी अपने पास रखना चाहते हैं और नायब भी बनना चाहते हैं। अब आप ही ग़ौर कीजिए अगर एक ही शख़्स रेज़ीडेंसी में भी मुलाज़िम है और··· ' मोतमुद्दौला जान-बूझकर ख़ामोश हो गये। हकीम साहब की आँखें चमकने लगीं। ये बात ऐसी थी कि इस पर मिर्ज़ा हादी का पत्ता कट सकता था।

दूसरी तरफ़ मोतमुद्दौला ने मिर्ज़ा हादी को समझाया कि दरअसल ताक़त रेज़ीडेंट के पास है और उन्हें किसी तरह रेज़ीडेंट से दूर नहीं जाना चाहिए। इसलिए वो ख़ज़ांची का ओहदा न छोड़ें। मिर्ज़ा हादी ने रेज़ीडेंट से कहा कि अगर वो रेज़ीडेंसी के ख़ज़ांची भी रहते हैं और नायब भी हो जाते हैं तो नवाब पर गिरफ़्त और मजबूत हो जायेगी। रेज़ीडेंट ने जी-जान से नवाब के दरबार में मिर्ज़ा हादी की वकालत शुरू कर दी।

हकीम मेहँदी अली ख़ाँ ने सबको ये समझाना शुरू किया कि अगर नायब का ओहदा मिर्जा हादी को दे दिया गया तो नवाब पूरी तरह रेज़ीडेंट की गिरफ़्त में होंगे और किसी और की एक न चलेगी। दरबारी किसी सूरत से भी ये पसंद न करते इसलिए हकीम साहब बाअसर जागीरदारों, चकलेदारों और दीगर ओहदेदारों के साथ नवाब के पास गये और कहा कि रेज़ीडेंट जॉन बेली मिर्ज़ा हादी को नायब बनाने के लिए जो ज़ोर डाल रहे हैं वो ठीक नहीं है। अगर मिर्ज़ा हादी नायब होते हैं तो एक तरह से जॉन बेली ही नायब होंगे और दरबार की आज़ादी ख़त्म हो जायेगी।

मिर्ज़ा हादी को इस बात की खबर हो गयी और उन्हें नायब बनने के रास्ते में सबसे बड़ी रुकावट ये नज़र आने लगी कि वो रेज़ीडेंसी में ख़ज़ांची भी हैं। उन्होंने ख़ज़ांची के ओहदे से इस्तीफ़ा दे दिया। जॉन बेली को ये बात बिलकुल पसंद नहीं आयी कि नायब बन जाने के लालच में मिर्ज़ा हादी ने ख़ज़ांची का

ओहदा छोड़ दिया है।

मिर्ज़ा हादी के इस्तीफ़े ने फिर उनका पल्ला भारी कर दिया लेकिन हकीम साहब चूँकि पहले ही ये साबित कर चुके थे कि मिर्ज़ा हादी रेज़ीडेंट के आदमी हैं इसलिए नवाब हकीम साहब की तरफ़ ही झुके। ये बात रेज़ीडेंट को मंजूर न थी। उसने साफ़-साफ़ कहलवाया कि हकीम मेहँदी अली ख़ाँ कंपनी की नज़र में मोतबिर आदमी नहीं हैं। अब सवाल ये पैदा हुआ कि ऐसा दूसरा आदमी कौन हो सकता है जो रेज़ीडेंट और नवाब दोनों को मंजूर हो। अब वक़्त आ गया था जब मोतमुद्दौला ने मिर्ज़ा हादी को समझाया कि हकीम साहब के नायब होने से अच्छा है कि उनके दोस्त यानी मोतमुद्दौला ही नायब हो जायें। दूसरी तरफ़ उन्होंने हकीम साहब को भी यही समझाया कि मिर्ज़ा हादी से अच्छे वो खुद रहेंगे। ग़रज़ ये के अब शतरंज की चाल के अकेले मोहरे वही बचे और नवाब ने उन्हें नायब बना लिया। उन्हें वाइस पारचे का ख़िलअत और ख़िताब मिला।

मिर्ज़ा हादी कहीं के न रहे। रेज़ीडेंसी के ओहदे से इस्तीफ़ा तो दे ही चुके थे और नायब भी नहीं बन पाये थे। लेकिन उन्हें खुशी ये थी कि हकीम साहब नायब नहीं बन सके। यही खुशी हकीम साहब को थी। अब मोतमुद्दौला मिर्ज़ा हादी के बग़ैर ही जॉन बेली तक पहुँच सकते थे। कुछ ही महीनों में उन्होंने जॉन बेली को शीशे में उतार लिया। जॉन बेली की दावतें करना उनका दस्तूर बन गया था। मैडम बेली को तोहफ़े-तहायफ़ देना भी जारी था।

ग़ाज़ीउद्दीन हैदर नवाब तो बन चुके थे लेकिन दिल में एक डर था। वो ये कि छोटे भाई शम्सुद्दौला लखनऊ में ही मौजूद थे जिन्हें उनके वालिद नवाब सआदत अली ख़ाँ ने जाँनशीन बनाया था। नवाब को लगता था कि कहीं कोई छोटी-मोटी भूल-चूक हुई तो कंपनी उन्हें हटाकर शम्सुद्दौला को नवाब बना देगी। इसलिए वो चाहते थे कि किसी भी क़ीमत पर शम्सुद्दौला लखनऊ में न रहें। नवाब की इस ख़्वाहिश को पूरा करने की ज़िम्मेदारी मोतमुद्दौला पर आयी।

मोतमुद्दौला ने अपने दोस्त मिर्ज़ा हादी को इस बात के लिए तैयार किया कि वो शम्सुद्दौला के पास जाकर उनसे कहें कि नवाब का दिल अब तक उनकी तरफ़ से साफ़ नहीं है और मोतमुद्दौला उनके ख़िलाफ़ ऐसी साज़िश रच रहे हैं कि उन्हें नवाब को ज़हर देने के जुर्म में फाँसी दी जा सकती है। ये सुनते ही शम्सुद्दौला घबरा गये। वो जानते थे कि ऐसी साज़िशें रचना मोतमुद्दौला के बायें हाथ का काम है। मिर्ज़ा हादी ने ही उन्हें ये राय भी दी कि अगर वो चाहें तो उन्हें सरकारी ख़ज़ाने से काफ़ी पैसा दिलवाया जा सकता है और वो कहीं चले जायें।

शम्सुद्दौला को पचास हज़ार रुपया महीना तनख़्वाह मिलती थी। इस हिसाब से बीस साल की तनख़्वाह जोड़ी गयी और वह उन्हें सरकारी ख़ज़ाने से दे दी गयी। शम्सुद्दौला चुपचाप अपने बीवी-बच्चों को लेकर बनारस चले गये।

नवाब मोतमुद्दौला के इस काम से बेहद खुश हो गये और रेज़ीडेंट ने भी चैन की साँस ली कि अब हंगामे की गुंजाइश ख़त्म हो गयी थी।

शम्सुद्दौला के चले जाने के बाद और रेज़ीडेंट से अच्छी दोस्ती हो जाने के बाद मोतमुद्दौला को यक़ीन हो गया था कि अब कोई रुकावट नहीं है। लेकिन दरबार में चुपचाप उनके ख़िलाफ़ एक साज़िश रची जा रही थी। इसके सरग़ना उनके दोस्त मिर्ज़ा हादी थे। मिर्ज़ा हादी ने ये ख़बर उड़वा दी कि मोतमुद्दौला ने तबर्रा पढ़ी है जिससे शहर के सुन्नी बहुत नाराज़ हैं और हो सकता है कि शिया-सुन्नी फ़साद हो जाये। ये ख़बर उड़ती-उड़ती नवाब के कानों तक भी पहुँच गयी थी।

मोतमुद्दौला की रेज़ीडेंट से गहरी दोस्ती भी बहुत-से हलक़ों में नहीं पसंद की जा रही थी। ख़ास तौर पर वली अहद नसीरुद्दौला भी नाराज़ थे। क्योंकि अगर रेज़ीडेंट और नायब मिल जाते थे तो इतनी बड़ी ताक़त बन जाती थी कि उसके आगे वली अहद की भी कुछ न चलती थी और हमेशा ये डर रहता था कि दोनों मिलकर जिसे चाहेंगे गद्दी पर बैठायेंगे। इसलिए वली अहद नसीरुद्दौला ने अपने बाप से मोतमुद्दौला की झूठी-सच्ची शिकायतें कीं।

रौशन कहार नाम का एक आदमी था जो नवाब के बहुत क़रीब समझा जाता था और उसका बड़ा मान था। उसने भी इस साज़िश में वली अहद का साथ दिया और कुछ ही महीनों बाद साज़िश रंग लायी। मिर्ज़ा हादी ने शहर के अंदर फ़साद के हालात पैदा करा दिये। अब रास्ता यही बचता था कि मोतमुद्दौला को अगर सज़ा न दी गयी तो शहर में अमन-चैन न क़ायम रह पायेगा। आख़िरकार नवाब ने मोतमुद्दौला को नज़रबंद करने का हुक्म दे दिया और वे नायब के ओहदे से हटा दिये गये।

लोग और ख़ास तौर पर मोतमुद्दौला के दुश्मन ये समझ रहे थे कि वो हमेशा के लिए गये। लेकिन मोतमुद्दौला ने हौसला न छोड़ा था। अब सिर्फ़ बादशाह बेगम की सिफ़ारिश से ही वो माफ़ किये जा सकते थे। उन्होंने बादशाह बेगम तक रसाई हासिल करने की तरकीबें सोचना शुरू कर दीं।

मोतमुद्दौला को हटा दिये जाने के बाद नायब मिर्ज़ा हादी बनाये गये।

मोतमुद्दौला ने बादशाह बेगम तक पहुँचने के लिए उनकी एक मुँहलगी बाँदी कुत्बी को अपने क़ाबू में किया। कुत्बी बादशाह बेगम को ये समझाने-बुझाने लगी कि मोतमुद्दौला किसी साज़िश के तहत निकाले गये हैं। वो वफ़ादार और ईमानदार आदमी हैं। बादशाह बेगम को उसकी बातों पर यक़ीन न आया। लेकिन बाँदी के बहुत कहने पर इस बात पर तैयार हो गयीं कि मोतमुद्दौला उनके सामने आकर सफ़ाई दे सकते हैं। मोतमुद्दौला ने चिलमन के पीछे से अपनी ऐसी सफ़ाई दी कि बादशाह बेगम क़ायल हो गयीं। लेकिन नवाब से सिफ़ारिश करने का कोई पहलू न निकलता था।

बादशाह बेगम को सफ़ाई देने के कुछ महीने बाद मोतमुद्दौला ने मिर्ज़ा हादी की तरफ़ से एक फ़र्ज़ी ख़त अपने मोतबिर हरकारे के ज़रिये शम्सुद्दौला को बनारस भिजवाया। इस ख़त में कुछ ख़ास न था लेकिन सिर्फ़ ऐसे इशारे थे जिनसे ज़ाहिर होता था कि मिर्ज़ा हादी शम्सुद्दौला से ताल्लुक़ात क़ायम करना चाहते हैं और शम्सुद्दौला को बनारस भिजवाने के ज़िम्मेदार मोतमुद्दौला हैं।

ये ख़त जब बनारस में शम्सुद्दौला को मिला तो उन्हें अंदाज़ा लगाते देर न लगी कि लखनऊ में हालात कुछ ऐसे हो सकते हैं कि ग़ाज़ीउद्दीन हैदर गद्दी से उतार दिये जायेंगे और उसके बाद उन्हें नवाब बनाया जायेगा। इसीलिए नायब मिर्ज़ा हादी उनसे भी ताल्लुक़ात बनाकर रखना चाहते हैं। उन्हें इसमें क्या शिकायत हो सकती थी। शम्सुद्दौला ने ख़त का जवाब लिखा, अपनी मोहर लगायी। ख़त में उन्होंने मिर्ज़ा हादी की बड़ी तारीफ़ की और उनके ख़त का हवाला भी दिया। दबे-छुपे अंदाज़ में ये भी तहरीर था कि हवा का रुख़ अगर बदलता है तो वो पूरी तरह तैयार हैं और नये हालात में भी मिर्ज़ा हादी को कोई शिकायत का मौक़ा न रहेगा।

मोतमुद्दौला का ख़ास आदमी जो मिर्ज़ा हादी का फर्ज़ी ख़त लेकर बनारस गया था, वहाँ से शम्सुद्दौला का असली जवाब लेकर आ गया। मोतमुद्दौला ने यह ख़त बादशाह बेगम को दिखाया। ख़त की हर तरह जाँच-पड़ताल की गयी। मोहर वग़ैरा मिलायी गयी। तहरीर देखी गयी। दस्तख़त पहचाने गये। सबकुछ ठीक था। बादशाह बेगम ने वो ख़त नवाब को दिखाया। नवाब ने मिर्ज़ा हादी को फ़ौरन गिरफ़्तार करा लिया और मोतमुद्दौला को फिर नायब बनाया गया।

जैसे दूध का जला छाछ फूँक-फूँक कर पीता है उस तरह मोतमुद्दौला ने दुबारा बागडोर सँभाली। अबकी उन्होंने पूरा इंतिज़ाम इस बात का किया कि उनकी मर्ज़ी के बग़ैर कोई नवाब से न मिल सके। दूसरा बंदोबस्त ये किया कि अपने दुश्मनों पर नज़र रखने के लिए लोग तैनात कर दिये।

ग़ाज़ीउद्दीन हैदर वैसे ही सिड़ी दिमाग़ थे। उस पर भांग और शराब का नशा करते थे। यानी करैला और वो भी नीम चढ़ा। नशे की हालत में बदहोश रहा करते थे। कभी-कभी आँख खुलती तो हमेशा मोतमुद्दौला को सामने पाते। मोतमुद्दौला हाथ बाँधे जाँनिसारी के लिए तैयार नज़र आते।

एक दिन नशे की हालत में ग़ाज़ीउद्दीन हैदर ने नजासत कर दी। इस क़दर नशे और गुस्से में थे कि मोतमुद्दौला से कहा, 'तुम इसे खाओ।'

बादशाह का हुक्म है। न मानने का तो कोई सवाल ही नहीं उठता। लेकिन ग़लाज़त कोई कैसे खा सकता है। मोतमुद्दौला की जगह कोई और होता तो इताब नाज़िल होता। लेकिन मोतमुद्दौला ने हाथ जोड़कर अर्ज़ की, 'शाहेज़माँ, बंदा तो न जाने कितने बरसों से इस मुबारक मौक़े का इंतिज़ार कर रहा था। खुदा का

लाख-लाख शुक्र है कि आज उसने मेरी दिली आरजू पूरी की।'

'तो खाओ इसे,' बादशाह फिर गरजे।

'हुजूर, ये तो मेरे लिए न्यामत है। मैं इसे यहाँ अकेले खा लूँगा तो बाल-बच्चे शिकायत करेंगे। हमेशा के लिए मुझसे बदगुमान हो जायेंगे। इसलिए हुजूर, करम फ़रमाकर इजाज़त दीजिए कि मैं इस न्यामत को घर ले जाऊँ। मैं भी खाऊँ और बाल-बच्चे भी खायें और हुजूर की सलामती की दुआएँ करें।'

'ले जाओ,' हुक्म हो गया।

रेज़ीडेंट जॉन बेली के पास गवर्नर-जनरल की तरफ़ से एक ख़त आया जिसमें एक अजीब हुक्म दिया गया था। पहले ता जॉन बेली समझ न पाये क्योंकि फ़ौजी आदमी थे और सियासत की बारीकियाँ समझने में वक़्त लग जाता था। लेकिन फिर समझ गये। हुक्म ये था कि अवध के नवाब, जो अपने-आपको नवाब वज़ीर कहते हैं, अब अपने को बादशाह कहा करें। यानी अवध के नवाब अपनी बादशाहत का एलान कर दें।

जब से अवध की सरकार क़ायम हुई थी यानी सफ़दरजंग के जमाने से, अवध के नवाब हालाँकि खुदमुख़्तार थे, लेकिन अपने को नवाब वज़ीर कहते थे। मतलब ये कि मुग़ल बादशाह से अपना एक ताल्लुक़ मानते थे। चूँकि उनके पुरखे मुग़ल बादशाहों के वज़ीर थे इस नाते अब तक अपने को वज़ीर कहते थे। कंपनी बहादुर ये चाहती थी कि यह भावनात्मक रिश्ता भी टूट जाये और मुग़ल बादशाह को न सिर्फ़ शर्मिन्दगी हो बल्कि ये भी साबित हो जाये कि एक मुल्क में दो बादशाह हैं। ये काम सरसरी तौर पर देखने से जितना आसान लगता था उतना आसान न था। ग़ाज़ीउद्दीन हैदर चाहे जितने सिड़ी, सनकी, दीवाने और नशेड़ी सही लेकिन उनका दिल्ली के बादशाह का अपमान करने पर तैयार होना बहुत मुश्किल था।

जॉन बेली ने मोतमुद्दौला को बुलाया और पूरा मसला उनके सामने रखा। उड़ती चिड़िया के पर गिन लेनेवाले मोतमुद्दौला के सामने जब ये मामला आया तो उन्हें इसमें कई पहलू नज़र आने लगे। पहला ये कि काम मुश्किल है लेकिन कंपनी चाहती है, इसलिए कंपनी और रेज़ीडेंट पर एहसान लादने और कुछ हासिल कर लेने का अच्छा मौक़ा है। दूसरा ये कि अगर नवाब से सीधे-सीधे ये कहा गया तो ज़रूर इनकार कर देंगे। होना ये चाहिए कि नवाब के दिल में ख़्वाहिश पैदा हो। वो अपनी ख़्वाहिश का इज़हार मोतमुद्दौला से करें और फिर मोतमुद्दौला कहें कि हुज़ूर, ये तो बड़ा टेढ़ा मसला है लेकिन फिर भी मैं कोशिश करता हूँ। और काम हो जाये तो उन्हें नवाब की तरफ़ से भी इनामात मिलें। तीसरा पहलू ये था कि नवाब वज़ीर के बादशाह होते ही वो अपने-आप नायब से वज़ीरे-आज़म हो

जायेंगे। ये सब पहलू सोचने के बाद उन्होंने जॉन बेली से ही कहा कि काम बहुत मुश्किल है क्योंकि नवाब वज़ीर और मुग़ल बादशाहों के ताल्लुक़ात सैकड़ों साल पुराने हैं। उन्हें एक झटके से तोड़ देना आसान न होगा। लेकिन वो अपनी तरफ़ से पूरी कोशिश करेंगे। जॉन बेली ने उन पर ये दबाव भी डाला कि ये मामला दरअसल उनकी ज़ाती कामयाबी या नाकामयाबी की बुनियाद बनेगा। अगर ऐसा हो जाता है तो जॉन बेली कंपनी बहादुर की नज़रों में ऊपर चढ़ जायेंगे और उसका फ़ायदा ज़ाहिर है कि उनके दोस्तों को भी होगा।

नवाब गाज़ीउद्दीन हैदर की सबसे चहेती और लाड़ली बीवी का ख़िताब बादशाह बेगम था। मोतमुद्दौला ने वहीं से ही बात शुरू करने का फ़ैसला किया। बादशाह बेगम की ख़ास बाँदी कुत्बी को उन्होंने फिर तलब किया। वैसे भी दुबारा नायब होने के बाद उन्होंने कुत्बी को तोहफ़ों से लाद दिया था। कुत्बी से उन्होंने कहा कि बादशाह बेगम को इशारों ही इशारों में ये समझाये कि वो सही मायनों में बादशाह बेगम उसी वक़्त हो सकती हैं जब नवाब बादशाह हो जायें।

ये बात बादशाह बेगम की समझ में बहुत जल्दी आ गयी। उन्होंने ख़िलवत में नवाब से कहा। नवाब के दिमाग़ में बात रह गयी। उसके बाद मोतमुद्दौला ने रौशन कहार को भी राज़दार बनाया क्योंकि वह नवाब का मुँहलगा था। उसने भी नवाब से कहा कि 'हुजूर खुदमुख़्तार हैं, हुजूर बादशाह हैं, फिर हुजूर को नवाब वज़ीर क्यों कहा जाता है ? और अब जबकि दिल्ली कंपनी बहादुर के क़ब्ज़े में है तो मुग़ल बादशाह ही कहाँ के बादशाह रह गये हैं। हुजूर उनके वज़ीर क्यों कहलायें जो बादशाह ही नहीं हैं। भांग और शराब के नशे में नवाब को ये बात इतनी सच लगी कि उन्होंने फ़ौरन मोतमुद्दौला को बुलाया और कहा कि वो अपनी बादशाहत का एलान करना चाहते हैं। मोतमुद्दौला ने हाथ जोड़कर अर्ज़ की कि 'बंदे की जान हाज़िर है। आज ही मैं कंपनी बहादुर से इजाज़त लिए लेता हूँ।'

मोतमुद्दौला कंपनी बहादुर की इजाज़त लाये तो नवाब ने उनका मुँह मोतियों से भर दिया। ज़ोरो-शोर से तैयारियाँ होने लगीं। छत्र और तख़्त बनाने का हुक्म दिया गया। कारीगरों ने लाल, ज़मर्रुद, याकूत, फ़ीरोज़ा और पुखराज, मोती और मूँगे लगाकर इस तरह का छत्र बनाया कि लगता था कि तारों भरे आसमान के नीचे बैठे हैं। तख़्त सोने का बनाया गया। उसके ऊपर पत्थरों का जड़ाव इस तरह का था कि बाग़ की बहार का गुमान होता था। ताज़ ऐसा नाजुक और दिलकश बनाया गया कि देखते ही बनता था। सोने और चाँदी के तारों के बीच हीरे-जवाहरात जगमगाते थे। बीच में इतना बड़ा हीरा लगा था और इस तरह चमकता था कि सूरज का गुमान होता था। तख़्तनशीनी के वक़्त पहने जानेवाले कपड़े भी निहायत क़ीमती और शानदार थे। ग़रज़ ये कि तीन दिन के जश्न और चिराग़ाँ के बाद, तोपों की गड़गड़ाहट, शहनाइयों की आवाज़ों, नक़्क़ारख़ाने की घनगरज,

और 'मुबारक हो, सलामत रहें' के शोर-शराबे के दरम्यान ग़ाज़ीउद्दीन हैदर तख़्त पर बैठे और अपनी बादशाहत का एलान कर दिया। नवाब वजीर अब अबुल मुज़फ़्फ़र मुग़ज़ुद्दीन शाहे-ज़मन ग़ाज़ीउद्दीन हैदर हो गये। मोतमुद्दौला वजीरे-आज़म हो गये। जॉन बेली को लाखों रुपये के तोहफ़े इनाम में मिले। बाक़ायदा दरबार लगा और गवर्नर-जनरल ने मुबारकबाद भेजी।

मोतमुद्दौला ने अपनी ग़लतियों से जो सीखा था उसे कभी भूलते न थे। जब उन्हें नज़रबंद किया गया था और हटाया गया था तो उन्हें अपनी सबसे बड़ी ग़लती यही लगी थी कि उन्होंने दुश्मनों को खुली छूट दे दी थी। दूसरी ग़लती ये लगी थी कि नवाब के मुँहलगे लोगों को भी वो काबू में नहीं रख पाये थे। इस बार उन्होंने दोनों ग़लतियों को न दोहराने की क़सम खायी थी। वज़ीरे-आज़म बन जाने के बाद उनके इख़्तियारात बढ़ गये थे। बादशाह और रेज़ीडेंट, दोनों उनसे खुश थे। ऐसे मौक़े पर उन्होंने अपने सबसे बड़े दुश्मन और वज़ारत के उम्मीदवार हकीम मेहँदी अली ख़ाँ को पहला निशाना बनाया। उन्होंने हकीम साहब के ऊपर कई लाख रुपये बक़ाया निकाला और हुक्म जारी किया कि जल्दी से जल्दी पैसा शाही ख़ज़ाने में दाख़िल करा दें। उन्हें उम्मीद थी कि हकीम साहब इस ग़लत हिसाब पर हुज्जत करेंगे। इनकार करेंगे। बात बढ़ेगी और तब वो बादशाह से उनको सज़ा दिलाने का हुक्म हासिल कर लेंगे। लेकिन हकीम मेहँदी अली ख़ाँ अनाड़ी न थे। उन्होंने कच्ची गोलियाँ नहीं खेली थीं। उनकी उम्र भी दरबारी साज़िशों के दरम्यान कटी थी। उन्होंने जितना बक़ाया रुपया निकाला गया था, उससे ज़्यादा शाही ख़ज़ाने में जमा करा दिया और दरख़ास्त भेजी कि बहराइच के चकले का इंतिज़ाम भी उन्हें दे दिया जाये चूँकि ये चकला उनके चकले से जुड़ा हुआ है और फ़िलहाल वहाँ कोई चकलेदार नहीं है।

मोतमुद्दौला ने उनको बहराइच का चकला भी दे दिया। लेकिन चूँकि वो हकीम साहब की ग़लती निकालकर उन्हें सज़ा दिलाने पर कमर कसे बैठे थे इसलिए अपना एक ख़ास आदमी बहराइच भेज दिया जो हकीम साहब के काम में रोड़े डालता था। ज़मींदारों को लगान न देने के लिए उकसाता था। हकीम साहब के आदमियों को डराता-धमकाता था और पूरी कोशिश करता था कि लगान न वसूल हो पाये। हकीम साहब जानते थे कि ये सब मोतमुद्दौला की शै पर हो रहा है। जब पानी सिर से ऊँचा हो गया तो उन्होंने इस आदमी को क़त्ल करा दिया और खुद शाहजहाँपुर में आकर रहने लगे जो कंपनी की अमलदारी में था। उनके मुलाज़िम चकले का काम देखते थे और मालगुज़ारी जमा कराते थे। हकीम साहब सही वक़्त के इंतिज़ार में गोशानशीन हो गये थे। वो एक तरह से रास्ते से ही हट गये थे।

मोतमुद्दौला समझे इतना काफ़ी है और अपने दूसरे दुश्मन मिर्ज़ा हादी की तरफ़ मुड़ गये।

मोतमुद्दौला ने जो तरकीब हकीम मेहँदी अली ख़ाँ पर आज़माई थी वही मिर्ज़ा हादी पर भी आज़माई। मिर्ज़ा हादी पर बक़ाया रुपया निकाला गया। उन्होंने देने में हील-हुज्जत की तो उनके दरबार आने पर पाबंदी लगा दी गयी। मिर्ज़ा हादी को बहुत बुरा लगा और वो मोतमुद्दौला की जान के दुश्मन हो गये। उन्होंने मोतमुद्दौला को क़त्ल करा देने की साज़िश रची।

शहर के एक रईस के लड़के की शादी थी। उसमें दीगर बड़े लोगों के साथ मोतमुद्दौला भी शामिल थे। दावत में इमामबख़्श 'नासिख़' भी थे। पता नहीं कैसे 'नासिख़' को ये पता चल गया था कि मिर्ज़ा हादी ने मोतमुद्दौला को क़त्ल कराने के लिए एक आदमी भेजा है। उस्ताद 'नासिख़' ने ये बात मोतमुद्दौला को बता दी। मोतमुद्दौला ने सोचा कि शक में नहीं बल्कि क़ातिल को हमला करते हुए इस तरह गिरफ़्तार किया जाये कि पूरा सुबूत मिल जाये। उन्होंने चुपचाप अपनी हिफ़ाज़त का इंतिज़ाम किया और क़ातिल को ऐसा मौक़ा दिया कि हमला करे। उसने हमला किया लेकिन पकड़ लिया गया। इस कोशिश में मोतमुद्दौला का एक आदमी भी ज़ख़्मी हो गया। लेकिन क़ातिल के पास से ऐसे सुबूत मिले कि मिर्ज़ा हादी ने उसे दस हज़ार रुपये देकर मोतमुद्दौला के क़त्ल के लिए तैयार किया था।

शाही इताब मिर्ज़ा हादी पर नाज़िल हुआ। उन्हें गिरफ़्तार कर लिया गया, जायदाद ज़ब्त कर ली गयी और अगले ही दिन उन्हें मुल्कबदर कर दिया गया। यानी अवध के बाहर निकाल दिया गया।

मोतमुद्दौला के इन दो दुश्मनों और वज़ीरे-आजम बनने की ख़्वाहिश रखनेवालों का अंजाम देखकर लोग सहम गये। अब मोतमुद्दौला को कोई रोकने-टोकनेवाला न था। उन्होंने दीवानख़ाने और तोपख़ाने के अफ़सर बदल दिये। अपने लिए बड़ी जागीरें हासिल कर लीं। अपने ससुर को बैसवाड़े का चकला दिला दिया। शाही ख़ज़ाने के बजाय रक़म अब सीधे उनके पास पहुँचने लगी।

रौशन कहार सआदत अली ख़ाँ और बाद में ग़ाज़ीउद्दीन हैदर का बड़ा ख़ास और वफ़ादार आदमी था। ख़ज़ाना उसकी तहवील में था। उसके पास ही चाबियाँ रहती थीं। वह सीधे नवाब को जवाबदेह था। इसलिए किसी से न डरता था। उस पर बादशाह को पूरा यक़ीन था। एक बार मोतमुद्दौला ने उससे ख़ज़ाने की चाबियाँ माँगीं। उसने कहा, 'बादशाह की मर्ज़ी के बग़ैर न दूँगा।' ये बात मोतमुद्दौला को अच्छी नहीं लगी। उन्होंने ज़बरदस्ती चाबियाँ हासिल कर लीं और ख़ज़ाने से रक़म निकाल ली। लेकिन इस पर नज़र रखी कि रौशन कहार बादशाह से न मिलने पाये। लेकिन ऐसा कब तक हो सकता था। कभी-न-कभी वो ज़रूर मिलता और सारी बातें कह देता। उन्हें लगा कि उनसे ग़लती हो गयी है। वो रौशन कहार के पास

गये और उससे माफ़ी माँगी। बताया कि रक़म की उनको कितनी सख़्त ज़रूरत थी। उनके पास जैसे ही पैसा आयेगा ख़ज़ाने में दाख़िल कर दिया जायेगा। रौशन कहार मान गया। वह कर भी क्या सकता था। उसने वायदा किया कि बादशाह से न कहेगा।

कुछ हफ़्तों बाद मोतमुद्दौला ने रौशन कहार से कहा कि वो एक इमारत बनवा रहे हैं और चाहते हैं कि रौशन कहार उन्हें कुछ सलाह-मश्विरा दे। रौशन कहार को मोतमुद्दौला अपने साथ ले गये। एक गहरी नींव की खुदाई हुई थी। उससे कहा कि वह देखकर बताये कि नींव इतनी ही गहरी होना चाहिए या ज़्यादा। वह झुककर झाँकने लगा। उसे पीछे से धक्का दिया गया और उसके नीचे गिरते ही ऊपर से मिट्टी फेंकना शुरू हो गया। वह मनो मिट्टी के नीचे दब गया। बादशाह को ख़बर दी गयी कि रौशन कहार का इंतिक़ाल हो गया है। उसकी जगह मोतमुद्दौला ने अपना एक ख़ास आदमी तैनात करा दिया।

थोड़े-से अर्से में मोतमुद्दौला ने बेहिसाब दौलत जमा कर ली। उन्हें न तो ऐयाशी से ही दिलचस्पी थी और न शराबनोशी में मज़ा आता था। सबसे ज़्यादा उन्हें सिर्फ़ दौलत पसंद थी। लेकिन जितना जमा करते थे उस हिसाब से उड़ाते थे। लाखों इनाम-इकराम में देते थे। हज़ारों रुपया ख़ैरात करते थे। एक दिन एक फ़र्राश को उदास देखा, वजह पूछी तो उसने बताया कि लड़की की शादी के लिए पैसा नहीं है। मोतमुद्दौला ने हुक्म दिया कि आज शाही ख़ज़ाने में जितना पैसा आया है, इसे दे दिया जाये। किसी चकले से लाख रुपया आया था, वह दे दिया गया। मोतमुद्दौला जब सवार होते थे तो चाँदी के सिक्के लुटाये जाते थे। इनामात और बख़्शीश का सिलासिला ख़त्म न होता था। इन सबके लिए पैसा शाही ख़ज़ाने का ही काम में आता था। उनसे कौन कुछ पूछ सकता था ? बादशाह को उन्होंने भांग और शराब की राह पर इस तरह लगाया था कि महीनों होश न आता था। प्यारियाँ उनके होश में आने का इंतिज़ार करती थीं। जैसे ही वे होश में आते थे फिर महफ़िल सज जाती थी। नाच-रंग और शराब के दौर शुरू हो जाते थे। कभी-कभी चौंककर पूछते थे कि मुल्क का इंतिज़ाम कैसा चल रहा है तो मोतमुद्दौला शराब का जाम हाथ में लेकर कहते थे, 'हुजूर, ये जामे-सेहत नौश कर लें तो बंदा अर्ज़ करे।'

बेतहाशा शराब पीने की वजह से बादशाह के जिगर पर वरम आ गया था। शाही हकीम कहते थे कि शराब उनके लिए ज़हर है। लेकिन मोतमुद्दौला के डर से ये बात बादशाह के सामने उनके मुँह से न निकलती थी। किसे ज़िंदगी प्यारी न थी !

सरकारी ख़ज़ाने का माल उड़ाने के साथ-साथ मोतमुद्दौला शहर के सेठों-साहूकारों से भी ऐंठते रहते थे। उन दिनों लखनऊ में जौहरी कालकादास

गोटा-किनारीवाले का जवाहरात का बड़ा कारोबार था। वह निहायत काला और लंबा-चौड़ा था। बिलकुल जिन्न नज़र आता था। उसकी गद्दी से मोतमुद्दौला जवाहरात और दीगर ज़ेवरात मँगवाते रहे। होते-हुवाते जब एक लाख से ज़्यादा का माल मोतमुद्दौला के यहाँ पहुँच गया तो एक दिन कालकादास आया। हाथ जोड़े और कहा, 'सरकार मुझे भी दूसरों को देना पड़ता है। हीरे-जवाहरात और सोना-चाँदी मैं भी ख़रीदता हूँ। मेरे ऊपर कृपा की जाये।'

मोतमुद्दौला ने उससे कहा, 'तुम्हारा क्या हिसाब बनता है ?'

उसने कहा, 'सरकार, एक लाख रुपये।'

मोतमुद्दौला ने कहा, 'देखो कालकादास, एक लाख रुपये इतनी बड़ी रक़म नहीं कि मैं तुम्हें न दे सकूँ। लेकिन मैं ये चाहता था कि मेरी वजह से तुम करोड़ों कमाओ। लेकिन शायद तुम नहीं चाहते। ठीक है, तुम्हें एक लाख अभी दे दिया जायेगा।'

करोड़ों का नाम सुनकर कालकादास ने मोतमुद्दौला के पैर पकड़ लिए और बोला, 'सरकार ग़लती हुई। माफ़ किया जाये।'

मोतमुद्दौला ने उससे कहा, 'बादशाह हर साल तीन-चार करोड़ के जवाहरात ख़रीदते हैं। अगर तुम वहाँ लग जाओ तो… '

कालकादास ये जानता था कि जो मोतमुद्दौला कह रहे हैं वो इनके बायें हाथ का काम है। बहरहाल, तय पाया कि कालकादास एक लाख रुपये भूल जायेगा और मोतमुद्दौला उसे बादशाह के सामने पेश करेंगे।

जिस दिन तय था, कालकादास बन-सँवरकर, अच्छे कपड़े, कानों में जगमगाते हीरे और गले में असली मोतियों की माला पहनकर अपनी खुली पालकी में मोतमुद्दौला की ड्योढ़ी आ गया। वहाँ से हाथी पर मोतमुद्दौला चले। शोर-शराबा, हंगामा, सदक़ा, बख़्शीश के बाद सवारी शाही महल पहुँची। मोतमुद्दौला अपने साथ-साथ कालकादास को वहाँ ले गये जहाँ किसी और का पहुँच पाना नामुमकिन था। मोतमुद्दौला ने कालकादास को बाग़ के एक फ़व्वारे के पास बैठने को कहा। वह बैठ गया। मोतमुद्दौला अंदर चले गये। पता नहीं क्या हुआ कि थोड़ी ही देर में बादशाह भांग और शराब के नशे में डूबे बाग़ की तरफ़ आ निकले। उनकी नज़र लंबे-चौड़े काले आदमी पर पड़ी। उन्होंने पूछा ये कौन है ? किसी सिपाही या नौकर की हिम्मत न थी कि यह बतायें कि इस आदमी को मोतमुद्दौला अपने साथ लाये हैं। कोई क्यों फँसना चाहता। जब सब ख़ामोश रहे तो बादशाह को लगा इसे यहाँ कोई नहीं जानता। लेकिन आ कैसे गया ? उन्होंने कहा, 'हम बहुत सुना करते थे कि इस मुक़ाम पर देव-पलीत हैं। देखा हमने पहली बार है… इसे फ़ौरन गिरफ़्तार कर लिया जाये।'

बादशाह हुक्म देकर चले गये। कालकादास को हथकड़ियों, बेड़ियों और

ज़ंजीरों से जकड़ दिया गया। वो बहुत-बहुत मना करता था, मोतमुद्दौला का नाम लेता था लेकिन हुक्मे-शाही के आगे किसकी चलती है।

थोड़ी देर बाद मोतमुद्दौला उधर आये तो देखा कालकादास जकड़ा खड़ा है। मोतमुद्दौला को देखकर वह गिड़गिड़ाने लगा।

मोतमुद्दौला ने कहा, 'देखो, तुम्हें बादशाह ने गिरफ़्तार कराया है। अब तुम्हें कौन छुड़वा सकता है ? वही चाहेंगे तो तुम्हें छोड़ेंगे, चाहेंगे सज़ा देंगे।'

कालकादास रोने लगा। शहर का इज़्ज़तदार आदमी था। लाखों का कारोबार था। दसियों नौकर-चाकर थे। चौक में हवेली थी। कलकत्ते तक उसकी हुण्डी चलती थी। बाल-बच्चे थे सो अलग।

मोतमुद्दौला ने साफ़ इनकार कर दिया। उन्होंने कहा, 'शाही हुक्म के आगे मेरी क्या चल सकती है। तुम उनके सामने पड़े ही क्यों ?'

कालकादास के बेहद हाथ-पैर जोड़ने के बाद मोतमुद्दौला ने कहा, 'ठीक है, तुम मुझे लिखकर दो कि मुझसे एक लाख रुपया वसूल पाया।'

एक लाख क्या कालकादास जान बचाने के लिए दस लाख तक दे सकता था। उसने फ़ौरन काग़ज़ पर लिखकर दे दिया।

पर्चा लेने के बाद मोतमुद्दौला ने सिपाहियों को हुक्म दिया कि कालकादास को आज़ाद कर दिया जाये। सिपाही मुँह ताकने लगे। यानी बादशाह सलामत के मुजरिम को मोतमुद्दौला आज़ाद कराने की बात कर रहे हैं। लेकिन दूसरी तरफ़ ये हिम्मत न थी कि मोतमुद्दौला का हुक्म टाल दें। कालकादास को आज़ाद कर दिया गया और मोतमुद्दौला के हुक्म के मुताबिक हथकड़ियाँ-बेड़ियाँ उसी जगह डाल दी गयीं।

कुछ देर के बाद वहाँ मोतमुद्दौला के साथ बादशाह आये। देखा देव-पलीत ग़ायब है, हथकड़ियाँ, बेड़ियाँ, ज़ंजीरें पड़ी हैं।

'अरे, ये क्या हुआ, पलीत कहाँ गया ?' बादशाह ने कहा।

मोतमुद्दौला ने हाथ जोड़कर अर्ज़ की, 'शहंशाहेजमाँ, देव-पलीत भी भला लोहे की हथकड़ियों के पाबंद होते हैं। हवा हो गया होगा।'

दूसरे सभी लोगों ने कहा, 'जी हाँ हुज़ूर, और क्या ?'

बादशाह ने कहा, 'तुम ठीक कहते हो, देव-पलीत इनसान थोड़ी होते हैं।'

मोतमुद्दौला इस बात से बराबर बाख़बर रहते थे कि बादशाह से कौन-कौन मिलता है, क्या बातें होती हैं, और बादशाह उसे कितना पसंद या नापसंद करते हैं। उन्हें इस बात की इत्तिला मिलती रहती थी कि मुहम्मद नज़ीर नाम का एक आदमी बादशाह से बराबर मिलता है। हुक्म-ए-शाही है कि नज़ीर जब भी आना चाहे उसे

आने दिया जाये। वह बादशाह से मसख़री-मसख़री बातें करता था, नक़लें दिखाता था जिससे बादशाह बड़े खुश होते थे।

नज़ीर का बादशाह के पास आना-जाना इतना ज़्यादा बढ़ गया था कि तकरीबन हर वक़्त बादशाह के पास बैठा रहता था। मोतमुद्दौला को ये पसंद न था। उन्होंने नज़ीर से कहा कि वो उसे कहीं का चकलेदार बनाकर भेज सकते हैं। नज़ीर ने मना कर दिया। उसके बाद मोतमुद्दौला ने और कई कोशिशें कीं कि वह कहीं चला जाये लेकिन नज़ीर न गया। उसे ये अच्छी तरह मालूम हो गया था कि बादशाह उसे बहुत पसंद करते हैं।

एक दिन तंग आकर मोतमुद्दौला ने उसे हुक्म दिया कि वो अपने-आपको अपने घर में क़ैद कर ले और घर के बाहर क़दम न निकाले। नज़ीर मजबूर हो गया। मोतमुद्दौला के हुक्म को न मानने की उसमें हिम्मत कहाँ थी।

नज़ीर जब कई रोज़ दरबार न आया तो एक दिन बादशाह ने पूछा कि नज़ीर कहाँ है ? क्यों नहीं आता ?

मोतमुद्दौला ने अर्ज़ की, 'बंदापरवर, वो तो गुज़र गया। मैं उसके जनाज़े में शामिल हुआ था। उसकी बेवा को शाही ख़ज़ाने से एक लाख रुपया भी दे दिया गया है, ताकि गुज़र-बसर होती रहे।'

बादशाह को बड़ा रंज हुआ। लेकिन मरे हुए आदमी को कौन ला सकता है। चुप बैठे रहे।

दूसरी तरफ़ नज़ीर को ये पता चल गया कि उसके बारे में मोतमुद्दौला ने बादशाह से ये कह दिया है कि नज़ीर मर गया है। नज़ीर ने सोचा और लोगों ने उसको सलाह दी कि अगर वह किसी तरह बादशाह के सामने आ जाये तो मोतमुद्दौला के झूठ का पर्दाफ़ाश हो जायेगा और बादशाह उन्हें सज़ा भी देंगे।

लेकिन मुश्किल ये थी कि वह बादशाह के सामने कैसे आये ? दरबार या महल में आ न सकता था। बादशाह बाहर कम ही निकलते थे। ख़ैर, वह घात में बैठा रहा। एक दिन उसे पता चला कि बादशाह गोमती के किनारे हवाख़ोरी के लिए जाते हैं। वह फ़ौरन घर से निकला और इस तरह सामने पहुँच गया कि बादशाह उसे देख सकें।

बादशाह ने उसे देखा और मोतमुद्दौला से कहा, 'तुम तो कहते थे नज़ीर मर गया है, लेकिन वो देखो, सामने से चला आता है।'

मोतमुद्दौला ने कहा, 'कहाँ सरकार ?'

बादशाह ने कहा, 'वो देखो, उधर।'

मोतमुद्दौला फिर भोले बनकर बोले, 'कहाँ सरकार ? किधर ?'

बादशाह ने कहा, 'अरे ये देखो··· यहाँ··· वो बिलकुल सामने से आ रहा है।'

मोतमुद्दौला ने हाथ जोड़कर कहा, 'बंदापरवर, मुझे तो नज़र नहीं आ रहा।'

फिर उन्होंने दूसरे दरबारियों से पूछा, 'क्या आप लोगों को कोई शख़्स सामने नज़र आ रहा है ?'

उन सबने एक जबान से कहा, 'नहीं आलीजाह, हमें तो कोई नज़र नहीं आता।'

बादशाह 'ये है, ये है' कहते रहे और बाक़ी लोग 'कहाँ सरकार ? कहाँ सरकार ?' कहने लगे।

मोतमुद्दौला ने हाथ जोड़कर अर्ज़ किया, 'हुजूरेवाला शहंशाहे-वक़्त हैं। आप पर तो ज़ाहिर और बातिन के पर्दे खुले हुए हैं। सरकार, आप रूह देख सकते हैं। हम लोग तो मामूली गुनाहगार बंदे हैं। हमारे पास वो आँखें ही नहीं, जो रूह देख सकें। सरकार को ज़रूर दिखाई दे रहा होगा। हमें तो कुछ नज़र नहीं आता।'

बादशाह समझे सचमुच वो नज़ीर की रूह देख रहे हैं। कुछ डर गये और हुक्म दिया, 'सवारी तेज़ी से आगे बढ़ायी जाये।'

इस वाक़्ये के बाद नज़ीर को वाक़ई मोतमुद्दौला ने रूह में बदल दिया। उसका कुछ पता ही नहीं चला कि ज़मीन खा गयी या आसमान निगल गया।

बहुत-से ऐसे चकले थे जिनकी आधी आमदनी मोतमुद्दौला के निजी ख़ज़ाने में जमा होती थी, आधी शाही ख़ज़ाने में जाती थी। इसके अलावा शाही ख़ज़ाने से जो पैसा निकाला जाता था उसका फ़र्ज़ी हिसाब दाख़िल हो जाता था। मोतमुद्दौला ने बुरी तरह दौलत जमा करना शुरू कर दी थी। मुल्क का हाल बदतर हो गया था। गेहूँ रुपये का दस सेर बिकने लगा था, जबकि नवाब सआदतअली ख़ाँ के ज़माने में कभी रुपये का बीस सेर से कम न बिका था। ग़रीब-गुरबा आटे के लिए तरसने लगे। हर तरफ़ हाहाकार मच गया। बदइंतिज़ामी की इंतिहा थी। मोतमुद्दौला ने जो लोग मुलाज़िम रखवाये थे वो उन्हीं-जैसे थे। नौकरों को महीनों तनख़्वाह न मिली थी। हर तरफ़ बदहाली थी। शरीफ़ लोग घरों में छुपकर बैठ गये थे।

जब शाही ख़ज़ाने का क़रीब छः करोड़ रुपया उड़ गया तो ख़ज़ाने के अफ़सर कप्तान फ़तेहअली की परेशानी बढ़ी। ये बात सही थी कि उन्हें नौकर मोतमुद्दौला ने ही रखवाया था, लेकिन अगर बादशाह को ये बात पता चल जाती कि ख़ज़ाने में से छः करोड़ रुपये ग़ायब हैं तो ज़िम्मेदार फ़तेहअली ही ठहराये जाते और उन्हें सज़ा मिलती।

फ़तेहअली अपनी परेशानी का ज़िक्र जब भी मोतमुद्दौला से करते थे, वो यही कहते थे, 'तुम फ़िक्र न करो। मैं सब देख लूँगा।'

लेकिन फ़तेहअली को अपनी जान सूली पर टँगी दिखाई देती थी।

मोतमुद्दौला की गिरफ़्त बादशाह और रेज़ीडेंट पर जितनी मज़बूत होती जाती

थी उतना ही दरबारी राजनीति का संतुलन बिगड़ता जाता था। एक पल्ला बहुत झुक गया तो दूसरे पल्ले की फ़िक्र करनी ही पड़ी। दूसरे पल्ले में अब बादशाह बेगम थीं। उन्हें ये मंजूर न था कि मोतमुद्दौला इतने ताक़तवर हो जायें कि सबकुछ उनकी मुट्ठी में आये।

ऐसे मौक़े पर बादशाह बेगम ही फ़तेहअली को सहारा नज़र आयीं। उन्होंने शाही ख़ज़ाने की बदहाली और मोतमुद्दौला की ज़बरदस्ती का ज़िक्र किया तो बादशाह बेगम और सतर्क हो गयीं। उन्होंने मौक़ा लगाकर बादशाह से ज़िक्र किया तो बादशाह ने उन्हें झिड़क दिया। अब बादशाह किसी भी क़ीमत पर मोतमुद्दौला पर शक न कर सकते थे। ये बात बादशाह बेगम को और बुरी लगी।

मोतमुद्दौला को यह पता चल गया कि उनके ख़िलाफ़ बादशाह बेगम और फ़तेहअली में साज़बाज़ हो रही है। उन्हें ये नया गठजोड़ ख़तरनाक लगा और सबसे पहले उन्होंने फ़तेहअली से साफ़-साफ़ शब्दों में कहा कि पुराने ताल्लुक़ात का ख़याल है इसलिए तुम्हें नेक सलाह दे रहा हूँ। मेरे रास्ते से हट जाओ।

फ़तेहअली को अपनी जान, अपने बाल-बच्चे प्यारे थे। उन्होंने काफ़ी ग़ौर करने के बाद फ़ैसला किया कि ज़ियारत करने कर्बला-ए-मोसल्ला चले जायें। बादशाह से इजाज़त चाही। उन्होंने इजाज़त दे दी। लेकिन इसका पता जब बेगमों को चला तो उन्हें फ़िक्र हो गयी। बादशाह बेगम ने भी महसूस किया कि दरबार में फ़तेहअली ही अकेले आदमी हैं जो मोतमुद्दौला से टक्कर ले सकते हैं, वो भी न रहेंगे तो क्या होगा।

बादशाह बेगम ने फ़तेहअली को रोकने की कोशिश की लेकिन वो तैयार न हुए। आख़िरकार बादशाह बेगम और दीगर बेगमें बादशाह से मिलीं और कहा, 'अगर फ़तेहअली जाते हैं तो हमें भी रुख़्सत करो, क्योंकि पूरे दरबार में वही तो एक आदमी है जो हमारी सुनता है। फिर यहाँ कौन रह जायेगा। हुजूर ने तो हमारी तरफ़ से ऐसे आँखें फेर ली हैं कि हम दीदार को तरसते हैं। सरकार आठों पहर बाद-ए-गुलफ़ाम में दिले-आशिक़ की तरह सरशार रहते हैं। अगर फ़तेहअली जाता है तो हमें तिनके का सहारा न रहेगा।'

बादशाह ने हुक्म दिया कि फ़तेहअली न जायें। बेगमात की जान में जान आयी।

फ़तेहअली को रुकने का हुक्म मिला तो मोतमुद्दौला छनक गये। अब ये साफ़ हो गया था कि बादशाह बेगम, वली अहेद नसीरुद्दौला और फ़तेहअली मिलकर उनके ख़िलाफ़ साजिश रच रहे हैं। मोतमुद्दौला बादशाह बेगम का तो कुछ बिगाड़ न सकते थे, वली अहेद नसीरुद्दौला पर उनका नज़ला गिरा। उन्होंने वली अहेद का ख़र्च बंद करा दिया। नसीरुद्दौला ने बादशाह बेगम से शिकायत की। उन्होंने बादशाह से कहा लेकिन कुछ न हुआ। बादशाह को ये यक़ीने-कामिल था कि

मोतमुद्दौला जो कुछ कर रहे हैं वो सही है। जब बादशाह ने शिकायत पर कान न धरे तो बादशाह बेगम ने वली अहेद से कहा कि वो रेज़ीडेंट से जाकर बात करें। तंग आकर नसीरुद्दौला रेज़ीडेंट के पास गये।

बादशाह के सामने रेज़ीडेंट, मोतमुद्दौला, नसीरुद्दौला सब हाज़िर हुए। नसीरुद्दौला ने अपनी शिकायत सामने रखी। मोतमुद्दौला ने कहा कि 'हिसाब ही हो रहा है तो क़ायदे से हो। नवाब सआदतअली ख़ाँ के ज़माने में चौरासी लाख रुपये शहज़ादे नसीरुद्दौला के पास अमानत के तौर पर रखवाये गये थे। वो रुपया उनका नहीं था। शाही ख़ज़ाने का था। शहज़ादे हिसाब दें कि उस रुपये का क्या हुआ ?'

ये बात सच थी। नवाब सआदतअली ख़ाँ के ज़माने में ऐसा हुआ था। लेकिन शहज़ादे नसीरुद्दौला को ये उम्मीद नहीं थी कि गड़े मुर्दे उखाड़े जायेंगे।

जब ये चौरासी लाख रुपयेवाली बात सामने आयी तो रेज़ीडेंट और बादशाह दोनों ने कहा कि हाँ वो रुपया कहाँ है ? उसका क्या हुआ ? शहज़ादे के साथ वही हुआ कि चले थे नमाज़ बख़्शवाने रोज़े भी गले पड़े। जब हिसाब किया गया तो उनके ऊपर सत्तर लाख रुपये निकलते थे। बादशाह ने हुक्म दिया कि ये पैसे फ़ौरन शाही ख़ज़ाने में जमा कर दिये जायें। शहज़ादे के पास पैसा होता तो देते। बहरहाल नज़रबंद कर दिये गये और उनके महल में उनके दोस्तों का आना-जाना बंद करा दिया गया। बाहर तिलंगों की फ़ौज बैठ गयी।

मुग़ल बादशाहों की तरह अवध के नवाब वज़ीरों के यहाँ भी ये दस्तूर था कि नवाब अपनी किसी औलाद या बेगम से खुश होकर उसके पास अच्छी-ख़ासी रक़म बतौर अमानत रखवा देता था। रक़म का ब्याज आमनतदार लेता रहता था और रक़म शाही ख़ज़ाने की ही रहती थी। कभी भी वापस ली जा सकती थी। नवाब सआदतअली ख़ाँ ने अपने सबसे छोटे और लाड़ले बेटे जलालुद्दौला के पास भी एक करोड़ की रक़म रखवायी थी। शर्त ये थी कि इस रक़म के मुनाफ़े को शहज़ादा ख़र्च कर सकता है लेकिन रक़म जब माँगी जायेगी तो वापस करना पड़ेगी।

मोतमुद्दौला ने बादशाह को समझाया कि ख़ज़ाने की बदहाली और मुल्क की बर्बादी की यही वजह है कि वो रक़में जो शहज़ादों की दी गयी थीं, उन्होंने वापस नहीं की हैं। चूँकि सबसे बड़ी रक़म जालालुद्दीन को दी गयी थी इसलिए उन्हें तलब किया गया। उनके ख़ज़ांची माहूलाल को भी पकड़ बुलवाया गया। हिसाब पूछा गया तो सब गड़बड़ था। शहज़ादे सिर्फ़ पचपन लाख रुपया ही दे पाये। हुक्म दिया गया कि बाक़ी पैसा जल्दी-से-जल्दी दाख़िल ख़ज़ाना करें।

इसी दौरान जलालुद्दौला के यहाँ लड़का पैदा हुआ। बादशाह ने हुक्म दिया कि इस खुशी में जलालुद्दौला को पचास हज़ार इनाम दिया जाये। मोतमुद्दौला ने

पचास हज़ार की रसीद तो ले ली लेकिन पैसा नहीं दिया। कहा कि बक़ाया रक़म में मुजरा हो गया। जलालुद्दौला को गुस्सा तो बहुत आया लेकिन कर क्या सकते थे। उन्हें ये भी लगने लगा कि अब उन्हें जो माहवार ख़र्च मिलता है वो भी बंद हो जायेगा। इसलिए एक दिन रात में चुपचाप कलकत्ते निकल लिये। जो हाथ में आया या जो था लेते गये।

शहज़ादे जलालुद्दौला को उम्मीद थी कि कलकत्ते में गर्वनर-जनरल के दरबार में मोतमुद्दौला की शिकायत करेंगे। लेकिन कलकत्ते में कोई उनकी शिकायत सुनने पर तैयार ही नहीं था। मोतमुद्दौला की पहुँच वहाँ तक थी और उनके आदमी हर तरफ़ बैठे थे। शहज़ादे बरसों वहाँ टक्करें मारते रहे। आख़िरकार थक-हारकर बैठ रहे।

क़िस्मत लिखनेवाला भी तरह-तरह के खेल करता है। कभी-कभी उसे जाने क्या सूझती है कि ऐसे मज़ाक़ कर बैठता है जो ज़िंदगी-भर सालते रहते हैं। कभी-कभी इतनी खुशियाँ भर देता है कि खुशियों की अहमियत ही ख़त्म हो जाती है। कभी फूलों के बीच से एक काँटा उभरता है जो ज़िंदगी-भर रुलाता रहता है। अजीब है क़िस्मत का लिखनेवाला—न तो उसे ज़ालिम कह सकते हैं, न हमदर्द और न मसख़रा।

बादशाह बेगम की क़िस्मत में भी लिखनेवाले ने सबकुछ लिखा था। बेगम बादशाह की सबसे चहेती थीं। खूबसूरत ऐसी कि किताबों में लिखी उपमाएँ उनके आगे फ़ीकी पड़ जाती थीं। बादशाह ऐसे आशिक़ थे कि दीवाने हो गये थे। बादशाह बेगम के जाहो-जलाल और सख़्तगीरी का ठिकाना न था। किसी की मजाल न थी कि उनके सामने चूँ कर जाये। जिस क़दर खूबसूरत थीं उसीं क़दर ज़ालिम भी। दौलत, ऐशो-आराम और इख़्तियारात का कोई हिसाब न था। लेकिन क़िस्मत लिखनेवाले ने लिख दिया था कि औलाद का सुख न मिलेगा। कमसिनी में ही उनकी शादी ग़ाज़ीउद्दीन हैदर से हुई थी। उस ज़माने में ग़ाज़ीउद्दीन हैदर बादशाह न थे। शहज़ादे थे, बादशाह, बेगम के दिलो-जान से आशिक़ थे। लेकिन शादी के चार-पाँच साल तक चूहा भी न हुआ। हज़ारों दवाएँ, लाखों मन्नतें-मुरादें, टोने-टोटके, दुआ, ताबीज़ सब-कुछ के बाद भी गोद ख़ाली रही।

बादशाह बेगम से शादी के कुछ ही साल बाद बादशाह की नज़र उनकी ख़्वास पर पड़ी। ख़्वास का नाम सुबह दौलत था। चंदे-आफ़ताब, चंदे-माहताब थी। बादशाह उसके दामे-मुहब्बत में गिरफ़्तार हो गये। बादशाह ने हमबिस्तरी की ख़्वाहिश ज़ाहिर की। भला किसी को क्या एतराज़ हो सकता था। बादशाह बेगम ने दिल पर पत्थर रखकर उन्हें इजाज़त दे दी। बादशाह बेगम ये भी जानती थीं कि ये तो मर्दों का खेल है। उन्हें यक़ीन था कि बादशाह का दिल सुबह दौलत से जल्दी ही भर जायेगा। और दिल भर न भी जाता तो बादशाह बेगम के पास

दसियों ऐसे नुस्ख़े थे जो बादशाह को उससे फेर सकते थे।

बादशाह ने सुबह दौलत के साथ हमबिस्तरी की। अब फिर क़िस्मत लिखनेवाले ने मज़ाक़ किया। बादशाह से हमबिस्तरी के बाद सुबह दौलत को हमल रह गया। जो पाने के लिए बादशाह बेगम बरसों से दीवानी थीं, सैकड़ों अमल किए थे, चिल्ले खींचे थे और कामयाबी न हुई थी वह सुबह दौलत के साथ हो गयी थी।

सुबह दौलत ने एक बेटे को जन्म दिया था जिसका नाम नसीरुद्दौला हैदर रखा गया था। बेटा पैदा होने की खुशी में एक तरफ़ तो जश्न मनाया जा रहा था, दूसरी तरफ़ बादशाह बेगम सुबह दौलत को ऐसी-ऐसी तकलीफ़ें दे रही थीं कि बयान से बाहर है। उन्होंने उसके चेहरे को आग से झुलसवाया। यहाँ तक कि पलकें और भवें तक जल गयीं। फिर गर्म सिक्कों से दाग़ी गयी। उसके बाद ज़ख़्मों पर हक़ीक़त में नमक-मिर्च डाला गया। फिर उसके नाखून उखाड़े गये। पानी-पानी चिल्लाती थी लेकिन उसे एक बूंद पानी नहीं दिया गया। इसी तरह की अज़ीयतें देकर उसका काम तमाम कर दिया। उसकी ग़लती यही थी कि जो बादशाह बेगम से न हो सका था वो उसने कर दिखाया था।

बादशाह बेगम तो ये भी चाहती थीं कि उसके लड़के नसीरुद्दौला हैदर को भी ख़त्म करा दें, लेकिन बड़ी-बूढ़ियों ने उन्हें रोका। कहा, 'है तो बादशाह का नुत्फ़ा, उसके साथ ये न करो।'

इत्तिफ़ाक की बात ये कि बादशाह के और किसी से औलाद न हुई और नसीरुद्दौला हैदर जवान होते चले गये। अब बादशाह बेगम को ये लगा कि यही लड़का बादशाह बनेगा। इसलिए वो नसीरुद्दौला पर ये ज़ाहिर करने लगीं कि वो उसे दिलो-जान से चाहती हैं। बादशाह बेगम उसे ये जताया करती थीं कि वो उस पर जान छिड़कती हैं।

फ़तेहअली को बादशाह ने कर्बला-ए-मोसल्ला जाने की इजाज़त नहीं दी। ये बात मोतमुद्दौला को खल गयी। उनको ये भी मालूम था कि इसके पीछे बादशाह बेगम का हाथ है। ख़ैर, वो मौक़े की तलाश में चुप बैठ रहे।

बादशाह बेगम ने फ़तेहअली को आगे बढ़ाने के लिए अपनी जागीरों का इंतिज़ाम भी उनके हाथ में दे दिया। ये एक तरह से मोतमुद्दौला को चिढ़ाने के लिए भी किया गया था। मोतमुद्दौला समझ गये कि बादशाह बेगम अब एक अकेला मोहरा हैं जिसे जीते बग़ैर रहा नहीं जा सकता। मोतमुद्दौला ने बदला लेने के लिए बादशाह का निकाह दो फिरंगी औरतों के साथ करवा दिया। बादशाह बेगम जलकर ख़ाक हो गयीं। फिरंगी औरतें बादशाह को चौबीसों घंटे घेरे रहती थीं और मोतमुद्दौला के हुक्म के मुताबिक उन्हें भांग और शराब के नशे में मस्त रखती थीं। अब बादशाह बेगम को भी बादशाह से मिलने के लिए महीनों इंतिज़ार

करना पड़ता था। मिलते थे तो इस हालत में न होते थे कि उनसे कोई बात की जा सके।

कुछ अर्से बाद मोतमुद्दौला ने बादशाह को समझाया कि फ़तेहअली ने बादशाह बेगम की जागीरों के इंतिज़ाम में बड़ी गड़बड़ की है और शाही ख़ज़ाने गें मालगुज़ारी जमा नहीं हुई है। उनकी इस शिकायत पर बादशाह ने हुक्म दिया कि फ़तेहअली को गिरफ़्तार करके उनके सामने लाया जाये। मोतमुद्दौला ने फ़ौरन तिलंगों की फ़ौज फ़तेहअली को गिरफ़्तार करने भेज दी। फ़तेहअली भी ग़ाफ़िल न थे। उनके दरवाज़े पर तोपें लगी थीं और चार-पाँच सौ सिपाही जमा थे। मोतमुद्दौला ने ये ख़बर बादशाह को दी। बादशाह को आग लग गयी। उन्होंने कहा चाहे जंग करना पड़े लेकिन फ़तेहअली को गिरफ़्तार करो।

फ़तेहअली को जब इस हुक्म का पता चला तो चोरदरवाज़े से अपने महल से निकलकर बादशाह बेगम के महल में जाकर छुप गये।

मोतमुद्दौला ये खबर लेकर बादशाह के पास पहुँचे। बादशाह दोनों फिरंगी औरतों से घिरे बैठे थे और सुझान मसख़रा उन्हें नक़लें कर-करके हँसा रहा था। मोतमुद्दौला को देखते ही बोले, 'फ़तेहअली कहाँ है ?'

मोतमुद्दौला ने सिर झुका लिया।

'जवाब दो फ़तेहअली कहाँ है ?' वो चीख़े।

'हुज़ूर, अब मैं क्या अर्ज़ करूँ··· ' उन्होंने अपनी दस्तार बादशाह के क़दमों पर रखकर कहा, 'सरकार, जाँनिसार ने बड़ी कोशिश की लेकिन फ़तेहअली को एक ऐसी हस्ती ने पनाह दे रखी है जो अपने-आपको बादशाहे-वक़्त से भी बड़ा समझती है।'

'किसने पनाह दी है फ़तेहअली को ?'

'बादशाह बेगम ने हुज़ूर।'

बादशाह गुस्से से काँपने लगे। 'उनके महल के दरवाज़े तोड़ दिये जायें, तोपों से उड़ा दिये जायें। चाहे कुछ हो जाये लेकिन मुजरिम हमारे सामने हाज़िर किया जाये।'

मोतमुद्दौला फ़ौजी तैयारियाँ करने लगे। बादशाह बेगम ने इस मामले में रेज़ीडेंट को बीच में डाला। ये तय पाया गया कि रेज़ीडेंट जो इंसाफ़ करेंगे वो सबको कुबूल होगा।

रेज़ीडेंट ने फ़ैसला किया कि फ़तेहअली की जानबख़्शी की जाये। वो बाल-बच्चों और अपनी मालो-दौलत के साथ कानपुर चले जायें। बादशाह बेगम की जागीरों का काम मोतमुद्दौला देखेंगे। ये फ़ैसला बादशाह बेगम को भी मानना पड़ा। उन्हें लगा कि अब बस कोई नहीं है जो उन्हें मोतमुद्दौला के पंजे से निजात दिला सके।

मोतमुद्दौला ने बादशाह बेगम की जागीरों का काम सँभाल लिया, यानी बादशाह बेगम को पैसा देना बंद कर दिया।

शाही हकीमों का ये कहना था कि बादशाह सलामत अब ज़्यादा दिनों सलामत रहनेवाले नहीं हैं। जिगर पर इतना वरम आ गया कि ज़िंदगी मुश्किल है। मोतमुद्दौला को लगता था कि कहीं उन्होंने सोने का अण्डा देनेवाली मुर्गी को मार तो नहीं डाला ? लेकिन कोई और चारा न था। बादशाह नशों के इतने आदी हो गये थे कि उनके बग़ैर उन्हें तेज़ दर्द उठने लगता था और नशा करने के बाद ही आराम मिलता था। वज़न लगतार गिर रहा था। ख़ास तौर पर हाथ और पैर पतले हो गये थे। पेट छोटी मटकी-जैसा निकल आया था और आँख की रौशनी भी कम हो गयी थी। हाथ काँपते रहते थे और ज़रा-ज़रा सी बात पर गुस्सा आ जाता था। गुस्से में जो भी सामने होता था उसे लातों-घूँसों से मारते थे। कभी-कभी मोतमुद्दौला को भी गुस्से का शिकार होना पड़ता था।

एक बार मोतमुद्दौला को शाही खर्चे में कटौती की सनक सूझी। ख़र्च का हिसाब देख रहे थे। बादशाह के लिए सुबह नाश्ते पर जो दो पराँठे तैयार होते थे उनमें पाँच सेर घी लगता था। मोतमुद्दौला को ये फ़ालतू ख़र्च लगा। ये भी लगा कि ये नामुमकिन है। दो पराँठे पकाने के लिए पाँच सेर घी बहुत होता है। उन्होंने उसे दो सेर कर दिया।

अगले दिन नाश्ते पर बादशाह के सामने जो पराँठे आये वो चमड़े की तरह सख़्त थे। वो बहुत नाराज़ हुए। खानसामा को बुलाया तो उसने हाथ जोड़कर अर्ज़ किया कि मोतमुद्दौला बहादुर ने घी कम करा दिया है।

मोतमुद्दौला जब सामने आये तो बादशाह ने उन्हें लातों, घूँसों और जूतों से मारा और कहा, 'हरामज़ादे, मेरे ही खाने में कटौती करने से शाही ख़र्च कम होगा क्या ?'

ख़ैर अगले दिन से फिर पाँच सेर घी दिया जाने लगा।

ये सब पर ज़ाहिर हो चुका था कि बादशाह अब ज़्यादा चलनेवाले नहीं। इसलिए बादशाह बेगम नसीरुद्दीन हैदर को अपने काबू में कर चुकीं थी। वही अकेली औलाद थे और उन्हीं को बादशाही मिलनी थी। बादशाह बेगम की नसीरुद्दीन हैदर पर सख़्त नज़र थी। वो उन्हें कभी नज़रों से ओझल न होने देती थीं। इसके अलावा उन्होंने शहज़ादे को मोतमुद्दौला के ख़िलाफ़ भर रखा था। लेकिन ये भी वायदा किया था कि किसी भी सूरत में गद्दी उन्हीं को दिलवायेंगी।

बादशाह बेगम और शहज़ादे के शीर-शकर होने से मोतमुद्दौला परेशान थे। उन्होंने इसकी काट करने के लिए ये उड़वा दिया कि शहज़ादे बादशाह की औलाद

ही नहीं हैं। वो ये चाहते थे कि गद्दी पर शहज़ादे नहीं, बल्कि उनकी मर्ज़ी से बादशाह का कोई ऐसा भाई बैठे जो उनकी मुट्ठी में हो।

शहज़ादे बादशाह की औलाद नहीं हैं, ये खबर रेज़ीडेंट तक भी पहुँची और उसने अपने फ़र्ज़ के तहत उसे कलकत्ता भेज दिया। कलकत्ते से हुक्म आया कि इस बात की तहक़ीक़ात करायी जाये। मोतमुद्दौला ने शहर में इश्तिहार चिपकवा दिए कि नसीरुद्दीन हैदर के नुत्फ़े का पता नहीं है। वो बादशाह की औलाद तो बिलकुल नहीं है।

इस सिलसिले में रेज़ीडेंट खुद बादशाह के पास आया और बादशाह ने ये माना की नसीरुद्दीन उनका बेटा है। मोतमुद्दौला का ये वार खाली गया। लेकिन उन्होंने हिम्मत नहीं हारी। अब उन्होंने नई रणनीति ये बनायी कि पहले बादशाह बेगम को बेबस कर दिया जाये। उसके बाद शहज़ादे को पटाया जाये।

बादशाह जब भांग और शराब के नशे में चूर थे, दोनों फिरंगी औरतें उनके दोनों बाजू बैठी थीं। तो मौक़ा देखकर मोतमुद्दौला ने बादशाह से अर्ज़ की, 'शहनशाहे-ज़मन, बंदे को आपने बादशाह बेगम की जागीरों की देखभाल का जो काम सौंपा था उसे बखूबी किया जा रहा है। बादशाह बेगम को ख़र्च के लिए बराबर पैसा दिया जाता है। लेकिन बंदा उनके नाजायज़ दबाव में नहीं आता। जो वाजिब रक़म होती है वही देता है। यही वजह है कि बादशाह बेगम मुझसे ही नहीं हुजूर से भी नाराज़ हो गयी हैं। उन्होंने दस हब्शनें नौकर रख ली हैं जो हर क़िस्म के हथियार चलाने और जुर्म करने में माहिर हैं। बंदे को अपनी जान का तो डर नहीं है। आप पर सदक़े हो जाऊँ इससे अच्छी मौत मेरे लिए क्या होगी। लेकिन हुजूर खुदा-ना-ख़ास्ता आपके दुश्मनों का बाल बाँका हो गया तो गुलाम मुँह दिखाने लायक़ न रहेगा। जीते-जी मर जाऊँगा। सरकार बाहर के दुश्मनों से तो बंदा अच्छी तरह आपकी और अपनी हिफ़ाज़त कर सकता है लेकिन कहते हैं न सरकार, कि घर का भेदी लंका ढाये… बादशाह बेगम और शहज़ादे शीर-शकर हो रहे हैं हुजूर …सात कुरान दम्मियान, कहनेवाले का मुँह काला, लेकिन कोशिश हो रही है कि हमारे सिर पर सरकार का साया न रहे तो शहज़ादे… हुजूर मैं कह नहीं सकता, कलेजा टुकड़े-टुकड़े हो जाता है।'

बादशाह ये सुनकर चौंक गये। थोड़ी देर के लिए भांग और शराब का नशा हिरन हो गया। उसी वक़्त फिरंगी औरतों ने भी कहना शुरू किया कि बादशाह बेगम ने सरकार को क़त्ल कराने के लिए हब्शी औरतें नौकर रखी हैं। बादशाह डर गये। उन्होंने हुक्म दिया कि बादशाह बेगम उनके पास कभी न आयें।

बादशाह बेगम को जब ये पता चला कि मोतमुद्दौला ने उनके बारे में ये हुक्मे-शाही हासिल कर लिया है तो पैरों तले की ज़मीन निकल गयी। लेकिन कर क्या सकती थीं। रेज़ीडेंट को कहलवाया तो वहाँ से जवाब आया कि ये मियाँ-बीवी के

बीच का झगड़ा है, इसमें रेज़ीडेंट क्या कर सकता है ?

अब मोतमुद्दौला ने बादशाह बेगम को परेशान करने की हदें ख़त्म कर दीं। पैसा देना बिलकुल बंद कर दिया। बादशाह बेगम के साथ शहज़ादे भी रहते थे। उनको भी पैसे-पैसे की तकलीफ़ हो गयी। नौबत यहाँ तक आ गयी कि बादशाह बेगम के क़ीमती ज़ेवर बिकने लगे। उसके बाद कपड़े बिकने लगे। मोतमुद्दौला ने जब देखा कि लोहा बिलकुल गरम है तो शहज़ादे को एक जगह मिलने के लिए बुलाया। शहज़ादे जानते थे कि सबकुछ मोतमुद्दौला के हाथ में है। मिलने गये। वहाँ मोतमुद्दौला ने उन्हें न सिर्फ़ रुपया दिया बल्कि ये भी कहा कि आप जिस महल में बादशाह बेगम के साथ रहते हैं वो छोटा है। अगर आप कहें तो एक बड़े महल और ख़िदमत के लिए प्यारियों का इंतिज़ाम कर दिया जाये। शहज़ादे को भला क्या चाहिए था, तैयार हो गये। लौटकर बादशाह बेगम के पास गये ही नहीं और शेरजंग बाग़ के महल में रह गये।

उस ज़माने में शहज़ादे की उम्र बीस-बाईस साल की थी। ऐयाशी की तरफ़ मायल थे। मोतमुद्दौला ने एक-से-एक खूबसूरत तवायफ़ें उनकी ख़िदमत के लिए मुक़र्रर कर दीं। अब क्या था। हर दिन ईद और रात शबेबरात। शहज़ादे दिल खोलकर रंग-रेलियाँ मनाने लगे।

बादशाह बेगम को सिर्फ़ शहज़ादे से ही उम्मीद थी। ये उम्मीद कि बादशाह के बाद जब वो गद्दी पर बैठेंगे तो दिन पलटेंगे। लेकिन शहज़ादे के चले जाने के बाद उनकी उम्मीदों पर पानी फिर गया। शहज़ादे तो एक तरह से क़ैद थे। शेरजंग बाग़ में चिड़िया का बच्चा तक नहीं पहुँच सकता था। हर दरवाज़े पर मोतमुद्दौला के ख़ास सिपाही तैनात थे। महल से निकलने का तो सवाल ही क्या था; किसी ग़ैर को जाने तक न देते थे। बादशाह बेगम कई महीने परेशान रहीं। आख़िरकार उन्होंने उस मालिन को जो शेरजंग बाग़ में शहज़ादे के लिए फूल ले जाती थी, इस बात पर तैयार किया कि उनका ख़त शहज़ादे को दे दे। मालिन को उन्होंने बड़ी रक़म दी और काम हो जाने पर और ज़्यादा इनाम देने का लालच भी दिया।

मालिन ख़त ले गयी। ख़त क्या था बादशाह बेगम ने अपना दिल निकालकर रख दिया था। शहज़ादे ने ख़त पढ़ा तो उन पर बड़ा असर हुआ। लेकिन निकल ही न सकते थे। उन्होंने जवाब लिखा कि मै यहाँ कैद हूँ। अगर मुझे आप यहाँ से निजात दिला सकें तो ख़िदमत में आ जाऊँ।

बादशाह बेगम ने ये काम अपनी हब्शी बाँदियों को सौंपा। उन्होंने रात के अँधेरे में बाग़ की इमारत में नक़ब लगायी और शहज़ादे को निकाल लायीं। अगले दिन जब मोतमुद्दौला को पता चला तो हाथ मलते रह गये। लेकिन उनका इताब शहज़ादे पर भी नाज़िल हुआ। उनका भी दरबार में आना बंद करा दिया गया।

मोतमुद्दौला और बादशाह बेगम में बराबर की लाग-डाँट चल रही थी। अगर

उन्होंने शहज़ादे को अपने कब्ज़े में कर लिया था तो मोतमुद्दौला ने उनका दरबार में आना बंद करा दिया था। यहाँ तक कि जब लाट गवर्नर लखनऊ आये तो दरबार में वली अहद न थे।

इसी दौरान बादशाह बेगम के हाथ एक और मौक़ा आया। उन्हें लगा मोतमुद्दौला को नीचा दिखाया जा सकता है और बादशाह तक उनकी पहुँच हो सकती है। लेकिन गोट बुरी तरह पिट गयी।

हुआ ये कि बादशाह बेगम की एक ख़वास थी, सुखचैन परी, जो अपने नाम के मुताबिक़ ही थी। वह शहज़ादे की सोहबत में रहा करती थी। बादशाह बेगम को अपनी ख़वास पर बड़ा नाज़ था। ख़वास शहज़ादे को अपनी ज़ुल्फ़ों की एक लट से बाँधे हुए थी। शहज़ादे रात-दिन सुखचैन परी का नाम रटते रहते थे। होना ये हुआ कि सुखचैन को हमल रह गया। अब क्या था, खुशी के शादयाने बजने लगे। महफ़िलें सजीं। नाच-गाने हुए। मुबारक-सलामत का सिलसिला शुरू हो गया। इनाम-इकराम दिये गये। मन्नतें मानी गयीं।

बादशाह बेगम की खुशी का ठिकाना न था। शहज़ादे ने नस्ल आगे बढ़ाने में कामयाबी हासिल की थी। तख़्तो-सल्तनत का वारिस पैदा होनेवाला था। ये ख़बर बादशाह को भी मिली। उनको भी खुशी हुई। मोतमुद्दौला को लगा कि हो सकता है इस खुशी में बादशाह शहज़ादे की गलतियाँ माफ़ कर दें और बादशाह बेगम फिर से बादशाह की नज़रों में चढ़ जायें।

मोतमुद्दौला ने कच्ची गोलियाँ नहीं खेली थीं। किसी के कहने और जश्न मनाने पर उन्हें यक़ीन नहीं आया। उन्होंने अपनी ख़ास दाइयों को सुखचैन परी के पास भेजा। निहायत तजरबेकार और घाघ दाइयाँ थीं। उन्होंने सुखचैन परी की अच्छी तरह जाँच की। बताया जाता था कि चौथा महीना है। दाइयों ने पेट से कान लगा-लगाकर आवाज़ सुनना चाही लेकिन कोई आवाज़ न आयी। हाँ पेट फूला ज़रूर था। दाइयों ने आकर मोतमुद्दौला को बताया कि बच्चा नहीं है। कोई बीमारी है। मोतमुद्दौला की खुशी का कोई ठिकाना न रहा। लेकिन उन्होंने दाइयों से कहा कि अगर जान की ख़ैर चाहती हो तो ये बात किसी से न बताना।

होते-हुआते आठवें महीने बादशाह बेगम को भी पता चल गया कि सुखचैन परी को हमल नहीं है। लेकिन वो कमान से चले तीर को वापस नहीं लेना चाहती थीं। अब अगर बादशाह को ये पता चल जाये कि हमलवाली बात धोखा थी तो पता नहीं, उनके दिल में क्या आये। जग-हँसाई का भी डर था।

लेकिन रास्ता क्या था ? सिर्फ़ एक और वो ये कि किसी का बच्चा लेकर ये ज़ाहिर किया जाये कि सुखचैन के बच्चा हुआ है। बादशाह बेगम ने अपनी कुटनियों को इस काम पर लगाया। मोतमुद्दौला भी बेख़बर न थे। उन्हें एक-एक चाल की ख़बर मिल रही थी। आख़िरकार उन्हें पता चला कि एक धोबिन का बच्चा

चुपचाप रात की तारीकी में महल लाया गया है। उसके खून वग़ैरा लगाकर शोर मचाया गया कि बच्चा हो गया। फिर मुबारकबाद का सिलसिला शुरू हुआ। जश्न मनाये जाने लगे। ख़बर बादशाह तक पहुँची। बादशाह दस्तूर के मुताबिक मुबारकबाद देने के लिए बादशाह बेगम और नसीरुद्दीन हैदर को अपने पास बुलाना चाहते थे। उन्होंने मोतमुद्दौला से इस सिलसिले में बात की तो मोतमुद्दौला ने हाथ जोड़कर अर्ज़ की, 'हुजूर वो बच्चा नसीरुद्दीन हैदर का नहीं है। ये कितनी बड़ी दीदादिलेरी है कि हुजूर को धोखा देने के लिए साज़िश रची गयी है। वो बच्चा एक धोबिन का है।'

सुबूत को मोतमुद्दौला ने पहले से ही अपने कब्ज़े में रखा था। दाइयाँ जो बच्चे को लायी थीं, धोबिन, धोबी गिरफ़्तार किये जा चुके थे। उन्हें बादशाह के सामने पेश किया गया। ये साबित हो गया कि मोतमुद्दौला सच बोल रहे हैं। बादशाह सख़्त नाराज़ हो गये। बादशाह बेगम और शहज़ादा उनकी नज़रों में और ज़्यादा गिर गये। मोतमुद्दौला पर यक़ीन बढ़ गया।

मोतमुद्दौला बादशाह की फिरंगी बीवियों और दीगर लोगों के ज़रिये बादशाह के कान में ये बात डलवाते रहते थे कि उन्होंने बादशाह का हुक्म बजाने के लिए, हुकूमत के कामों को अच्छी तरह से चलाने के लिए ऐसा अच्छा इंतिज़ाम किया है कि कुछ लोग उनसे बहुत नाखुश हैं। खुदा-ना-ख़ास्ता बादशाह के दुश्मनों की आँख बंद होते ही मोतमुद्दौला के दुश्मन उन्हें घेरकर तबाह कर डालेंगे। मोतमुद्दौला को कोई बचानेवाला न रहेगा। मोतमुद्दौला को उनके दुश्मन चील-कव्वों की तरह नोच खायेंगे।

कान भरने का असर ये हुआ कि बादशाह को ये फ़िक्र पैदा हो गयी कि उनके बाद मोतमुद्दौला का क्या होगा ? मोतमुद्दौला खुद भी बादशाह से कहते थे कि शहज़ादे उनकी जान के दुश्मन हो गये हैं, क्योंकि वो बादशाह के वफ़ादार हैं और उनके ख़िलाफ़ किसी भी साजिश को कामयाब नहीं होने देते।

बादशाह अक्सर मोतमुद्दौला से पूछते रहते थे कि मेरे बाद तुम्हारा क्या होगा ? मोतमुद्दौला कहते थे, 'बंदा हुजूर पर जान निसार कर देगा।' बादशाह बहुत सोचते थे कि मोतमुद्दौला के लिए क्या किया जाये। मोतमुद्दौला मानते थे कि उन्होंने बेहिसाब दौलत जमा कर ली थी। लेकिन उन्हें ये भी मालूम था कि दौलत जिस तेज़ी से आ सकती है उससे ज्यादा तेज़ी से जा भी सकती है।

इसी उधेड़-बुन के दौरान एक दिन मोतमुद्दौला को एक सुनहरा मौक़ा हाथ लगा। रेज़ीडेंट ने उन्हें बुलाया और बताया कि कंपनी बहादुर बर्मा की लड़ाई में बुरी तरह उलझ गयी है। लंबी-चौड़ी फ़ौज पर बहुत ख़र्च आ रहा है और कंपनी का ख़ज़ाना ख़ाली है। ये भी नज़र नहीं आता कि लड़ाई जल्दी ख़त्म होगी। कंपनी लड़ाई बंद भी नहीं करना चाहती। लड़ाई जारी रखने के लिए रुपया चाहिए। कंपनी

ये उम्मीद करती है कि बादशाहे-अवध एक करोड़ का क़र्ज़ कंपनी को इनायत फ़रमायें ताकि लड़ाई जारी रखी जा सके।

हर मौक़े से कई फ़ायदे उठाने में माहिर और सिक्के के दोनों पहलुओं पर नज़र रखनेवाले मोतमुद्दौला को इस बात में भी कई संभावनाएँ नज़र आयीं। रुपया क़र्ज़ दिया जायेगा तो उसका ब्याज भी बनेगा। शर्तनामा तैयार होगा। इसके अलावा कंपनी की नेकनामी हासिल होगी।

बहरहाल मोतमुद्दौला ने फिरंगी औरतों और दीगर दरबारियों की मदद से बादशाह को एक करोड़ का क़र्ज़ देने के लिए आमादा कर लिया। बादशाह को ये समझाया गया कि मोतमुद्दौला के लिए कुछ करने का बेहतरीन मौक़ा है। कंपनी से मुकाबला करने और टक्कर लेने की हिम्मत हिंदोस्तान में किसी की नहीं है। अगर इस रुपये के ब्याज की एक रक़म मोतमुद्दौला के लिए वसीक़े के तौर पर बाँध दी जाये तो हुजूर के न रहने पर भी उसके भूखा मरने की नौबत न आयेगी।

बादशाह को राय पसंद आयी। फिरंगी बेगमें भी बीच में आ गयीं। उन्हें भी ये डर था कि बादशाह के बाद उन्हें पूछनेवाला कोई न होगा। तय पाया कि ब्याज से पच्चीस हज़ार रुपये महीने मोतमुद्दौला को दिया जायेगा। दस-दस हज़ार रुपये फिरंगी बेगमों को मिलेंगे।

शर्तनामा तैयार किया जाने लगा। जब सारी शर्तें लिख दी गयीं तो मोतमुद्दौला ने रेज़ीडेंट के सामने एक अजीब शर्त रखी जिसे सुनकर रेज़ीडेंट को हँसी आ गयी। मोतमुद्दौला चाहते थे कि आख़िरी शर्त ये हो कि कंपनी बहादुर मोतमुद्दौला की जान, माल और इज़्ज़त की हिफ़ाज़त का ज़िम्मा लेती है। रेज़ीडेंट को हँसी इसलिए आयी कि मोतमुद्दौला-जैसा वजीरे-आज़म जो दरहक़ीक़त खुद बादशाह है, ये शर्त लगा रहा है। बहरहाल ये शर्त शामिल कर ली गयी। कंपनी को एक करोड़ रुपया दे दिया गया और शर्तनामे पर नवाब और लार्ड गवर्नर ने दस्तख़त किये। एक कापी मोतमुद्दौला ने अपनी तहवील में भी रख ली।

बादशाह के मरने के कई साल पहले मोतमुद्दौला अपने पूरे उरुज पर पहुँच गये थे। बादशाह की सेहत और उसी के साथ-साथ उनकी दिमाग़ी हालत बहुत गिर चुकी थी। नशे का इस्तेमाल बराबर जारी था। कभी-कभी बेहोशी के लंबे दौरे पड़ जाते थे। अब मोतमुद्दौला को उनसे हुक्म लेने की ज़रूरत भी न थी। रेज़ीडेंट उनका दोस्त था। सभी दरबारी उनके थे। उन्होंने विरोधियों को या तो भगा दिया था या ख़त्म करा दिया था। चकलेदार उनके थे। ग़रज़ ये कि मोतमुद्दौला ही एक तरह से बादशाह थे। जहाँ तक बादशाह बेगम का सवाल था उन्होंने मोतमुद्दौला से सुलह कर ली थी। अब वो इनके और बादशाह के दरम्यान न थीं। जो मोतमुद्दौला देते थे ले लेती थीं। शहज़ादे मोतमुद्दौला से इतना डरे रहते थे कि उनसे आँख मिलाकर बात न कर सकते थे। मोतमुद्दौला की हर बात पर उनकी जुबान

से 'हाँ' ही निकलता था। उन्हें ये डर था कि अब मोतमुद्दौला उनको हटाने के लिए एक ही रास्ता अपना सकते हैं, उनका क़त्ल, जो मोतमुद्दौला के बायें हाथ का खेल होगा। इसलिए शहज़ादे ने अपने-आपको मोतमुद्दौला के रहमो-करम पर छोड़ दिया था। दरबार, सरकार, ख़ज़ाने, फ़ौज, चकलेदारों पर मोतमुद्दौला की पकड़ इतनी गहरी हो गयी थी कि शहज़ादे ख़ौफ़ खाते थे। शुरू में मोतमुद्दौला को शहज़ादे से शिकायत थी तो यही कि वो उनके कहने में नहीं हैं। लेकिन बाद के चंद सालों में ये शिकायत भी जाती रही थी। अब वो शहज़ादे को अपनी कठपुतली से ज़्यादा न समझते थे। उन्होंने ये सोच रखा था कि शहज़ादे अगर बादशाह भी बन जाते हैं तो उनकी गिरफ़्त में उसी तरह होंगे जैसे पिंजड़े में चिड़िया होती है।

बादशाह की मौत के बाद ये मसला न था कि कई शहज़ादे हों और ये तय करना मुश्किल हो कि किसे गद्दी पर बैठाया जाये। रेज़ीडेंट ने मोतमुद्दौला से पूछा और उन्होंने कहा शहज़ादे को गद्दी पर बिठाया जा सकता है। यानी मोतमुद्दौला के हुक्म से शहज़ादे बादशाह बन गये। बादशाह बनते ही उन्होंने मोतमुद्दौला को 'बिरादर बजान' का ख़िताब दिया। यानी ऐसा भाई जो जान के बराबर अज़ीज़ है। उन्हें इक्यावन लाख रुपये के इनाम दिये। ख़िलअत और दीगर तोहफ़े दिये। इसके अलावा दरबार या मुल्क के इंतिज़ाम को पूरी तरह मोतमुद्दौला पर छोड़ दिया। मोतमुद्दौला को इत्मीनान हो गया।

शहज़ादे तो ख़ैर इस बारे में सोचते भी न थे कि अब मोतमुद्दौला से बदला लिया जा सकता है लेकिन बादशाह बेगम उन बदनामियों, ज़िल्लतों को न भूली थीं जो मोतमुद्दौला की वजह से उन्हें हुई थीं। वो तकलीफ़ें उनकी उँगलियों पर थीं जो मोतमुद्दौला ने उन्हें दी थीं। उन्होंने शहज़ादे से दबे-छिपे ये कहा भी कि ये वही आदमी है जिसने हमारी ज़िंदगी दुश्वार कर रखी थी और अब उससे हिसाब चुकाया जा सकता है। लेकिन शहज़ादे इस सब पर तैयार न थे, मोतमुद्दौला के ख़िलाफ़ कुछ करने की सोच भी न सकते थे। उनके दिल में मोतमुद्दौला का ख़ौफ़ ख़ौफ़े-खुदा बन गया था।

बादशाह के इंतिक़ाल के बाद इस ड्रामे का एक और किरदार हकीम मेहँदी अली ख़ाँ, जो अपनी जान छिपाये शाहजहाँपुर में बैठे थे, कुछ सनके। उन्होंने बादशाह बेगम के पास कहलवा भेजा कि अभी मौक़ा है। अगर मोतमुद्दौला को नये बादशाह के साथ कुछ और मौक़ा मिल गया तो उनका हाल भी पुराने बादशाह जैसा होगा और बादशाह बेगम को बुढ़ापे में पता नहीं क्या-क्या देखना पड़े।

बादशाह बेगम हकीम मेहँदी अली ख़ाँ और मोतमुद्दौला की पुरानी दुश्मनी से वाक़िफ़ थीं और जानती थीं कि मेहँदी अली ख़ाँ अपना हिसाब चुकता करने के लिए उनके साथ मिलकर कुछ भी कर सकते हैं। वो ये भी अच्छी तरह जानती थीं कि हकीम मेहँदी अली ख़ाँ जो कुछ कह रहे हैं वो सवा सोलह आने सच है।

इसी के साथ-साथ उन्हें ये भी अंदाज़ा था कि उनके और हकीम मेहँदी अली ख़ाँ के दरम्यान जो बातचीत हो रही है उसका पता अगर मोतमुद्दौला को चल गया तो उसका क्या अंजाम होगा। इसलिए वो हकीम मेहँदी अली ख़ाँ को इशारों में ही जवाब देती रहीं।

मेहँदी अली ख़ाँ घाघ दरबारी थे। इशारों की बातें खूब समझते थे। लेकिन ये चाहते थे कि बात इशारों से आगे बढ़े। मोतमुद्दौला के हाथों उनका जो अपमान हुआ था उसका बदला लेने का यही वक़्त था। वे बादशाह बेगम के दिल में भी बदले की आग भड़काना चाहते थे। वो एक दिन जौहरी बनकर आये। बादशाह बेगम से तख़्लिये में बातचीत हुई। उन्होंने साफ़ कहा कि अभी मोतमुद्दौला के ख़िलाफ़ कुछ न किया गया तो कभी न किया जा सकेगा।

मेहँदी अली ख़ाँ से बादशाह बेगम ने साफ़-साफ़ बताया कि दरबार पर सौ फ़ीसदी मोतमुद्दौला का क़ब्ज़ा है। बादशाह की मोहर मोतमुद्दौला की मर्ज़ी के बग़ैर कहीं नहीं लग सकती। बादशाह का हर लफ़्ज़ मोतमुद्दौला के इल्म में होता है। ऊपर से नीचे तक सब मोतमुद्दौला के पाबंद हैं। लेकिन फिर भी हकीम साहब ने एक रास्ता बताया और थोड़े बहस-मुबाहिसे के बाद आख़िरकार बादशाह बेगम ने वायदा ये किया कि एक सादे काग़ज़ पर बादशाह की मोहर लगाकर वो हकीम मेहँदी अली ख़ाँ को दे देंगी।

इस घटना के कोई छः महीने बाद रेज़ीडेंट और मोतमुद्दौला बादशाह के पास आये। उनको एक ख़त दिखाया जिस पर उनकी मोहर लगी थी और मज़मून मोतमुद्दौला की शिकायतों से भरा था। ये ख़त कलकत्ते से तहक़ीक़ात के वास्ते रेज़ीडेंट के पास आया था। ख़त पढ़कर बादशाह का चेहरा सफ़ेद पड़ गया।

मोतमुद्दौला ने कहा, 'सरकार मुझे तो ये मोहर नकली लगती है। किसी ने जालसाज़ी की है।'

बादशाह की जान में जान आयी, 'हाँ ये हमारी मोहर नहीं है।'

रेज़ीडेंट ने यही लिखकर कलकत्ते रवाना कर दिया। बादशाह बेगम और हकीम मेहँदी अली ख़ाँ को जब पता चला कि ऐसा हुआ तो दोनों हाथ मलकर रह गये।

अब सवाल ये था कि बिल्ली के गले में घंटी कौन बाँधे ? मोतमुद्दौला इस ख़त के आने के बाद से और ज़्यादा होशियार हो गये थे। बादशाह की मोहर उनकी तहवील में चली गयी थी। बादशाह पर निगरानी बढ़ गयी थी। वो जब बादशाह बेगम के पास भी जाते थे तो मोतमुद्दौला के विश्वसनीय लोग उनके साथ होते थे। उनके एक-एक पल का हिसाब मोतमुद्दौला के पास रहता था।

आख़िरकार बिल्ली के गले में घंटी बाँधने का जोखिम बादशाह बेगम ने ही उठाया। उन्होंने अपनी मोहर लगाकर लाट साहब को एक लम्बा ख़त लिखा। साफ़-साफ़ बताया कि बादशाह मोतमुद्दौला के क़ैदी हैं। रेज़ीडेंट और मोतमुद्दौला

में दाँतकाटी दोस्ती है। अगर कोई भी तहक़ीक़ रेज़ीडेंट के ज़रिये करायी जायेगी तो सच्चाई सामने नहीं आ सकती। बल्कि इसके बुरे नतीजे ही निकलेंगे। हो सकता है कि बादशाह को ज़हर दे दिया जाये या वो क़त्ल करा दिये जायें। इसलिए लाट साहब का फ़र्ज़ है कि वो खुद आकर तन्हाई में बादशाह से पूछें। अगर ऐसा न किया गया तो अवध का शाही घराना ख़त्म हो जायेगा।

बादशाह बेगम का ये ख़त लेकर हकीम मेहँदी अली ख़ाँ खुद कलकत्ते गये। लाट साहब से मिलना भी आसान न था। लेकिन मेहँदी अली ख़ाँ की दौलत काम आयी। उन्होंने ऊपर से नीचे तक अफ़सरों, अहलकारों को इतने क़ीमती तोहफ़े दिये कि आख़िरकार उन्हें लाट साहब से मिलने का वक़्त मिल गया। उन्होंने ये ज़ाहिर किया था कि वो अपने किसी मामले की बाबत लाट साहब से मिलना चाहते हैं।

लाट साहब ने ख़त देखा तो चौंक गये। हकीम मेहँदी ने साफ़-साफ़ कहा कि ये ख़त अगर लखनऊ भेजा गया तो बादशाह बेगम भी वही कहेंगी जो बादशाह ने कहा था। यानी मोतमुद्दौला से कोई बैर नहीं लेना चाहता। लाट साहब ने हकीम साहब से वायदा किया कि वो खुद बादशाह से पूछेंगे।

कोई छः महीने बाद लाट साहब लखनऊ आये। मोतमुद्दौला ने उनकी आवभगत में कोई कसर न उठा रखी। ऐसे-ऐसे नायाब तोहफ़े दिये गये जो लाट साहब ने ज़िंदगी में न देखे थे।

बादशाह ने दरबार किया, दरबार के बाद लाट साहब ने कहा कि वो बादशाह से तनहाई में बात करना चाहते हैं। मोतमुद्दौला छनक गये। उन्होंने रेज़ीडेंट से पूछा कि क्या मामला है ? रेज़ीडेंट को भी पता न था। मोतमुद्दौला अटकलें लगाते रहे लेकिन किसी नतीजे पर न पहुँच सके। बादशाह बज़ाहिर उनसे बहुत खुश थे। उनको जान के बराबर प्यारा भाई मानते थे।

लाट साहब और बादशाह की बातचीत कई घंटे चली। उस दौरान लाट साहब को बादशाह ने विस्तार से सबकुछ बताया और ये माना कि वो दरअसल मोतमुद्दौला के क़ैदी हैं और उन्हें डर है कि मोतमुद्दौला उन्हें क़त्ल करा सकते हैं।

मोतमुद्दौला का दसियों साल का कच्चा चिट्ठा सुनने के बाद लाट साहब बाहर निकले। बाहर मोतमुद्दौला बेचैनी से टहल रहे थे। लाट साहब ने उन्हें ये न भाँपने दिया कि अंदर क्या बात हुई है। वो सीधे रेज़ीडेंसी चले गये। बादशाह ने मोतमुद्दौला को बताया कि लाट साहब मुल्क के इंतिज़ाम के बाबत बातचीत कर रहे थे और बहुत मुतमईन होकर गये हैं। लेकिन मोतमुद्दौला की समझ में ये न आता था कि उनके और रेज़ीडेंट के बग़ैर बातचीत इतने लंबे वक़्त तक कैसे चली ?

लाट साहब ने रेज़ीडेंसी आकर रेज़ीडेंट को हुक्म दिया कि मोतमुद्दौला को फ़ौरन गिरफ़्तार कर लिया जाये।

रेज़ीडेंट जो मोतमुद्दौला के दोस्त थे, ये हुक्म सुनते ही सकते में आ गये।

लेकिन नौकरी प्यारी थी। समझ गये कि मोतमुद्दौला के दिन पूरे हो चुके हैं।

उन्होंने लाट साहब से कहा कि 'मोतमुद्दौला को गिरफ़्तार करना आसान नहीं है। बड़ा खून-ख़राबा होगा।'

लाट साहब ने राय दी कि उन्हें रेज़ीडेंसी बुलाकर धोखे से गिरफ़्तार करो। फिर उनके महलों पर गोरी पल्टन लगा दो और तब मुजरिम को बादशाह के हवाले करो।

यही किया गया। मोतमुद्दौला के गिरफ़्तार होते ही वो सब सौदागर और सेठ फ़रयादें करने लगे जिनका पैसा मोतमुद्दौला ने मार लिया था। मोतमुद्दौला के लड़कों को भी गिरफ्तार कर लिया गया और उनके बहुत-से अज़ीज़ रातों-रात शहर छोड़कर भाग गये।

हकीम मेहँदी अली ख़ाँ फ़ौरन शाहजहाँपुरा से आ गये। बादशाह बेगम और बादशाह उनके एहसानमंद थे। अगर वो हिम्मत से काम न लेते तो मोतमुद्दौला गिरफ़्तार न हो सकते थे। उन्हें वज़ीरे-आज़म बनाया गया।

मोतमुद्दौला शाही जेल में बंद किये गये। बादशाह ने हुक्म दिया कि उनका सभी कुछ ज़ब्त कर लिया जाये और उन्हें सूली पर चढ़ाकर फाँसी दे दी जाये।

इस फ़ैसले का इल्म मोतमुद्दौला को हुआ तो उन्होंने लाट साहब को एक ख़त लिखा जिसमें उस इक़रारनामे का हवाला था जो बर्मा की जंग के लिए एक करोड़ का क़र्ज़ देते वक़्त कंपनी और अवध के बादशाह के साथ हुआ था। मोतमुद्दौला ने इक़रारनामे की आख़िरी शर्त—यानी 'कंपनी मोतमुद्दौला की जान, माल और इज़्ज़त की हिफ़ाज़त करेगी', की तरफ़ ध्यान दिलाया और लिखा कि अगर उनकी जान जाती है, माल ज़ब्त हो जाता है और इज़्ज़त जाती है तो कंपनी पर इक़रारनामे पर अमल न करने का इल्ज़ाम लगेगा।

लाट साहब ने इक़रारनामा देखा तो वाक़ई उसमें आख़िरी शर्त यही थी।

लाट साहब ने बादशाह को कहला भेजा कि मोतमुद्दौला की जान, माल और इज़्ज़त की हिफ़ाज़त की ज़िम्मेदारी कंपनी ने ली है। लेकिन उन्हें आप निकाल ज़रूर सकते हैं। लेकिन जान, माल और इज़्ज़त पर आँच नहीं आनी चाहिए।

मिल-जुलकर ये तय पाया कि मोतमुद्दौला बादशाह को बीस लाख रुपये, बतौर जुर्माना अदा करें और लखनऊ छोड़कर चले जायें। वो अपने साथ अपनी तमाम दौलत ले जा सकते हैं। मोतमुद्दौला ने ये शर्त मान ली।

क़रीब बीस साल तक अवध के वजीरे-आज़म रहे मोतमुद्दौला को शहरबदर कर दिया गया। उनके पास बेहिसाब दौलत थी। छः महीने इस इंतिज़ाम में निकल गये कि मालो-दौलत को कैसे, कहाँ ले जाया जाये। सैकड़ों छकड़े ख़रीदे गये। हजारों घोड़े, ऊँट और हाथी हासिल किये गये। सामान बाँधने का सिलसिला भी महीनों चलता रहा। और जब उनके शहर छोड़ने का वक़्त आया तो नयी समस्या

उठ खड़ी हुई। पता लगा कि दूर-दूर के डाकुओं, बदमाशों, चोरों और जरायमपेशा लोगों ने फ़ौज खड़ी कर ली है जिसका ये इरादा है कि मोतमुद्दौला को शहर से बाहर निकलते ही लूट लेगी। रेज़ीडेंट ने इस मसले का ये हल निकाला कि जहाँ तक अवध की सरहद है वहाँ तक अवध की फ़ौज उन्हें बहिफ़ाज़त पहुँचा दे और उसके बाद कंपनी की फ़ौज मोतमुद्दौला को अपनी हिफ़ाज़त में ले ले।

मोतमुद्दौला का कारवाँ निकलना शुरू हुआ तो कई दिनों तक गाड़ियाँ निकलती रहीं। कारवाँ की एक गाड़ी उन्नाव के पास थी तो दूसरी उनके महल के फाटक से निकलती थी। ग़रज़ ये कि ऐसा शहरबदर होना लखनऊवालों ने कभी न देखा था। सैकड़ों पालकियों पर मोतमुद्दौला का ख़ानदान शहर के बाहर निकला।

हज़ारों लोगों, गाड़ियों और पालकियों के साथ मोतमुद्दौला ने कानपुर की तरफ़ कूच किया। कानपुर में उनके आने की ख़बर फैलते ही जायदाद की क़ीमतें बढ़ गयीं।

कानपुर कंपनी के इलाक़े में था। वहाँ के कलक्टर को लाट साहब का हुक्म आया कि मोतमुद्दौला को मदद दी जाये।

मोतमुद्दौला ने सबसे पहले सेठ रामनरायन से उसकी कोठी ख़रीदी। कोठी दस एकड़ के रक़बे में थी और चारों तरफ़ ऊँची दीवारें उठी हुई थीं। कोठी ख़रीदने के बाद उन्होंने दीगर ज़मीनें ख़रीदीं। महलात बनवाये जो अंग्रेज़ी ढंग के थे।

जिलावतन होने के बाद मोतमुद्दौला ने चैन नहीं लिया। मरते दम तक उनकी यही कोशिश रही कि किसी तरह बादशाह उन्हें माफ़ कर दें और वो फिर से वज़ीरे-आज़म बन जायें। लेकिन ऐसा न हुआ।

मोतमुद्दौला ने अपनी बेटी दाऊदी बेगम की शादी एक ग़रीब लेकिन अच्छे ख़ानदान के, खरी हड्डीवाले सैयद से की थी। उनके रहने के लिए सफ़ेद कोठी के बराबर महल बनवाया था। मोतमुद्दौला को बर्मावाले इक़रारनामे के बमूजिब पच्चीस हज़ार रुपये वसीक़ा मिलता था। इसके अलावा उन्होंने बड़ी-बड़ी ज़मींदारियाँ ख़रीद ली थीं और काफ़ी शानो-शौकत से रहते थे। कहते हैं उनकी बेगमात के पास ऐसे-ऐसे फ़र्शी ग़रारे थे जिनकी क़ीमत लाखों रुपये थी।

गर्मियों की छुट्टियों में हम लोग जिस महल में जाया करते थे वह वही महल था जो मोतमुद्दौला ने बनवाया था और सफेद कोठी भी वही थी जो उन्होंने ख़रीदी थी। हाँ, दस एकड़ बाग़ एक गुंजान मोहल्ले में बदल चुका था। वहाँ जो घर बने थे वो किराये पर उठाये गये थे, जिनका पैसा इसी ख़ानदान के लोगों को मिलता था। ज़मींदारियाँ भी बँट गयी थीं और सबके पास कोई-न-कोई गाँव था जहाँ मुंशी-कारिन्दे काम करते थे।

हम लोगों की हैसियत ननिहाल में गरीब रिश्तेदारोंवाली तो नहीं, लेकिन गँवारू रिश्तेदारोंवाली ज़रूर थी। क्योंकि हम लोगों की आदतें और बातचीत का तरीक़ा उनसे अलग था इसलिए वो लोग हम पर हँसते थे। वहाँ का पूरा माहौल इतना अपरिचित और नया था कि हम वहाँ घबराते थे। इतने लोग थे और सबसे इतनी जटिल रिश्तेदारियाँ थीं कि हमें यह पता ही न चलता था कि कौन हमारा क्या है।

इन लोगों ने दस एकड़ के हाते, महल और सफ़ेद कोठी में सौ साल के बाद भी उस लखनऊ को ज़िंदा रखा था जिसे मोतमुद्दौला अपने साथ लाये थे। तकल्लुफ़, बनावट, नज़ाकत, अदब-आदाब, रख-रखाव, शानो-शौकत, दिखावा और वे सब मूल्य जो उन लोगों को विरसे में मिले थे—जैसे नौकरी करना बुरी बात है, मेहनत करना शरीफ़ों का काम नहीं है—यहाँ अब तक प्रचलित ही नहीं थे बल्कि उन पर यक़ीन किया जाता था। इस ख़ानदान का कोई आदमी नौकरी नहीं करता था क्योंकि सबकी जायदादें और ज़मींदारियाँ थीं। पढ़ाई-लिखाई का चलन उर्दू, फ़ारसी और अरबी तक सीमित था और शेरो-शायरी का बड़ा ज़बरदस्त माहौल था। नाच-गाने में दिलचस्पी मर्द ही नहीं, बेगमें भी लेती थीं और अक्सर डोमनियाँ महल के अंदर गाना सुनाने आती थीं। रात-रात भर महफ़िलें आरास्ता रहती थीं। दिन के वक़्त ताश, चौसर और शतरंज की बाज़ियाँ बिछ जाती थीं जो दोपहर के खाने के वक़्त तक जारी रहती थीं। दोपहर के खाने के बाद सब आराम करते थे और शाम होते-होते फिर सब मिल बैठते थे।

यहाँ के लोग शहर के दीगर लोगों से कोई ताल्लुक़ न रखते थे। इनकी अपनी दुनिया थी और उसी में खुश और मस्त रहते थे।

मर्दों के शौक़ भी शाहाना क़िस्म के थे। शिकार खेलने का शौक़ आम तौर पर सब मर्दों को जुनून की हद तक था। ख़ास तौर पर जाड़ों के दिनों में वो लोग कई मोटरों का काफ़ला बनाकर तराई के जंगलों की तरफ़ निकल जाते थे और हफ़्तों शिकार खेला करते थे। शिकार पर काफ़ी पैसा ख़र्च करते थे। शिकार किये हुए जानवरों की खालों, सींगों और सिरों या कभी-कभी पूरे-पूरे जानवरों को साफ़ करके भूसा भरवाकर सजाने का भी शौक़ सबको था। किसी की बैठक में मगरमच्छ, कहीं चीता और कहीं बारहसिंघा देखने को मिलता था।

सबको शानो-शौकत से रहना अच्छा लगता था। हीरे-जवाहरात, सोने-चाँदी की चीज़ें, कटग्लास और क्रिस्टल ग्लास का सामान, झाड़-फ़ानूस, क़ीमती मोटरें, घड़ियाँ, फ़र्नीचर और सजावट का दीगर सामान, नौकर-चाकर, घूमना-फिरना खूब प्रचलित था। एक-दो लोग अपवाद भी थे। लेकिन ज़्यादातर की ज़िंदगी का ढर्रा एक-सा था। ये लोग एक-दूसरे को आग़ा कहकर संबोधित करते थे। बड़ों और छोटों के बीच तहज़ीब से बातचीत और व्यवहार करने पर काफ़ी ज़ोर दिया जाता था। बेगमें

किसी तरह का कोई काम न करती थीं। खाना पकाने की बात तो दूर, वो ऐसा काम भी नहीं करती थीं जो आम तौर पर मध्यमवर्ग की औरतें करती हैं—जैसे सिलाई, कढ़ाई, बुनाई और घर की सफ़ाई वग़ैरा। हर काम के लिए तरह-तरह के नौकर थे और वही सब काम करते थे।

पैसा उड़ाना और फुजूलख़र्ची इन लोगों की आदत थी। पैसा न होता था तो क़र्ज़ लिया जाता था। क़र्ज़ बढ़ जाता था जो ज़मीन का एक टुकड़ा या कोई क़ीमती चीज़ बेच डाली जाती थी। कुछ बेहद ख़र्राच थे, एक-दो ऐसे भी थे जो बेहद कंजूस थे। उनकी कंजूसी भी हदों को पहुँची हुई थी।

ख़ानदान में पागलों और सनकी लोगों की बड़ी तादात थी। शादियाँ चूँकि सब आपस में होती थीं कि जायदाद किसी बाहरवाले के पास न जाने पाये, इसलिए कभी-कभी ऐसे बच्चे पैदा होते थे जिनमें कोई ऐब होता था। एक-दो तो ऐसे पागल थे जिन्हें ज़ंजीरों से बाँधकर रखा जाता था। कुछ ऐसे थे जो कभी-कभी बाहर जाते थे और इलाज वग़ैरा के बाद ठीक हो जाते थे। कुछ सनकी क़िस्म के लोग थे। उनमें तरह-तरह की सनकें पैदा हो जाती थीं। जैसे एक को सफ़ेद कपड़े से डर लगता था, क्योंकि सफ़ेद कपड़ा देखकर उन्हें कफ़न की याद आ जाती थी। वो पाजामे तक रंगीन पहनते थे। एक को सनक थी कि वो जो काम करते थे उसकी हदें ख़त्म कर देते थे। सिगरेट पीने पर आते थे तो एक दिन में सौ सिगरेटें पी जाते थे। लौंग खाने पर आते थे तो इतनी लौंगें खा लेते थे कि जिस्म में दाने निकल आते थे। बहरहाल, जो भी आदत पड़ती थी हदें छूने लगती थी। उसे छोड़कर नयी आदत डालते थे और वह भी हदों को पहुँच जाती थी।

एक ऐसे रिश्तेदार थे जो दो-चार साल बाद सनक जाया करते थे। एक बार सनक गये तो उन्होंने अपनी मौत के दिन, तारीख़ और समय की घोषणा कर दी। जैसे-जैसे घोषित तारीख़ नज़दीक आती जाती थी वैसे-वैसे उनके रंग-ढंग बदल रहे थे। कुछ दिन पहले वे चादर ओढ़कर लेट गये। अपनी वसीयत लिखवाई और मौत के दिन और समय आने का इंतिज़ार करने लगे। डाक्टरों को बुलाया गया तो उन्होंने बताया कि हक़ीक़त में उनका ब्लडप्रेशर कम है और मानसिक रूप से उन्होंने अपने-आपको मरने के लिए इतना तैयार कर लिया है कि ज़रूर हार्टफ़ेल हो जायेगा। अब तो सबको बड़ी फ़िक्र हुई। उन्हें लाख-लाख समझाया गया कि मौत और ज़िंदगी खुदा के हाथ में है। वो अपने कहने से कैसे मर सकते हैं। मगर उनकी समझ में कुछ न आया। कहते थे कि मैंने ख़्वाब में देखा है और मेरे ख़्वाब सच्चे होते हैं।

डाक्टरों-हकीमों ने जवाब दे दिया। कहा कि इनके मर्ज़ का कोई इलाज नहीं है। तब सबने मिलकर सोचा। जो घड़ी उनके बिस्तर के सामने दीवार पर लगी थी उसे, जब वो सो रहे थे तो, एक घंटे पीछे कर दिया गया।

घोषित दिन आया। उनका कहना था कि ठीक बारह बजे मरेंगे। जब साढ़े ग्यारह बजे तो लोगों ने उन्हें मुबारक देना शुरू कर दी कि आप बच गये। उन्होंने कहा कि नहीं अभी तो आधा घंटा है। तो उन्हें बताया गया कि, नहीं घड़ी एक घंटा सुस्त है और अब साढ़े बारह बज चुके हैं। तब वो चादर फेंककर इल्लिलाह कहकर उठ बैठे।

हमारे नाना के एक भतीजे थे। आम तौर पर बिलकुल ठीक-ठाक रहा करते थे। कभी-कभी ऐसी हरकतें कर देते थे जो कोई सही-दिमाग़ आदमी नहीं कर सकता। एक बार किसी को स्टेशन छोड़ने गये। ट्रेन आयी। वह आदमी बैठ गया। इन्होंने खुदा हाफ़िज़ वग़ैरा सब कहा। ट्रेन चल दी। आख़री डिब्बा गार्ड का था, वह अपने डिब्बे के दरवाज़े पर खड़ा झंडी हिला रहा था। इन्होंने लपककर झंडी छीन ली। झंडी तो इनके हाथ में आ गयी, डंडा उसके हाथ में रह गया, जो उसने खींचकर इन्हें मारा। ट्रेन रुक गयी। ये पकड़ लिये गये। जब इनसे पूछा गया कि तुमने झंडी क्यों छीनी तो कहने लगे, बस जी चाहा कि झंडी छीन लूँ। ख़ैर, घरवालों को ख़बर हुई। वो गये तो बड़ी मुश्किल से इन्हें छुड़वाकर लाये।

नाना के एक भाई बड़े आग़ा ग़ज़ब के ख़र्राच थे। उन्हें घड़ियाँ ख़रीदने की सनक थी। उनके पास तरह-तरह की सैकड़ों घड़ियाँ थीं। दोनों हाथ में रोज़ बदल-बदलकर घड़ियाँ बाँधते थे। महँगी से महँगी घड़ियाँ ख़रीदते थे। बड़े-बड़े शहरों में ख़ास तौर पर घड़ियाँ ख़रीदने जाते थे। वो हकलाते भी थे। उनका क़द लम्बा था और चेहरे पर अजीब तरह की वहशत बरसती थी। कई-कई हफ़्तों तक कपड़े न बदलते थे। बाल कटवाने लखनऊ जाते थे। वहाँ एक नाई था, उसी से हमेशा बाल कटवाते थे। हकलाते इतना थे कि उनकी बात आसानी से समझ में नहीं आती थी। बोलने की कोशिश में उनका चेहरा लाल हो जाता था। ये एक बार बम्बई गये। घड़ियों की सबसे बड़ी दुकान के 'शो केस' में घड़ियाँ लगी थीं। इन्हें एक घड़ी पसंद आ गयी। दुकानदार से घड़ी निकाल देने को कहा। वह समझ नहीं पाया कि ये किस घड़ी के लिए इशारा कर रहे हैं। उसने दो-तीन बार ऐसी घड़ियाँ निकालीं जो ये नहीं चाहते थे। ये बार-बार अपनी पसंद की घड़ी की तरफ़ इशारा कर रहे थे। वह समझ नहीं पा रहा था। इन्हें गुस्सा आ गया। इन्होंने मुक्का मारकर शो केस का शीशा तोड़ डाला और अपने पसंद की घड़ी उठा ली। नतीजे में घड़ी के पैसों के साथ-साथ बड़े आग़ा को 'शो केस' के शीशे के भी पैसे देने पड़े।

सौ साल के बाद सफ़ेद कोठी के भी कई हिस्से हो गये थे। अपने-अपने हिस्से में सबने बैठकें बनायी थीं। बीच का बड़ा और ऊँचा हाल, जो 'डबलरूफ हाल' कहलाता था, साझे में था और शादी-ब्याह में खोला जाता था। उसमें बड़े-बड़े पुराने ज़माने के सोफ़े और कुर्सियाँ और हलके हरे पत्थर की मेज़ें, क़ालीनें, झाड़-फानूस

और शीशे का तमाम सामान था जो सबका था।

इसी कोठी का एक हिस्सा बड़े आग़ा को भी मिला था। बड़े आग़ा ने अपनी बैठक को अच्छी तरह सजाया था। लेकिन दीवारों पर जो तस्वीरें थीं वो सब एक ही तरह की थीं। यानी हर तस्वीर में एक नंगी औरत को मारते-पीटते दिखाया गया था। एक तस्वीर में एक नंगी औरत के हाथ-पैर ज़ंजीरों से बँधे थे और उसे कोड़ों से पीटा जा रहा था। एक दूसरी तस्वीर में एक नंगी औरत के लंबे-लंबे बाल एक हब्शी खींच रहा था और वह दर्द से चीख़ रही थी। एक और तस्वीर में एक नंगी औरत का गला एक पहलवान क़िस्म का आदमी मरोड़ रहा था, औरत के चेहरे पर तकलीफ़ थी और आदमी मुस्करा रहा था। इसी तरह की दीगर तस्वीरें थी। कुछ में औरतों के जिस्म में तीर लगे हुए थे। कुछ में उन्हें साँप डस रहा था। कुछ में वो डरकर भाग रही थीं लेकिन सभी रास्ते बंद थे और लगता था कि भालू-जैसा आदमी उन्हें ज़रूर पकड़कर खा जायेगा। ये सभी तस्वीरें काफ़ी बड़ी और अच्छी तरह फ्रेम की हुई थीं।

बड़े आग़ा की शादी लखनऊ के एक ताल्लुक़ेदार ख़ानदान में हुई थी। लेकिन उनकी बीवी उन्हें बरसों पहले छोड़कर चली गयी थीं। उनके कोई औलाद न थी। बड़े आग़ा जब लखनऊ जाते थे तो बीवी से मिलते थे। लेकिन वो इनके पास न रहती थीं। कहते थे कि बड़े आग़ा ने एक बार अपनी बीवी को सिगरेट से जला दिया था, उसके बाद वो चली गयी थीं।

नाना के एक भतीजे मज्जा आग़ा बिलकुल पागल थे। कभी-कभी उन्हें बाँधकर रखना पड़ता था। कभी खोल दिए जाते थे और घूमते-फिरते थे। लेकिन मारते-पीटते न थे। बीड़ी पीने का उन्हें शौक़ था और हर वक़्त बीड़ी पीते रहते थे। अपने मुँह-ही-मुँह में कुछ बड़बड़ाते रहते थे और बातें बहुत कम करते थे। एक बार वो थाने चले गये और रपट लिखवायी कि उनके बहनोई को उसके अब्बा और चचा ने मारकर महल के आँगन में गाड़ दिया है। पुलिस आ गयी। पुलिस को समझाया गया कि ये पागल हैं लेकिन इंस्पेक्टर न माना। उसने मज्जा आग़ा के बताने पर कई जगह खुदाई करायी। लेकिन लाश कहीं न मिली। लोग खोदते-खोदते थक गये। पुलिसवाले परेशान हो गये। कुछ भी न मिला तो इंस्पेक्टर ने मज्जा आग़ा को ही गिरफ़्तार कर लिया। ख़ैर, बाद में साबित होने पर कि पागल हैं, छोड़ दिये गये।

मज्जा आग़ा एक दिन इमामबाड़े की छत पर चढ़ गये और छज्जे पर दोनों पैर लटकाकर बैठ गये। इमामबाड़े की छत बहुत ऊँची थी और वहाँ से गिरने का मतलब सिर्फ़ मौत था। मज्जा आग़ा ने छज्जे पर बैठे-बैठे चीख़कर कहा कि जब तक उनकी शादी नसीम से न करा दी जायेगी वो छज्जे पर से नहीं हटेंगे। अगर उन्हें कोई हटाने आया तो कूद पड़ेंगे। नसीम एक नौकरानी की साँवली-सलोनी

लड़की थी। ये किसी को ख़बर भी न थी कि मज्जा आग़ा नसीम पर इतनी बुरी तरह आशिक़ हैं। सब लोग नीचे जमा हो गये। उनकी अम्माँ आ गयीं, अब्बा आ गये। सबने लाख-लाख समझाया कि उतर आओ, तुम्हारी शादी बहुत ख़ूबसूरत लड़की से कराई जायेगी। लेकिन मज्जा आग़ा की एक ही रट थी कि नसीम से शादी न करायी गयी तो मैं कूदकर जान दे दूँगा। उनकी अम्माँ ने उन्हें हज़रत अब्बात का वास्ता दिया। अपनी जान की क़सम खिलाई कि वो कूदें नहीं।

'अच्छा तो नसीम को यहाँ बुलाइये,' मज्जा आग़ा ने ऊपर से चीख़कर कहा।

नसीम को बुलाया गया। वो खड़ी हो गयी। उसकी हालत बड़ी अजीब हो रही थी। थर-थर काँप रही थी।

'अब मौलवी साहब को बुलवाइये,' मज्जा आग़ा ऊपर बैठे-बैठे अपने निकाह की तैयारियों का हुक्म देते रहे और नीचे सब लोग चुपचाप उनका हुक्म मानते रहे। जब शकर और छुआरे तक आ गये तो उनकी अम्माँ ने कहा कि लो अब तो खुदा के लिए नीचे आओ और निकाह पढ़वा लो।

मज्जा आग़ा जैसे ही नीचे उतरे उन्हें पकड़ लिया गया और रस्सियों से बाँध दिया गया। वो बहुत चीख़े-चिल्लाये। उन्होंने बड़ा हंगामा किया, खूब रोये। अपना सिर ज़मीन पर पटक-पटककर ज़ख्मी कर लिया। लेकिन उन्हें न तो छोड़ा गया और न नसीम से उनका निकाह पढ़वाया गया। नसीम अपनी ननिहाल भेज दी गयी। मज्जा आग़ा को हस्बे-दस्तूर बिजली के झटके दिये गये। इलाज हुआ और कुछ महीनों में ठीक हुए तो उनकी शादी चचाज़ाद बहन से करा दी गयी। चचाज़ाद बहन इतनी बदसूरत थी कि उसकी शादी कहीं न होती थी। शादी के बाद मज्जा आग़ा कुछ ठीक हो गये थे। कभी-कभी दौरे ज़रूर पड़ते थे।

नाना के एक भाई शुजा आग़ा बहुत समझदार और भले आदमी थे। फ़ारसी के अच्छे जानकार थे। फ़िरदौसी के बड़े आशिक़ थे। उन्हें जरासीम का ख़ब्त था। जरासीम से बहुत डरते थे। कभी किसी मरीज़ को देखने न जाते थे। उनके अपने घर में कोई बीमार पड़ जाता था तो बैठक से कभी अंदर न आते थे।

सुबह पाख़ाने जाने के लिए बड़ी तैयारियाँ करते थे। दो बड़े लोटों में नौकर उनके लिए पानी भरते थे। शुजा आग़ा एक लोटे में लाल दवा मिलाते थे। दूसरे लोटे में डिटॉल मिलाते थे। दोनों लोटे पाख़ाने में रख दिये जाते थे। जमादारिन को ख़ास हिदायत थी कि उनके पाख़ाना जाने से पहले पाख़ाने की पूरी सफ़ाई कर दे। वह फ़िनैल से पाख़ाने की खूब सफ़ाई करती थी। उसके बाद शुजा आग़ा पाख़ाने जानेवाली टोपी लगाते थे जो कानों तक को ढक लेती थी। मुँह पर एक सापर, सफ़ेद इत्र में तर किया रूमाल बाँधते थे। रूमाल इस तरह बाँधते थे कि सिर्फ़ आँखें खुली रह जाती थीं। पाख़ाने जाने से पहले उनकी हुलिया कुछ वैसी हो जाती थी जैसे सर्जन की 'ऑपरेशन थियेटर' में जाने से पहले होती है। शुजा

आग़ा को पाख़ाने में पूरा एक घंटा लगता था। वापस आते थे तो नौकर लोटे से हाथों पर पानी डालता था और वो तीन बार साबुन से रगड़-रगड़कर हाथ धोते थे। उसके बाद तौलिये से खूब अच्छी तरह हाथ साफ़ करते थे।

नानी की शादी बारह बरस की उम्र में हो गयी थी। नानी अपने माँ-बाप की लाडली और अकेली बेटी थीं। उन्हें उनकी माँ बहुत चाहती थीं। शादी के बाद उनकी माँ उन्हें लगातार अपने पास बुलाती रहती थीं। नाना अकेले रह जाते थे। नाना को अपनी ससुराल जाना और वहाँ ज़्यादा दिनों रहना पसंद न थे। इसलिए उन्होंने बाहर की एक औरत डाल ली थी और उसके साथ रहने लगे थे इससे पहले नानी से उन्हें दो लड़कियाँ हो चुकी थीं। बाहर की औरत पर नाना खूब पैसा ख़र्च करते थे।

नानी को जब ये पता चला तो उन्हें अपनी ग़लती का एहसास हुआ और वो अपनी ससुराल आ गयीं। इसकी एक ये बड़ी वजह थी कि उनके ससुराल में न रहने की वजह से नाना ज़मीनें और जायदाद बड़ी बेदर्दी से बेच-बेचकर उड़ा रहे थे। नानी ने आकर उन्हें रोका और अपने ख़र्च के लिए कुछ मकानात, दुकानें वग़ैरा अपने नाम लिखवा लीं। लेकिन नाना बाहरवाली औरत को छोड़ न सकते थे। वो बाहर सफ़ेद कोठी के अपने हिस्से में ही रहते रहे।

नाना इकहरे बदन के थे। वो पलकें बहुत तेज़ी से झपकाते थे। ये शायद उन्हें कोई मर्ज़ था या आदत पड़ गयी थी। आम तौर पर कमीज़-पाजामा पहनते थे और सोलो हैट लगाते थे। कहीं बाहर जाते तो शेरवानी पहन लेते थे। उनकी आवाज़ कड़कदार थी—ऐन, ग़ैन, क़ाफ़ वग़ैरा का उच्चारण बहुत ज़ोर देकर किया करते थे। मस्तमौला क़िस्म के आदमी थे। कल की चिंता न करते थे। खाने के शौक़ीन थे और अच्छा खाने के लिए ज़मीनें, मकानात और दुकानें बेच डालते थे। बाहर की औरत से उनकी कई औलादें थीं और ख़र्च ज़्यादा था।

नाना अंग्रेज़ी के दो-चार जुमले भी बोल लेते थे। अंग्रेज़ों के ज़माने में एक बार रात में महल के दरवाज़े पर शराब पिये कुछ गोरे सिपाही आ गये थे। पहरेदार उन्हें अंदर जाने से रोकते रहे लेकिन वो नहीं मान रहे थे। अंदर सब परेशान थे। किसी मर्द में ये हिम्मत न थी कि अंदर से निकलकर बाहर आता और गोरों को समझाता। आख़िरकार नाना अपना सोलो हैट लगाकर बाहर आये और गोरों को अंग्रेज़ी में समझाया कि अंदर ज़नानख़ाना है और वो अंदर नहीं जा सकते।

नाना को नानी के साथ मज़ाक़ करने, उन्हें चिढ़ाने और उनके मैके की बुराइयाँ करने में बड़ा मज़ा आता था। नाना सुबह नानी के पास आते थे। एक-दो घंटे बैठते थे। दोनों में मज़ाक़-मज़ाक़ में चोटें चलती थीं। हँसते भी थे और कभी-कभी

चिढ़ भी जाते थे। नानी उनके उड़ाऊ-खाऊ होने पर व्यंग्य करती थीं और नाना उनकी कंजूसी का मज़ाक़ उड़ाते थे।

नाना जितने उड़ाऊ-खाऊ थे नानी उतनी ही कंजूस थीं। उनकी कंजूसी की हदें ख़त्म हो गयी थीं। दो-दो दिन की बासी रोटी चाय के साथ खा लेती थीं। महीना-महीना भर रखी मिठाइयों से चींटे और चींटियाँ साफ़ करके खाती थीं। मतलब पहनने, ओढ़ने और रहन-सहन में ही नहीं, बल्कि खाने तक में कम-से-कम पैसा ख़र्च करती थीं। चूँकि अकेली रहती थीं इसलिए अपने लिए खाना भी न पकवाती थीं। बाज़ार से मँगवा लेती थीं। उनका ख़याल था कि एक आदमी का खाना पकवाना, बाज़ार से मँगवाने से महँगा पड़ता है। नानी कपड़े तो शायद ही कभी बनवाती थीं। उनके पास पुराने कपड़े इतने थे कि उनसे ही काम चलाती थीं। कभी बाज़ार में कोई सस्ती चीज़ आती थी तो ख़रीदती थीं, नहीं तो कुछ नहीं। दाँत से पैसा पकड़नेवाला मुहावरा उन पर खरा उतरता था। नानी अपनी लड़कियों से भी पाई-पाई का हिसाब करती थीं। कहीं आना-जाना उन्हें पसंद न था क्योंकि उसमें पैसे ख़र्च होते थे। जिस कमरे में रहती थीं उसकी पुताई बरसों न करवाती थीं। छत से छींके लटकवा देती थीं, उसमें उनका खाने-पीने का सामान रहता था। अल्मारियों में हज़ारों तरह के पुराने छोटे-बड़े डिब्बों में दीगर छोटा-मोटा सामान रखती थीं। टूटी-फूटी, सड़ी-गली चीज़ को भी न फेंकती थीं।

नानी का क़द छोटा था और जिस्म क़ाफ़ी भारी था और बार-बार उठना उन्हें अच्छा न लगता था। इसलिए वो किसी बच्चे को नौकर रखती थीं। उनका कहना था कि बच्चे तेज़ी से काम करते हैं और कम खाते हैं। बड़े नौकर तनख़्वाह ज़्यादा माँगते हैं और खाते भी ज़्यादा हैं। इसलिए उनके पास हमेशा बच्चा नौकर रहा करता था। बच्चा नौकर जब कोई ग़लत काम या शरारत करता था तो उसके चुटकियाँ लेती थीं। यही उसकी सज़ा होती थी। जब बच्चा नौकर बड़ा हो जाता था तो वो उसे नौकरी से निकाल देती थीं और कोई दूसरा बच्चा नौकर रख लेती थीं।

उनके फुजूल के ख़र्चों में बस पान का ख़र्च था। लेकिन उसमें भी वो बहुत बचत करती थीं। सबसे सस्ते क़िस्म के पान मँगवाती थीं। डली चूँकि महँगी आती थी, इसलिए आम तौर पर उनके पानदान में न होती थी। उसे बटुए में रखती थीं जो उनके सिरहाने रहता था। पानदान में डली की जगह ख़जूर की गुठलियों की डली रखती थीं ताकि आने-जानेवाले को पान देना पड़े तो वही डली डाली जाये।

नानी के कमरे में सिर्फ़ एक बल्ब था। वह ऐसी जगह लगवाया गया था कि उसकी रौशनी बरामदे और कोठरी में भी जाती थी। इसलिए न तो बरामदे में बल्ब था और न कोठरी में। बिजली की बचत पर भी उनका ध्यान रहता था। अक्सर रात में अकेली होती थीं तो बच्चा नौकर से कहकर स्विच बंद करा देती थीं। बच्चा

नौकर का हाथ स्विच तक नहीं पहुँच पाता था। वह एक छड़ी लेकर स्विच बंद करता था। नानी अँधेरे में बैठी रहती थीं। नानी के कमरे में एक छत का बिजलीवाला पंखा भी था लेकिन वो उसे अपने लिए नहीं चलाती थीं। गर्मियों में वो अपने को हाथ का पंखा झलती थीं। जब कोई आता-जाता था तो बच्चा नौकर पंखा खोल देता था।

उनको इस्तिख़ारा* दिखाने की सनक थी। दोटे-छोटे काम करने से पहले इस्तिख़ारा देखती थीं। जैसे ये इस्तिख़ारा देखती थीं कि नाश्ता करूँ या न करूँ। इस्तिख़ारा नहीं आता था तो नाश्ता नहीं करती थीं। एक दिन न तो नाश्ता करने पर इस्तिख़ारा आया, न खाने पर आया। दिन-भर भूखी रहीं। ये उनके साथ कभी-कभी हो जाता था। बड़े काम करने से पहले तो ज़रूर इस्तिख़ारा देखती थीं। अगर कुछ ख़रीदना है, कहीं जाना है, किसी को बुलाना है तो इस्तिख़ारा देखना ज़रूरी हो जाता था।[1]

नानी को पैसा जमा करने का ही नहीं, बल्कि पैसा कमाने का भी शौक़ था। लेकिन आम तौर पर पैसा कमाने के लिए ऐसे रास्ते अपनाती थीं जिनमें पैसा डूबने की उम्मीद न हो। जैसे बड़ी कंपनियों में हिस्से ख़रीदती थीं। बचत योजनाओं में बड़ा ब्याज मिलता था। उसमें पैसा लगाती थीं। जानवरों के एक मेले में उन्होंने हिस्सा ख़रीदा था। उससे हर साल उन्हें कुछ पैसा मिलता था। अक्सर सस्ता कपड़ा ख़रीदकर कुछ मुनाफ़े पर बेचती थीं। एक ज़माने में जब मिट्टी के तेल पर राशनिंग थी तो मिट्टी का तेल बेचने का भी उन्होंने काम किया था। लेकिन उसमें फ़ायदा नहीं हुआ क्योंकि किसी ने उन्हें बताया कि पुलिस छापा मारनेवाली है कि किस-किसने मिट्टी का तेल छिपा रखा है और ब्लैक में बेच रहा है। नानी डर गयी थीं और उन्होंने कई पीपे मिट्टी का तेल नाली में बहा दिया था। दूसरी लड़ाई के दौरान उन्होंने पैराशूट का कपड़ा भी ख़रीदा था और उसके छोटे-छोटे टुकड़े अच्छे मुनाफ़े पर बेचती थीं। नानी पढ़ी-लिखी नहीं थीं, लेकिन हिसाब-किताब में बड़ी चौकस थीं। पाई-पाई का हिसाब बहुत अच्छी तरह कर सकती थीं। उनका सारा हिसाब-किताब ज़बानी होता था।

नाना अपनी जायदाद लुटाते थे लेकिन नानी बची-खुची को लिये बैठी थीं। यही नहीं, वो जायदाद बढ़ाने और पैसा कमाने के अच्छे रास्तों की तलाश में रहती थीं। नाना इस बात पर उनका मज़ाक़ उड़ाते थे, और वो नाना की फुजूलख़र्ची की आलोचना करती थीं।

नानी को एक-एक पैसा करके, पेट काटकर, बासी रोटियाँ खाकर, गर्मियों में

---

* आम तौर पर शिया मुसलमान अनिश्चय की दशा में एक दुआ पढ़ते हैं और आँखें बंद करके तस्बीह के दाने पकड़ते हैं। दानों की संख्या से निश्चित होता है कि अमुक काम किया जाये या न किया जाये।

हाथ का पंखा झलकर, अँधेरे में रहकर, कपड़े न बनवाकर और अपनी जायदाद से जो आमदनी होती थी वो ख़ास मौक़ों पर अपनी बेटियों और नवासे-नवासियों को देती थीं। जैसे ख़तनों के मौक़े पर उन्होंने हम दोनों भाइयों को सोने की एक-एक अशर्फ़ी दी थी। रोज़ाकुशाई के मौक़े पर भी क़ीमती चीज़ें दी थीं। जब उनके पास एक अच्छी रक़म जमा हो जाती थी तो उसे अपनी दोनों लड़कियों में बराबर बाँट दिया करती थीं। वो कहती थीं कि मेरी लड़कियों के बाप ने लड़कियों का हक़ मारा है लेकिन मैं ये नहीं कर सकती।

जो शौक़ आम तौर पर लड़कियों को बहुत बचपन में होते हैं वो शौक़ नानी को थे। जैसे छोटे-छोटे खिलौनों-जैसे बरतन उन्हें बहुत अच्छे लगते थे। गुड़िया का दहेज उन्हें बहुत पसंद था। बिलकुल नन्हा-सा लोटा, कटोरा, पानदान और दीगर चीज़ें वो अपने पास सँभालकर रखती थीं। उन्हें देखकर खुश होती थीं। गुड़ियों का भी उन्हें शौक़ था। लेकिन उनकी गुड़ियाँ बहुत छोटी होती थीं। छोटा-सा नौकर, छोटी-मोटी चीज़ें और पैसा जोड़ना, यही उनकी ज़िंदगी थी। आम तौर पर हमेशा अपने कमरे में अकेली रहती थीं। ये बात दूसरी है कि ख़ानदान के बाक़ी लोगों से मिलना-जुलना बराबर होता रहता था क्योंकि महल में ख़ानदान के दसियों परिवार रहते थे।

नानी को नजिस और पाक का भी बड़ा ख़याल था। बच्चों को नजिस समझती थीं। हम लोगों को प्यार करती थीं तो पहले गाल पर एक साफ़ सफ़ेद मलमल का रूमाल रखती थीं और उसके बाद प्यार करती थीं। नानी की दो लड़कियाँ थीं—एक हमारी अम्माँ और दूसरी हमारी ख़ाला। ख़ाला की शादी ख़ानदान ही में हुई थी और वो महल के एक हिस्से में ही रहती थीं।

4

तेरी याद से लड़ता हूँ
देख तो मेरा पागलपन

सबकुछ हो सकता है साहब, सबकुछ हो सकता है लेकिन दो बातें नहीं हो सकतीं। अंग्रेज़ हिंदोस्तान से नहीं जा सकते और ज़मींदारी ख़त्म नहीं हो सकती। मियाँ, अंग्रेज़ और हिंदोस्तान से चले जायें ? नामुमकिन। अरे साहब, इतनी बड़ी सल्तनत, ज़रा सोचिए बर्मा से लेकर बिलोचिस्तान तक फैली हुई हुकूमत; खरबों रुपये की आमदनी और करोड़ों लोगों पर हुकूमत, अंग्रेज़ कैसे छोड़ सकते हैं। अमाँ, कोई पागल ही छोड़ सकता है। और अंग्रेज़ और पागलपन। मियाँ, अंग्रेज़ों का दिमाग़ ऐसा है कि वो सबकुछ हो जाते हैं, पागल नहीं होते। मियाँ, पागल होते तो ऐसी सल्तनत बनाते जहाँ सूरज नहीं डूबता ? अक़्ल के पुतले हैं, कम्बख़्त। उनका मुल्क क्या है ? मियाँ, नक्शे पर देखो तो चिड़िया बराबर। और अंग्रेज़ दुनिया में कितने हैं ? मुट्ठी-भर। लेकिन इन्होंने सारी दुनिया को तिगनी का नाच नचा दिया। तो साहब, ये हिंदोस्तान तो न छोड़ेंगे। मियाँ, हमारे एक अज़ीज़ लंदन गये थे। वहाँ उन्होंने सड़क के किनारे लकड़ी के बड़े-बड़े लट्ठों को पड़े देखा। लोगों ने बताया कि ये लकड़ी हिंदोस्तान से यहाँ आयी है। इन्हें ताज्जुब हुआ कि लकड़ी के लट्ठे हिंदोस्तान से यहाँ क्यों लाये गये हैं, लंदन में लकड़ी की क्या कमी। ख़ैर साहब, इन्होंने नज़र बचाकर लकड़ी के लट्ठों में से एक को खुरचा तो पता चला सोने के लट्ठे हैं, ठोस सोने के। अब बताइये। ये फिरंगी यहाँ से इतनी दौलत ले जाते हैं। मियाँ, हम भी कभी सोने की चिड़िया कहलाते थे, वो सारा सोना कहाँ गया ? लंदन में है। अब बताइये, अंग्रेज़ हिंदोस्तान क्यों छोड़ेंगे ? इसमें भी शक नहीं कि कम्बख़्तों को खुदा ने अक़्ल दी है। जनाब एक बार हिंदू-मुसलमानों में फ़साद की नौबत आ गयी। जिस रास्ते से ताज़िया गुज़रता था उस सड़क के किनारे पीपल का एक पेड़ था। उसकी एक डगाल सड़क पर इस तरह झुक आयी थी कि ताज़िया

निकल न सकता था। मुसलमान कहते थे पीपल की डगाल काटो। हिंदू कहते थे ताज़िये का रास्ता बदल लो। लेकिन साहब, मुसलमान रास्ता बदलने पर तैयार न थे। हिंदू कहते थे चाहे हम कट जायें लेकिन पीपल महादेव है, इसे न कटने देंगे। हज़ारों लोग दोनों तरफ़ से जमा हो गये। अब सुनिए साहब, अंग्रेज़ कप्तान पुलिस चंद सिपाहियों के साथ आया। अब देखिए, क्या रोब-दबदबा है अंग्रेज़ों का। कुल्हाड़ा लेकर खुद पेड़ पर चढ़ गया और हज़ारों हिंदुओं के सामने पीपल के पेड़ की डगाल काट डाली। मुसलमान बहुत खुश हुए। लेकिन उसने मुसलमानों से कहा, नहीं अब तुम्हें रास्ता बदलना पड़ेगा। यानी ताज़िये वापस करा दिये। मज़े की बात ये कि दोनों तरफ़ से कप्तान पुलिस की जय-जयकार होने लगी। दोनों ने माना कि इंसाफ़ किया गया है। अब देखिए, इंसाफ़ क्या था। यही कि तुम दोनों महकूम हो। हम हाकिम हैं, हमारे हुक्म के आगे तुम, तुम्हारा मज़हब कुछ नहीं है। लेकिन जनाब, काम किया इस खूबी से कि जय-जयकार होने लगी।

और जनाब, अंग्रेजों के जाने के बाद यहाँ हुकूमत कौन करेगा ? कांग्रेसी ? लाहौलविलाकुव्वत। अरे साहब, हुकूमत चलाना हँसी-खेल नहीं है। ये दुकानों के सामने पालथी मारकर बैठ जाना, चर्खा कात लेना, जेल चले जाना दूसरी बात है और हुकूमत चलाना कुछ और है। देखिएगा साहब, एक तो अंग्रेज़ जायेंगे नहीं और अगर कहीं चले गये तो ये लोग एक-दूसरे को खा डालेंगे। हाहाकार मच जायेगा और सारा अमन-चैन चौपट हो जायेगा। नहीं बंदापरवर, नहीं, अंग्रेज़ हिंदोस्तान नहीं छोड़ सकते। यही तो उनकी मल्का के ताज में सबसे क़ीमती, चमकता हुआ हीरा है।

जहाँ तक ज़मींदारी का सवाल है, ये बाबा आदम के ज़माने से है और ताक़यामत रहेगी। मियाँ, ज़मींदारी न रहेगी तो पूरा निज़ाम दरहम-बरहम हो जायेगा। लगान कौन वसूल करेगा ? गाँवों के लुच्चे-लफंगों और बदमाशों को काबू में कौन रखेगा ? सरकारी ख़ज़ाना ख़ाली हो जायेगा और सरकार ही नहीं रहेगी। मियाँ, यहाँ जो भी हुक्मराँ आया उसने ज़मींदारी को जारी रखा। बिल्फ़र्जे-मोहाल अंग्रेज़ चले भी गये तो ज़मींदारी नहीं जा सकती। और ये कांग्रेसी जो ज़मींदारी ख़त्म करने की बातें हैं, इनमें से भी बहुत-से ज़मींदार हैं। क्या वो अपने पैर पर कुल्हाड़ी मारेंगे ? नहीं, ये नहीं हो सकता। ज़मींदारों के पास तो मुंशी-कारिंदे हैं, सिपाही हैं, चौकीदार हैं। इनके ज़रिये पूरा काम चलता है। ये सब तहसील में नहीं हैं। तो जनाब, क्या तहसीलदार गाँव-गाँव लगान वसूल करने जायेगा ? नहीं साहब, नहीं··· ये नहीं हो सकता।

अब्बा मियाँ अख़बार न पढ़ते थे। उनके बाप और दादा को भी अख़बार पढ़ने की कोई ज़रूरत न महसूस हुई थी। उनके काम की जो ख़बरें थीं वो उन्हें मिल ही जाती थीं। जैसे उन्हें बड़ी लड़ाई की ख़बर मिल गयी थी। उस जमाने में उनके

वालिद हुज़ूर ज़िंदा थे। उन्होंने सिपाहियों की भरती भी करायी थी। उसके बाद जर्मनी की हार की ख़बर भी उन्हें मिल गयी थी। कांग्रेस और गाँधीजी की भी उन्हें ख़बरें मिलती रहती थीं। फिर दूसरी लड़ाई की ख़बरें मिलने लगीं। कुछ चीज़ों की क़िल्लत हो गयी थी लेकिन उन पर फ़र्क़ नहीं पड़ा था। कलक्टर से उन्हें कोटा मिल जाता था और जो चीज़ें दूसरों को न मिल पाती थीं या मुश्किल से मिलती थीं, वो उनके लिए मुश्किल से मिलनेवाली न थीं।

दूसरी लड़ाई के बाद उन्हें सबसे बड़ी हैरत ये जानकर हुई कि अंग्रेज़ वाक़ई जा रहे हैं। हैरत ही नहीं, ये उनके लिए सदमे की बात भी थी। बचपन से लेकर जवानी तक उन्होंने तरह-तरह के अंग्रेज़ कलक्टर देखे थे। सनकी, खरदिमाग़, रहमदिल, सख़्त, टेढ़े और सीधे—लेकिन थे अंग्रेज़। इक्का-दुक्का कभी-कभी हिंदोस्तानी कलक्टर भी आ जाते थे, वो भी अंग्रेज़ों-जैसे थे। लेकिन अंग्रेज़ न रहेंगे ये बात उनके हलक़ से नहीं उतरती थी।

अंग्रेज़ों के जाने का मतलब था ज़मींदारी गयी। सब तरफ़ से ख़बर थी कि ज़मींदारी जल्दी ही चली जायेगी। ज़मींदार धड़ाधड़ अपने इलाक़े के पेड़ बेच रहे थे। पट्टे लिख रहे थे। उनसे भी कहा गया कि इलाक़े के पेड़ बेच डालिए। उन्होंने कहा कि जनाब, पहले ये तो पता चले कि मेरे इलाक़े में कितने पेड़ हैं ? पेड़ों की गिनती करने का काम सिपाहियों को सौंपा गया। उसका एक चार्ट बना जिसमें पहला ख़ाना ये था कि पेड़ किस गाँव और कितने रक़बे में हैं। उस ज़मीन का खाता नंबर क्या है। दूसरा ख़ाना था पेड़ की क़िस्म क्या है। तीसरा कालम था, पेड़ कितना पुराना है। चौथा ख़ाना था कितनी मोटी डगालें हैं। पाचवाँ ख़ाना था अंदाज़न कितनी लकड़ी होगी। छठा ख़ाना ये था कि अंदाज़न उसका क्या दाम होगा। सातवाँ ख़ाना कैफ़ियत यानी साधारण टिप्पणी के लिए था। ग़रज़ ये कि सर्वे शुरू हो गया। मुंशी, कारिंदे और सिपाही काम में जुट गये। ज़ाहिर है कि ज़मींदारी के लंबे-चौड़े इलाक़े में सर्वे करना आसान काम न था। लेकिन पूरा सर्वे हुए बग़ैर अब्बा मियाँ पेड़ न बेचना चाहते थे। अब्बा इस बात पर झुँझलाते थे। उनका मानना था कि औने-पौने जो मिल जाये लेकर, पेड़ बेच देना चाहिए। ग़रज़ ये कि ज़मींदारी ख़त्म हो गयी लेकिन पेड़ों का सर्वे पूरा न हो पाया।

जहाँ तक ज़मीनों के पट्टे अपने अज़ीज़ों के नाम करने की बात थी आम तौर पर ज़मींदार किसानों को ज़मीन से बेदख़ल करके ज़मीन के पट्टे अपने या रिश्तेदारों के नाम कर रहे थे। अब्बा मियाँ ने कहा कि जनाब, मैं उन किसानों को बेदख़ल नहीं कर सकता जो ज़मीनें जोत रहे हैं। हाँ जो ज़मीनें ख़ाली हैं उनका मैं पट्टा कर सकता हूँ। उन्हें लाख-लाख समझाया गया कि देखिए, सब ऐसा कर रहे हैं। लेकिन उन्होंने कहा कि मैं किसी की 'आह' नहीं ले सकता।

ग़रज़ ये कि क़रीब एक हज़ार बीघे का पट्टा उन्होंने अब्बा के नाम किया।

ये वो ज़मीन थी जो किसी के नाम न चढ़ी थी। इसमें बड़ा रक़बा ऊसर का था और एक छिछला बड़ा तालाब था। उसके आसपास सवा सौ बीघे की धनही थी। इसके अलावा उन्होंने एक गाँव में जो बाग़ लगवाया था उसका रक़बा सौ बीघा था, वह भी अब्बा के नाम कर दिया गया।

वैसे अब्बा मियाँ का जो कुछ भी था ज़मींदारी ही थी। वही सैकड़ों सालों से पुरखों की बची-खुची जायदाद थी। उसी से उनका सम्मान था। उसी से उनका नाम था। उसी से उनकी आमदनी थी। वही उनकी ज़िंदगी का ढर्रा थी। ज़मींदारी चली जाने के बाद उन्होंने क़सम खायी कि वो कभी अपने इलाक़े पर नहीं जायेंगे। वो ये नहीं चाहते थे कि जहाँ उनका ज़बरदस्त रोब-दाब था, जहाँ उनके नाम से लोग थर्राते थे, वहाँ वो एक आम आदमी की हैसियत से जायें। उन्होंने अपनी क़सम निभाई। कितना ही सख़्त बड़े-से-बड़ा और ज़रूरी-से-ज़रूरी काम पड़ा, लेकिन वो अपने इलाक़े नहीं गये। हद ये है कि जब आज़ादी के कुछ साल बाद उन्होंने अब्बा को ग्राम प्रधान का इलेक्शन लड़वाया तब भी उनकी कन्वेसिंग करने इलाक़े नहीं गये।

ज़मींदारी ख़त्म होने के बाद वो कांग्रेस के पक्के दुश्मन हो गये थे। उनका ये मानना था कि ज़मींदारी कांग्रेस ने ख़त्म की है। ज़मींदारी ख़त्म होने के बाद उनके ऊपर ऐसा मनोवैज्ञानिक असर पड़ा था कि राजनीति से ही दूर हो गये थे। लेकिन कभी इलेक्शन आते और वोट देना होता तो कांग्रेस को उस वक़्त तक न देते थे जब तक कांग्रेस के टिकट पर कोई उनका अपना ख़ास न लड़ रहा होता।

कांग्रेस से वो अपनी दुश्मनी जीवन के अंतिम क्षणों तक निभाते रहे। उनके बुढ़ापे में ज़िले से संसद के चुनाव के लिए एक केंद्रीय मंत्री को टिकट मिला। वह इनके पास वोट माँगने आया। इन्होंने साफ़ कहा, 'जनाब, आपके आने से पहले दूसरे उम्मीदवार मेरे पास आये थे और मैंने उन्हें वोट देने का वायदा कर लिया है।' उसने कहा, 'कोई बात नहीं। लेकिन आप समर्थन मेरा कीजिए। आपका बड़ा प्रभाव है।'

इन्होंने कहा, 'देखिए जनाब, हमारा प्रभाव था ज़मींदारी की वजह से। वो आपने ख़त्म कर दी। अब हमारा कोई प्रभाव नहीं है।'

उसने कहा, 'अच्छा, आप मेरे लिए दुआ तो कर सकते हैं।'

इन्होंने जवाब दिया, 'जनाब, मैं गुनाहगार बंदा हूँ, मेरी दुआ कुबूल नहीं होती।'

ये इत्तिफ़ाक़ की बात है कि वह मंत्री चुनाव हार गया।

अब्बा को राजनीति से कोई दिलचस्पी न थी। लेकिन वो मोहम्मद अली जिन्ना और जवाहरलाल नेहरू के बड़े प्रशंसक थे। वे इन दोनों की राजनीति नहीं बल्कि मोहम्मद अली की दिमाग़दारी और जवाहरलाल नेहरू की शराफ़त और मुस्लिमपरस्ती

को दिलो-जान से पसंद करते थे। जवाहरलाल नेहरू के बड़े मुसलमान दोस्त थे। वे आम तौर पर शेरवानी-पाजामा ही पहनते थे। खाने-पीने में भी उन्हें अच्छा मुग़लई खाना पसंद था। वो कट्टर हिंदुओं के दुश्मन थे। लियाक़त अली ख़ाँ तक से उनकी दोस्ती थी। हिंदू-मुसलमान में कोई फ़र्क़ नहीं करते थे। ये सब बातें अब्बा को अच्छी लगती थीं। जिन्ना के बारे में कहते थे कि वह दिमाग़दार आदमी है। उसने पाकिस्तान के केस को अदालत के मुकद्दमे की तरह लड़ा है और केस जितवाया है। अब्बा मियाँ की हमदर्दियाँ पाकिस्तान के साथ थीं। लेकिन पाकिस्तान जाने की बात उन्होंने सोची तक नहीं। अब्बा मियाँ से एक बार किसी ने कहा कि आप पाकिस्तान क्यों नहीं चले जाते तो उन्होंने उससे पूछा, 'जनाब, ये पाकिस्तान है किस चिड़िया का नाम ?'

उसने कहा, 'वहाँ आपको ज़मींदारी मिलेगी।'

'ज़मींदारी, आप समझते हैं क्या है ? गुड्डे-गुड़ियों का खेल नहीं है ज़मींदारी। हम यहाँ ज़मींदारी करते थे तो इसलिए कि दो सौ साल से हमारा ख़ानदान यहाँ रह रहा है। चप्पे-चप्पे से वाक़फ़ियत है। हज़ारों मिलनेवाले और सैकड़ों दोस्त हैं। यहाँ की जुबान और लोगों से वाक़िफ़ हैं, वो हमसे वाक़िफ़ है··· अगर बिलोचिस्तान में मुझे ज़मींदारी मिल भी गयी तो मैं कर सकता हूँ ? ज़मींदारी एक आदमी के बस का रोग तो है नहीं। न मैं उन लोगों को जानूँ, न मैं उनकी जुबान जानूँ और न वो मेरी जुबान जानें··· न वहाँ मेरे दोस्त, न ताल्लुक़ात··· तो जनाब, मैं वहाँ ज़मींदारी करूंगा या जूते खाऊँगा। जनाब, मुझे ऐसी ज़मींदारी नहीं करनी। मैं बग़ैर ज़मींदारी के यहीं भला हूँ।'

बँटवारे के बाद अतराफ़ से मारकाट की ख़बरें यहाँ आ रही थीं। आसपास के शहरों में फ़साद हो गये थे। एक दिन बड़ा शोर था कि यहाँ भी फ़साद होगा। नीचे मोहल्ले में जो लोग रहते थे सब अपने बाल-बच्चों और क़ीमती सामान को लेकर क़िले पर आ गये थे। इनमें हिंदू-मुसलमान, सब शामिल थे। चमार, बेलदार, भड़भूँजा, तेली, नाई—जो भी नीचे मोहल्ला में था ऊपर आ गया था। दो-चार घर शेख़ों के थे। वे भी ऊपर आ गये। अब्बा मियाँ और लक्खू मियाँ ने असलहे साफ़ करा लिये थे। कुल मिलाकर चार राइफ़लें, एक पिस्तौल था। असलहे लेकर ये लोग अपनी-अपनी छतों पर चढ़ गये। मोहल्ले के लोग पत्थर समेटकर चढ़ाई के चारों तरफ़ बैठ गये। औरतों ने खाना पकाना शुरू कर दिया। तैयारी बड़ी ज़बरदस्त थी। मतलब ये कि अगर हमें कोई नुक़सान पहुँचाने आया तो उसे सख़्त जवाब दिया जायेगा—चाहे हिंदू हो या मुसलमान।

शहर में एक-आध जगह दंगे हुए। आग लगाई गयी। लोग मरे भी। लेकिन दंगाइयों की यहाँ आने की हिम्मत नहीं पड़ी। तीन दिन सब ऊपर क़िले पर ही रहे और उसके बाद अपने-अपने घरों में चले गये। एक-दो बार और दंगा हुआ।

लेकिन यहाँ तक कोई नहीं आया।

ज़मींदारी ख़त्म हो जाने के बाद आमदनी का सबसे बड़ा ज़रिया जानवरों की बाज़ार थी जिससे हर हफ़्ते पैसे आते थे। हिसाब अब्बा मियाँ लेते थे और पैसा अब्बू साब के पास जमा होता था। वही सबको जेबख़र्च देते थे और घर के ख़र्च के लिए सामान वग़ैरा लाते थे। अब्बा और अम्माँ को भी जेब ख़र्च मिला करता था। अम्माँ को ये पसंद नहीं था। वो देख रही थीं कि ज़मींदारी ख़त्म होने के बाद भी अब्बा मियाँ के नौकरों की वही तादाद है जो पहले थी। जितना पैसा आता है वह सब ख़र्च हो जाता है। उन्होंने अब्बा को समझाना शुरू किया कि लड़के बड़े हो रहे हैं। कल इनको पढ़ने के लिए भेजना होगा। पैसा कहाँ से आयेगा ? अगर हमको आमदनी में हिस्सा मिलने लगे तो हम कुछ बचा भी सकते हैं। लेकिन इस तरह तो कुछ न होगा।

ख़ैर डरते-डराते एक दिन अब्बा ने अब्बा मियाँ से कह ही दिया कि बाज़ार की आमदनी का उनका हिस्सा उन्हें दिया जाये। अब्बा मियाँ नाराज़ नहीं हुए। अपनी आदत के मुताबिक एक मिनट सोचते रहे और फिर बोले, 'ठीक है जनाब। अगली बाज़ार से आपको हिस्सा मिलेगा।'

'बाजार का हिस्सा मिलने का मतलब था कि अपना सबकुछ अलग करना। एक बावर्चीख़ाने में दो चूल्हे हो गये। एक खाना पकानेवाली और ऊपर का काम करनेवाली नौकरानी रख ली गयी। दो हाँडियाँ और रोटियाँ अलग पकने लगीं। बाज़ार की आमदनी का जो पैसा हर हफ़्ते अब्बा को मिलता था वो काफ़ी होता था। यानी सारे ख़र्च-वर्च निकालकर महीने में चार-पाँच सौ रुपये बच जाते थे। इस नये इंतिज़ाम से अब्बा और अम्माँ बहुत खुश थे।

ज़मींदारी ख़त्म हो जाने के बाद किसी तरह की जायदाद पर कोई यक़ीन न बचा था। अक्सर ख़बरें उड़ा करती थीं कि जानवरों की बाज़ारों को भी सरकार ले लेगी। अब्बा मियाँ तो ऐसी ख़बरों पर सरकार को गालियाँ दिया करते थे, लेकिन अब्बा काफ़ी डर जाते थे। उन्हें हम लोगों की ज़्यादा फ़िक्र थी। इसलिए कहते थे कि ज़मीन-जायदाद पर भरोसा मत करो। पढ़ो-लिखो और नौकरी करो। नौकरी पक्की चीज़ है। चाहे जो सरकार आये नौकरियाँ नहीं ले सकती।

बिस्मिल्लाह वग़ैरा हो जाने के बाद हम लोगों का नाम स्कूल में लिखवा दिया गया था। स्कूल में क्या पढ़ते हैं ? कैसी पढ़ाई होती है ? कौन-कौन मास्टर पढ़ाते हैं ?— इन सब बातों की फ़िक्र अब्बा को कम ही थी। उन्होंने घर पर पढ़ाने के लिए एक मास्टर लगा दिया था। मास्टरजी आते थे, पढ़ाते थे। हम दोनों भाई हर क्लास पास कर लेते थे और गाड़ी मज़े में चल रही थी। इस बीच अब्बा ने हम लोगों को बताया कि हाईस्कूल पास करने के बाद हमारा नाम अलीगढ़ में लिखवाया जायेगा। अलीगढ़ यूनिवर्सिटी के बारे में भी उन्होंने हम लोगों को दूसरे लोगों से

सुने-सुनाये क़िस्से सुनाये थे। हम लोगों के दूर के कुछ अज़ीज़ अलीगढ़ में पढ़ चुके थे और उनको अच्छी नौकरियाँ मिल गयी थीं।

अब्बा को जब कभी जोश आता था तो हम लोगों को अंग्रेज़ी पढ़ाते थे और ग़लती करने पर काफ़ी पिटाई करते थे। इसके अलावा शाम को देर से घर लौटने पर पिटाई होती थी। सूरज डूबने से पहले घर पहुँच जाना बहुत ज़रूरी माना जाता था। मैं चूँकि स्कूल में फुटबाल खेलता था इसलिए कभी-कभी देर हो जाती थी और नतीजे में अर्रे की छड़ी से पिटता था।

अब्बा मियाँ को ज़मींदारी के बांड मिले तो उनके दिमाग़ में कई योजनाएँ आ गयीं। कुछ लोगों ने उन्हें सलाह दी कि आपकी शहर में ज़मीनें हैं, उन पर मकान और दुकानें बनवा दीजिए। किराये पर उठ जायेंगे और आमदनी होगी। किराये के लिए दुकानें-मकान बनवानेवाली बात उन्हें जँची नहीं। छोटे-से शहर में किराये ही क्या थे ? दस-बीस रुपये की दुकान और तीस-चालीस का मकान। ये पैसा अब्बा मियाँ को जँचा नहीं। और फिर वे तो कारोबार करना चाहते थे, मतलब बिज़नेस। मकान-दुकानें किराये पर उठाना उनकी 'बिज़नेस' की परिभाषा के तहत न आता था।

आख़िरकार सोचते-सोचते वो इस नतीजे पर पहुँचे कि बीड़ी बनाने का कारख़ाना खोला जाये। इलाहाबाद में बीड़ी के कारख़ानेवाले हज़ारों रुपये महीना कमा रहे थे। जबलपुर में बीड़ी का बड़ा काम था। बहरहाल, बीड़ीवाला काम उन्हें जँच गया। इलाहाबाद गये। कारख़ाने अपनी आँखों से देखे। लोगों से राय-मश्विरा किया और काग़ज़ पर योजना बनना शुरू हो गयी।

अब्बा को जब पता चला कि ज़मींदारी के बांड बेचकर अब्बा मियाँ बीड़ी का कारख़ाना लगाने जा रहे हैं तो उन्होंने सिर पीट लिया। उन्हें अच्छी तरह मालूम था कि इस कारख़ाने का अंजाम भी पहले लगाये गये कारख़ानों-जैसा होगा। लेकिन बाप के सामने मुँह न खोल सकते थे। दूसरी तरफ़ अब्बा मियाँ बड़े जोश- ख़रोश से कारख़ाना लगाने की तैयारी करने लगे। शहर में दो दुकानें किराये पर ली गयीं। घर के पास बीड़ी सेंकने के लिए भट्टी बनायी गयी। लेबुल छपवाये गये। एक दिन कारख़ाने का उद्घाटन करने के लिए इलाहाबाद से मौलवी इफ़्तिख़ार अली को बुलाया गया। आसपास जो शियों के गाँव थे वहाँ से होनहार, मेहनती और ईमानदार लड़कों को जमा किया गया कि उन्हें बीड़ी बनाने का काम सिखाया जायेगा और वो दस-पंद्रह रुपये रोज़ कमाने लगेंगे।

उद्घाटन शानदार था। लोगों के लिए शरबत, चाय और खाने-पीने की दीगर चीज़ों का इंतिज़ाम था। एक मुक़ामी शायर ने बीड़ी की शान में एक क़सीदा लिखा था जिसकी दो लाइनें अब्बा मियाँ को पसंद आयीं और लेबुल पर जगह पा गयीं। पहली बीड़ी मौलवी इफ़्तिख़ार अली ने पी और सब लोगों ने अब्बा मियाँ को

मुबारकबाद वग़ैरा दी।

अब्बू साहब को कारखाने का मैनेजर बनाया गया। एक-दो शिया सैयद जो गाँव में सिपाही थे और ज़मींदारी चले जाने की वजह से निकाल दिये गये थे, फिर बुला लिये गये। उन्होंने अपने भाइयों-भतीजों को बुलवा लिया और तय पाया कि जब तक ये काम नहीं सीखते इन्हें एक तरह का भत्ता दिया जायेगा और जब काम सीख जायेंगे तो मज़दूरी मिलेगी।

बीड़ी का नाम 'बसंती' बीड़ी रखा गया। उसकी कई तरह की क़िस्में थीं। एक तेज़ तम्बाकू की छोटी-सी बीड़ी थी। दूसरी मध्यम स्तर की तेज़ थी और तीसरी हलकी थी। जिन-जिन लोगों ने उद्घाटन के मौक़े पर बीड़ी पी, बहुत तारीफ़ की और कहा कि खूब चलेगी।

बीड़ी के प्रचार-प्रसार के लिए उन दिनों हिजड़ों के नाच का प्रचलन था। इसलिए हिजड़ों की एक टोली भाड़े पर ली गयी। उनके बसंती रंग के कपड़े बनवाये गये। वह टोली नाचती-गाती बाज़ार में घूमती थी और सबसे सुन्दर हिजड़ा अपने हाथ से बीड़ी के बंडल दुकानदारों को देता था। ऐसा होने पर दुकानदार इनकार नहीं कर पाते थे।

हिजड़ों की प्रचार टोली के इंचार्ज मुश्ताक़ थे। मुश्ताक़ को ये काम इसलिए सौंपा गया था कि रंडियों, हिजड़ों, भड़ुओं आदि के बारे में उनसे ज़्यादा जानकार आदमी दूसरा न था। दूसरी योग्यता यह भी थी कि वो शिया सैयद थे। हालाँकि मुश्ताक़ इस पूरे कार्यक्रम से बहुत सहमत न थे। उनका कहना था कि हिजड़ों पर इतना पैसा ख़र्च करने से अच्छा है कि नफ़ीस क़िस्म की रंडियों का नाच करवाया जाये। लेकिन रंडियाँ सड़कों पर नाचने और पान के दुकानदारों के सामने लहँगा उठाने पर तैयार न थीं। इसलिए हिजड़े ही उपयुक्त थे।

हिजड़ों की टोली मुश्ताक़ के नेतृत्व में आसपास की गँवारू बाज़ारों में भी जाती थी। वहाँ टोली को कल्पना से अधिक सफलता मिलती थी। लेकिन उस पर ख़र्च कुछ कम न आता था। मुश्ताक़ भी तीन-तेरह करने से बाज़ न आते थे। लेकिन अब्बा मियाँ तय किये हुए थे कि हिजड़ों द्वारा प्रचार का काम कम-से-कम तीन महीने चलना चाहिए।

अब्बा मियाँ बीड़ी के कारख़ाने रोज़ जाते थे। सुबह से दोपहर तक बैठते थे और हिसाब-किताब देखते थे। शिया सैयदों के लड़के उस वक़्त तक तो कारख़ाने में रहते थे जब तक अब्बा मियाँ वहाँ होते थे, उसके बाद वे मटरगश्ती करने निकल जाते थे। उन्हें जो रोज़ का भत्ता मिलता था उससे पिक्चर देखते थे, पान खाते थे। रात में कारख़ाने आ जाते थे और वहीं सोते थे।

अब्बा को बाज़ार की आदमनी का जो पैसा मिलता था वह अम्माँ के पास रहता था क्योंकि वो हिसाब-किताब में तेज़ थीं और उन्हें पैसा बचाने की कला

भी आती थी। ख़र्चे वग़ैरा के बाद भी पैसा बचता था। लेकिन अब्बा को लगता था कि उन्हें कुछ करना चाहिए। ख़ास तौर पर ज़मींदारी ख़त्म होने के बाद ख़ानदान के सब लोग कुछ-न-कुछ कर रहे थे या करने की कोशिश कर रहे थे। ज़मीदारी ख़त्म हो जाने के बाद किसी जायदाद का भरोसा न रह गया था। यह भी अफ़वाह थी कि जानवरों की बाज़ार को भी सरकार ले लेगी। अगर ऐसा हो गया तो क्या होगा ?

लेकिन अब्बा की समझ में न आता था कि वो क्या करें ? उन्हें न तो कोई काम आता था और न इतनी पढ़ाई-लिखाई हुई थी कि नौकरी मिलती। इसके अलावा दुनिया की चलत-फिरत और चालाकियों से भी वाक़िफ़ न थे। क्योंकि हमेशा घर में रहे थे और बाहर की दुनिया या बाहर के लोगों से उनका कोई ताल्लुक़ न था। उन्हें लगता था कि अगर कोई कारोबार करेंगे तो वह फ़ेल हो जायेगा क्योंकि उन्हें उसका तजुरबा नहीं है। नहीं करेंगे तो काम कैसे चलेगा ? फिर करें तो क्या करें ?—इसी उधेड़-बुन में रहते थे।

एक दिन उन्हें एक पुराने कारिंदे हमीदुल ने सलाह दी कि उसके गाँव में कोई आटा-चक्की नहीं है। अच्छी-ख़ासी आबादी है, सब आटा पिसाने क़स्बे जाते हैं जो छः-सात मील दूर है। अगर गाँव में एक चक्की लगा दी जाये तो खूब चले। हमीदुल का कहना था कि उनके पास जगह है, वो देखभाल भी कर सकते हैं, बस, पैसा उनके पास नहीं है।

अब्बा इस पर कई महीने सोचते रहे। अब्बा मियाँ से भी बात की। कारोबार की हर लाइन को वो पसंद करते थे। उन्हें भी बात ठीक लगी। अब्बा ने इस्तिख़ारा भी दिखवाया, वाजिब आया। अब क्या था, चक्की लगाने की तैयारियाँ होने लगीं।

कानपुर से ऑयल इंजन ख़रीदा गया। आटा-चक्की, पट्टे और दीगर सामान लिया गया। क़रीब दो हज़ार ख़र्च आया। ट्रक पर सबकुछ लदकर हमीदुल के गाँव पहुँचा। हमीदुल के पास जगह जो थी वो घर के सामने मैदान था। उस पर छप्पर डाला गया। अब्बा मिस्त्रियों को लेकर गाँव जाने लगे। कानपुर के एक मिस्त्री ने इंजन बैठाया और चक्की लगाई।

हमीदुल से तय ये हुआ था कि मुनाफ़े में आधा वो लेंगे और आधा अब्बा लेंगे। चूँकि जगह उनकी है, देखभाल भी वही करेंगे इसलिए आधे के हक़दार तो हैं ही। अब्बा खुद गाँव में नहीं रह सकते थे। एक तो वहाँ रहने लायक जगह न थी, दूसरे उनके वहाँ रहने पर अम्माँ तैयार न थीं। इसलिए अब्बा हफ़्ते में एक बार वहाँ जाते थे। हिसाब-किताब करते थे और अँगौछे में रेज़गारी बाँधे वापस लौटते थे। ढेर सारे सिक्के अच्छे लगते थे। अम्माँ उनकी ढेरियाँ लगाती थीं। रुपये, अठन्नी, चवन्नी, इकन्नी और पैसे की ढेरियाँ लग जाती थीं तो उन्हें फिर से गिनती थीं और संदूक़चे में रख लेती थीं। आमदनी अच्छी हो रही थी। उम्मीद से भी

ज़्यादा। जलन के आटे में अब्बा का जो हिस्सा होता था उसे वही बेच देते थे और उसके पैसे भी ले आते थे।

बीड़ी का कारख़ाना भी चल निकला था। हिजड़ोंवाला प्रचार इतना सफल हुआ कि उसे अब्बा मियाँ ने एक महीने के लिए और बढ़ाया था। बीड़ियाँ लोगों को पसंद आयी थीं। ख़ास तौर पर छोटी और तेज़ तम्बाकूवाली बीड़ी जिसे लोग मिर्चा कहते थे, बहुत बिकती थी। लगता था कि अब्बा मियाँ का ये कारख़ाना चल निकलेगा और मुनाफ़ा देगा। लेकिन अब तक महज़ ये एक अंदाज़ा था। बीड़ियाँ बिकती थीं। लेकिन पैसा उधार रहता था। दूसरी तरफ़ पत्ते और तम्बाकू ख़रीदने के लिए नक़द पैसा देना पड़ता था, मज़दूरी और कारख़ाने का किराया भी नक़द ही पड़ता था।

ज़मींदारी ख़त्म होने के बाद अब्बा मियाँ तो अपनी क़सम की वजह से गाँव न जाते थे। वहाँ की ज़िम्मेदारी अब्बा पर आ गयी थी। कुल मिलाकर पचास-साठ बीघे का एक आम और अमरूद का बाग़, सौ बीघा के क़रीब धनही और कोई हज़ार बीघे का ऊसर-बंजर था जिसका पट्टा अब्बा के नाम किया गया था। ऊसर-बंजर ज़मीन का लगान दो ही साल देकर उन्होंने तय किया कि इससे तो अच्छा है कि यह ज़मीन छोड़ दी जाये। पैदा कुछ नहीं होता और लगान भरना पड़ता था। इसलिए हज़ार बीघे के ऊसर को छोड़ दिया। वह गाँव-समाज में चला गया।

बाकी सौ बीघे के क़रीब जो धनही थी वह बटाई पर उठा दी। उसमें साल में एक ही फ़सल होती थी और उसके बाद कुछ नहीं। धनही नशेब में थी। बीच में एक छिछला-सा तालाब था और चारों तरफ़ ज़मीन जो इधर-उधर फैलकर उसरही हो जाती थी। यह ज़मीन किसी गाँव के पास न थी। गाँव यहाँ से दूर थे। एक कंजड़ों का गाँव था। एक गाँव गड़रियों और कुर्मियों का था। एक टोला और था जहाँ ज़्यादा घर चमारों के थे। इन्हीं गाँवों के रहनेवाले यहाँ बटाई पर खेती करते थे।

आम और अमरूद का बाग़ धनही से दूर और असली खेड़ा गाँव में था। बीच में नहर पड़ती थी जिसको पुल से पार करने के लिए अच्छा-ख़ासा चक्कर लगाना पड़ता था। इसलिए दोनों जगहों का फ़ासला क़रीब डेढ़ मील था। असली खेड़ा में ज़्यादातर घर कुर्मियों के, कुछ गड़रियों और चमारों के थे। एक-दो घर पंडितों के भी थे। यह वही गाँव था जहाँ ज़मींदारी के ज़माने में अब्बा मियाँ ने आग लगवायी थी और लुटवाया था।

ज़मींदारी के बाद बाग़ की देखभाल कैसे की जाय ये बड़ा मसला था। गाँ

के लोगों को काम सौंपने का मतलब था कि ज़मीन गयी हाथ से। पुराने सिपाही और कारिंदे भी एतबार के क़ाबिल न थे। अब सवाल था कि वहाँ कौन जाये ? ये सब जानते थे कि गाँववालों और अब्बा मियाँ के बीच पुरानी रंजिश है। अगर उनका कोई आदमी वहाँ रहेगा तो रंजिश का पहला शिकार वही होगा। ज़मीन छोड़ी भी नहीं जा सकती थी। इसलिए तय पाया कि मैकू को वहाँ भेजा जाये।

मैकू वल्द मन्ना जब बारह साल के थे तो अब्बा मियाँ उन्हें जेल से लाये थे। उस ज़माने में अब्बा मियाँ जेल की किसी कमेटी के मेम्बर थे। वहाँ किसी मुआयने में गये तो जेलर ने कहा कि 'एक मुसलमान लड़का है, उसकी मीयाद पूरी होनेवाली है। आप चाहें तो उसे ले जायें। आपके यहाँ रहेगा तो ज़िंदगी बन जायेगी। नहीं तो फिर जरायमपेशा लोगों के हाथ में पड़ जायेगा।' इस तरह मैकू वल्द मन्ना यहाँ आ गये। उन्हें घोड़े को खरैरा और दान-भूसा देने के काम पर लगाया था। इसके अलावा जो काम कहा जाता था करते थे। उनकी शादी भी अब्बा मियाँ ने ही करायी थी और पूरी तरह जम गये थे। अस्तबल के पासवाली कोठरी में उनका पूरा कुनबा रहता था।

बचपन में मैकू जेल कैसे पहुँचे इसका किस्सा ये है कि एक दिन मैकू अपने गाँव से जानवरों की बाज़ार घूमने आये। वहाँ इन्हें एक अजनबी मिला जिसने बताया कि वह पास के गाँव का ही है। इन्हें उसने एक दौना मिठाई भी खिलाई। फिर इनसे कहा, 'बच्चा, हम ये बैल बेचने आये हैं। तुम पगही पकड़कर बैठो। हम टट्टी करके आते हैं।'

वह इन्हें बैल की पगही पकड़ाकर चल दिया। बैल चोरी का था। उसे तलाश करता बैल का मालिक और पुलिस आ गयी। मैकू ने लाख-लाख कहा कि कोई आदमी उन्हें बैल पकड़ा गया पर कुछ न हुआ और नतीजे में जेल पहुँच गये।

मैकू के बाप मन्ना इलाक़े के जाने-माने चोर थे। उनके क़िस्से इलाक़े में सुल्ताना डाकू के क़िस्सों-जैसे प्रचलित थे। उनके पास एक घोड़ी थी जो इतना तेज़ दौड़ती थी कि एक रात में तीस कोस चली जाती थी। मन्ना डाकू नहीं थे, चोर थे और चोरी में उन्होंने बड़े-बड़ों के कान काटे थे। छत की धन्नी में छिपकली-जैसा चिपक जाना ताकि पकड़े न जा सकें। या छत में सेंध लगाना या बड़े-से-बड़े ताले को मोम की तरह मोड़ देना आदि उनकी कलाएँ थीं। पुलिस उन्हें कभी पकड़ नहीं पायी। दूसरे ये के उन्होंने गाँव के आसपास कभी कोई चोरी नहीं की। हमेशा दूर निकल जाते थे। ओर अकेले ही चोरी करते थे। घोड़ी के अलावा उनका कोई संगी-साथी न था। घोड़ी भी ऐसी सधी हुई थी जो इनके इशारों पर नाचती थी।

मैकू को अपने बाप पर गर्व था। लेकिन बाप के पास लौटकर न गये। यहीं रहे। मरने से पहले मन्ना कभी-कभी यहाँ आये करते थे। वो भी खुश थे कि लड़का अच्छी जगह पहुँच गया है, जीवन कट जायेगा।

ज़मींदारी ख़त्म होने के बाद मैकू को असली खेड़ा भेजा गया तो वो सीधे आये और एक भड़भूँजे के मकान का ताला तोड़कर उसमें रहने लगे। भड़भूँजा मर चुका था और उसके कोई न था। गाँववालों ने उनका आना और इस तरह रहना पसंद नहीं किया। नतीजे में एक दिन रात उनके छप्पर में किसी ने आग लगा दी। मैकू बड़ी मुश्किल से अपने ख़ानदान को बचा पाये। लेकिन एक बछिया जलकर मर गयी। पर मैकू वापस नहीं आये। फिर से छप्पर छा लिया।

धीरे-धीरे मैकू ने आसपास के कुछ ऐसे लोगों से दोस्ती कर ली जिनसे गाँववाले डरते थे। कंजड़ों से उनके अच्छे ताल्लुक़ात हो गये। बैगनपुरवाले लोध से भी उनकी दोस्ती हो गयी। यह लोध डाकुओं के गिरोह का सदस्य था। उनकी दोस्ती अमजद से भी हो गयी जो देशी कट्टे बनाने में माहिर था। इस तरह मैकू जम गये। गाँववालों ने भी आख़िरकार उन्हें स्वीकार कर ही लिया।

चूँकि अब्बा मियाँ गाँव जाते ही न थे, अब्बा अपनी चक्की के काम में लगे रहते थे, इसलिए गाँव की ज़मीनों का पूरा इख़्तियार मैकू को हो गया था। वही बटाई पर खेती उठाते थे, वही गल्ला वसूल करते थे, वही अनाज घर तक लाते थे, वही लगान जमा करवाते थे। और वही सींचं जमा कराते थे। इस तरह मैकू अपने आप कारिंदा बन गये थे। हालाँकि वह पढ़े-लिखे बिलकुल न थे लेकिन चलत-फिरत के कामों में पक्के होशियार थे।

एक बार फँस भी गये थे। उन्हें किसी ने बताया कि कनसपुर के एक बनिये के पास बड़ा पैसा है। बनिया बूढ़ा था। औरत भी बूढ़ी थी। मैकू ने दो कंजड़ों को तैयार किया। अमजद को साथ लिया और रात में पहुँच गये। कंजड़ सेंध लगाने के काम में माहिर होते हैं। उन्होंने बड़ी बढ़िया सेंध लगायी। एक आदमी बाहर छोड़ दिया। तीन अंदर गये। बनिये की औरत तो कहीं गयी थी। वह अकेला था। उससे बहुत पूछा कि पैसा कहाँ है पर उसने बताया नहीं। तब मैकू ने उसका गला दबाया कि मरने के डर से बतायेगा। पर गला ज़्यादा दब गया और बनिया मर गया। इन तीनों ने एक-एक कोना छान मारा पर पैसा न मिला। तब वहाँ से भागे।

पुलिस को ये सुराग़ मिल गया था कि इस वारदात में मैकू भी थे। पुलिस को अब्बा ने कुछ दे-दिलाकर मामला ख़त्म कराया था। इसके बाद मैकू ने तोबा कर ली थी। खुद कभी ऐसे कामों में शामिल न होंगे। लेकिन जरायमपेशा लोगों से उनकी दोस्ती और याराना बना रहता था।

ज़मींदारी ख़त्म होने के बाद लक्खू मियाँ ने एक हिम्मती क़दम उठाया। बी.ए. वो थे ही, इलाहाबाद से उन्होंने एलएल.बी. भी कर लिया। अब वो वकील हो गये। आज़ादी के बाद और चीज़ों में चाहे बेशक कमी हो गयी थी लेकिन मुक़द्दमों की

कोई कमी न थी। इसलिए उनकी प्रैक्टिस जल्दी ही जम गयी।

लक्खू मियाँ को हालात बदल जाने का दुःख तो बहुत था। आज़ादी का मतलब उनके लिए था—डॉ. विक्टोरिया का छिन जाना; ज़मींदारी चली जाना; लड़कों के साथ क्लास में बैठना; लोगों की तिरछी नज़रें बर्दाश्त करना। लेकिन वो कर ही क्या सकते थे। देखते-देखते लोग बदल रहे थे। कल के फटीचर लोग एम.एल.ए-एम.पी. हो गये थे। कलक्टर उनको देखकर खड़ा हो जाता था। बनिये-बक़्क़ालों ने खद्दर की टोपियाँ लगा ली थीं। गुंडों के इलेक्शनों में मज़े आते थे। सरकारी पैसा पानी की तरह बह रहा था।

पहले इलेक्शन में तो वो ख़ामोशी से तमाशा देखते रहे। लेकिन दूसरे में उनसे नहीं रहा गया। उन्होंने कांग्रेस के इलेक्शन आफ़िस में जाना शुरू कर दिया। वहाँ उन्हें हाथों-हाथ लिया गया। शहर का पढ़ा-लिखा, ख़ानदानी इज़्ज़तदार आदमी और वकील। इससे ज़्यादा इस शहर में कोई क्या हो सकता था। लोगों का झुकाव देखकर उन्होंने भी अपने दिल से नफ़रत को एक कोने में ढकेला और खादी की शेरवानी और टोपी में आ गये। इसका पहला असर ये हुआ कि वो सरकारी वकील बन गये। अब ये फ़िक्र भी ख़त्म हो गयी कि मुक़द्दमे मिलेंगे या नहीं।

दूसरी तरफ़ अफ़सरान से दोस्ती भी हर तरह से फ़ायदेमंद साबित हो रही थी। अफ़सरान उन्हें मुक़ामी एम.एल.ए. का ख़ास आदमी मानते थे, थे भी वो जग्गू बाबू के ख़ास आदमी।

अब्बा अपनी आटा-चक्की पर हर हफ़्ते जाते थे। धीरे-धीरे आमदनी तो कम नहीं हो रही थी लेकिन टूटफूट और मरम्मत पर जो ख़र्च आता था वो बढ़ रहा था। हमीदुल हर बार मरम्मत के नाम पर अच्छे-ख़ासे पैसे का ख़र्च दिखा देते थे। तेल और पेट्रोल का ख़र्चा भी बढ़ गया था। उनका कहना था कि मिस्त्री कहते हैं इंजन जैसे-जैसे पुराना होता जाता है वैसे-वैसे तेल ज़्यादा खाता है। लेकिन फिर भी कुछ मिल ही जाता था। हाँ, जितना पैसा पहले मिला करता था उतनी आमदनी न रह गयी थी। लोग ये कह रहे थे कि हमीदुल की नीयत बदल गयी है। उन्हें ये उम्मीद न थी कि चक्की इतनी अच्छी चलेगी और आमदनी इतनी होगी।

धीरे-धीरे अब्बा को भी लगने लगा कि हमीदुल ईमानदारी से काम नहीं कर रहे हैं और उनकी मर्ज़ी है कि चक्की बंद हो जाये। लेकिन अब्बा किसी सूरत में चक्की बंद करने पर तैयार नहीं थे। हद ये है कि हमीदुल बजाय आमदनी के घाटा दिखाते थे और शहर से गाँव तक जाने के पैसे अब्बा को जेब से देना पड़ जाते थे, लेकिन वो चक्की बंद करने के हक़ में न थे। तब ये हुआ कि चक्की चलानेवाला आदमी तनख़्वाह बढ़ाने की बात करने लगा और जब उसकी बात नहीं मानी गयी तो उसने नौकरी छोड़ दी। चक्की बंद हो गयी। हमीदुल कहीं से एक नया मिस्त्री लाये तो उसने इस तरह चक्की चलायी कि उसका पत्थर टूट गया। इंजन में कई

ख़राबियाँ आ गयीं। अब्बा ने कानपुर से मेकैनिक बुलाया तो उसने देखकर बताया कि कम-से-कम आठ सौ रुपये का ख़र्च है।

अब हालत ये हो गयी कि चक्की अगर आठ सौ रुपये लगाकर ठीक भी करायी गयी तो हमीदुल फिर कोई-न-कोई बखेड़ा करा करके चक्की न चलने देंगे। अब्बा गाँव में मुस्तक़िल रह नहीं सकते थे। तब ये तय पाया कि चक्की बेच दी जाये। हमीदुल ने फ़ौरन एक खरीदार ढूँढ़ लिया और चक्की, इंजन, पट्टे यानी सब सामान बिक गया। बाद में पता चला कि चक्की किसी और के नाम से खुद हमीदुल ने ही ख़रीदी है और उसे फिर से चलाया है।

अम्माँ ने पूरा हिसाब लगाया तो चक्की के काम में न तो मुनाफ़ा हुआ था और न घाटा आया था। अगर चक्की न बिकती और चलती रहती तो अच्छा-ख़ासा मुनाफ़ा होता। बहरहाल, चक्की के काम के बारे में अब्बा को तजरबा हो गया था। उनकी राय थी कि काम सिर्फ़ अपना हो और करनेवाले ईमानदार हों तो फ़ायदा ही फ़ायदा है। लेकिन सवाल ये था कि ये कहाँ हो सकता है ? जहाँ रहते थे वहाँ दसियों चक्कियाँ थीं, और जहाँ नहीं थीं वहाँ रह नहीं सकते थे।

गाँव पर जो बाग़ था वह भी अब्बा के ही इंतिज़ाम में था। बाग़ में आम की फ़सल कभी न उठ पाती थी। अगर कभी कोई कुँजड़ा लेने पर तैयार भी होता था तो अब्बा मियाँ की जिरह से परेशान होकर भाग जाता था। नतीजे में होंता ये था कि मैकू आम रखाते थे, ख़ाते और बेचते थे। बाद में दो-चार मन आम लेकर घर आते थे और फ़सल ख़राब होने, आँधी में आम झड़ जाने, चोरी हो जाने, पत्थर पड़ जाने आदि की कई कहानियाँ सुनाते थे।

इस बार अब्बा ने तय किया कि फ़सल उठायी जायेगी। मैकू के ही ज़िम्मे ये काम किया गया कि किसी कुँजड़े को तैयार करें। मैकू कहीं से एक कुंजड़े को पकड़ लाये। लेकिन उनकी मर्ज़ी न थी कि फ़सल उठे। इसलिए कुँजड़े को अच्छी तहर समझा-बुझाकर लाये थे कि इससे ज़्यादा पैसा न लगाना। उनका ख़याल था कि जब कुँजड़ा बहुत ही कम पैसे लगायेगा तो बाग़ नहीं उठाया जायेगा। कुँजड़े ने सौ आम के पेड़ों की फ़सल लेने के लिए अस्सी रुपये देने की पेशकश की। अब्बा ने फ़ौरन हाँ कर दी। मैकू कुछ हैरान रह गये। लेकिन सौदा हो गया। अब्बा मियाँ को जब ये पता चला कि सौ आम के पेड़ अस्सी रुपये में उठा दिये गये हैं तो बहुत चीख़े-चिल्लाये। अब्बा से उनकी बक-बक, झक-झक भी हो गयी। अब्बा का ये कहना था कि कुछ न आने से अस्सी रुपये ही बेहतर है। अब्बा मियाँ कह रहे थे कि कुँजड़े ने लूट लिया है। बहरहाल, अस्सी में बाग़ उठा और उसका नतीजा ये हुआ कि अगली फ़सल में वही कुँजड़ा दो सौ रुपये पर तैयार हो गया। मतलब ये के गाड़ी चल निकली। अब्बा का ख़याल था कि इसी तरह धीरे-धीरे बाग़ की फ़सल के दाम बढ़ेंगे और हुआ भी यही।

दूसरी ज़मीनों पर बटाई में ही खेती होती रही। ये सिलसिला उस वक़्त तक चलता रहा जब तक ये पता नहीं चला कि सरकार एक नया क़ानून ला रही है जिसका नाम सीलिंग है। इसके तहत किसी भी एक आदमी के नाम पैंतीस बीघे से ज़्यादा ज़मीन नहीं रह सकती। जितनी ज़्यादा ज़मीन होगी उसे सरकार ले लेगी।

अब्बा सीलिंग से बचने की तरकीबें पूछने वकीलों से मिलने लगे। वकीलों ने तरह-तरह की सलाहें दीं। किसी ने कहा कि बाग़ पर सीलिंग नहीं है। ज़मीन को बाग़ के तौर पर दर्ज करा लें। लेकिन बाग़ तो सिर्फ़ तीस-पैंतीस बीघे में था। बाकी ज़मीन पर बाग़ न था। पटवारी से बात की गयी तो वह इतने बड़े यानी डेढ़ सौ बीघे में बाग़ दर्ज करने पर तैयार न था, कहता था जेल चला जाऊँगा।

अब्बा मियाँ को सीलिंग वग़ैरा से दिलचस्पी न थी। वो तो गाँव की हर तरह की जायदाद से एक तरह से हाथ धो बैठे थे। और फिर उनकी दिलचस्पी पूरी तरह बीड़ी के कारख़ाने में थी जो अब तक फ़ायदा नहीं दे रहा था। पुराना मिस्त्री जो इलाहाबाद से आया था वापस जा चुका था। शहर के लड़के बीड़ी बनाना सीख गये थे लेकिन तम्बाकू चुराने लगे थे। बीड़ियों में जितनी तम्बाकू डालना चाहिए उतनी न डालते थे। जब वज़न किया जाता था तो वीड़ियों पर पानी का छींटा डाल देते थे। वज़न पूरा निकलता था। लेकिन सेंकाई के बाद बीड़ियाँ पोली हो जाती थीं और बाजार में बीड़ियों की माँग भी ख़त्म हो रही थी।

ख़र्चे वही थे। हिजड़ों की टोली नाचा-गाया करती थी। मुश्ताक़ उसके साथ घूमते थे। तंग आकर ये नाच-गाना बंद करा दिया गया। क्योंकि हिसाब लगाने से पता चला था कि बीड़ी के कारख़ाने में तीन हज़ार का घाटा है। चार-पाँच हज़ार रुपया बाज़ार में था जो वसूल नहीं हो रहा था। रुपया वसूल करने पर जो आदमी लगाया गया था वह अपने गाँव में पड़ा रहता था और हफ़्ते में एक बार आकर ये बताता था कि मैं यहाँ गया, वहाँ गया, इतना पैसा ख़र्च हुआ है। लेकिन वसूली नहीं हो सकी। पानवाले और दुकानदार कह रहे हैं कि दीवाली के बाद देंगे। अब्बा मियाँ हस्बे-दस्तूर वसूली करनेवाले को गालियाँ देते थे लेकिन उससे कुछ न होता था। कई वसूली करनेवाले बदले गये लेकिन पैसा वसूल नहीं हो पाया।

इलाहाबाद से तंबाकू ख़रीदने पहले अब्बू साब जाते थे। लेकिन उनकी दूसरे लोगों ने अब्बा मियाँ से शिकायत की कि अब्बू साब कमीशन लेते हैं। इसलिए उनकी जगह पर एक दूसरे मीर साहब को भेजा गया। मीर साहब घटिया क़िस्म की सस्ती तम्बाकू उठा लाये। फिर किसी और को भेजा गया। वह बहुत ज़्यादा महँगी तम्बाकू ले आया। लागत बहुत ज़्यादा बढ़ गयी। बाज़ार में जो दुकानें किराये पर ली गयी थीं उनका किराया बहुत लगने लगा तो उन्हें छोड़ दिया गया। घर पर ही एक खपरैल डलवाकर कारख़ाना चालू किया गया। कारीगरों पर सख़्ती की गयी तो वो भाग खड़े हुए क्योंकि शहर में दो-तीन बीड़ी के नये कारख़ाने खुल

गये थे।

इस तरह बीड़ी का कारख़ाना चार-पाँच साल घिसटा और उसके बाद अब्बा मियाँ की दिलचस्पी उसमें ख़त्म हो गयी। वह बंद किया गया तो उस पर छः हज़ार का क़र्ज़ था। यह क़र्ज़ शहर के रस्तोगियों से लिया गया था। वह हर बाज़ार चुकता किया जाने लगा। यानी कारख़ाने में उनके ज़मींदारी के बांड ही नहीं निकल गये, बल्कि पास से अच्छा-ख़ासा पैसा लग गया।

अब्बा मियाँ आज़ादी मिल जाने के बाद भी बहुत साल तक ऑनरेरी मजिस्ट्रेट रहे। जब क़रीब साठ के आसपास पहुँचे तो रिटायर हो गये। उन्होंने कहीं से पता लगाया कि रिटायर ऑनरेरी मजिस्ट्रेट अगर चाहें तो लाइफ़ मजिस्ट्रेट हो सकते हैं। उन्होंने अपने लाइफ़ मजिस्ट्रेट होने की दरख़ास्त दे दी और कलक्टर को इस बात पर तैयार कर लिया कि उनकी जगह अब्बा को ऑनरेरी मजिस्ट्रेट बना दिया जाये।

अब्बा को जब ये पता चला कि वो आनरेरी मजिस्ट्रेट बन सकते हैं या बनाये जा रहे हैं तो बहुत झुँझलाये क्योंकि उनके ख़याल से यह बेकार की चीज़ थी। आमदनी एक पैसे की न थी और ख़र्च ही होता था। हफ़्ते में एक बार जाना पड़ता था। इसके अलावा उन्हें फ़िक्र ये थी कि वो पढ़े-लिखे नहीं हैं। कहीं इस वजह से उनका मज़ाक़ न उड़े। उन्होंने अब्बा मियाँ से लाख-लाख बहाने किये कि वो ऑनरेरी मजिस्ट्रेट नहीं बनना चाहते लेकिन अब्बा मियाँ अपनी ज़िद पर अड़े रहे। उनका कहना था कि उनके बाप ऑनरेरी मजिस्ट्रेट थे, वो ऑनरेरी मजिस्ट्रेट रहे और अब उनके लड़के को ऑनरेरी मजिस्ट्रेट होना चाहिए। बहरहाल, अब्बा ने बड़ी मजबूरी में ऑनरेरी मजिस्ट्रेट होना स्वीकार किया।

बीड़ी का कारख़ाना फ़ेल होने के बाद अब्बा मियाँ को काफ़ी क़र्ज़ चुकाना पड़ा। लेकिन क़र्ज़ की वजह से उनकी ज़िंदगी में कोई फ़र्क़ न आया था। उनकी रखैल बराबर उनके पास आती थी जिसका पूरा ख़र्चा उठाते थे। नौकर सब उसी तरह थे। इक्का-घोड़ा भी बरक़रार था और दोस्तों की ख़ातिर-मदारात भी चलती रहती थी। हो दरअसल ये रहा था कि एक तरफ़ से जितना क़र्ज़ उतरता था, दूसरी तरफ़ से चढ़ जाता था। यह अब्बा को बहुत बुरा लगता था। इसकी वजह वो ये बताते थे कि अब्बा मियाँ अगर क़र्ज़ न लें, पैसा बर्बाद न करें तो वो पैसा अब्बा को ही मिले। दूसरी तरफ़ अब्बा मियाँ ने जब से उनकी आमदनी अलग की तब से अपने तईं वो अपनी ज़िम्मेदारी से आज़ाद हो गये थे। जो कुछ उनके पास था, या नहीं भी था, उसे खूब ख़र्च करते थे। कहीं-कहीं जो फुटकर ज़मीनें बिकती थीं उनके पैसे को भी अब्बा मियाँ ही ख़र्च करते थे और किसी को न देते थे।

अब्बा को उनकी सबसे बड़ी फुजूलख़र्ची यानी रखैल पर सख़्त एतराज़ था। अब्बा मियाँ की उम्र साठ के क़रीब थी और ऐसी उम्र में रखैल रखना और उस पर बेतहाशा पैसा ख़र्च करना अब्बा को बेहद नज़ेबा लगता था। उनके और अब्बू

साब के बीच बातचीत का ये एक अच्छा विषय था कि रखैल पर कब, कितना, किस तरह ख़र्च किया गया। क्योंकि पैसा अब्बू साब के हाथ से ही ख़र्च होता था इसलिए वो पाई-पाई का हिसाब अब्बा को बताते थे और अब्बा जला करते थे।

अब्बा मियाँ को इस सबकी फ़िक्र और परवाह न थी। वो अपने हाल में मस्त थे। ईद-बक़रीद में अपने लिए नये कपड़े नहीं बनवाते थे लेकिन नौकरों के लिए नये कपड़े ज़रूर बनते थे। पैसे होने या न होने से कोई फ़र्क़ नहीं पड़ता था। रतनलाल बज़ाज़ के यहाँ उनका कपड़ों का खाता था। सब कपड़े उधार आ जाते थे और साल-भर हर हफ़्ते पैसा दिया जाता था। इसी तरह किसी भी मिलनेवाले को ज़बरदस्ती खाने पर बिठा लेते थे। उन्हें ये फ़िक्र न रहती थी कि खाना कम पड़ेगा। होता ये था कि उनके पास खाने के वक़्त से पहले लितने लोग बैठे होते थे उन्हीं को देखकर आटा गूँधा जाता था। वे जानते थे कि ये हो ही नहीं सकता कि खाना कम पड़ जायेगा या किसी को खिलाने के लिए उनको पहले कहलाना पड़ेगा कि मैंने फलाँ-फलाँ को खाने पर रोक लिया है।

उन्हें लोगों को चीज़ें देने में शायद बहुत मज़ा आता था। कभी-कभी ये मज़ा पागलपन की हद तक पहुँच जाता था। किसी और को नहीं तो डाकिये को ही दूध दिलवा देते थे। आने-जानेवालों को बाग़ के फल पेश कर देते थे। उनके एक दोस्त थे ललौली के हकीम साहब। उन्होंने एक दिन कहा कि 'आप हुक़्क़े के लिए तंबाकू कहाँ से मँगाते हैं ? बड़ी अच्छी है। यहाँ नहीं मिलती।' फिर क्या था, हर महीने हकीम साहब को लखनऊवाली तंबाकू भेजना शुरू कर दी। हकीम साहब भी जब कभी गाँव से आते थे तो मौसमी सब्ज़ियाँ या फल ज़रूर लाते थे।

ज़मींदारी के बाद के दिनों में ही एक बार इक्के से घर लौट रहे थे। सड़क के किनारे एक आदमी को पड़े देखा। इक्का रुकवाया, लोगों से पूछा तो उन्होंने बताया कोई राहगीर है, बीमार था, बेहोश हो गया। इन्होंने उसे इक्के पर रखवाया और घर ले आये। उसका इलाज होने लगा। कुछ महीनों में वो बिलकुल ठीक हो गया और एक रात अपना बिस्तर लेकर चल दिया। उसके चले जाने का भी इनको अफ़सोस नहीं हुआ। कहने लगे, 'ठीक है, यहाँ कब तक पड़ा रहता।'

एक तरफ़ दूसरों के सामने अपने को हक़ीर और नाचीज़ साबित किया करते थे। दूसरों को बंदापरवर और मोहसिन कहते थे लेकिन कहीं-कहीं इस तरह अकड़ जाते थे कि किसी तरह काबू में ही न आते थे। एक बार खादी बोर्ड की मीटिंग में गये। मीटिंग फ़र्श पर हो रही थी। सब लोग बैठे थे। लेकिन ज़िला बोर्ड के अध्यक्ष लेटे थे। इन्होंने अध्यक्ष से पूछा कि क्या आप बीमार हैं ? अध्यक्ष ने कहा, 'नहीं तो।' इन्होंने कहा, 'तब उठकर बैठिये।' अध्यक्ष ने कहा, 'आपसे क्या, आप मीटिंग में भाग लीजिए।' इन्होंने कहा, 'अगर तुम उठकर नहीं बैठे तो मैं तुम्हें उल्टा

खड़ा कर दूँगा।' लोगों ने इन्हें बहुत समझाया कि 'साहब, ये अध्यक्ष हैं, कोऑपरेटिव बैंक के चेयरमैन हैं, कांग्रेस के ज़िला अध्यक्ष हैं। लेटा रहने दीजिए, आपका क्या जाता है ?' लेकिन ये नहीं माने, न अध्यक्ष माना। नतीजे में इन्होंने इस्तीफ़ा लिखा और आ गये क्योंकि इन्हें ये अच्छी तरह मालूम था कि ज़िला बोर्ड का अध्यक्ष नहीं उठेगा और इन्हें ये गवारा न था कि मीटिंग में कोई उनके सामने लेटा रहे।

शुरू-शुरू में तो अब्बा हर मंगल को कचहरी जाने से बहुत उलझते थे। लेकिन कुछ महीनों के बाद ही उन्हें मज़ा आने लगा था। उनके साथ जो दो दूसरे ऑनरेरी मजिस्ट्रेट थे वो पुराने ठाकुर ज़मींदार घरानों के थे और दोनों एलएल.बी. थे। उन्होंने अब्बा से कह दिया था कि आप लिखाई-पढ़ाई के झंझट में न पड़ें। वो काम हम लोग कर लेंगे। आप तो बस चले आया करें और अपनी राय दे दिया करें। इस तरह अब्बा को ऐसा काम न करना पड़ता था जो पसंद न था या आता न था।

उन्होंने कचहरी जाने के लिए दो ठंडी और दो गर्म शेरवानियाँ सिलवायी थीं। चौड़े पायँचे का साफ़ कलफ़ किया हुआ पाजामा पहनते थे। काला चश्मा भी लगाने लगे थे। पानों की डिबिया और बटुआ हमेशा शेरवानी की जेब में होता था। कचहरी स्टेशन के पास थी और स्टेशन के पास ही शहर की अकेली फलों की दुकान थी जहाँ से अब्बा फल ख़रीद लेते थे। हम लोग कचहरी से अब्बा के वापस आने का इंतिज़ार करते थे कि फल खाने को मिलेंगे।

दूसरे इलेक्शन के दौरान लक्खू मियाँ खुलकर राजनीति में आ गये थे। लेकिन उनके सामने दो बड़ी दिक़्क़ते थीं। पहली ये कि वो मुसलमान थे। ख़ैर, ये उतनी बड़ी दिक़्क़त न थी क्योंकि कांग्रेस में काफ़ी या कहना चाहिए अच्छे-ख़ासे मुसलमान थे। जो पहले के मुस्लिम लीगी थे वो भी कांग्रेस में आ गये थे। शुरू-शुरू में कांग्रेस पुराने ज़मींदारों को दूर रखती थी लेकिन बाद में ये भी ख़त्म हो गया था। काफ़ी बड़ी तादाद में ज़मींदार कांग्रेस में शामिल हो गये थे। ये बात दूसरी थी कि उनकी दाल कम गलती थी। उनको जब टिकट-विकट देने का मौक़ा आता था तो पुराने कांग्रेसी बड़ा हुल्लड़ मचाते थे।

मुसलमान होने से बड़ी दिक़्क़त लक्खू मियाँ के सामने ये थी कि वो शिया मुसलमान थे। शिया मुसलमानों को आम तौर पर सुन्नियों के वोट नहीं मिल सकते थे और वोट सुन्नियों के ही थे। कांग्रेस भी ये जानती थी कि मुसलमानों का प्रतिनिधित्व सुन्नी मुसलमान करते हैं न कि शिया, जिनकी संख्या ज़िले में ही नहीं

बल्कि पूरे देश में दाल में नमक के बराबर थी। इसलिए लक्खू मियाँ को टिकट मिलना और इलेक्शन जीतना तो ऐसी टेढ़ी खीर लगता था जो नामुमकिन था। राजनीति में रहें और टिकट न मिले, एम.एल.ए. या एम.पी. न हों तो फ़ायदा क्या ! मतलब जूतियाँ तो इसी के लिए घिसी जाती हैं। ख़्वाब तो यही देखे जाते हैं। सवाल ये था कि तो फिर वो क्या करें। जहाँ तक योग्यता का सवाल था उसका राजनीति में कोई आधार नहीं था। वो ब्राह्मण, राजपूत, अछूत, मुसलमान जातियों में कहीं फिट न होते थे। हाँ, ये हो सकता था कि एम.एल.सी. हो जाते। लेकिन उनके एम.एल.सी. होने से एक सुन्नी का चांस मारा जाता और सुन्नी नाराज़ हो जाते। सुन्नी वोटरों को कांग्रेस किसी तरह नाराज़ न करना चाहती थी। इसलिए बहुत सोचने पर भी उन्हें रास्ता नज़र न आता था। तब क्या वो राजनीति में न पड़ें ? लेकिन ये बात भी गले से न उतरती थी। उनके देखते-देखते लल्लू-पंजू क़िस्म के लोग राजनीति की बैसाखियाँ लगाकर कहाँ से कहाँ पहुँच गये थे। और फिर इज़्ज़त भी उन्हीं की थी, दबदबा भी उन्हीं का था, धाक भी उन्हीं की थी जो कहीं-न-कहीं राजनीति से जुड़े हुए थे।

रास्ता उन्होंने तय नहीं किया, अपने-आप मिला। यानी वे राजनीतिज्ञों के विश्वासपात्र बनते चले गये। उनके ख़ास आदमी हो गये। ख़ास आदमी होने में सब तरह के फ़ायदे थे और नुक़सान कुछ न था। उन्होंने लखनऊ के चक्कर लगाये और दो मंत्रियों के ख़ास आदमी बन गये। मुक़ामी एम.एल.ए. के ख़ास आदमी हो गये। एम.पी. भी जब शहर में आता था तो वो एक-आध पार्टी ज़रूर देते थे और उसके भी ख़ास आदमी बन गये थे। इस दिशा से राजनीति में प्रवेश हर तरह से फ़ायदेमंद साबित हुआ। जो सरकारी अफ़सर राजनीतिज्ञों को पसंद नहीं करते थे, वे भी उनसे खुश रहते थे कि वे विशुद्ध राजनीतिज्ञ नहीं हैं, और जो राजनीतिज्ञों की मक्खन-पालिश करना चाहते थे, वो भी उन्हें पटाये रखते थे।

चुनावों के दौरान लक्खू मियाँ की हवेली के सामने जीपों की लाइन लग जाती थी। पोस्टरों के गट्ठर आ जाते थे। कार्यकर्ताओं की भीड़ लग जाती थी। दिल्ली तक से आनेवाले नेता वहाँ आते थे और उनकी हवेली एक तरह से चुनाव कार्यालय बन जाती थी। मज़ेदार बात ये थी कि इन कामों में कोई 'ख़तरा' भी न था। यानी न तो गाँठ से पैसा लगता था और न 'हारने' का डर था। वो तो बस ये दिखा देते थे कि साहब उन्होंने जान-तोड़ कोशिश की, नतीजा चाहे जो हो।

डेढ़-दो साल आटा चक्की से जो मुनाफ़ा हुआ था वो अब्बा के दिमाग़ में था। उन्होंने तय किया कि अबकी चक्की वहीं लगायी जाये जहाँ धनही है यानी अपनी ज़मीन पर। उससे कई फ़ायदे होंगे। पहला तो यही कि आसपास कोई चक्की नहीं

है इसलिए चक्की चलेगी। दूसरा यह कि ज़मीन पर कुछ आबादी हो जायेगी और फिर वहाँ वो भी कभी जायेंगे तो रह सकेंगे। ये स्कीम इसलिए और आगे बढ़ निकली कि अमीन साहब मिल गये। अमीन साहब का असली नाम तो पता नहीं क्या था लेकिन चूँकि वो कचहरी में अमीन थे, इसलिए सारे लोग उन्हें अमीन साहब कहते थे। अमीन साहब की ईमानदारी और मेहनत जग-ज़ाहिर थी। काजल की कोठरी में से भी बेदाग़ निकले थे। यानी पूरी उम्र तहसील में गुज़ार दी थी और कोई ये नहीं कह सकता था कि उन्होंने एक पैसा भी खाया है।

अमीन साहब को अब्बा ने इस बात पर तैयार कर लिया कि वो वहाँ जाकर रहें। कुछ तनख्वाह भी तय हो गयी। धनही के सामने जो कच्चा गइला था उससे कुछ हटकर बम्बे के किनारे तीन कोठरियाँ बनायी गयीं। एक छप्पर डाला गया और आटा-चक्की के लिए टीन का एक बड़ा शेड बनवाया गया। मिस्त्री भी एक जान-पहचान का आदमी मिल गया था। पैसा तो इस काम में ज़रूर ख़र्च हुआ था लेकिन इससे दो फ़ायदे होने की गुंजाइश थी। अब्बा को लगता था कि अमीन साहब के वहाँ रहने से खेती भी सुधर सकती है। बजाय बटाई पर देने के वो अपनी खेती खुद भी करा सकते हैं।

धनही के पास बनी कोठरियाँ और आटा-चक्की किसी गाँव के पास न थीं। सबसे नज़दीक जो गाँव था वह यहाँ से क़रीब तीन किलोमीटर दूर था। इस वीरान जगह में रहना हिम्मत का काम था, क्योंकि गाँवों में डकैतियों की वारदातें बढ़ गयी थीं। लेकिन अमीन साहब को फ़िक्र नहीं थी। एक तो वो अपने पास पैसा रखते न थे। अगर कोई आता तो ले भी क्या जाता ? बहरहाल, चक्की चलने लगी और जैसी उम्मीद थी आसपास ही नहीं दूर-दराज़ के गाँवों से भी अनाज पिसने आने लगा। अमीन साहब बड़ी ईमानदारी से हिसाब-किताब रखते थे। हर दो-तीन दिन बाद पैसा पास के क़स्बे के बैंक में जमा करा आते थे और चैन से सोते थे। चक्की में आटे की कमी न थी। जलान का आटा अब्बा ने अमीन साहब, मिस्त्री और काम करनेवाले लड़के की खूराक के तौर पर उन्हीं को दे रखा था। दिन में कम-से-कम दस-बारह सेर आटा जमा हो जाता था। यही आटा बेचकर अमीन सहाब दालें, नमक, मिर्च-मसाला, तेल आदि मँगवाते थे। ऊपर का काम करनेवाला लड़का अरहर की गाढ़ी दाल बनाता था। उसमें लहसुन का बघार दिया जाता था। गेंहू की मोटी-मोटी रोटियाँ चूल्हें में सेंकी जाती थीं और तीनों साथ बैठकर खाना खाते थे। सब्ज़ी और गोश्त अलबत्ता न मिल पाता था। उसके लिए क़स्बे तक जाना पड़ता था जहाँ अमीन साहब हफ़्ते में दो बार जाते थे और वापसी पर गोश्त या कोई मौसमी सब्ज़ी ले आते थे।

कभी-कभार किसी दूर के गाँव से आटा पिसाने अगर कोई बैलगाड़ी आती थी और देर हो जाती थी तो वो भी छप्पर के नीचे पड़ जाते थे। धीरे-धीरे

आने-जानेवाले और रहनेवाले बढ़ रहे थे। अब्बा एक महीने में एक-आध बार आते थे और अमीन साहब की कोठरी या छप्पर के नीचे उनका बिस्तर बिछता था। अब कसर ये थी एक चौहद्दी उठा दी जाये क्योंकि कभी-कभी भेड़िया आ जाता था। चौहद्दी उठाने पर ख़र्च ज़्यादा आ रहा था इसलिए शुरुआत नहीं की गयी थी।

खेती करना मुश्किल काम है और न करनेवालों के लिए कराना तो और मुश्किल है। अब्बा ने थोड़ी-बहुत कोशिश ज़रूर की थी कि खेती करायी जाये लेकिन कुछ बात बनी नहीं थी। जानवरों को साल-भर खिलाने, हलवाहों को सालभर तनख़्वाह देने, बीज और खाद पर पैसा ख़र्च करने से अच्छा था ज़मीन बटाई पर देना। इसलिए ज़मीन बटाई पर ही दी जाती रही। अमीन साहब के रहने से बटाई में अनाज ठीक-ठाक मिल जाता और मैकू पर कुछ पाबंदियाँ लग गयीं। मैकू वैसे भी अमीन साहब को पसंद न करते थे क्योंकि उनके आने से मैकू की हैसियत कम हो गयी थी। फिर भी मैकू जिस गाँव में रहते थे और जिस बाग़ के पास की ज़मीन जोतते थे वह चक्की से काफ़ी दूर था।

अब्बा मियाँ के सामने अब्बू साब बैठे थे। अब्बा मियाँ का चश्मा झुककर नाक के किनारे पर आ गया था। वो हफ़्ते की आमदनी और ख़र्च का हिसाब देख रहे थे। आमदनी और ख़र्च में कोई मेल न था। कई बार उन्होंने एक-एक ख़र्चे को देखा। हिसाब देखा। सब ठीक था। कहीं किसी चीज़ में कोई गड़बड़ न थी। आमदनी के नाम पर सिर्फ़ बाज़ार की आमदनी थी लेकिन ख़र्च के नाम पर वो सबकुछ था जो ज़मींदारी के दिनों में हुआ करता था। नौकरों की तनख़्वाहें, इक्के-घोड़े का ख़र्च, जानवरों का ख़र्च, उधार की क़िस्ते, घर का ख़र्च, रखैल पर किया गया ख़र्चा, हुक़्क़े की लखनउवा तम्बाकू और फूलों-फलों के विलायती बीजों का ख़र्च, खुद अब्बू साब की तनख़्वाह, यासीन मियाँ का जेबख़र्च, वकीलों की फ़ीसें, शफ़ी कारिंदे के ख़र्च, अंदर खाना पकानेवाली और बर्तन धोनेवाली मामाओं की तनख़्वाहें और गोश्त, घी, तेल, सब्ज़ियों का ख़र्च।

पिछले कई साल से अब्बू साब अब्बा मियाँ को दबी ज़बान से राय दे रहे थे कि मियाँ, ख़र्च ज़्यादा है, आमदनी कम है। और क़र्ज़ लेने से अच्छा है कि ख़र्चे कम किए जायें। लेकिन अब्बा मियाँ को हर ख़र्च बड़ा वाजिब लगता था। उनकी ये समझ में न आता था कि कहाँ कमी की जाये। अब्बू साब ने राय दी थी कि इक्का-घोड़ा निकाल दिया जाये। उस पर बहुत ख़र्च आता है।

'वाह जनाब, वाह, तो मैं जाऊँगा कैसे ?' उन्होंने पूछा

'अरे मियाँ, आप महीने में एक-दो बार कहीं जाते हैं और घोड़े को रोज़ चना, खली और भूसा दिया जाता है। बौरा को तनख़्वाह हर महीने मिलती रहती है।

खैररा करनेवाले लड़के को भी तनख़्वाह दी जाती है। सिर्फ़ महीने में दो बार जाने के लिए...

'अरे ये बताइये कि मैं जाऊँगा कैसे ?' उन्होंने कुछ बिगड़कर पूछा।

'मियाँ, रिक्शे खूब चलने लगे हैं। आप... '

'नहीं, नहीं जनाब, ये नहीं हो सकता। मान लीजिए रात में कभी जाना पड़ जाये तो पहले कोई रिक्शेवाले के घर जाये। वो मिले न मिले... फिर उसे यहाँ लाये... फिर...'

'अरे मियाँ, कई रिक्शेवाले तो यहीं नीचे मोहल्ले में रहने लगे हैं।'

'नहीं जनाब, सवारी अपनी होनी चाहिए... समझे आप... '

'जी... '

अब्बू साब चुप हो जाया करते थे। उन्होंने ये सलाह भी दी थी कि गाय, बछड़ों और एक भैंस पर जो ख़र्च आता है, चरवाहे अफ़िम्चा को जो तनख़्वाह दी जाती है उस पैसे से पाँच किलो दूध रोज़ आ सकता है। जान्वर और अफ़िम्चा को हटा दिया जाये। दो किलो दूध लगा लिया जाये तो अच्छी बचत हो सकती है।

'तो जनाब, अफ़िम्चा कहाँ जायेगा ? बीस साल से यहाँ काम कर रहा है।'

'मियाँ कुछ-न-कुछ करेगा... सब ही करते हैं।'

'नहीं जनाब, जानवर तो मैं नहीं हटा सकता...'

फिर वो अब्बू साब को बताने लगते थे कि जिस घर के सामने जानवर नहीं होते वो घर मनहूस हो जाता है। इसलिए जानवरों का होना ज़रूरी है।

अब्बू साब बेचारे अपना-सा मुँह लेकर रह जाते थे और रस्तोगियों के यहाँ से उधार आ जाता था। हर मीने ब्याज की रक़म बढ़ जाती थी। अब्बू साब ये सब अब्बा को बताते थे। अब्बा झल्लाते थे। उन्हें ये डर था कि अब्बा मियाँ के मरने के बाद उन्हें अच्छा-ख़ासा उधार चुकाना पड़ेगा।

एक बार फिर इस ख़बर ने ज़ोर पकड़ा कि सीलिंग का क़ानून आनेवाला है। उसी के साथ-साथ ये भी पता चला कि कोऑपरेटिव फ़ार्मों पर सीलिंग लागू नहीं होगी। लेकिन ये ज़्यादा पता नहीं चला कि कोऑपरेटिव फ़ार्म क्या होते हैं ? कैसे बनते हैं ? पता लगाते-लगाते इतना मालूम हुआ कि स्टेशन के पास एक मुंशीजी रहते हैं, वो इस बारे में सब जानते हैं। अब्बा किसी ऐसे आदमी के साथ मुंशीजी के पास गये जो उन्हें जानता था। मुंशीजी ने न सिर्फ़ कोऑपरेटिव फ़ार्म के बारे में बताया बल्कि बहुत सारी ऐसी सरकारी स्कीमों के बारे में बताया जिनमें अनुदान मिलता था। यानी जो पैसा क़र्ज़ लिया जायेगा वह वापस करने की ज़रूरत नहीं है। इन सब बातों का अब्बा को ठीक से पता न था। मुंशीजी ने साफ़-साफ़ कहा,

'यह युग परिवर्तन और निर्माण का युग है। अगर किसी के पास आँखें हैं तो इसी युग में कुछ हो सकता है। ये अनुदान सदा न चलेंगे। सहकारी खेती में भी सरकार जो मदद दे रही है आज है कल न रहेगी। इस अवसर का पूरा फ़ायदा उठाना चाहिए।' उसके बाद अब्बा को उन्होंने विस्तार से समझाया कि क्या-क्या हो सकता है।

मुंशीजी से मिलने के बाद अब्बा को लगा कि न सिर्फ़ ज़मीन बचायी जा सकती है बल्कि खेती को अच्छा चलाने के लिए पैसा भी मिल सकता है और वह पैसा न सिर्फ़ आसान क़िस्तों पर मिल सकता है बल्कि उसमें छूट भी होगी। मुंशीजी ने बताया था कि 'आपकी ज़मीन में कोई छिछला-सा तालाब हो तो तालाब खुदवाने के लिए पाँच हज़ार का अनुदान मिलता है। हज़ार-दो हज़ार में उसे ठीक कराइये। पाँच-सात सौ ब्लाकवालों पर ख़र्च हो जायेंगे। बाक़ी पैसा कहीं नहीं गया। उसके बाद उसी तालाब में मछलीपालन के लिए पाँच हज़ार और अनुदान मिलता है। क्या बुरा है, हज़ार-पाँच सौ मछली के बच्चे डलवा दीजिए। ये तो अंधी खेती है... अंधी। ब्लाकवालों के पास इतनी रक़म आ गयी है कि उनकी समझ में नहीं आता कि इतने क़र्ज़ लेनेवाले कहाँ मिलेंगे ? यही अवसर है।'

मुंशीजी 'यही अवसर है' खूब बोलते थे। और खुद उन्होंने अवसर का पूरा लाभ उठाया था। तालाब खोदने, मछली पालने, रेशम के कीड़े पालने, बकरियाँ पालने, ऊसर ज़मीन को उपजाऊ बनाने, कुआँ खुदवाने, चेन पम्प लगाने, नाला निकलवाने, कट्टी काटने की मशीन ख़रीदने, शौचालय बनवाने, धुआँरहित चूल्हा ख़रीदने; ग़रज़ ये कि जितने कामों के लिए अनुदान मिल सकता था, उन्होंने लिया था। ब्लाक में उनकी अच्छी दोस्ती थी।

विकास के कामों में रुचि लेने के अलावा मुंशीजी ज़मानत लेने का काम भी करते थे। किसी की भी जमानत ले लेते थे। हाँ, हर तरह की ज़मानत की उनकी अलग फ़ीस थी। तत्काल ज़मानत की ज़रूरत विशेष रूप से उन ट्रकवालों को पड़ती थी जो लोगों को कुचलकर मार डालते थे और इतने बदनसीब होते थे कि पुलिस उन्हें पकड़ लेती थी। चूँकि शहर के बीच से जी.टी. रोड गुज़रती थी इसलिए इस तरह की वारदातें अक्सर होती थीं। एक ज़मानत में मुंशीजी फँस गये थे—यह लोगों का ख़याल था लेकिन मुंशीजी उसमें से साफ़ दामन बचाकर निकल आये। एक ट्रकवाले की जमानत ली थी। तारीख़ पर वह नहीं आया। मुंशीजी को चिंता हुई। उसने जो पता बताया था उसके अनुसार गाँव पहुँचे। वहाँ मालूम हुआ कि उस नाम का कोई आदमी उस गाँव में नहीं रहता। मुंशीजी को बड़ा गुस्सा आया। उसने इनके विश्वास को ठेस पहुँचाई थी। ख़ैर, अगली पेशी पर उन्होंने दरख़ास्त लगाई और क़स्बे के डॉक्टर का मेडिकल सार्टीफिकेट पेश किया कि मुजरिम बीमार है। तारीख़ बढ़ा दी गयी। फिर अगली तारीख़ पर मुंशीजी ने यही किया। उससे अगली

पर भी यही किया और फिर जो तारीख़ मिली उस पर पंचनामा पेश किया जिसके अनुसार मुजरिम मर गया था और उसका क्रिया-कर्म कर दिया गया था। गाँव के प्रधान और पंचों के अँगूठों के निशान थे। ज़ाहिर है कि मुक़दमा ख़ारिज हो गया। मुंशीजी तब से ज़मानतवाले काम में सतर्क हो गये थे और विकास के कामों की तरफ़ ज़्यादा ध्यान देने लगे थे क्योंकि वे सब माल के मामलात थे और उनमें ऐसा डर न था।

ब्लाक ही की नहीं, भारत सरकार की हर नयी स्कीम की जानकारी मुंशीजी को सबसे पहले हो जाती थी। ब्लाकवाले उनके ऊपर बुरी तरह आश्रित थे। किसी नयी स्कीम में यदि प्रगति होती न दिखाई देती तो बी.डी.ओ. उनसे कहता, 'मुंशीजी क्या बात है, लोग शहद की मक्खी पालने में रुचि क्यों नहीं ले रहे ?' मुंशीजी अगले दिन लोगों में रुचि पैदा करा देते। ब्लाक आफ़िस से जिन-जिन लोगों को काम होता था मुंशीजी कराते थे। मेहनताना वसूल करने को वो रिश्वत या घूस क्यों समझने लगते ! अगर फ़ार्म भरा है, गवाहों के अँगूठे लगवाये हैं, उसी दिन बी.डी.ओ. के हस्ताक्षर कराये हैं, क़र्ज़ में पचास प्रतिशत अनुदान है तो मुंशीजी अपना मेहनताना क्यों न लें।

बहरहाल, यहाँ मक़सद मुंशीजी का जीवन-चरित्र लिखना नहीं है, सिर्फ़ ये बताना है कि मुंशीजी ने अब्बा को बताया कि किस तरह सहकारी फ़ार्म बनाया जा सकता है। उन्होंने ज़िले के सहकारी कार्यालय का पता भी बताया जो चौक की गलियों-दर-गलियों में एक टूटे-फूटे जर्जर मकान में था। मकान सहकारी इंस्पेक्टर के मामा का था इसलिए कार्यालय खोलने की उससे बेहतर जगह शहर में कोई और न थी।

मुंशीजी ने अब्बा को ये भी बताया था कि सहकारी विभाग के इंस्पेक्टर की तरक़्क़ी भी इस आधार पर होती है कि उसने कितनी सहकारी संस्थाएँ खुलवा दी हैं, इसलिए अब्बा जब उससे बात करेंगे तो बहुत रुचि लेगा और सारा रास्ता खुद ही बतायेगा।

अब्बा इंस्पेक्टर से मिले। उसने सबसे पहले अब्बा को उन ज़मींदारों के नाम बताये जिन्होंने सहकारी फ़ार्म बना लिए थे और फल-फूल रहे थे। उसने यह भी बताया कि सहकारी फ़ार्म निश्चित रूप से सीलिंग में नहीं आते। उसके अनुसार पहला काम ये था कि अब्बा को आसपास के किसानों को तैयार करना था कि वे फ़ार्म के सदस्य बन जायें। सदस्य नाममात्र के लिए ही होंगे, इससे उनका कोई नुक़सान न होगा, उल्टे फ़ायदा ही होगा। उसने कहा कम-से-कम चौदह सदस्य होने चाहिए तब सहकारी फ़ार्म बन पायेगा।

अब्बा ने गाँव जाकर उन किसानों से बात की जिनकी एक-एक, दो-दो बीघा ज़मीनें उसके रक़बे के पास थीं। एक कुर्मी को छोड़कर जो कुछ कांग्रेसी मिज़ाज

का आदमी था, और कोई न तैयार हुआ। उन सबने हाथ जोड़ दिये। लेकिन दरअसल उनको किसी ने डरा दिया था कि इस चालाकी से अब्बा उनकी ज़मीनें हड़प करना चाहते हैं। जब सिर्फ़ एक ही आदमी तैयार हुआ तो अब्बा परेशान हो गये। फिर इंस्पेक्टर के पास गये तो उसने कहा कि 'ये कोई परेशानी की बात नहीं है। आप एक-एक बीघा या दो-दो बीघे के बैनामे अपने नौकरों के नाम कर दीजिए या गाँव के हरिजनों के नाम कर दीजिए। वो ज़मीन के मालिक मान लिए जायेंगे और आपके सहकारी फ़ार्म के सदस्य हो जायेंगे।'

यह काम आसान था। अब्बा ने मैकू की मदद से पाँच-छः कंजड़ों, चार-पाँच चमारों और कुछ भूमिहीन कुर्मियों को इस बात पर तैयार किया कि उनके नाम बैनामे कर दिये जायें। ज़ाहिर है कि वे पैसा क्या देते। उल्टे काग़ज़ी कार्रवाई, लिखा-पढ़ी का पैसा और स्टैम्प फ़ीस वग़ैरा भी अब्बा को अपने पास से लगानी पड़ी।

सिर्फ़ बैनामा हो जाना काफ़ी न था। जब तक ज़मीन दाख़िल ख़ारिज होकर उन लोगों के नाम न चढ़ जाती और उन्हें ख़सरा-खितौनी की नक़ल न मिल जाती तब तक वे मेम्बर नहीं बन सकते थे। सब जानते हैं ये काम लिये-दिये बिना नहीं होता। पटवारी, क़ानूनगो, नायब साहब सबको कुछ-न-कुछ दिया गया तो चार-पाँच महीने में काम हो पाया। उनके बाद उन सबको शहर बुलाया गया। मैकू उन्हें अपने साथ लाये। दसियों काग़ज़ों पर उनके अँगूठे लगवाये गये। गाँव का आदमी वैसे ही काग़ज़ देखकर डर जाता है, जबकि उस पर अँगूठा भी लगाना हो। इसलिए उन लोगों को मिठाई-पूड़ी खिलवाई गयी। ख़र्चा दिया गया। सबको इंस्पेक्टर ने भी समझाया कि ये फ़ायदे का काम है, इसमें कोई नुक़सान नहीं है। अब्बा ने कहा अब वो उन्हीं को बटाई पर ज़मीन देंगे जो सहकारी फ़ार्म के सदस्य बन गये हैं। ग़रज़ ये कि फ़ार्म आदि भरकर इंस्पेक्टर ने अब्बा से हेड आफ़िस यानी इलाहाबाद चलने को कहा। ज़ाहिर है कि आने-जाने, खाने-पीने का ख़र्चा अब्बा ने उठाया और काग़ज़ात जमा हो गये।

काग़ज़ात जमा होने के बाद कोई आठ महीने गुज़र गये। इंस्पेक्टर इस बीच अब्बा को चार-पाँच बार इलाहाबाद ले गये। काग़ज़ों में कभी कोई कसर रह जाती थी, कभी कोई। बहरहाल, एक दिन वह आया कि इंस्पेक्टर काग़ज़ लेकर घर आये कि फ़ार्म रजिस्टर हो गया है। उनको मिठाई के पैसे दिये गये और काग़ज़ अब्बा ने ले लिया। उनको लगा और कुछ हो या न हो, कम-से-कम सवा सौ बीघे ज़मीन बच गयी है और ज़मीनों के दाम आसमान छू रहे हैं। ये भी हो सकता है कि खेती जम जाये। देखते-देखते आसपास के दो-चार कुर्मी ज़मीदारों ने खेती को खूब जमा लिया था और लाखों रुपये पैदा कर रहे थे।

हम लोगों के हाईस्कूल पास करने के बाद अब्बा हमें लेकर अलीगढ़ आये। एक बहुत बड़ा हॉल था जिसमें सैकड़ों लोग भरे हुए थे—तरह-तरह के लोग, आवाज़ें, शोर और काग़ज़ों की भरमार। हम लोगों का दाख़िला हो गया। अब्बा दूसरे दिन चले गये। हम दोनों डरे-सहमे हुए काली शेरवानियाँ और काले जूते पहने लम्बे-चौड़े बरामदों में घूमते थे। हमें डर था कि कभी भी कोई पकड़ लेगा और पूछेगा कि तुम लोग कौन हो, कहाँ से आये हो, क्यों आये हो ?

पूछते-पाछते क्लासों में पहुँचते थे तो वहाँ का हाल ही निराला था। लम्बे-चौड़े, बड़े-बड़े लेक्चर थियेटर और सैकड़ों लड़के। सब एक-दूसरे के लिए अजनबी। सबका एक-एक रोल नम्बर। मुझे तीन सौ तीन रोल नम्बर मिला था और उसका लोग मज़ाक़ उड़ाते थे—'थ्री नाट थ्री' कहते थे। पढ़ाई ऐसी होती थी जो हमें पसंद आई थी, यानी एक लेक्चरर आकर भाषण जैसा झाड़ता था और घंटा बजते ही चल देता था।

हॉस्टल में खिंचाई का सीज़न चल रहा था। जूनियर लड़कों को एक कमरे में बंद कर दिया गया था और एक-एक को इस तरह बाहर ले जाया जाता था जैसे 'हलाल' करने ले जाया जा रहा हो। जूनियर लड़के एक कमरे में डरे-सहमे बैठे रहते थे। बाहर लॉन में खिंचाई किये जाने की आवाज़ें, ठहाके और गालियाँ अंदर तक सुनाई देती थीं और हम लोग सहम जाते थे।

आख़िरकार खिंचाई-विचाई के बाद हम दोनों वहाँ जम गये थे। हर महीना मनीआर्डर आ जाता था। ख़राब खाना खाने की आदत पड़ गयी थी। सिगरेट पीने की भी आदत पड़ गयी थी। रात देर से लौटने की भी आदत पड़ गयी थी। और खुश थे। छुट्टियों में घर जाते थे तो अब्बा के सहकारी फ़ार्म के काम में हुई प्रगति का पता चलता था।

फ़ार्म का नाम उस गाँव के नाम पर रखा गया था जो धनही से नज़दीक था—'हसनापुर सहकारी खेती फ़ार्म लि.। ज़ाहिर है कि अब्बा अध्यक्ष थे। एक महामंत्री भी थे, कई मंत्री थे, एक कोषाध्यक्ष थे। लेकिन उनमें से कोई भी अँगूठा लगाने के अलावा कुछ न जानता था। एक अकेला कुर्मी कांग्रेसी सदस्य था जो थोड़ी-बहुत हिंदी जानता था। वह उपाध्यक्ष बनाया गया था। बहुत-से रजिस्टर और तरह-तरह के फ़ार्म और काग़ज़ ख़रीदे गये थे। इंस्पेक्टर ने ये भी बताया था कि योजना के अनुसार उनका फ़ार्म किसी हाईस्कूल पास लड़के को सहकारी संस्थाओं के चलाये जाने की ट्रेनिंग लेने भी भेज सकता है। दस महीने की ट्रेनिंग होगी। सरकार उसे सौ रुपये महीने ख़र्चा-पानी के लिए देगी। हॉस्टल में रखा जायेगा और वही लड़का बाद में हसनापुर सहकारी खेती फ़ार्म का मैनेजर हो जायेगा। चूँकि काग़ज़ी कार्रवाई

बहुत थी और सबकुछ हिंदी में था और अब्बा को हिंदी न आती थी, इसलिए उन्हें ये बात बहुत पसंद आयी। कुर्मी कांग्रेसी सदस्य ने फ़ौरन अपने बेटे को पेश कर दिया। वह हाईस्कूल करने के बाद गाँव में आवारगी कर रहा था।

लड़के का नाम रामकुमार था लेकिन जब वह ट्रेनिंग करके लौटा और फ़ार्म में मैनेजर हो गया तो उसका नाम मनीजर पड़ गया। रामकुमार सब भूल गये। वह मनीजर हो गया। हसनापुर में उसकी ज़मीन और एक छोटी-सी बग़िया थी। अच्छा-ख़ासा घर था। कुर्मियों का यह परिवार खाता-पीता माना जाता था। उसके पिताजी बड़ी-बड़ी सफ़ेद मूँछें रखते थे और सफ़ेद साफ़ा बाँधते थे। वो भी खुश थे कि लड़का ट्रेंड हो गया और हिल्ले से लग गया है। अब्बा भी खुश थे कि गाँव में एक ऐसा घर हो गया है जहाँ से उन्हें अच्छी मदद मिल सकती है। अब जब वो फ़ार्म जाते थे तो उन कोठरियों में नहीं, बल्कि मनीजर के घर पर ठहरते थे। मनीजर के घर में एक कोठा था जिसकी सीढ़ियाँ दूसरी तरफ़ थीं। यह बाहरवालों के ठहरने के लिए अच्छी जगह थी। अब्बा यहाँ इसलिए ठहरते थे कि यहाँ खाने-पीने की परेशानी न होती थी, जबकि कोठरियों में अमीन साहब के साथ रहने पर मोटी रोटियों और दाल के अलावा कुछ न मिलता था। मनीजर के घर में गोश्त तो नहीं, लेकिन दाल, सब्ज़ी, अचार, असली घी चुपड़े पतले-पतले फुलके और पारी का गुड़ मिल जाता था।

सहकारी फार्म के नियम-क़ायदों के हिसाब से मनीजर को सवा सौ रुपये महीना वेतन भी मिलना चाहिए था। लेकिन यह एक मौखिक समझौता था कि यहाँ वेतन न मिलेगा। उसकी जगह बटाई की बीस बीघा ज़मीन मिलेगी। मनीजर इससे खुश थे। उनमें और मैकू में गाढ़ी दोस्ती हो गयी थी।

अब्बा मियाँ बहुत चाहते हुए भी लंबे समय तक वह सब रोक न सके जो रोकना चाहते थे। ख़र्च बढ़ता जाता था, आमदनी वही थी। आख़िरकार पहले इक्का और घोड़ा गया। उसके बाद दूसरे जानवर बिके। दो लोगों की नौकरी चली गयी। सबसे ज़्यादा अफ़सोस उन्हें बौरा का था जो इक्का चलाता था। उन्होंने बीस रुपये महीने उसकी पेंशन बाँध दी थी। अफ़िम्चा, जो जानवर चराता था, के लड़के चमड़े का कारोबार करने लगे थे और उसमें अच्छा पैसा मिल जाता था। इसलिए उसको कोई फ़र्क़ न पड़ा था। वह घर बैठ गया था और खुश नहीं तो दुःखी भी न था।

अब्बा मियाँ का गुस्सा भी कम हो गया था। उन्होंने आना-जाना तो बहुत पहले ही छोड़ रखा था, अब और ज़्यादा गोशानशीन हो गये थे। बाज़ार भी न जाते थे क्योंकि बाज़ार में लक्खू मियाँ आने लगे थे। लक्खू मियाँ के साथ जो मुक़द्दमे चल रहे थे उनमें भी उनकी कोई दिलचस्पी न बची थी। जुबैदा शादी के कुछ साल

बाद ही टी.बी. से मर गयी थी और उसके पति यासीन मियाँ अपने घर में पड़े रहते थे। उनको जेबख़र्च बराबर मिलता था और वो वही करते थे जो ज़िंदगी भर किया, यानी कुछ नहीं। अँगनू के आँत उतरने लगी थी और उन्हें हकीमों ने एक पेटी बताई थी जो बाँधना पड़ती थी। मुश्ताक़ बाज़ार में बराबर दलाली करते थे। जब कभी अच्छी रक़म हाथ लग जाती थी तो शाम किसी रंडी के कोठे पर गुज़र जाती थी, नहीं तो गोश्त ख़रीद लाते थे और गोश्त-रोटी खाकर पड़ रहते थे।

अब कुल मिलाकर अब्बा मियाँ के पास दो बाहरी नौकर बचे थे—अँगनू जो उनके निजी नौकर थे और बक़रीदी जो पानी भरने और फूल-पत्ती लगाने का काम करता था। घर के अंदर खाना पकानेवाली बुआ और एक बरतन धोनेवाली मदार की माँ थी। अब्बू साब को भी अब्बा मियाँ तनख़्वाह देते थे लेकिन उनका दर्जा नौकरोंवाला नहीं था। न कोई ये मानता था कि वो नौकर हैं। इसके अलावा उनकी रखैल बराबर रात में आती थी। वो रात का खाना उसी के साथ खाते थे। वह सुबह होते-होते चली जाती थी। अब उनका सबसे ज़्यादा ख़र्चा उसी पर था। अपनी ज़ात पर जो उनके ख़र्च थे वो भी धीरे-धीरे अपने-आप कम होते चले गये थे। उनसे मिलने आनेवाले भी कम हो गये थे। लेकिन कभी कोई आ जाता था तो उसे घंटों बैठा लेते थे, लगातार बातें करते थे। उसे खाना खिलाये बग़ैर न जाने देते थे।

अब्बा मियाँ पक्की इमारत के ख़िलाफ़ थे। लेकिन अब्बा ने जब खपरैल और दालान की जगह पर पक्का बरामदा और कमरा बनाने को कहा तो मान गये। उन्हें इतना पता चल गया था कि अब उनकी ख़्वाहिश या उनके चाहने से कुछ नहीं होगा। अब्बा ने अपने रहने के लिए अंदर के मकान का एक हिस्सा पक्का बनवा लिया था। लेकिन अब्बा मियाँ अब तक कच्ची इमारत की तारीफ़ें करते थे। कहते थे सर्दियों में गर्म और गर्मियों में ठंडी रहती है। इस बीच यहाँ बिजली भी आ गयी थी। अब्बा ने कनेक्शन लिया था लेकिन अब्बा मियाँ ने अपनी खपरैल और कोठरी में कनेक्शन लेने से इनकार कर दिया था। गर्मियों की दोपहर में अब भी अंधे जाफ़र को बुला लिया जाता था जो उन्हें पंखा झलता था।

इन्हीं दिनों अब्बा को पता नहीं क्या सूझी कि एक बार कानपुर गये और दो हज़ार रुपये की मोटर ख़रीद लाये। यह पता नहीं कितने हैंड पुरानी उन्नीस सौ अड़तालीस की फ़ोर्ड थी। कार लाने के पीछे उनका तर्क ये था कि वो अपने अब्बा की खुशी के लिए लाये हैं। क्योंकि घर में अब कोई सवारी न थी और अब्बा मियाँ पूरी ज़िंदगी बग़ैर किसी निजी सवारी के न रहे थे इसलिए कार ख़रीदी गयी है। कार से अब्बा मियाँ को खुशी हुई या नहीं हुई ये बहुत समझ में नहीं आयी। क्योंकि वो मशीन के ख़िलाफ़ थे और फ़ाउण्टेनपेन तक से नहीं लिखते थे। कहते थे, 'मियाँ मशीन का क्या भरोसा ?' तो उनके लिए कार बहुत भरोसा करनेवाली चीज़ न थी। फिर भी अब्बा का कहना था कि अब्बा मियाँ कहीं जायें तो मोटर

से ही जायें। और वे जाते भी थे।

मोटर चलाने के लिए एक ड्राइवर रखा गया था जिसका नाम शरीफ़ था। शरीफ़ पहले इक्का चलाता था। उसका चाचा मिशन स्कूल की बस का ड्राइवर था। उसी ने उसे गाड़ी चलाना सिखाया था। शरीफ़ में खूबी थी कि घर की तरफ़ लौटते हुए वह गाड़ी की स्पीड तेज़ कर देता था। दरअसल घोड़ा जब घर वापस लौटता है तो तेज़ चलता है। शायद इक्का चलाते-चलाते शरीफ़ की ये आदत पड़ गयी थी। इस पर अब्बा उसे बहुत डाँटते थे और कहते थे कि अब भी तुम्हारी इक्का चलानेवाली आदत गयी नहीं।

शरीफ़ दुबला-पतला, काले रंग और दबे-दबे से नक्शेवाला आदमी था। आँखों में सुरमा लगाता था और अपने को बहुत खूबसूरत समझता था। अब्बा गाड़ी से ही गाँव जाने लगे थे। गाँव और आसपास में गाड़ी लेने से उनकी इज़्ज़त बहुत बढ़ गयी थी। अक्सर लोग शादियों में गाड़ी माँगने आते थे और अब्बा उन्हें दे देते थे। ऐसे मौक़ों पर शरीफ़ के ठाठ हो जाते थे। खाना-पीना अलग और इनाम अलग मिलता था।

चक्की और सहकारी फ़ार्म का सब काम ठीक ही चल रहा था कि एक सुबह चक्की का मिस्त्री अमीर अली घबराया हुआ आया और उसने बताया कि चक्की में डाका पड़ गया। रात में डाकू आये। अमीन साहब ने दिन में बारह सौ का धान बेचा था वह पैसा ले गये। इससे भी ज़्यादा ख़राब ख़बर ये थी कि डाकुओं ने बूढ़े अमीन साहब पर ज़्यादती यानी मारपीट भी की थी। अब्बा फ़ौरन मोटर से रवाना हो गये।

अमीन साहब को चोटें तो कुछ ख़ास न आयी थीं लेकिन डर बहुत गये थे। किसी सूरत पर भी वहाँ रहने के लिए तैयार न थे। उनको बहुत-बहुत समझाया गया। ये भी कहा गया कि अब दो-तीन कंजड़ रोज़ रात में वहाँ सोया करेंगे। बाक़ायदा पहरा रहा करेगा लेकिन अमीन साहब किसी तरह तैयार न होते थे। कहते थे बहुत बूढ़ा हो चुका हूँ, अब पोते-पोतियों के साथ रहूँगा। कभी कहते थे कि आँखें कमज़ोर हो गयी हैं, काम नहीं हो पाता। कभी कहते थे कि तबीयत ख़राब रहती है। बहरहाल, वो किसी तरह फिर वहाँ रहने पर तैयार न हुए। अब्बा को अच्छी तरह मालूम था कि अमीन साहब न रहे तो चक्की चलना मुश्किल हो जायेगा। लेकिन कुछ न हुआ। अमीन साहब ने अपना थोड़ा-सा सामान समेटा और अब्बा के साथ ही शहर वापस आ गये। चक्की अमीर अली के हवाले हो गयी।

अमीन साहब के चक्की छोड़ देने के बाद फ़ार्म की ज़मीनों को बटाई पर देने, पैदावार आधी बटवाने और बाग़ के फल ख़रीदने के लिए कुँजड़े वग़ैरा तलाश करने की पूरी ज़िम्मेदारी फिर मैकू पर ही आ गयी। मैकू के ख़र्च बढ़े हुए थे। हालाँकि उसे-कोई वैसी बुरी आदत न थी लेकिन एक तो ख़ानदान बड़ा था, दूसरे उसने

एक कंजड़िन से याराना गाँठ रखा था, तीसरे उसे घड़ी, ट्रांजिस्टर-जैसी चीज़ों का शौक़ था। लेकिन लोग कहते थे की कमाई में बरकत नहीं है क्योंकि हेरफेर का काम करता है। ये भी कहा जाता था कि उसकी जगह कोई और होता तो इतनी बड़ी ज़मीन और बाग़ का कारिंदा होकर बन गया होता। लेकिन मैकू की हालत वही थी। हमेशा पैसे के लिए परेशान रहा करता था। इसमें कुछ दोष उसकी लड़कियों का भी था। बड़ी लकड़ी एक चमार के साथ भाग गयी थी। उसकी तलाश में मैकू ने बहुत पैसा ख़र्च किया। इटावा तक गया। दुआ, तावीज़, जादू-टोना, टोटके सब कराये लेकिन वह न मिली। दूसरी लड़की पास के गाँव के एक पठान के साथ भाग गयी थी। पठान उससे निकाह न पढ़वा रहा था, सिर्फ़ डाले हुए था। दो की उसने शादी कर दी थी। एक लड़का जवान होकर मर गया था। उसका उसे बेहद ग़म था। दो छोटी-छोटी बच्चियाँ और एक सबसे छोटा लड़का था। मैकुआइन यानी मैकू की बीवी को ज़ेवर-गहने का शौक़ था और वह लगातार मैकू को कुछ-न-कुछ लाने के लिए परेशान करती रहती थी। कंजड़िन, जिससे उसके संबंध थे, भी उसका अच्छा-ख़ासा पैसा ख़र्च कराती थी। इन सब तरह के ख़र्चों को पूरा करने के लिए वह लगातार जोड़-तोड़ करता रहता था।

लड़कियों की तरह उसके सालों की संख्या भी बड़ी थी। उनमें से एक-दो हमेशा उसके पास रहते थे। लेकिन सा़लों से वो खेती का खूब काम लेता था। खुद उसे खेती का काम न आता था या मेहनत का काम करने की उसकी आदत न थी।

मैकू अब्बा के मिज़ाज को बड़ी अच्छी तरह समझता था। उसे मालूम था अब्बा को क्या पसंद है, क्या नापसंद है। किसी विवाद या झगड़े में पड़ने से डरते हैं। हिसाब-किताब के काम से उलझ जाते हैं। और अगर ग़लती पर नाराज़ हो जाते हैं तो कैसे मनते हैं। अब्बा के बारे में इतना सबकुछ जानने के कारण वह बहुत भोले-भाले, सीधे और सरल तरीक़े से उन्हें उँगलियों पर नचाता था। अब्बा को इसका पता भी नहीं चल पाता था कि उनके साथ क्या हो रहा है। वे यही समझते थे कि अपनी मर्ज़ी से सबकुछ कर रहे हैं, लेकिन वह दरअसल मैकू की योजना का हिस्सा होता था।

गाँव पर कुछ ऐसे भी छोटे-छोटे ज़मीन के टुकड़े थे जो न तो सहकारी फ़ार्मवाली ज़मीन के पास थे और न बाग़ के नज़दीक थे। कहीं दो बीघे का टुकड़ा था, कहीं चार बीघे का टुकड़ा था। अब्बा ने स़हकारी फ़ार्म बनाने के बाद सोचा कि इस तरह की ज़मीनों को रखने से कोई फ़ायदा नहीं है। उसमें से न तो बटाई का कुछ मिलता है और न कोई दूसरा ही फ़ायदा है। मैकू ने इस ख़याल को और पक्का कर दिया। सबसे पहले छः बीघे के एक टुकड़े को बेचने की बात सोची गयी। यह अच्छी ज़मीन थी और एक अहीर इसे जोतता था। अब्बा ने मैकू से कहा कि उस ज़मीन के लिए कोई ग्राहक तलाश करो।

मैकू अपने ढंग से काम पर लग गये। उन्होंने मनीजर से कहा कि तुम जाकर सिर्फ़ उस अहीर से ये बताओ कि तुमने सुना है कि वो ज़मीन बेची जा रही है। मनीजर ने उसे बताया और वह सीधे मैकू के पास भागा चला आया। मैकू ने उससे पास के गाँव के एक दबंग क़िस्म के मियाँ का नाम लिया और कहा कि वो ख़रीद्र रहे हैं। अहीर समझ गया कि मियाँ बदमाश क़िस्म का आदमी है और ज़मीन पर क़ब्ज़ा ले लेगा। अहीर मैकू के सामने गिड़गिड़ाने लगा कि बैनामा उसके नाम ही करा दिया जाये। मैकू ने उसे खींचना शुरू कर दिया। पहले तो कहा कि बयाना दिया जा चुका है। बीघे का छः हज़ार तय हुआ है। लेकिन फिर अहीर को ये उम्मीद भी बँधा दी कि मैं तुम्हारे लिए कुछ-न-कुछ करूँगा। पैसा क्या दोगे ? अहीर ने कहा वही पैसा जो मिल रहा है। 'ठीक है, कल तक पाँच हज़ार रुपया दे जाओ। मियाँ का बयाना वापस करके तुम्हारा बयाना हम भइया के पास जमा कर देबे।'

अगले दिन वह आदमी बयाने के पैसे ले आया। मैकू ने पाँच हज़ार पकड़ लिये। फिर उससे कहा कि 'बैनामा होगा तीन हज़ार बीघा पर। तुम्हें फ़ायदा होगा। स्टैम्प फ़ीस कम पड़ेगी। रजिस्ट्रार के सामने यही पैसा दिया जायेगा पर उससे पहले मेरे हाथ में बाक़ी पैसा देना होगा—मतलब पंदरह हज़ार बयाना से पहले देना होगा, पंदरह बयाना के टैम। पर ये किसी से कहना न। नहीं तो काम बिगड़ जायेगा।'

मैकू अब्बा के पास आये। अब्बा ने पूछा, 'कहो, गाहक मिला ?'

मैकू ने सिर लटका लिया। मैकू अब्बा को भइया कहता था। बड़ी आजिज़ी से बोला, 'भइया, आसपास दुई-चार गाँव के आदमी तो ज़मीन लेने को तैयार नहीं हैं।'

'क्यों ?'

'अब भइया आपको का बताईं। अहीर ससुरा डकैतन का दोस्त है। तीन सौ दो का मुकदमा चल रहा है ओके ऊपर··· सब जानते हैं उससे कब्जा न ले पायेंगे।

अब्बा सोच में डूब गये। बात तो ठीक है। अगर वह बदमाश आदमी है तो कोई ज़मीन न ख़रीदेगा।

'अब आप जैसा हुक्म दें वैसा किया जाये ?'

अब्बा क्या बताते, ख़ामोश हो गये। मैकू ने थोड़ा सोचकर कहा, 'भइया एक काम न किया जाये ?'

'क्या ?'

'वही साले से न कहा जाये। हुइ सकत है खरीद ले।'

'ठीक है, कहो।'

अगली बार आकर मैकू ने अब्बा से कहा कि वह तैयार तो है लेकिन केवल तीन हज़ार बीघा दे रहा है। मैकू अच्छी तरह जानते थे कि अब्बा झगड़ा-झंझट में पड़ने के बजाय कम पैसे पर संतोष कर लेना अच्छा समझते हैं। उन्होंने कहा, 'ठीक है।'

मैकू ने फ़ौरन जेब से निकालकर हज़ार रुपया बयाना दिया। अब्बा खुश हो गये। मतलब मैकू ने न सिर्फ़ अपनी कारकर्दगी की धाक जमा दी, बल्कि यह भी कहा कि वो बयाना का यह पैसा इसी शर्त पर लाये थे कि भइया मना कर देंगे तो वापस कर दिया जायेगा।

ज़मीन बिकी और मैकू को पूरे पंद्रह हज़ार मिले। हज़ार-दो हज़ार उन्होंने मनीजर को भी पकड़ाये कि कहीं साला भइया से बता न दे।

सहकारी फ़ार्म के पंजीकरण के बाद इंस्पेक्टर ने बताया कि फ़ार्म के चारों ओर तार खिंचवाने के लिए पाँच हज़ार का अनुदान मिलता है। अब्बा ने फ़ौरन कार्रवाई शुरू कर दी। मनीजर ने प्रस्ताव बनाया। सबसे अँगूठा-निशान लिया गया। और थोड़ी भाग-दौड़ के बाद पाँच हज़ार रुपये मिल गये। मनीजर ने कहा कि कानपुर से कंडम क़िस्म का तार और पुराने लोहे के लट्ठे मिल जायेंगे। वही लगवा दिये जायें। इंस्पेक्टर को रिपोर्ट लगानी होगी कि काम हो गया है तो उसे भी कुछ दे दिया जायेगा। यह राय अब्बा को पसंद आ गयी।

मनीजर और अब्बा गाड़ी से कानपुर गये। मैकू से कहा गया कि बैलगाड़ी लेकर आओ ताकि तार वग़ैरा लादकर लाये जा सकें। कानपुर की गोमटी नम्बर पाँच में पुराना तार मिल गया। जंग लगा और पता नहीं कितनी बरसातों में भीगा हुआ तार था। इसी तरह के लट्ठे भी मिले। पूरा सौदा दो हज़ार में तय हो गया। मैकू भी सही वक़्त पर पहुँच गये और तार, लट्ठे लादकर फ़ार्म पहुँचा दिये गये। मनीजर ने कहा कि सदस्यों से ही तार लगवाने का काम लिया जाना चाहिए। यही सहकारी भावना है। ख़ैर, जितने कंजड़ और चमार मेम्बर थे उनको बुलाया गया। लट्ठे गाड़कर तार जो खोला गया तो वह टूटने लगा। अब तार कैसे लगाया जाता ? मनीजर ने कहा कि ऐसा करते हैं कि सामने की तरफ़ लगाने के लिए तार और ख़रीद लेते हैं। बाक़ी चारों तरफ़ लट्ठे गाड़ दिये जायेंगे। इंस्पेक्टर से रिपोर्ट तो मिल ही जायेगी। बाद में पुलिस में रपट लिखा देंगे कि फ़ार्म का तार कोई रात में काट ले गया।

मनीजर एक हज़ार रुपया और लेकर कानपुर गये। मैकू उनके साथ गये। इस बार भी पुराना ही तार ख़रीदा लेकिन ऐसा था जो टूटता न था। वह सामने की तरफ़ लगाया गया। इंस्पेक्टर ने रिपोर्ट लिखने के पाँच सौ माँगे। दो सौ मनीजर को दिये गये और पचास रुपये मैकू को मिले। थोड़ा बेहतर तार जो सामने की तरफ़ लगा था, वह रिपोर्ट लिखी जाने के बाद मनीजर उखाड़ ले गये और अपनी बग़िया के चारों तरफ़ लगा दिया। दो-चार लट्ठे इधर-उधर छोड़ दिये थे जिनसे पता चलता था कि कभी यहाँ तार की फेन्सिंग की गयी होगी।

अब्बा का कोई दोस्त न था। वो बाहर के अजनबी लोगों से मिलने में बहुत घबराते थे। घर के लोगों जैसे अब्बू साब, मुश्ताक़, अँगनू से उनकी खूब बातचीत होती थी। लेकिन सबसे ज़्यादा वक़्त अम्माँ के साथ गुज़रता था। अम्माँ ही एक तरह से उनकी सबसे अच्छी दोस्त थीं। दोनों को पान खाने का शौक़ था। अब्बा आम तौर पर नाश्ते के बाद ज़रा देर के लिए बाहर निकलते थे और फिर अंदर आ जाते थे। पलँग पर लेट जाते थे। दूसरे पलँग पर अम्माँ लेट जाती थीं। बीच में पानदान, उगालदान रखा रहता था। और दोनों बातें करते रहते थे। दोपहर के खाने के बाद अब्बा घंटे-दो घंटे सोते थे। अम्माँ कोई नाविल पढ़ती थीं या कुछ देर को सो जाती थीं। शाम को चाय-वाय पीकर अब्बा अब्बू साब के पास आ जाते थे। घंटे-दो घंटे इधर-उधर की बातें, ख़ास तौर पर अब्बा मियाँ की रखैल पर होनेवाले ख़र्च की चर्चा होती रहती थी। घरेलू बातें होती थीं। ख़ानदानी मुक़द्दमेबाज़ी पर चर्चा होती थी और अब्बा फ़ार्म पर क्या हो रहा है, बताते थे। उसके बाद फिर अंदर आकर रात का खाना खाते थे। अम्माँ से गपशप करते थे और सो जाते थे। उनकी ज़िंदगी का बहुत बड़ा या कहना चाहिए ज़्यादातर हिस्सा इसी तरह कटा था। उन्हें न तो घूमने-फिरने का शौक़ था और न मिलने-जुलने में ही मज़ा आता था। अगर कभी कोई अजनबी मिलने आ जाता था तो झुँझला जाते थे और उससे जल्दी-जल्दी दोटूक बात करके घर के अंदर चले आते थे।

अम्माँ को उर्दू की नाविलें और दास्तानें पढ़ने का शौक़ था। इसके अलावा उन्हें घूमना-फिरना और सैर करना भी पसंद था। वो आम तौर पर घूमने-फिरने अपने मैकेवालों के साथ जाती थीं। अपनी बहन के साथ कभी किसी बड़े शहर घूमने जाती थीं, कभी किसी पहाड़ पर जाती थीं। ये भी तीन-चार साल में एक-आध बार होता था। अम्माँ को घर के कामों में दिलचस्पी न थी और सब काम नौकर करते थे। उन्हें पैसे का हिसाब रखना, उसे बचाना और जोड़ना खूब अच्छी तरह आता था। यही वजह थी कि अब्बा की कुल आमदनी उन्हीं के पास रहती थी। वो कंजूस नहीं थीं लेकिन बेजा पैसा ख़र्च करना उन्हें बहुत बुरा लगता था। अब्बा का कोई हिसाब-किताब न था। यहाँ का पैसा वहाँ और वहाँ का पैसा यहाँ ख़र्च करते रहते थे। गर्मियों के दिनों में लगान देना होता था तो अम्माँ का जमा किया पैसा काम आता था। एक तरह से हर मामले में अब्बा अम्माँ के ऊपर आश्रित थे। ये कहना ठीक ही होगा कि वही उनका दिमाग़ थीं। उन्हीं ने अब्बा को समझाया कि शहर में सड़क के किनारे जो ज़मीन है उस पर दुकानें और पीछे मकान बनवाया जा सकता है।

अब्बा को राय पासंद आयी। शहर में जी.टी. रोड के किनारे ज़मीन थी। ज़मीन के एक कोने में अली ख़ाँ की बनवायी मस्जिद थी और दूसरे कोने में उनका मक़बरा था जो बिजली गिरने की वजह से बीच में से फट गया था और लगभग

दो टुकड़ों में खड़ा था। अब्बा ने उस ज़मीन पर दुकानें बनवायीं जो अच्छे किरायों पर उठ गयीं। एक बँधी हुई अच्छी आमदनी होने लगी। दुकानें बनवाने के बाद उन्होंने पीछे एक मकान बनवाया जो मक़बरे से बिलकुल नज़दीक था। मकान बन जाने के बाद ये डर पैदा हुआ कि कहीं मक़बरा गिर न पड़े। एक तो डेढ़-दो सौ साल पुरानी इमारत और दूसरे दो हिस्सों में फटी हुई। अगर मक़बरा गिरता तो मकान भी गिर जाता।

आख़िरकार मकान बचाने के लिए अब्बा ने मज़दूरों को लगाकर मक़बरा तुड़वाना शुरू किया। उसे तोड़ना भी आसान न था। छोटी-मोटी और मिट्टी के जुड़ाववाली इमारत तो थी नहीं। कई महीने मज़दूर लगे रहे जब कहीं जाकर मक़बरा तोड़ा जा सका। दो हिस्सों में फट जाने के बावजूद भी वह बहुत मज़बूत था।

जब मक़बरा तोड़ा जा रहा था तो एक-दो लोगों ने दबी जुबान से कहा भी कि पुरखों का मक़बरा भी कोई तुड़वाता है ?

इस पर अब्बा को बड़ा गुस्सा आया था। उन्होंने कहा था, 'जनाब, अगर मक़बरा गिर जाये और दो-चार उसमें दब जायें तो पुरख़ों का तो कुछ न होगा। मुझे हथकड़ियाँ लग जायेंगी।'

सहकारी फ़ार्म के मनीजर थोड़े पढ़े-लिखे और सहकारिता के क्षेत्र में ट्रेंड आदमी थे। उन्हें सभी सरकारी योजनाओं और विशेष रूप से सहकारी फ़ार्मों की योजनाओं का पक्का पता रहता था। सहकारी विभाग के इंस्पेक्टरों से उनकी दोस्ती थी और वे मनीजर की जानकारियाँ बढ़ाते रहते थे। मनीजर इन जानकारियों के बाबत अब्बा से बात करते रहते थे। अब्बा खुद फैसला ले लें इसके लिए मैकू और दीगर लोग मिलकर माहौल बनाते थे।

मनीजर ने एक जानकारी यह दी कि ज़िले का सहकारी बैंक हर फ़ार्म को गोदाम और कमरा बनवाने के लिए बीस हज़ार रुपये क़र्ज़ देता है। उसमें पच्चीस प्रतिशत अनुदान है। ब्याज बहुत कम है और अदायगी की क़िस्तें तीन साल बाद से शुरू होती हैं। मैकू तो ये चाहा ही करते थे कि कुछ-न-कुछ होता रहे। कुछ होगा तो उनका भी भला होगा। नहीं होगा तो कुछ न होगा। मैकू ने अब्बा को समझाना शुरू कर दिया कि यह तो बहुत बढ़िया हो जायेगा। बीस क्या दस हज़ार में गोदाम और उसके ऊपर एक कमरा बन जायेगा। गोदाम में धान रखा जायेगा और ऊपर कमरे में अब्बा जब आयेंगे तो रहेंगे।

अब्बा को मनीजर ने भी समझाया कि जब इतनी मेहनत करके सहकारी फ़ार्म बनाया गया है तो सरकारी योजनाओं का पूरा लाभ उठाना चाहिए। अब्बा पूरी तरह इस पर तैयार हो गये। लेकिन जब बात अम्माँ को पता चली तो उन्होंने विरोध

किया और कहा कि बीस हज़ार का कर्ज़ लेकर जंगल में इतनी बड़ी इमारत बनाने से क्या फ़ायदा ? अम्माँ की इस बात का अब्बा के पास जवाब था। उनका कहना था कि पूरे बीस हज़ार तो इमारत में लगेंगे नहीं। दस या बारह में बन जायेगी। दूसरे ये कि अदायगी की क़िस्तें बहुत आसान हैं। तीसरे ये कि रहने का सहारा हो जायेगा और धान जो कटने के फ़ौरन बाद बेच दिया जाता है, रखा जा सकेगा। अब्बा के इन तर्कों से अम्माँ सहमत नहीं थीं। लेकिन अब्बा के दिमाग़ में यह भी बैठा हुआ था कि शहर की होने की वजह से अम्माँ को खेती-बाड़ी का कोई तजरबा नहीं है। और इस सिलसिले में वो अम्माँ की बात न मानते थे।

दौड़-भाग करने के बाद सहकारी बैंक से क़र्ज़ मिल गया। और जैसी दस्तूरी तय थी वैसी ही बैंकवालों और इंस्पेक्टर साहब को दी गयी। अब्बा के हाथ में अट्ठारह हज़ार रुपये आये। उन्हीं दिनों लगान देना था। अब्बा ने उस पैसे में से लगान दे दिया। सींच भी उसी पैसे में से दी गयी। मैकू बहुत दिन से बैलों की नयी जोड़ी लेने की फ़रमाइश कर रहे थे। उन्हें दो हज़ार में एक जोड़ी बैल दिलवाया गया। मोटर में कुछ ख़राबी थी। वो ठीक करायी गयी। बाग़ में अमरूद के कुछ पेड़ लगाये जाने थे। वे उसी रुपये से लगे। और, कुछ इधर-उधर चुटुर-पुटुर में ख़र्च हुआ।

दरअसल अब्बा की ये पुरानी आदत थी कि वो लश्टम-पश्टम काम कराते थे। यहाँ का पैसा वहाँ और वहाँ का यहाँ लगाते रहते थे। उनका उसूल ये था कि बस ज़रूरी-ज़रूरी काम होने चाहिए। इस तरह ये अक्सर पता नहीं चल पाता था कि कहाँ कितना लगा या कहाँ से कितना मिला।

जितना पैसा बचा उससे गोदाम और कमरा बनने का काम शुरू हुआ। किसी भी आबादी से दूर एक वीराने में पक्की इमारत बनवाना हँसी-खेल न था। फ़ार्म तक कोई पक्की सड़क न आती थी। बैलगाड़ियों से ईंटें और दीगर सामान लाया गया, जिसमें न सिर्फ़ वक़्त बल्कि पैसा भी खूब लगा। सात-आठ मील दूर ईंटों का भट्टा था। जितनी कीमत ईंटों की थी उसके बराबर ही उन्हें ढुलवाने में पैसा लगा। और फिर बरसात आ गयी तो रास्ते बंद हो गये।

जब मौसम ठीक हुआ तो कारीगर तलाश किये गये। इतनी दूर जाकर मज़दूरी करने के लिए अच्छे कारीगर तैयार न होते थे। उन्होंने ज़्यादा पैसा माँगा। मज़दूरी के लिए सहकारी फ़ार्म के सदस्यों की पकड़-धकड़ शुरू हुई। सीमेंट और लोहे के कोटे के लिए भागना पड़ा। इमारत में काम कुछ दिन चलता था, फिर रुक जाता था। इस तरह काफ़ी लम्बा वक़्त लगा। जो पैसा क़र्ज़ लिया गया था वह तो ख़र्च हुआ ही, उसके अलावा और भी पैसा ख़र्च हुआ जिसका हिसाब अब्बा के पास न था क्योंकि वो कभी हिसाब न रखते थे; एक अंदाज़ा ही लगाते थे। बहरहाल क़रीब दो साल बाद जब कमरा और गोदाम बनकर तैयार हुआ तो अब्बा बहुत

खुश थे। वे उसे अपना बड़ा कारनामा मानते थे। लोग भी कहते थे कि ये मुश्किल काम हुआ है। नीचे लम्बा-चौड़ा गोदाम था। उसमें टीन और लोहे के मज़बूत दरवाज़े थे और ऊपर कमरा बनाया गया था जिसके सामने खुली छत थी।

जब गोदाम और कमरा बनकर तैयार हो गया तो ये सवाल उठा कि वहाँ रहे कौन ? अब्बा तो महीने में एक-आध दिन के लिए ही जाते थे। धान कटने के समय चार-पाँच दिन रहते थे। लेकिन इमारत की हिफ़ाज़त के लिए ये ज़रूरी था कि कोई वहाँ रहे। मैकू रह न सकते थे क्योंकि गाँव में उनका पूरा परिवार रहता था। मनीजर भी नहीं रह सकते थे। उनका भी गाँव में घर था। फिर सलाह ये हुई कि बारी-बारी से सहकारी फ़ार्म के मेंबर रात में कमरे के अंदर आकर सोया करें और गोदाम की हिफ़ाज़त किया करें। वैसे गोदाम में भी कुछ न था। क्योंकि धान की फ़सल हुई न थी और उसके अलावा कुछ और पैदा न होता था जो गोदाम में रखा जाता। इसलिए गोदाम के अंदर सिर्फ़ अंगड़-खंगड़ ही था।

सहकारी फ़ार्म के सदस्यों में जिनकी ड्यूटी होती थी अपना बिस्तर लेकर आते थे और रात में सोते थे। इसमें भी काफ़ी कहा-सुनी हो गयी। एक-दूसरे पर इल्ज़ाम लगाये जाने लगे। वो आया और वो नहीं आया, और, उसे मनीजर नहीं भेजता, हमेशा उसकी ड्यूटी लगा देता है।

अब्बा जब आते थे तो बजाय मनीजर के घर रहने के, गोदाम के ऊपर बने कमरे में ही रहते थे। अक्सर गर्मियों के दिन होते थे। शाम के वक़्त मैकू पलँग बाहर खुले में डाल देता था। अब्बा लेट जाते थे। मैकू पैर दबाने लगता था। मनीजर दूसरे पलँग पर बैठते थे। धीरे-धीरे सहकारी फ़ार्म के दूसरे सदस्य आने लगते थे। अहीर और कुर्मी सदस्य पलँग या मूढ़ों पर बैठते थे। चमार और कंजड़ सदस्य ज़मीन पर बैठते थे।

मैकू अब्बा के पैर दबाते हएु खूब बढ़-चढ़कर बातें करता था। उन बातों का मतलब अब्बा को खुश करना होता था। उसे अच्छी तरह मालूम था कि अब्बा किन बातों से खुश होते हैं और किनसे नाराज़ या दुखी हो जाते हैं। वह कहता था कि 'जंगल में मंगल करना भइया के बस का ही काम था। कोई और ये काम नहीं कर सकता था।' उसकी इस तरह की बातों पर मनीजर हाँ में हाँ मिलाया करता था, बल्कि कुछ मसाला और लगा देता था। दूसरे सदस्य भी एक-दूसरे से बढ़-चढ़कर ऐसी बातें करते थे कि अब्बा खुश हों। वे सब अब्बा को समझाते थे कि यहाँ कसर थी तो यही कि कोई गोदाम और रहने की जगह न थी। अब हो गयी है। इस पर कोई नुक़्ता लगाता था कि 'हाँ ठीये से तो सबकुछ होता ही है। जब तक जगह नहीं होती कोई काम नहीं हो सकता।'

अब्बा आम तौर पर बोलते न थे। पर जहाँ कुछ कहना होता था, दूसरों को रोककर कुछ कहते थे और फिर उनकी बात की हाँ-में-हाँ मिलने लगती थी।

मैकू और मनीजर अच्छी तरह जानते थे कि अब्बा को फ़ार्म से आमदनी बढ़ानेवाली बातों या योजनाओं में दिलचस्पी है। वे दोनों बहुत बढ़-चढ़कर दावे करते थे कि अब अगली फ़सल में ये से ये हो जायेगा। ज़मीन सोना उगलेगी, वग़ैरा-वग़ैरा।

धान जब कटता था तो अब्बा फ़ार्म पर चले जाते थे। उनके वहाँ रहने से मैकू और मनीजर को हेराफेरी करने का कम मौक़ा मिलता था। एक बार धान की फ़सल बड़ी अच्छी थी। अब्बा कटाई से पहले वहाँ पहुँच गये। मैकू को अंदाज़ा था कि अब्बा दो-चार दिन रहेंगे और फिर वापस लौट जायेंगे। लेकिन उन्होंने बताया कि वो उस वक़्त तक रहेंगे जब तक पूरा धान कट न जायेगा और बाँट न लिया जायेगा। क्योंकि पिछले साल मैकू और मनीजर ने बड़ी धाँधली की थी।

अब मैकू को ये फ़िक्र लग गयी कि अब्बा को कैसे फ़ार्म से हटाया जाय। आदमी बहुत तेज़ था। उन्हें बग़ैर बताये एक दिन सुबह घर चला आया। अम्माँ को पता लगा कि मैकू आया है तो उन्हें कुछ हैरत हुई क्योंकि अब्बा जब वहाँ रहते थे तो मैकू यहाँ न आता था। उन्होंने मैकू को ड्योढ़ी में बुलाकर दरवाज़े के पीछे से अब्बा के बारे में पूछा कि 'कैसे हैं ?'

मैकू ने कहा, 'भइया बिलकुल ठीक हैं। सुबह-सुबह ग्राम-सेविका आ जाती हैं। उन्हीं से बतियाते रहते हैं। दोपहर का खाना भी ग्राम-सेविका भइया के साथ खाती हैं··· शाम होते चली जाती हैं।

'ये ग्राम सेविका कौन है ?' अम्माँ ने पूछा।

'अरे बहू साहब, ये अजीमपुर के गड़रिये की लड़की है। दसवीं तक पढ़ गयी है तो ग्राम-सेविका बन गयी है। बातें बड़ी चटर-पटर करती है।'

'उन्होंने मेरे नाम कोई ख़त दिया है ?' अम्माँ ने पूछा।

'नहीं, खत-वत तो नहीं दिया।'

अम्माँ के लिए यह आश्चर्य की बात थी।

'कब तक वापस आयेंगे।'

'कह रहे थे अभी तो हम न जायेंगे··· लगता है आठ-दस दिन रहेंगे।'

यह बात अम्माँ के लिए और ज़्यादा हैरान करनेवाली थी क्योंकि अब्बा इतना लम्बा अर्सा गाँव में कभी नहीं रहते थे। उन्होंने ग्राम-सेविका और दस दिन रहनेवाली बात को जोड़कर देखा। अम्माँ तेज़ थीं। उनके लिए इतना इशारा काफ़ी था। उन्होंने मैकू से कहा, 'तुम जाने से पहले मेरा ख़त लेते जाना।'

मैकू रात में लौटकर फ़ार्म पहुँचे। अब्बा को बताया कि अपने किसी काम से शहर गये थे। वहाँ किले पर भी गये तो बहू साहब ने पर्चा दिया है।

अब्बा ने पर्चा पढ़ा तो सन्नाटे में आ गये। कहने लगे, 'मुझे कल सुबह वापस जाना पड़ेगा। एक ज़रूरी काम निकल आया है।'

मैकू अब्बा के रवाना होने के बाद अपने काम में लग गये, यानी धाँधली शुरू कर दी।

अब्बा को घर पहुँचकर इस पूरे षड़यंत्र का पता लगा। मैकू को बहुत बुरा-भला कहा। लेकिन वहाँ फ़सल कट चुकी थी और मैकू ने अपना हिसाब बैठा लिया था। उसके बाद मैकू बहुत डाँटे, फटकारे गये। लेकिन उन पर इन चीज़ों का कोई असर न होता था। वो ये जानते थे कि उनको छोड़ा या निकाला नहीं जा सकता। दूसरे ये भी जानते थे कि अब्बा का गुस्सा भी कुछ देर के लिए होता है।

मैकू इस तरह की चालाकियाँ करता रहता था।

अमीन साहब के चक्की छोड़ देने के बाद से लगातार घाटा आ रहा था। हमेशा टूट-फूट लगी रहती थी। जो गलतियाँ होती थीं उन्हें अमीर अली मैकू के सिर मढ़ता था। मैकू अमीर अली की ग़लती बताता था। मनीजर भी चक्की में बराबर दिलचस्पी लेते थे। उन पर कभी-कभी इल्ज़ाम रखा ज़ाता था। बहरहाल, ये पता न चलता था कि किसने क्या किया।

लगातार घाटे से अब्बा ज़ब परेशान आ गये तो एक दिन मनीजर ने कहा कि वो चक्की ठेके पर चलाने के लिए तैयार हैं। मतलब हर महीने एक बँधी बँधाई रक़म दे दिया करेंगे और छोटी-मोटी टूट-फूट ठीक कराते रहेंगे। यह बात अब्बा को पसंद आयी। लेकिन मनीजर ने ये भी कहा कि क्योंकि चक्की में अभी पैसा सिर्फ़ लगना ही लगना है इसलिए चार महीने तक वो पैसा न दे पायेंगे। उसके बाद अगला-पिछला सब पैसा क़िस्तों में देंगे। अब्बा तैयार हो गये। मनीजर ने अमीर अली को निकाल दिया और अपना एक आदमी रख लिया। चक्की चलने लगी। ठेके में मनीजर के साथ मैकू भी शामिल थे। लेकिन ये बात अब्बा को नहीं बताई गयी थी। ठेकेवाला 'आइडिया' भी दरअसल मैकू का ही था।

चार के छः महीने हो गये लेकिन मनीजर ने एक पैसा न दिया। कहने पर कोई-न-कोई बहाना बना देते थे। कभी बहन की शादी में बड़ा ख़र्च हो जाता था। कभी घर का दल्लान गिर जाता था, उसकी मरम्मत में बहुत पैसा लग जाता था। कभी कुछ और हो जाता था। लेकिन अब्बा को यक़ीन था कि मनीजर पैसा देगा।

अब्बा को खेती बेहतर बनाने की फ़िक्र लगी रहती थी। मैकू और मनीजर ने उन्हें समझाया कि ज़मीन अच्छी है, बस पानी की कमी है। अगर पानी हो जाये तो धान के अलावा गेहूँ भी हो सकता है, सब्ज़ियाँ भी लगाई जा सकती है। दो बीघे में घुइयाँ हो जाये तो चार हज़ार की होगी। चार बीघे में प्याज़ लगा दी जाये

तो हज़ार बीघा के हिसाब से खड़े-खड़े बिक जायेगी। इसके अलावा गन्ना भी हो सकता है, जो 'कैश क्राप' है। आलू के भी खड़े खेत बिक जाते हैं। इन सब बातों को सुन-सुनकर अब्बा का पक्का ख़याल बन गया कि पानी की कमी को दूर करना सबसे ज़रूरी काम है।

मनीजर ने राय दी कि चूँकि रक़बा बड़ा है और ऊँचा-नीचा है इसलिए फ़ार्म के चारों कोनों पर चार कुएँ खोदे जाना चाहिए और उनमें चेन पम्प लगाने चाहिए। कुएँ खोदने के लिए भी सहकारी बैंक से क़र्ज़ लिया गया। चेन पम्प ख़रीदने के लिए ब्लाक से क़र्ज़ लिया गया। दोनों क़र्ज़ों पर कुछ छूट भी थी। मनीजर ने हिसाब-किताब लगाकर साबित कर दिया था कि एक ही फ़सल में ये पूरा क़र्ज़ निपट जायेगा। अगर दस बीघा में आलू ही लगा दिया गया तो सब क़र्ज़ बराबर हो जायेगा। मैकू भी बड़े उत्साह में थे।

कुओं की खुदाई पर चार मज़दूर लगे लेकिन अब्बा को बताया गया आठ मज़दूर लगे थे। आठ की मजदूरी दी गयी। चेन पम्प ख़रीदने के सिलसिले में भी मनीजर ने कहा कि 'सेकेंड हैंड' ले लिए जायें और रसीदें नयी की बन जायेंगी।

होते-हुआते साल-भर में चार कुओं पर चार चेन पम्प लगा दिये गये। पहली बरसात में एक कुआँ धसक गया और चेन पम्प नीचे गिर पड़ा। मनीजर ने उसे निकलवाया और अपनी बग़िया के कुएँ पर फिट करा दिया। अब्बा से कह दिया कि जब फ़ार्मवाले कुएँ की मरम्मत हो जायेगी तो यहाँ ले आयेगा। अब्बा को इसमें क्या एतराज़ हो सकता था।

तीन चेन पम्प चालू हालत थे। फ़ार्म के मेंबरों से कहा गया कि वो साग-सब्ज़ी लगायें। ज़्यादातर मेंबर कंजड़ा-चमार थे। उन्होंने कहा कि वो लोग साग-सब्ज़ी का काम नहीं जानते और कभी नहीं किया है। यह काम तो कुर्मी अच्छा करते हैं। वही कर सकेंगे।

अब्बा ने मैकू से कहा कि तुम आलू लगाओ। मैकू आलू लगाने पर तैयार हो गया। बीज और खाद का पैसा लिया। आलू लगाया लेकिन रात में किसी के जानवर चर गये। जब खोदा गया तो खाद और बीज के पैसे भी न मिले।

गेहूँ बोने का समय आया और मेम्बरों से कहा गया तो उन्होंने यह सोचकर कि गेहूँ की ज़मीन तो है पता नहीं हो या न हो, एक-एक दो-दो बीघे में बोया। गेहूँ को पाँच पानी देना भी आसान न था। सारे मेंबर मज़दूरी-दिहाड़ी का काम छोड़कर गेहूँ की सिंचाई, निराई में कैसे लग जाते। बहरहाल गेहूँ भी कुछ न हुआ।

जून के महीने में गोदाम, कुओं और चेन पम्प की क़िस्त देनी थी। अब्बा के पास पैसा न था। मैकू ने सलाह दी कि एक चेन पम्प तो बिलकुल ऐसी जगह

लगा दिया गया था जिसके चारों तरफ़ ऊसर है। उससे कोई फ़ायदा नहीं है। उस चेन पम्प को बेचकर पैसा भर दिया जाये। उसे बेचकर और कुछ उधार लेकर क़िस्त चुकाई गयी।

दो चेन पम्प बच गये थे। एक रात कोई एक चेन पम्प खोल ले गया। रपट लिखवाई गयी पर उससे क्या होता। अब एक ही चेन पम्प बचा था। मैकू ने अब्बा से कहा कि यह भी कोई खोल ले जायेगा। इसलिए इसे बाग़ में लगा दिया जाये जहाँ वे खेती करते थे। बात समझदारी की थी। चौथा चेन पम्प भी उखड़कर बाग़ में चला गया।

वह कुआँ जो धँस गया था उसकी मरम्मत नहीं हो सकी और एक चेन पम्प मनीजर की बग़िया में ही लगा रहा।

अब्बा ये मानते थे कि काम में लगे रहने से ही फ़ायदा होता है। अगर छोटे-मोटे नुक़सानों से घबराकर या डरकर काम बंद कर दिया जाये तो फ़ायदा कभी नहीं हो सकता। वे अपने बाप की असफलता का यही रहस्य बताते थे। कहते थे, 'अब्बा घाटा होते ही परेशान हो जाते हैं और काम में उनकी दिलचस्पी ख़त्म हो जाती है। यही वजह है कि आज तक उनका कोई काम कामयाब नहीं हो सका है।'

अपनी धारणा के अनुसार वो फ़ार्म से पैसा कमाने और खेती जमानेवाले काम में लगे हुए थे। चेन पम्प लगाकर सिंचाई करनेवाली योजना फेल हो चुकी थी। फ़ार्म पर या उन पर क़रीब चालीस हज़ार का क़र्ज़ हो गया था। लेकिन आमदनी वही थी। फिर भी वो हिम्मत न हारे थे। उन्हें बराबर लगता था कि वे अगर लगे रहे तो कामयाब होंगे।

चेन पम्प से सिंचाई की योजना फेल हो जाने के कोई दो-तीन साल बाद मनीजर और मैकू ने अब्बा को समझाना शुरू किया कि अगर ट्यूबवेल से सिंचाई का इंतिज़ाम किया जाये तो बड़ा फ़ायदा हो सकता है। रक़बा बड़ा है, उसकी सिंचाई चेन पम्पों से नहीं हो सकती। फिर ये कि अब जो गेहूँ की नयी क़िस्में आ रही हैं उनमें पाँच पानी देने होते हैं। ये काम चेन पम्प नहीं कर सकता।

इन सब तर्कों के साथ-साथ मैकू अब्बा को इलाक़े के उन लोगों का उदाहरण दिया करता था जिन्होंने ट्यूबवेल लगाकर लाखों रुपये कमाये हैं। मनीजर भी बढ़-चढ़कर उदाहरण दिया करते थे। कहते थे अगर ट्यूबवेल हो जाये तो खेती खुद ही कराई जा सकती है। ट्रैक्टर से किराये पर जुताई हो जाये। बीज छींट दिया जाये। भरपूर पानी दिया जाये तो कम-से-कम पचास बीघे में गेहूँ हो सकता है। नयी नस्ल के बीज बीस मन बीघा की पैदावार देते हैं। बीस न सही अगर पंदरह ही जोड़ें तो साढ़े-सात सौ मन गेहूँ होता है। सौ रुपये मन रेट है। पचहत्तर हज़ार

का तो गेहूँ हो जायेगा। पचहत्तर न सही तो पचास हज़ार रुपये तो कहीं नहीं गये। इसके अलावा तमाम चीज़ें हैं। घुइयाँ बस पानी ही माँगती है। पानी हो तो पाँच बीघे में घुइयाँ हो सकती है। पाँच हज़ार बीघा खड़ा खेत बिकता है।

इस तरह की बातें कह-कह करके मनीजर और मैकू ने अब्बा को इस बात पर तैयार कर लिया कि ट्यूबवेल लगाना चाहिए। जब वे इस पर तैयार हो गयें तो सामने आया कि इतने बड़े रक़बे के लिए एक ट्यूबवेल काफ़ी न होगा क्योंकि उसका पानी सब जगह न पहुँच पायेगा। कम-से-कम दो ट्यूबवेल होने चाहिए।

ये बात भी अब्बा की समझ में आती थी। अगर एक लग रहा है तो दो ही क्यों न लगाये जायें। ख़र्चा कम आयेगा।

मनीजर ने यह भी बताया कि एक नया ग्रामीण बैंक खोला गया है। वह ट्यूबवेल लगाने के लिए क़र्ज़ देता है।

पास के गाँव में कुछ कुर्मियों ने ट्यूबवेल लगा लिया था और उनके मोटर बिजली से चलते थे। वहाँ तक बिजली की लाइन आ गयी थी। अब्बा का फ़ार्म इस गाँव से ज़्यादा दूर न था। फिर ये भी तय था कि बिजली से ख़र्चा कम आता है। इसलिए मोटर बिजली के ही होने चाहिए।

मैकू महीने में घर का एक-आध चक्कर लगाता रहता था। अब्बा को पूरी रिपोर्ट देता था। धान की फ़सल की कटाई अगर होनेवाली होती थी तो अब्बा को बताता था कि कब से धान कटना शुरू होगा। उन्हीं दिनों अब्बा फ़ार्म चले जाते थे। एक बार जबकि धान की फ़सल अच्छी थी उसने अब्बा को कटाई की ग़लत तारीख़ बताई और धान जल्दी कटा लिया। फिर उसने खुद ही आकर कहा कि धान तैयार था, न कटाया जाता तो झड़ जाता। अब्बा को कुछ शक तो हुआ लेकिन मैकू कसमें खाने लगा कि ऐसा कुछ नहीं है। उसने ये भी बताया कि धान मनीजर ने अपने घर में रख लिया है क्योंकि गोदाम में कोई नहीं रहता और डर था कि वहाँ से चोरी न हो जाये।

अब्बा जब फ़ार्म गये तो मनीजर ने हिसाब दिया। बताया कि कुल धान दो सौ मन हुआ था और उसमें सौ मन आपके हिस्से में आता है। अब्बा को ये पता था कि जब फ़सल ख़राब होती है तब दो सौ मन धान होता है। इस बार तो फ़सल अच्छी थी फिर दो सौ मन क्यों हुआ ? उन्होंने दूसरे लोगों से पूछताछ की तो पता चला कि धान सवा तीन सौ मन हुआ था। मनीजर से कहा गया तो वो मुकर गया। लेकिन ये साफ़ था कि वह झूठ बोल रहा है और बेईमानी कर रहा है। मैकू तक ने दबी ज़बान से माना कि धान तीन सौ मन के क़रीब हुआ था। अब्बा को मनीजर पर गुस्सा आया और मैकू से कहलवाया कि उसे नौकरी से निकाल दिया गया है। वह चेन पम्प वापस कर दे जो उसकी बग़िया में लगा है; और चक्की जो उसने ठेके पर ली थी उसका भी हिसाब दे। चक्की सौ रुपये महीने के हिसाब

से ठेके पर ली गयी थी और ढाई साल हो गये थे।

मनीजर ने मैकू से कहलवाया कि वह फ़ार्म में आठ साल से काम कर रहा है। सवा सौ रुपये महीने के हिसाब से उसकी तनख़्वाह बारह हज़ार रुपये बनती है। तनख़्वाह उसे दे दी जाये तो वो चेन पम्प और चक्की का हिसाब कर देगा।

एक तरह से उसकी बात वाजिब थी। उसके पास अब्बा का दस्तख़त किया प्रस्ताव था, नियुक्ति-पत्र था जिसमें उसकी तनख़्वाह सवा सौ रुपये महीने लिखी गयी थी। वह अगर अदालत में चला जाता तो ये पैसे देने पड़ते। इसलिए अब्बा ख़ामोश हो गये। चेन पम्प मनीजर के पास रहा। चक्की का भी हिसाब उसने नहीं दिया और घर बैठा रहा।

मनीजर के निकाल दिये जाने के बाद चक्की भी बेच डाली गयी क्योंकि उसे चलाना घाटे का काम था। अब्बा खुद रहकर काम न देख सकते थे और कोई आदमी मिल न रहा था। गोदाम और ऊपरवाले कमरे में ताला बंद कर दिया गया। मैकू कभी-कभी जाकर देख लेता था कि ताले सलामत हैं या नहीं।

अम्माँ इस बात से सहमत नहीं थीं कि अब्बा फ़ार्म के काम में इतना पैसा लगायें। वो शुरू से ही खेती के काम के ख़िलाफ़ थीं, जबकि अब्बा उन्हें बराबर समझाते थे कि आजकल खेती में बड़ा मुनाफ़ा है। फलाँ कुर्मी एक लाख रुपये साल कमाता है। फलाँ ठाकुर साहब सौ बीघे में गन्ना लगवाते हैं और दो लाख रुपये में बेचते हैं। गेहूँ की नयी-नयी क़िस्में आ गयी हैं जो बहुत ज़्यादा पैदावार देती हैं। ये सब बातें अम्माँ की समझ में न आती थीं। अम्माँ वही सच मानती थीं जो आँखों से देखती थीं। वो कहती थीं कि उन्होंने आज तक खेती के काम में कोई फ़ायदा नहीं देखा, सिवाय इसके कि खाने को गल्ला मिल जाता है और दो-चार हज़ार के धान बिक जाते हैं। इसलिए उसमें पैसा लगाना बेकार है। लेकिन अब्बा को पक्की उम्मीद ही नहीं यक़ीन था कि खेती का काम जम जायेगा और उससे अच्छा पैसा पैदा होगा। वैसे बहस-मुबाहिसे में अब्बा अम्माँ से हमेशा कमज़ोर पड़ते थे। अम्माँ की बात का जब वो जवाब नहीं दे पाते थे तो गुस्सा करने लगते थे या कहते थे, 'आप तो घर के अंदर रहती हैं। आपको बाहर की चीज़ों के बारे में क्या मालूम।'

हो ये रहा था कि फ़ार्म के इंतिज़ाम को अच्छा बनाने के लिए अब्बा ने जो कुछ किया था उसके नतीजे में क़र्ज़े चढ़ गये थे। हर साल जून के महीने में क़रीब चार-पाँच हज़ार की क़िस्त देनी पड़ती थी। यह पैसा अब्बा के पास से न निकलता था। अम्माँ को ही अपनी बचत से देना पड़ता था। अम्माँ को साफ़ लगता था कि खेती के काम में फ़ायदे के बजाय नुक़सान है। उन्होंने अब्बा से एक-आध बार ये भी कहा कि उन्हें ज़मीन बेच देनी चाहिए। ज़मीन बेच देने की बात पर अब्बा बहुत नाराज़ हो जाते थे। कहते थे, 'यही तो एक चीज़ बची है मेरे पास।

उसे भी बेच दूँगा तो क्या रहेगा।' बात दरअसल ये थी कि ज़मीन होने की वजह से अब्बा ये समझते थे कि उनकी इज़्ज़त बरक़रार है। गाँव में लोग उनकी इज़्ज़त करते हैं कि वे उन्हें बटाई पर जोतने के लिए ज़मीन दे सकते हैं। दूसरे ये भी कि दो-पौने दो सौ बीघे का रक़बा ख़ासा बड़ा था और इतनी ज़मीन आम तौर पर लोगों के पास न थी। इसलिए भी अब्बा उसे अपनी विशिष्टता समझते थे और बेचना न चाहते थे।

फ़ार्म तक बिजली की लाइन लाने के लिए अब्बा ने भाग-दौड़ शुरू कर दी थी। उन्हें बताया गया था कि अगर पाँच ट्यूबवेल लगने हों तो लाइन आ सकती है। अब सवाल ये था कि पाँच ट्यूबवेल कैसे लग सकते हैं। अब्बा ने पास के गाँव के एक बड़े किसान से बातचीत की तो वह ट्यूबवेल के लिए तैयार हो गया। दो टयूबवेल अब्बा खुद लगवा रहे थे। तीन हो गये। लेकिन दो के लिए कोई तैयार न होता था। आख़िरकार बिजली के इंस्पेक्टर ने ही रास्ता बताया। उसने कहा आप दो लोगों से सिर्फ़ दरख़ास्त दिला दीजिए। जब लाइन लग जाये तो मना कर सकते हैं। एक बार लाइन आपके यहाँ तक पहुँच गयी तो फिर उखाड़ी नहीं जायेगी। दरख़ास्त देने के लिए पाँच सौ देने पड़ते थे। अब्बा ने फ़र्ज़ी दरख़ास्तें देनेवालों के पैसे भरे और कुल पाँच दरख़ास्ते दे दी गयीं।

बिजली विभागवालों ने पूरा 'इस्टीमेट' बनाया तो लाइन ले जाने में जो लट्ठे लगने थे उसका आधा ख़र्च आठ हज़ार रुपये आता था, ये ख़र्च अब्बा को देना था। इस पर अब्बा तैयार हो गये। लेकिन फिर भी बिजली विभागवाले कोई कार्रवाई न कर रहे थे। आख़िर उन्होंने खुलकर कहा कि सबको मिलाके चार हज़ार पड़ेगा यानी असिस्टेंट इंजीनियर से लेकर इंस्पेक्टर और लाइनमैन तक का हिसाब इसमें हो जायेगा। अब्बा ने चार हज़ार दे दिये। तब काम आगे बढ़ा लेकिन फिर भी उस कार्रवाई में पूरे दो साल लग गये।

बिजली की लाइन लाने के लिए जो पैसा ख़र्च हो रहा था उसका रास्ता भी मैकू ने ही बताया था। अब्बा के पास नक़द पैसा न था। अम्माँ से इस काम के लिए पैसा माँगने की उनमें हिम्मत न थी। मैकू ने उन्हें सलाह दी कि बाग़ से मिला हुआ एक आठ बीघे का रक़बा है। वह निकाला जा सकता है। उसमें ख़ास कुछ पैदा भी नहीं होता और चूँकि अलग है इसलिए लोग नुक़सान भी करते हैं। ऐसे टुकड़े को बेचकर अगर बिजली की लाइन फ़ार्म तक आ जाये तो क्या बुरा है। अब्बा की समझ में ये बात आ गयी। उन्होंने अम्माँ से छिपाकर ये टुकड़ा बेच डाला। इसका सौदा भी मैकू ने कराया था और अपने ढंग से ही कराया था।

अब्बा मियाँ बुढ़ापे में सनक गये थे। हर साल कहते थे कि इस साल मैं न बचूँगा।

उनकी उम्र कोई सत्तर से ऊपर हो गयी थी। कई तरह की बीमारियाँ थीं। लेकिन उनका इलाज कभी न कराते थे। डाक्टरी इलाज के ख़िलाफ़ थे। कहते थे वह गर्मी करता है। अपनी घरेलू दवाएँ खा लेते थे। उनकी फुजूलख़र्चियों का वही हाल था। लेकिन बढ़ती हुई महँगाई ने उन्हें हैरत में डाल दिया था। कभी मज़दूर लगाना होता था तो एक रुपये रोज़ मज़दूरी देना उन्हें बड़ी ज़्यादती लगती थी। कहते थे मेरे ज़माने में चार आने रोज़ मज़दूरी थी। चलो चार के आठ ले लो। आठ के बारह ले लो। लेकिन ये एक रुपया किस हिसाब से ले रहे हो। उन्हें जब समझाया जाता था तो किसी तरह न समझते थे।

इन्हीं दिनों उनको किसी ने बताया कि आदमी चाँद पर पहुँच गया है। ये सुनकर अब्बा मियाँ खूब हँसे। उन्हें लगा कि इससे बड़ा मज़ाक़ और क्या हो सकता है। उन्हें जब सबूत देकर बताया गया तो बोले, 'ये साले कहीं इधर-उधर उतर गये होंगे और कहते हैं हम चाँद पर पहुँच गये। चाँद पर कोई नहीं पहुँच सकता।' उन्हें पक्का यक़ीन था कि चाँद पर पहुँचनेवाली बात झूठ है और लोग बेपर की उड़ा रहे हैं।

हम लोग इस दौरान पढ़ाई से फुर्सत पा चुके थे। लगता था सिर पर से सैकड़ों मन का बोझ उतर गया है। छोटे भाई ने इंजीनियरिंग कर ली थी और मैंने एम.ए. कर लिया था। उसे नौकरी मिलने में कोई दिक़्क़त न हुई क्योंकि वह इंजीनियरों की बेकारी का ज़माना न था। मैं ज़रूर इधर-उधर धक्के खाता रहा। अकबर इलाहाबादी के अनुसार, कभी पोस्ट आफ़िस में, पुलिस में, रेलवे में, जेल में, हर जगह हाथ-पैर मारे।

अब्बा मियाँ ने मेरे नौकरी ढूँढ़ने के काम में कोई दिलचस्पी न ली। वो बराबर कारोबार करने की सलाहें देते रहे। कभी कहते तुम फर्नीचर की दुकान खोल लो। कभी राय देते कि ठेकेदारी शुरू कर दो। कभी कहते दवाओं की दुकान खोल लो। मैं हर राय पर 'हाँ'-'हाँ' कर देता था क्योंकि उनसे बहस करने का कोई फ़ायदा न था। कारोबार करने की राय देने के बाद वो किसी कारोबारी की सफलता का लम्बा-चौड़ा क़िस्सा भी सुना देते थे। उनकी इन सब बातों पर अब्बा और अम्माँ हँसा करते थे। अब्बा को यक़ीन था कि अब्बा मियाँ बुढ़ापे में सठिया गये हैं।

नौकरी की तलाश में लोग बड़े शहरों की तरफ़ भागते हैं। मैं भी बंबई गया। दो समंदर देखे—एक आदमियों का और दूसरा खारे पानी का। आदमियोंवाला समंदर पसंद नहीं आया। लेकिन क़िस्मत में शायद लिखा था कि इसी समंदर में ग़ोते लगाने होंगे। तो बंबई के एक अख़बार में नौकरी मिल गयी।

अब्बा मियाँ को जब पता चला कि उनके दोनों पोतों ने नौकरियाँ कर ली हैं तो उदास हो गये। लेकिन ज़ाहिर है कुछ कर न सकते थे। न तो अब उनके पास हम लोगों को कारोबार करवाने लायक़ पैसा था और न अब घर में उनकी

बात पत्थर की लक़ीर ऐसी समझी जाती थी।

अब्बा अपने बाप की फुज़ूलख़र्चियों से इसलिए भी नाराज़ रहते थे कि वो अपने ऊपर पैसा ख़र्च न करते और अपनी सनक और फुज़ूलख़र्चियों की वजह से खुद तकलीफ़ उठाते। अब्बा को ये देखकर अफसोस ही नहीं, दुःख होता था कि महँगाई की वजह से अब्बा मियाँ ने हुक़्क़ा पीना छोड़ दिया था और सिगरेट पीने लगे थे। सिगरेट भी आधी पीकर बुझा लेते थे और सिगरेट केस में रख लेते थे। दूसरी तरफ़ हकीम साहब के लिए लखनऊ की तम्बाकू तोहफ़े में हर महीने भेजा करते थे। नौकरों के ईद-बक़रीद के कपड़े बनवाया करते और उनके खुद के पास जैसे कपड़े होने चाहिए वैसे न थे।

एक बार अब्बू साब ने अब्बा को हिसाब जोड़कर समझाया कि अब्बा मियाँ जितना पैसा अपने ऊपर ख़र्च करते हैं उससे ज़्यादा पैसा उनकी रखैल बेड़िन पर ख़र्च होता है। उसके घर में रेडियो है, मसहरियाँ हैं, टीन की अल्मारियाँ हैं और उसके घर का सौदा दस रुपये रोज़ का आता है। उसके यहाँ आने का दो रुपये रोज़ रिक्शेवाले को देना पड़ता है।

ये सब बातें सुनकर अब्बा को बहुत गुस्सा आया। उन्हें लगा कि अब उन्हें कुछ करना चाहिए। ये बेड़िन उनके बाप को लूटे ले रही है। उन्होंने न आव देखा न ताव, एक छड़ी लेकर-शाम को चढ़ाई पर खड़े हो गये। रात होते ही अँगनू जब बेड़िन को लेकर ऊपर आ रहे थे तो अब्बा ने झपटकर बेड़िन के चार-पाँच छड़ियाँ मारीं। वह चीख़ती हुई भागी। उसका ऊपर का बुर्क़ा गिर गया। अब्बा ने कहा, 'हरामज़ादी, मेरे बाप को लूट रही है। अब यहाँ दिखाई दी तो टाँगें तोड़ डालूँगा।' उन्होंने अँगनू को भी मारा और कहा कि 'अब तुम इस बेड़िन को यहाँ लाये तो अच्छा न होगा।'

अब्बा तो बेड़िन को मारकर घर आये और सो गये। लेकिन अब्बा मियाँ उसी के साथ रात का खाना खाते थे। वह न आयी और काफ़ी रात गये अँगनू आये तो उन्होंने पूरा क़िस्सा बताया। अब्बा मियाँ ने ख़ामोशी से पूरा क़िस्सा सुना और अगले दिन सुबह अब्बा के नाम एक पर्चा लिखा जिसमें साफ़-साफ़ लिखा कि 'तुम मुझे जत्तन मियाँ न समझो। मैं अपनी औलाद से दबनेवाला आदमी नहीं हूँ। अगर तुमने मेरे ज़ाती मामलात में दख़ल दिया तो तुम्हें पछताना पड़ेगा। मैंने जायदाद और बाज़ार तुम्हारे नाम कर दी है लेकिन अब भी बाज़ार का चार आने हिस्सा मेरे नाम है। अगर तुमने मेरे निजी कामों में दख़ल दिया तो तुम इससे महरूम हो जाओगे। मैं अपनी बाज़ार का हिस्सा किसी और को दे दूँगा। लेकिन अगर तुमने मेरे निजी मामलात में दख़ल न दिया तो मेरे मरने के बाद ये तुम्हीं को मिलेगा।'

अब्बा को यह पर्चा अब्बू साब ने दिया। बात बिलकुल साफ़ थी। उन्होंने पर्चा अम्माँ को दिखाया। अम्माँ ने राय दी कि 'ठीक है, जब तक माशाअल्लाह ज़िंदा

हैं अपनी ख़्वाहिशें पूरी करते रहें।'

मतलब ये कि अम्माँ भी नहीं चाहती थीं कि बाज़ार का चार आने हिस्सा किसी और मतलब बेड़िन के पास चला जाये। ठीक है, अगर बेड़िन उनकी ज़िंदगी में उन्हें लूट रही है तो इस लूट का सिलसिला एक दिन बंद हो जायेगा। लेकिन अगर चार आना हिस्सा उसे मिल गया तो हमेशा के लिए लूटती रहेगी।

इस वाक़्ये और पर्चे के बाद अब्बा ने कभी बेड़िनवाले मामले में कोई दख़ल नहीं दिया। अब्बा मियाँ ने भी उनके ऊपर कुछ ज़ाहिर नहीं किया। बेड़िन बराबर आती रही और उस पर उसी तरह पैसा ख़र्च होता रहा।

बुढ़ापे, बीमारियों, पैसे की कमी और इतने ज़्यादा बदल गये हालात ने अब्बा मियाँ को कमज़ोर कर दिया था। जानवरों की बाज़ार और दीगर मुश्तरका जायदाद में अब्बा को दिलचस्पी न थी। इसलिए उस पर लक्खू मियाँ की पकड़ मज़बूत हो गयी थी। बाज़ार भी एक तरह से उनके इंतिज़ाम में आ गयी थी। जो मुक़द्दमे उन पर अब्बा मियाँ ने कभी चलाये थे ख़ारिज हो चुके थे। जायदाद का बँटवारा नहीं हो सका था। बाग़ पर नाम के लिए अब्बा मियाँ का ही क़ब्ज़ा था लेकिन वह भी वीरान हो गया था। पेड़ों के अलावा कुछ न बचा था। फ़सल पर खाने के लिए आम-अमरूद हो जाते थे। संतरे या दीगर फलों के तख़्ते सूख गये थे। माली या नौकर रखकर सिंचाई कराने की स्थिति में अब्बा मियाँ न थे। ऐसा भी न हो पाया था कि उसकी आमदनी उसी में लगे और बाग़ बरक़रार रहे।

इन्हीं दिनों एक शाम अब्बा मियाँ को ख़बर मिली कि लक्खू मियाँ बाग़ के पेड़ कटवा रहे हैं। उन्होंने फ़ौरन थाने में रपट लिखवायी। लेकिन थानेदार को लक्खू मियाँ ने पहले से ही पटा रखा था। उसने कुछ न किया; और कटाई का काम रात-दिन जारी रहा। अब्बा मियाँ ने वकीलों से पूछा तो उन्हें बताया गया कि अदालतें तीन दिन के लिए बंद हैं, जब तक न खुलेंगी कोई कार्रवाई नहीं हो सकती। अब्बा मियाँ ने फिर रपट लिखवायी लेकिन कोई नतीजा न निकला। जब तक अदालतें खुलतीं-खुलतीं तब तक लक्खू मियाँ ने पूरा बाग़ कटवा लिया।

बाग़ में वैसे कुछ न बचा था। लेकिन लक्खू मियाँ की इस कार्रवाई और अपने असहाय होने के एहसास ने अब्बा मियाँ को अंदर से तोड़ दिया। बाग़ न कटने की यही सही सूरत हो सकती थी कि वो फ़ौजदारी कराते। लेकिन अब न तो उनके पास पैसा था, न लोग थे और न हिम्मत थी। जबकि लक्खू मियाँ ज़िले के बड़े-से-बड़े नेता और अफ़सर को जानते ही न थे, बल्कि उनसे दाँत-काटी दोस्ती थी। उनके ख़िलाफ़ कार्रवाई करना आसान न था। बस अब्बा मियाँ दिल-ही-दिल में ताव खाते रहे। जब अदालतें खुलीं तो एक मुक़द्दमा दायर कर दिया जो अपनी रफ़्तार से चलने लगा और सबको पता था कि उसमें कुछ न होगा, सिवाय इसके कि अब्बा मियाँ को वकील की फ़ीस, काग़ज़ वग़ैरा का ख़र्च देना पड़ जायेगा।

लेकिन फिर भी वो मुक़द्दमा लड़ते रहे। अगर मुक़द्दमा न लड़ते तो शायद उन्हें ज़्यादा अफ़सोस होता और अपने को माफ़ न कर पाते।

बुढ़ापे और मजबूरी में उनका गुस्सा मुक़द्दमों के सहारे ही निकलता था। ख़ास तौर पर लक्खू मियाँ के ऊपर छोटी-मोटी बातों पर और कई मुक़द्दमे दायर कर दिये। नगरपालिका पर मुक़द्दमा चला दिया। पुलिस पर मुक़द्दमे दायर कर दिये। इतने मुक़द्दमे हो गये थे कि उनकी पैरवी भी अच्छी तरह न हो पाती थी और वकीलों पर उनका ख़ासा पैसा ख़र्च होता था। अब्बा ये समझते थे कि वो पूरी तरह सठिया गये हैं। उन्हें समझाना या रोकना किसी के बस में न था।

सहकारी फ़ार्म बना लेने के क़रीब दस साल बाद अब्बा को फिर सीलिंग की नोटिस मिली। उन्होंने जवाब दिया कि उनका सहकारी फ़ार्म है और सीलिंग से मुक्त है। लेकिन सरकार की तरफ़ से उन पर मुक़द्दमा क़ायम कर दिया गया। सरकारी पक्ष का कहना था कि सीलिंग से बचने के लिए सहकारी फ़ार्म बनाया गया है। वह दरअसल सहकारी फ़ार्म नहीं है। वकीलों से अब्बा ने बात की तो उन्होंने कहा कि फ़ार्म के सभी काग़ज़ात अदालत में पेश किए जाने चाहिए। अब मुश्किल ये थी कि आधे-अधूरे रजिस्टरों और पंजीकरण के काग़ज़ के सिवा कुछ न था। मनीजर ने भी ठीक से काग़ज़ी कार्यवाही न की थी। उसके बाद तो और भी कुछ न हुआ था। बहरहाल, जितने और जैसे काग़ज़ थे उन्हें अदालत में दाख़िल किया गया और मुक़द्दमा जारी हो गया।

कई साल की कोशिशों के बाद फ़ार्म पर बिजली आ गयी थी। इससे अब्बा इतना खुश थे कि उसकी कोई हद न थी। उन्हें लगता था कि बाज़ी मार ली है। पैदावार बढ़ जायेगी और आमदनी खूब होने लगेगी। बिजलीवाले काम में पैसा बहुत ख़र्च हो गया था। उसके बाद दो टयूबवेल लगवाने के लिए बोरिंग करायी गयी। बिजली के दो मोटर आये। एक दस हार्सपावर का था और दूसरा पाँच का। दसवाले मोटर से आटा चक्की और तेल मशीन चलाने का भी इरादा था। लेकिन पहले सिंचाई का इंतिज़ाम पूरा करना था।

दोनों ट्यूबवेलों में एक फ़ेल हो गया क्योंकि बोरिंग ठीक नहीं हो पायी थी। यह वही ट्यूबवेल था जहाँ दस हार्सपावर का मोटर लगाया गया था। दूसरा चलने लगा। पानी की कमी दूर हो गयी लेकिन उससे कोई फ़र्क़ न पड़ा। दस बीघा में आलू लगाने का आश्वासन देनेवाले मनीजर नौकरी से बाहर हो चुके थे। कंजड़ जाड़ों में मेंढक पकड़ने निकल जाते थे। उस काम में उन्हें बहुत फ़ायदा था। दूसरे बटाईदारों के पास बीज और खाद के पैसे न थे। उनको गेहूँ की खेती कराने से पहले खाद और बीज दिया जाता तो वो खेती करते। अब्बा ने अपने हलवाहे रखकर

खेती कराने की सोची। लेकिन एक तो हलवाहों की तनख़्वाहें बहुत ज़्यादा थीं और दूसरे ये कि उन पर निगरानी कौन रखेगा। हलवाहों के लिए बैल या डाँगर की जोड़ियाँ ख़रीदनी पड़तीं। पूरा खेती का टीम-टाम करना पड़ता। और फिर उस सबकी देखभाल कौन करता ?

खेती की हालत तो न सुधरी लेकिन बिजली के बड़े-बड़े बिल आना शुरू हो गये। जो क़र्ज़ लिया गया था उसकी क़िस्तें तो चुकाना ही पड़ती थीं। अब्बा की परेशानियाँ बढ़ गयीं। उनको हर साल जेब से सात-आठ हज़ार देने पड़ जाते थे और आमदनी वही थी यानी साल में डेढ़-दो सौ मन धान। अब ये होता था कि बाज़ार की आमदनी, बाग़ की आमदनी या मकानों-दुकानों के किराये से जो पैसा बचता था वह क़र्ज़ की क़िस्तों और बिजली के बिलों में चला जाता था। अम्माँ इस बात से दुःखी रहती थीं। वे हम लोगों से अक्सर कहा करतीं कि अगर तुम्हारे अब्बा ने कोई काम न किया होता तो आज हम लोगों के पास बहुत पैसा होता।

इन हालात से अब्बा चिड़चिड़े हो गये थे। बात-बात पर नाराज़ हो जाते थे। उनकी परेशानियाँ उस वक़्त और बढ़ गयीं जब 'लोअर कोर्ट' से सीलिंग का मुक़द्दमा हार गये। अदालत ने ये माना कि सहकारी फ़ार्म सीलिंग से बचने के लिए बनाया गया था। तब वकील ने उन्हें राय दी कि वो ज़मीन के बैनामे हम लोगों के नाम कर दें। बैनामे हम लोगों के नाम कर दिये गये। उसमें काफ़ी पैसा लगा क्योंकि ज़मीन की दरें बहुत बढ़ चुक थीं और उसी के हिसाब से 'स्टैम्प फ़ीस' वग़ैरा और रजिस्ट्रार को रिश्वत आदि दी गयी थी।

हम लोगों के नाम रजिस्ट्री करने के बाद भी ज़मीनें हम लोगों के नाम न चढ़ी थीं यानी दाख़िल ख़ारिज न हुआ था। तहसील के लोग और ख़ास तौर पर पटवारी दाख़िल ख़ारिज करने में बहुत टालमटोल कर रहे थे। लेकिन मुक़द्दमा जीतने के लिए ये जरूरी था।

अब्बा मियाँ अपने मरने का ज़िक्र बहुत हल्के-फुल्के ढंग से किया करते थे। कहते थे, 'बस इस साल न बचूँगा। मेरे दादा अस्सी के होकर मरे। वालिद पचहत्तर के थे जब इंतिक़ाल हुआ। यानी जनाब पाँच साल कम जिये। मैं अब सत्तर का हो गया हूँ। एक दिन निकल जाऊँगा, जब भी वो बुला ले।' कभी-कभी कहते थे, 'अब मेरी कोई ख़्वाहिश नहीं बची। सारे फ़र्ज़ पूरे हो गये हैं। पोते माशाअल्लाह से खा-कमा रहे हैं। अब और मैं कितना जिऊँगा ?'

बीमारियाँ उन्हीं के अनुसार उन्हें अनगिनत थीं और कहते थे किस-किस बीमारी का इलाज कराऊँ। इसलिए कभी इलाज न करवाते थे। बहुत हुआ तो कभी उनके ख़ास और पुराने होम्योपैथ डॉ. सेन आ जाते थे जो उन्हीं की तरह सनक

गये थे और हर मर्ज़ की वजह नज़ला बताते थे। डॉ. सेन की उम्र भी उनके बराबर थी। डॉ. सेन की दवा के अलावा अब्बा मियाँ किसी और डॉक्टर की दवा न खाते थे।

इत्तिफ़ाक से उन दिनों अब्बा और अम्माँ कहीं बाहर गये हुए थे जब अब्बा मियाँ की तबीयत इतनी ख़राब हो गयी कि अब्बू साब ने अँगनू को भेजकर डॉ. सेन को बुलवा लिया। डॉ. सेन के आते-आते उनकी साँस उखड़ने लगी थी और सबको लग रहा था कि बस अब चल-चलाव है।

लक्खू मियाँ को ख़बर मिली तो खाना छोड़कर आ गये। अब्बा मियाँ ने उनकी तरफ़ देखा। चचा और भतीजे पता नहीं कितने साल बाद एक-दूसरे के सामने थे। अब्बा मियाँ ने भतीजे का हाथ पकड़ लिया। उन्होंने कुछ कहने की कोशिश की लेकिन आवाज़ साफ़ नहीं थी। जुबान शायद अकड़ गयी थी।

किसी आदमी को भेजकर अब्बा और अम्माँ को बुलवाया गया। अगले दिन उन्हें कब्रिस्तान में दफ़न कर दिया गया। उनकी मिट्टी में मेरा छोटा भाई तो पहुँच गया था क्योंकि वह दिल्ली में था। बम्बई से मेरा पहुँच पाना मुश्किल था इसलिए मैं मिट्टी में शामिल न हो सका। मैं दो दिन के बाद पहुँच पाया था। उनके तीजे में शामिल हुआ था।

उनके तीजे के बाद अब्बा ने पहली बार हम दोनों भाइयों के सामने बहुत आसानी से ये प्रस्ताव रखा कि अब हम दोनों में से कोई एक यहाँ आकर रहे क्योंकि अब वे बिलकुल अकेले हो गये हैं। उन्हें एक दिल का दौरा भी पड़ चुका है और अकेले उनसे काम नहीं सँभलता। अम्माँ की तबीयत भी बहुत अच्छी नहीं रहती और उनके पैर में तकलीफ़ रहने लगी है। उन्होंने ये भी कहा कि उन्हें फ़िक्र हो गयी है कि उनके बाद ज़मीन-जायदाद और मकान का क्या होगा ? हम दोनों इस सवाल का सामना करने के लिए तैयार नहीं थे। हमें ये उम्मीद भी नहीं थी कि अब्बा हमारे सामने ऐसा प्रस्ताव रखेंगे, क्योंकि पढ़ने-लिखने के बाद नौकरी करते हुए हम दोनों को अच्छा-ख़ासा समय हो चुका था और हम दोनों का ही परिवार था। हमारे बच्चे स्कूलों में जाते थे और पत्नियों की भी अपनी क़िस्म की नौकरियाँ थीं। दूसरी तरफ़ हमारा छोटा-सा शहर वहीं था जहाँ हम उसे बीस-पच्चीस साल पहले छोड़ गये थे। न तो यहाँ हमारे करने लायक़ कोई काम था और न यहाँ की ज़मीन-जायदाद से इतनी आमदनी होती थी कि कोई उस सहारे यहाँ चला आता। लेकिन ये ऐसा मौक़ा न था जब अब्बा को साफ़ जवाब दिया जाता क्योंकि वो अब्बा मियाँ की मौत के ग़म में डूबे हुए थे और अगर उन्हें साफ़-साफ़ बता दिया जाता कि हम दोनों में से कोई भी यहाँ आकर रहने पर तैयार नहीं है तो पता नहीं उन पर क्या गुज़रती। इसलिए हम दोनों ने ही कहा कि देखा जाएगा, और कुछ-न-कुछ ज़रूर होगा।

अब्बा ने हम लोगों को यहाँ आकर रहने के लिए आकर्षित करने की ख़ातिर बहुत-सी बातें की थीं। उनके पास तरह-तरह की योजनाएँ थीं। ज़िले में होनेवाली तरक़्क़ी, नयी मिलों के लगने से मकान के किरायों में हुई बढ़ोतरी और नयी सरकारी योजनाओं के कारण भविष्य में मिलनेवाले सुनहरे अवसरों की उन्होंने हमसे इस तरह चर्चा की थी जैसे हमें समझा रहे हों कि यह छोटा शहर छोटा नहीं रह गया है बल्कि यहाँ बहुत-कुछ किया जा सकता है। बच्चों के लिए यहाँ एक अंग्रेज़ी मीडियम स्कूल भी खुल गया था।–उसका ज़िक्र अब्बा ने इस तरह किया था जैसे वो दिल्ली या बम्बई के स्कूलों की टक्कर का हो। वे हर बात में ये भी कहते थे कि अब तो यहाँ बिजली भी आ गयी है, फ़ोन भी लगवाया जा सकता है, टी.वी. ख़रीदा जा सकता है, फ्रिज़ भी लिया जा सकता है। उनका मतलब था इस सबके बाद ये छोटा शहर कहाँ से कहाँ जा सकता है ! और बड़े शहर में यही सब आकर्षण हैं जिनकी वजह से लोग वहाँ रहते हैं। हम दोनों दिल-ही-दिल में अब्बा की मासूमियत पर हँसते भी थे और हमें अफ़सोस भी होता था।

तर्क देने के बाद अब्बा सीधी बात पर आ जाते थे। वे कहते थे कि पुरखों की ड्योढ़ी वीरान हो जाएगी। वे चाहते हैं कि मरते वक़्त उन्हें यह यक़ीन होना चाहिए कि यहाँ गधे नहीं लोटेंगे। उन्होंने पक्का मकान सिर्फ़ अपने लिए तो बनवाया नहीं है। उनके दिमाग़ में ये बात थी कि एक दिन उनके लड़कों में से कोई यहाँ आकर रहेगा। फिर वे बड़े और छोटे शहर की आमदनी की तुलना करने लगते। उन्होंने कहा कि बम्बई का दस हज़ार यहाँ के दो हज़ार के बराबर होता है क्योंकि बड़े शहरों में हर चीज़ महँगी है और यहाँ सस्ती है। इसलिए अगर यहाँ किसी की आमदनी कम भी है तो बड़े शहर की ज़्यादा आमदनी के बराबर ही होगी।

हम लोगों ने उन्हें शहरों, अपनी-अपनी योजनाओं या नौकरियों की संभावनाओं या अपने इरादों के बारे में कुछ नहीं बताया। हमने उन्हें ये नहीं बताया कि एक बार बड़ा शहर जिसकी आँखों में घुप जाता है वो कितना स्वार्थी हो जाता है। उसकी आँखों में फिर हर चीज़ की एक क़ीमत हो जाती है। वह ऐसे छलावों का निर्माण करता है और उन पर विश्वास करता है जो जीवन-भर उसका पीछा नहीं छोड़ते। वह हमेशा आगे की तरफ़ देखता है और अपार संभावनाओं में जीना उसकी मजबूरी बन जाता है।

हम लोग घर पर जितने दिन रहे, अब्बा हमसे ऐसी ही बातें करते रहे कि हम अपने छोटे शहर—जिसे वो वतन कहते थे—के बारे में ये न सोचें कि वह छोटी जगह है और वहाँ कोई संभावना नहीं है। हमने ज़ाहिर है बहस नहीं की, क्योंकि उसमें अब्बा हम लोगों से हार जाते और उन्हें बहुत दुःख होता। हम टालमटोल करते रहे। कुछ ऐसी अस्पष्ट बातें करते रहे कि उनकी उम्मीद ख़त्म भी न हो और

उन्हें पूरी तरह ये यक़ीन भी न हो कि हममें से कोई अपनी अच्छी-ख़ासी पक्की नौकरी और एक अपार संभावनाओं से भरा जीवन छोड़कर, सबकुछ लाद-लूदकर यहाँ आ जायेगा। हमें इस बात का दुःख भी होता था कि हम अब्बा के साथ चालाकी, धूर्तता और छल कर रहे हैं, लेकिन दूसरी तरफ़ बहुत साफ़गो होने की हिम्मत भी न थी। उससे कोई फ़ायदा भी न था। शायद अब्बा भी दिल-ही-दिल में ये जानते थे कि हममें से कोई यहाँ न आयेगा लेकिन उम्मीद के एक कच्चे धागे की उन्हें सख़्त ज़रूरत थी।

5

संगे-मंज़िल से क्यों न सिर फोड़ूँ
हासिले - ज़हमते - सफ़र है ये

ख़ालू निराले क़िस्म के आदमी थे। उन्हें देखकर यह रहस्य और जटिल हो जाता था कि आदमी का स्वभाव बनने की प्रक्रिया पता नहीं किन अनजाने-अनबूझे कारकों पर आधारित है। वे अपने परिवेश से कभी नहीं कटे। न तो उन्हें कहीं बाहर जाकर रहने का मौक़ा मिला था, न उनकी अच्छी पढ़ाई-लिखाई ही हुई थी। महल में ही पैदा हुए थे। उसी माहौल में पले-बढ़े, वहीं जवान हुए, वहीं शादी हुई, वहीं बस गये। लेकिन वो दूसरे सब लोगों से अलग थे। हद ये है कि अपने सगे भाइयों जैसे बड़े आग़ा तक से इतने जुदा थे कि ये लगता ही न था कि ये दो भाई हैं। उन्हें न तो शिकार का शौक़ था, न बाहर की औरतों में दिलचस्पी थी। फुजूलख़र्ची तो बहुत बड़ी बात है, ख़ालू हद दर्जे के कंजूस थे, लेकिन इतने भी न थे कि ज़रूरत की जगह पैसा न ख़र्च करें। लेकिन ऐसे ज़रूर थे कि एक बार उनकी इकन्नी गन्दी नाली में गिर गयी थी तो उन्होंने जमादार से निकलवायी। उस पर पानी डाला। सूखने के लिए धूप में रख दी और जब सूख गयी तो उसे पानी से फिर पाक किया और अपने रूमाल में बाँध लिया। यानी ख़ालू एक पैसा भी ग़ैरवाजिब ख़र्च या बर्बाद न होने देते थे। बहुत सादा कपड़े पहनते थे। बस सोलो हैट लगाते थे जो ज़रूरत समझी जाये या फ़ैशन ये दूसरों पर निर्भर करता था। ख़ालू पैसा बचाने और सेहत बनाने के लिए कहीं जाना होता था तो पैदल जाते थे। रिक्शा न करते थे। रिक्शा करना मजबूरी हो जाता था तो साझे का रिक्शा करते थे। मतलब रिक्शेवाले से कहते थे कि वह कोई दूसरी सवारी भी बिठा ले और आधे पैसे उससे ले ले। वैसे ख़ालू को कहीं दूर जाना होता था तो किराये की साइकिल ले लेते थे और आराम से चले जाते थे। उन्हें ये कभी न लगता था कि इन कामों से इज़्ज़त घटती है या ख़ानदानी वक़ार को

ठेस पहुँचती है।

नाना के चचा मिर्ज़ा नवाब कौकब आग़ा पुराने वक़्तों के रईस-इब्ने-रईस थे। ख़ालू उनके सबसे छोटे बेटे थे। नाना अपने सबसे छोटे चचाज़ाद भाई पर अपना हक़ जताते थे। जवानी के ज़माने में नाना को तरह-तरह के शौक़ थे। कहीं बैठे चाकू से मुर्ग़े की चोंच तेज़ कर रहे हैं तो कहीं बटेर को पानी के छींटे दे-देकर तैयार कर रहे हैं। ऐसे मौक़ों पर ख़ालू, जिनकी उम्र उस ज़माने में चौदह-पंद्रह साल थी, नाना की मदद किया करते थे। नाना छत पर खड़े कबूतर उड़ाते तो ख़ालू छीजी लिए खड़े रहते। नाना आधी रात को उठकर बटेरों के काबुक के पास 'कूकने' जाते तो ख़ालू को भी साथ ले जाते। नाना दोहरिया कबूतर बनाने की कोशिशें किया करते तो ख़ालू उनका दाहिना हाथ बनते। नाना इमामबाड़े की छत पर कनकौवा बढ़ाते तो ख़ालू चर्ख़ी सँभालते। ग़रज़ ये कि नाना उन दिनों ख़ालू को अपना 'चमचा' समझते थे। लेकिन क़यामत ये हुई कि कुछ साल बाद नवाब कौकब आग़ा ने पता नहीं क्यों ख़ालू का नाम मिशन स्कूल में लिखवा दिया। अब नाना अगर ख़ालू से कहते कि चलो मुर्ग़े को फुहारें देनी हैं तो ख़ालू बस्ता उठाकर कहते मैं तो स्कूल जा रहा हूँ। नाना कहते कि छत पर चलो, माँझा काढ़ना है तो ख़ालू पढ़ाई में लगे होते। पटैत कबूतर तक से ख़ालू को दिलचस्पी न रही। नाना को लगता था कि लड़का बिगड़ रहा है।

मिर्ज़ा नवाब कौकब आग़ा बाप-दादा के रविश पर चला करते थे। हालाँकि उनके ज़माने में अचकन और दो पल्ली टोपी का चलन हो गया था लेकिन वो तंजेब का सफ़ेद अँगरखा और उसके नीचे तंग शलूका पहनते थे। शलूकों पर कच्चे सूत से बेलबूटे भी कढ़े होते थे। कभी-कभी शलूका किसी हल्के रंग का होता था जो तंजेब के अँगरखे से झलकता रहता था। चौगोशिया टोपी को उन्होंने कभी नहीं छोड़ा। ढीले अर्ज़ के पायँचों के पाजामे, आम तौर पर गुलबदन या मशरुअ के, पहनते थे। पाजामों के पायँचों में चौड़ी गोट ज़रूर रहती थी। कारचोबी काम किया हुआ धीतला जूता पहनना पसंद करते थे। कभी-कभी मौसम खुशगवार होता था तो पालकी में आने के बजाय महल से सफ़ेद कोठी तक हाथ में हाथीदाँत की छड़ी लिए तशरीफ़ लाते थे।

सुबह आठ बजे के आसपास उनका दरबार लग जाता था। मुसाहिब, खुशामदख़ोर, लीमूनिचोड़, अफ़ीमची, मसख़रे आ जाते थे। 'डबलरूम' वाले हॉल में कश्मीरी क़ालीनों के ऊपर मसनद पर कौकब आग़ा गावतकिये से टिककर बैठ जाते थे। पेंचवान तैयार रहता था। हल्के-हल्के कश लेते थे और मुसाहिब दुनिया-ज़माने के क़िस्से, कहानियाँ, लतीफ़े, मज़ाक़, शेरो-शायरी, शतरंज, चौपड़ वग़ैरा शुरू कर देते थे। दाहिनी-बायीं तरफ़ दो नौकर बड़े-बड़े दस्ती पंखे हिलाते थे। चाँदी के ख़ासदान में पान की गिलोरियाँ और बड़े-बड़े बटुओं में चिकनी डली

और क़िमाम की शीशियाँ सामने रहती थीं।

एक दिन इसी तरह कौकब आग़ा का दरबार लगा था कि नाना पहुँच गये। झुककर तीन बार चचा को आदाब किया और उनके दाहिनी तरफ़ बैठ गये।

'कहो क्या बात है मुनव्वर आग़ा ?' उन्होंने नाना से पूछा।

'सरकार, एक अहम मसला लेकर हाज़िर हुआ हूँ,' नाना ने बड़े आजिज़ी से कहा।

'मसला' लफ़्ज़ सुनते ही कौकब आग़ा के चेहरे का रंग उतर गया। मसलों से उन्हें सख़्त उलझन होती थी।

'क्या है मियाँ, कहो।'

'सरकार, दिलावर आग़ा का क्रिसतन स्कूल जाना मुनासिब नहीं है,' नाना ने कहा।

'क्यों मियाँ, क्यों ? ख़ैर तो है ?'

'सरकार, दिलावर आग़ा को मैंने खुद कहते सुना है "ऑल राइट, वेलडन",' नाना ने कहा।

'ये तो अंग्रेजी है मियाँ। इसका क्या मतलब हुआ ?'

'सरकार, मतलब मैंने पता लगा लिए हैं। जुबान पर लाते हुए डरता हूँ।'

'नहीं, नहीं, बताओ मियाँ। तुमने तो तशवीश पैदा कर दी।'

'हुज़ूर, खुदा न करे सात कुरान दरम्यान इसका मतलब है ईसाइयत सच्चा और पक्का मज़हब है। मैं उसे कुबूल करूँगा,' नाना ने कहा।

'हाय मियाँ ... लाहौलविलाकुव्वत ... नाऊज़ोबिल्लाह ... ये दिलावर मियाँ कहते हैं ?'

'जी सरकार !'

ये सुनना था कि मुसाहिबों ने तिल का ताड़ बनाना शुरू कर दिया। कौकब आग़ा समझ गये कि दिलावर आग़ा यानी ख़ालू अगर क्रिस्तान स्कूल में पढ़ते रहे तो ईसाई हो जायेंगे।

ख़ालू स्कूल से लौट आये तो कौकब आग़ा ने उन्हें तलब किया। ख़ालू आदाब करके तहज़ीब के साथ दोज़ानूँ अपने वालिद के सामने बैठ गये।

'मियाँ, कल से आपका स्कूल जाना बंद।'

ख़ालू ने हैरत से अपने अब्बा हुज़ूर की तरफ़ देखा। दिल में सवाल पैदा हुआ कि आख़िर क्यों ? क्या हो गया ? किसलिए ? लेकिन बुज़ुर्गों से सवाल करना या कुछ पूछना सख़्त बदतमीजी मानी जाती थी। ख़ालू ने सिर झुकाकर कहा, 'जो हुक्म हो।'

ख़ालू का स्कूल छुट गया तो नाना ने चैन की साँस ली। अब फिर ख़ालू नाना के साथ शीराज़ी, नसावरी, गुलके और लोटन कबूतरों को उड़ाने का सबक़ सीखने

लगे। बटेरों को मिसरी खिलाने लगे। मुर्ग़ों की तेज़ और नुकीली चोंचें दाना चुगने से ख़राब न हो जायें इसलिए उन्हें हथेली पर रखकर दाना खिलाने की कला सीखने लगे। मुर्ग़ों की लड़ाई के दौरान 'पानी' देने का तरीक़ा समझने लगे। बटेरों के 'नोकर' और 'कुरीज़' के दर्जे पहचानने लगे। लड़ाई से भागे हुए बटेरों को 'कुरीज़ों' से कैसे लड़वाया जा सकता है ये उन्हें नाना ने बताया।

ख़ालू जवान हुए तो नाना की बड़ी लड़की यानी हमारी अम्माँ की बड़ी बहन के साथ उनकी शादी हो गयी। फिर तो ख़ालू सँभलते चले गये, बदलते चले गये। नाना अपनी रविश पर आगे बढ़ते रहे लेकिन ख़ालू ने अपना अलग रास्ता बनाया।

ख़ालू जब कहीं बाहर जाते थे तो शेरवानी की जेब में चाँदी की छोटी-सी खूबसूरत डिबिया में इलायचियाँ ज़रूर रखते थे। किसी आफ़िस में, रेलवे स्टेशन पर, बैंक में या कहीं भी जहाँ उन्हें किसी से कोई काम होता था तो काम बताने से पहले काफ़ी तहज़ीब और तमीज़ से उसे इलायची पेश करते थे। इलायची लेने से कोई इनकार न करता था। एक इलायची खिलाकर ख़ालू अपना काम बना लेते थे या कम-से-कम वह आदमी ख़ालू की मदद करता था।

ख़ालू ट्रेन में सफ़र करते थे तो आम तौर पर सिर्फ़ प्लेटफ़ार्म टिकट ख़रीदते थे। सामान डिब्बे में रखवाकर गार्ड के पास जाते थे। उसे इलायची खिलाते थे और 'फ़िफ़्टी फ़िफ़्टी' पर मामला तय कर लेते थे। जहाँ उतरना होता वहाँ गार्ड बाहर निकलवा देता तो उसे 'फ़िफ़्टी' दे देते थे। इसको ख़ालू बुरा न समझते थे। उनका मानना था कि आजकल के ज़माने में ये सब करना पड़ता है।

ख़ालू महल के दूसरे लोगों के मुक़ाबले बड़े सोशल थे। शहर के एक क्लब के मेम्बर थे। हर महीने पाबन्दी से फ़ीस देते थे। टेनिस खेलते थे। ख़ालू अच्छे खिलाड़ी थे। अक्सर मैच जीत जाते थे। क्लब में यह दस्तूर था कि हारनेवाला जीतनेवाले को एक 'कोक' पिलाता था। ख़ालू जो 'कोक' जीतते थे वे खुद न पीते थे। कोकवाले के पास बाक़ायदा उनके 'कोक' सुरक्षित रहते थे। वे कोक उस समय काम आते थे जब वो किसी को अपने साथ क्लब ले जाते थे। उसकी ख़ातिर मदारात ख़ालू उन्हीं जीते हुए यानी मुफ़्त के कोक से करते थे। या वे कोक कभी-कभी उस वक़्त भी काम आते थे जब वो कोई मैच हार जाते थे।

उनके शौक़ ऐसे थे जिनसे आमदनी होती थी। जैसे महल के दूसरे लोगों की तरह उनको मोटरें रखने का शौक़ था। लेकिन ख़ालू सस्ते में कोई सेकेंड हैंड मोटर ख़रीदते थे। उसे ठीक-ठाक करवाकर सवारी करते थे। लेकिन जैसे ही कोई अच्छा ग्राहक मिलता था, फटाक से निकाल देते थे। दो-चार हज़ार बन जाते थे। इसके अलावा लोहे के कंट्रोलवाले ज़माने में उन्होंने एक लोहे का कारख़ाना खोल लिया

था जहाँ सिर्फ दिखाने के लिए ठोंका-ठाकी हुआ करती थी। खालू वह लोहा ब्लैक कर देते थे जो उन्हें परमिट से मिलता था। ख़ालू को 'एन्टीक्स' का भी शौक़ था। कहीं सस्ती अच्छी चीज़ मिल जाती थी तो उसे ख़रीद लेते थे और फिर कुछ मुनाफ़ा लेकर बेच डालते थे। 'एन्टीक' अगर महँगी होती थी तो ज़बानी उसका सौदा कर लेते थे और अगर कोई ग्राहक मिल जाता तो उसे कुछ ऊँचे दामों पर ख़रिदवा देते थे। उनका भी कुछ बन जाता था। ख़ालू कभी जोखिम उठानेवाले काम नहीं करते थे।

वे रोज़े-नमाज़, सौम-सलात के पाबंद थे। इतने काम करते थे लेकिन उनकी भी सीमा होती थी। उनके जीवन-दर्शन में सीमा का बहुत महत्त्व था। वे अरबी की एक कहावत सुनाया करते थे जिसका मतलब था—औसत का हर काम अच्छा होता है। या कोई भी काम न तो अधिक करना चाहिए, न कम। बीच का रास्ता सही रास्ता है।

ख़ालू ने पुश्तैनी जायदाद के अलावा कई मकान और बनवाये थे और उन्हें किराये पर उठाया था। कम्पनियों में शेयर ख़रीदे थे और घर को ठीक-ठाक कराया था। हर सामान ख़रीदने के लिए ख़ालू की दुकानें तय थीं जहाँ से उन्हें कुछ सस्ती दरों पर सामान मिलता था। लेकिन वो इन तयशुदा दुकानों पर भी बहुत विश्वास न करते थे। पहले कई दूसरी दुकानों पर जाकर चीज़ का दाम पूछते थे। उसके बाद अपनी तयशुदा दुकान पर आते थे और जब उन्हें लगता था कि सचमुच सामान कुछ कम दाम पर दिया जा रहा है तो लेते थे। ख़ालू की पान खाने की भी एक दुकान तय थी। वहाँ से ख़ालू जितने सस्ते में पान खाते थे, उतना सस्ता पान शहर में कहीं न मिलता था।

उनमें बच्चों-जैसा उत्साह भरा रहता था। कभी किसी तरह की मदद करने से इनकार न करते थे। काफ़ी तेज़ चलते थे। बुढ़ापे में भी उत्साह से ऐसे काम कर देते कि चोट तक लग जाती थी। एक दिन आँगन में पड़ी एक खटिया को फलाँगने लगे और फलाँग न पाये। गिर पड़े और चोट लग गयी। साठ साल की उम्र में जवान-जवान लड़कों के साथ टेनिस खेलते थे। स्वीमिंग करने जाते थे और चलते तो इतना थे कि दिन-भर यहाँ से वहाँ और वहाँ से यहाँ करते रहते थे। पान और तम्बाकू के अलावा किसी क़िस्म का नशा न करते थे। अपने भाइयों को जो बला के फुजूलख़र्च थे, बहुत बुरा समझते थे। उन्हें दूसरे ख़ानदानवालों की तरह अच्छा खाने का भी शौक़ न था। मामा खाना पकाकर न्यामतख़ाने में रख देती थी। अपने-आप आते थे और अपना खाना निकालते और खाते थे। रोटियाँ पानी में भिगो लेते थे क्योंकि चबायी न जाती थीं। हाँ मेहमानों की पूरी ख़ातिरदारी करते थे। मेहमानों पर भी एक हद तक पैसा ख़र्च करना उन्हें गवारा था। लेकिन हद के बाद हाथ खींच लेते थे।

ख़ालू के बरख़िलाफ़ नाना बिलकुल उड़ाऊ-खाऊ थे। ज़मींदारी ख़त्म होने के बाद बांड बेच-बेचकर काम चलाते रहे। उसके बाद आमदनी का सहारा वसीक़े का हिस्सा था। उन्हें सात सौ रुपया महीना मिलता था। यह उसी वसीक़े का हिस्सा था जो मोतमुद्दौला ने कम्पनी बहादुर को क़र्ज़ दिलाकर हासिल किया था।

वसीक़े के अलावा नाना को तरके में कुछ दुकानें और मकानात भी मिले थे। जब पैसे की ज़्यादा ज़रूरत होती थी तो नाना जायदाद में से कुछ बेच डालते थे। दरअसल, बाहर की औरत से उनके बहुत-से बच्चे थे जो बड़े हो गये थे। उन सबकी परवरिश, बढ़ती हुई महँगाई और घटती हुई आमदनी में कोई तालमेल न था, नाना ने ख़र्चों को घटाना या रोकना न सीखा था और बुढ़ापे में तो ये सीखने से रहे। इसलिए उनकी परेशानियाँ बढ़ती चली गयीं।

कुछ सालों बाद जब यह नया क़ानून बना कि वसीक़े की रक़म बेची भी जा सकती है तो नाना ने बेचना शुरू कर दी। हर सौ रुपये पर हज़ार रुपये मिलते थे। नाना धीरे-धीरे वसीक़ा बेचते रहे और होते-हुआते कुछ ही साल के अन्दर पूरा वसीक़ा बिक गया। अब कुछ दुकानें बची थीं। खाने-पीने के जब लाले पड़ने लगे तो दुकानें भी बिकने लगीं। धीरे-धीरे नाना यहाँ तक पहुँच गये कि सफ़ेद कोठी के जिस हिस्से में रहते थे उसे छोड़कर उनके पास कुछ न बचा। अब नाना को कोई क़र्ज़ भी न देता था क्योंकि क़र्ज़ देनेवालों को ये यक़ीन हो गया था कि नाना चुका न सकेंगे।

उनकी हालत सचमुच बड़ी दयनीय हो गयी थी। काफ़ी गंदे और पुराने कपड़े और फटे हुए जूते पहने वो इधर-उधर पैसे के जुगाड़ में घूमा करते थे। आँखों से कम दिखाई देने लगा था। बीड़ी की चिनगारियाँ कमीज़ पर गिर जाती थीं जिससे कमीज़ में इधर-उधर काले छेद हो जाते थे। उनकी आँखों से एक तरह नम कीचड़-सा बहता रहता था जिसे आस्तीन से पोंछ लेते थे।

अपने दस्तूर के मुताबिक सुबह वे नानी के पास आते थे। नानी के पास पैसा था लेकिन वे साफ़ कहती थीं कि नाना के ख़र्चे पूरे करना उनके बस में नहीं है। ख़ास तौर पर वो नाना की बाहर की औरत और उसके बच्चों के लिए तो एक पैसा तक देने की रवादार न थीं। हाँ, नाना को कभी-कभी किसी निजी मदद की ज़रूरत होती तो कर देती थीं, जैसे उन्होंने नाना का चश्मा बनवा दिया था। नाना कभी उनसे चाय के लिए कहते थे तो होटल से मँगवाकर पिलवा देती थीं या कभी बीड़ी के एक-दो बंडल मँगवा दिया करती थीं।

नानी को उनके ऊपर बहुत तरस आता था। क्योंकि उन्हें सब मालूम था कि नाना के पास कितनी बड़ी जायदाद और कितनी क़ीमती चीज़ें थीं और उन्होंने किस बेदर्दी से उड़ाया था। उन्हें एक-एक चीज़ याद थी। बताती थीं कि नाना के पास हीरे-जड़े शेरवानी के बटन थे जो उन्होंने रामलाल सर्राफ़ के पास महज़ दस हज़ार

में गिरवी रखे थे। धीरे-धीरे उधार और ब्याज इतना हो गया था कि बटन नाना के हाथ से निकल गये। उन्हें सब याद था कि नाना ने किस जायदाद या किस क़ीमती चीज़ को कितनी बेदर्दी से बेचा था।

नाना बैठे ये सब सुना करते थे। जवानी के ज़माने में उनके अंदर व्यंग्य और मज़ाक़ करने की जो प्रवृत्ति थी वह ख़त्म हो चुकी थी। बस चुप रहते थे और आँखों से कीचड़ पोंछते रहते थे। कभी-कभी खुद ही अपनी जवानी या लड़कपन के दिनों में चले जाते थे। बताते थे कि लड़कपन में उन्हें दूध नहीं दिया जाता था। समझा जाता था कि ये नौकरों के पीने की चीज़ है। उन्हें सिर्फ़ मलाई दी जाती थी। नाना उन दिनों की तुलना अपनी वर्तमान हालत से करते थे और कहते थे अब उन्हें दूध पीना तो बड़ी बात, देखने को नहीं मिलता। वो ये भी मानते थे कि ये सब उन्होंने खुद अपने हाथों ही किया है। लेकिन यह भी कहते थे कि और रास्ता ही क्या था ? ज़मींदारी ख़त्म होने के बाद क्या बचा था कि जिससे वो खाते ? लेकिन ख़ालू का उदाहरण देने पर चुप हो जाते थे।

पच्चीस-तीस साल के अंदर-अंदर महल की हालत बिगड़ चुकी थी। आमदनी के ज़रिये कम थे और ख़ानदान फैलता चला जा रहा था। मोतमुद्दौला का वसीक़ा बँटते-बँटते दस-दस रुपये तक हो गया था। चूँकि ज़्यादातर लोग पढ़े-लिखे न थे इसलिए कहीं कुछ कर न सकते थे। आदतें बदली नहीं थीं। सबने अपनी-अपनी बैठकों के बड़े हिस्से किराये पर उठा दिये थे। बूढ़े-सूढ़े मर चुके थे। जवानों की नयी नस्ल ऊपर आ गयी थी। उनमें से ज़्यादातर मकानों के किराये पर ज़िन्दा थे। किराये बढ़ते न थे। ख़र्च बढ़ते जाते थे। महल में जो सार्वजनिक क़िस्म की जगहें थीं यानी वो हिस्से जो सबके थे और किसी के न थे, वो गिर गये थे। उनकी कोई मरम्मत न करा सकता था। फाटक की सहेनचियों की छतें गिर गयी थीं। अंदरवाली विशाल ड्योढ़ियों की छतें भी गिर गयी थीं। एक ड्योढ़ी की मरम्मत में ही हज़ारों का ख़र्च आता। इसलिए कौन उसकी मरम्मत कराता। बैठकें आम तौर पर जूते के कारख़ानेवालों ने किराये पर ली थीं और पूरी सफ़ेद कोठी में रात-दिन जूते बनते थे। चमड़ा-पीटने की आवाज़ें गूँजा करती थीं और चमड़े की बदबू बसी रहती थी। कोठी के जिन हिस्सों में लॉन थे वहाँ टीन के शेड डालकर जूतेवालों को उठा दिये गये थे।

बीच का बड़ा 'सेंट्रल डबल रूफ़ हॉल' भी जूतेवालों ने किराये पर ले लिया था और उसका किराया सब हिस्सेदारों में बँट जाता था। हॉल की क़ीमती चीज़ें पहले ही बाँट ली गयी थीं। ग़रज़ ये कि कोई कोठरी, कोई कोना ऐसा न बचा था जो जूतेवालों को किराये पर न उठाया गया हो, क्योंकि जूतेवाले ही सबसे अच्छा

किराया देते थे। लगातार हज़ारों की तादाद में जूते के अपर बना करते थे। लोग कहते थे कि ये अपर एक्सपोर्ट होते हैं।

क़ीमती घड़ियों और गाड़ियों के शौक़ीन हमेशा लखनऊ जाकर बाल कटवानेवाले बड़े आग़ा ने भी सबकुछ बेच डाला, यहाँ तक कि उनकी बैठक और उसमें लगी औरतों को असह्य पीड़ा देती तस्वीरें तक बिक चुकी थीं। अब उनके पास कुछ न था। इधर-उधर उठते-बैठते थे। रात इमामबाड़े में लेट जाते थे। उनका खाना-पीना भी दूसरों के सहारे ही चलता था। आम तौर पर खाने के वक़्त अपने छोटे भाई यानी ख़ालू के पास आ जाते थे। ख़ालू उन्हें बचा-खुचा दे देते थे। लेकिन एक दिन ख़ालू ने भी उनसे साफ़ कह दिया कि वो खाने के वक़्त उनके यहाँ न आया करें।

बड़े आग़ा का क़द लम्बा था इसलिए बुढ़ापे में कमर झुक गयी थी। उनके चेहरे पर हमेशा की तरह वहशत छायी रहती थी। बाल कुछ लम्बे रखते थे या शायद कटवाने के पैसे न होते थे। सूखे और लम्बे बाल सिर के इर्द-गिर्द लहराते रहते थे। अक्सर दो-दो हफ़्ते शेव भी न बनवा पाते थे। कपड़ों का तो हाल ही निराला होता था क्योंकि वे सब दूसरे के होते थे।

बड़े आग़ा सुबह उठते ही कभी इसके कभी उसके यहाँ बैठ जाते थे। चाय मिल जाती थी तो पी लेते थे नहीं तो माँगते न थे। चूँकि सब जानते थे कि उनकी क्या हालत हो गयी है इसलिए चाय-वाय मिल ही जाती थी। अगर नहीं मिल पाती थी तो उठकर महल के बाहर और हाते के अंदर चाय की दुकान पर आकर बैठ जाते थे और *सियासत* अख़बार पढ़ने लगते थे। चायवाला जानता था कि उनके पास पैसे नहीं है। उसका अगर दिल चाहता या उन्हें उठाना चाहता तो आधा गिलास चाय उनके सामने रख देता था। वे चुपचाप चाय सुड़ककर उठ जाते थे।

बड़े आग़ा हड्डियों का ढाँचा-भर रह गये थे। उन्हें देखकर ये अंदाज़ा लगाना मुश्किल था कि ये वही आदमी है जो कभी विलायती सूट पहना करता था; जो सिर्फ़ क़ीमती रेशमी या ऊनी कपड़ों को ही पहनने लायक़ समझता था; जिसके हाथ में फ़ाइव-फ़ाइव का डिब्बा हुआ करता था और जिसके पास क़ीमती घड़ियाँ इस क़दर थीं कि उससे ज्यादा दुकानों में ही हो सकती थीं।

बड़े आग़ा इन हालात के लिए खुद ही ज़िम्मेदार थे। और, ख़ानदान में किसी को भी उनसे हमदर्दी न थी। पैसे और जायदाद ख़त्म हो जाने की वजह से परिवार में उनकी हैसियत भी गिर गयी थी। अक्सर नौकर तक उनसे बदतमीज़ी कर दिया करते थे। ख़ानदानवाले तो अक्सर उन्हें खरी-खोटी सुनाया करते थे। बड़े आग़ा सबकी बातें कान दबाकर सुन लेते थे क्योंकि लोग खरी-खोटी सुनाकर अक्सर चाय-वाय पिला दिया करते थे या दो-चार रुपये दे दिया करते थे। बड़े आग़ा के लिए बातों से ज़्यादा या मान-सम्मान से ज़्यादा अहमियत चाय पीने या पैसों की

थी। अक्सर लोग उनसे ऐसे छोटे-मोटे काम भी ले लेते थे जो नौकरों से लिये जाते हैं, जैसे, बाज़ार से सामान लाना या सामान इधर-उधर पहुँचवाना या और दीगर काम। बड़े आग़ा खाना मिल जाने के लालच में ये सब खुशी-खुशी करते थे।

नाना के एक और भतीजे शहंशाह आग़ा भी सबकुछ फूँक-फाँककर बैठ गये थे। शहंशाह आग़ा अपने नाम के अनुसार हर काम शाही ढंग से करने के आदी थे। उन्होंने अपने दो लड़कों—प्यारे और दुलारे की 'बिस्मिल्लाह' इतने शानदार तरीक़े से की थी कि मध्यमवर्गीय आदमी उतने शानदार तरीक़े से अपनी लड़की की शादी भी नहीं करता। तीन दिन तक दावतें हुई थीं। मुजरा हुआ था। उसके बाद प्यारे मियाँ और दुलारे मियाँ का नाम शहर के सबसे महँगे अंग्रेज़ी स्कूल में लिखवाया गया था। दोनों वहीं कई साल तक फ़ेल होते रहे तो शहंशाह आग़ा ने दोनों को शिमला के 'वुड स्टाक' स्कूल में भेज दिया था। उस ज़माने में वहाँ हज़ार रुपये महीने लगते थे। शहंशाह आग़ा जायदाद बेच-बेचकर पैसा भेजते थे। पाँच-सात साल में प्यारे मियाँ ने तो दसवीं कर ली थी लेकिन दुलारे मियाँ आठवीं में कई साल फ़ेल होकर लौट आये थे।

शहंशाह आग़ा का एक तीसरा लड़का भी था। उसका नाम जानी मियाँ था। जानी मियाँ के हाथ पैदाइश के वक़्त से टेढ़े थे। जानी मियाँ को शहंशाह आग़ा बहुत नापसंद करते थे। उनकी बेगम भी जानी मियाँ को अपना बेटा न समझती थीं। जानी मियाँ को नौकरों के साथ रखा जाता था। वह उन्हीं के साथ सोता था। अक्सर ग़लतियों पर उसकी सख़्त पिटाई होती थी। उसकी चीख़ें महल में गूँजती थीं। पता नहीं क्यों शहंशाह आग़ा उस पर जुल्म के पहाड़ तोड़ देते थे। वह इतना मारा जाता था कि जिस्म पर नील पड़ जाते थे। कई-कई दिन कोठरी में भूखा बंद कर दिया जाता था। नौकरों के साथ रहने की वजह से उसकी आदतें भी बिगड़ गयी थीं। वह बीड़ी पीने लगा था और जुआ खेलने लगा था। पिटने के डर से जानी मियाँ अक्सर बाहर भाग जाता था और दिन-दिन भर बाहर रहता था। रात को चुपचाप आता था तो नौकरोंवाले कमरे में अपने पलँग पर सो जाता था। ये कुछ समझ में नहीं आता था कि शहंशाह आग़ा जानी मियाँ से इतनी नफ़रत क्यों करते थे। वह भी अपने-आपको उनका बेटा न समझता था। अक्सर नौकर तक उससे मारपीट करते थे।

शहंशाह आग़ा ने अपनी लड़की की मँगनी इतनी धूमधाम से की थी कि लोग देखते रह गये थे। उन्होंने मँगनी के लिए एक मकान बेच डाला था। सोचा ये गया था कि उसी मकान के पैसे से शादी हो जायेगी लेकिन मँगनी में ही इतना ख़र्च हो गया था कि शादी के लिए पैसा न बचा था।

प्यारे मियाँ और दुलारे मियाँ घर में पड़े रहते थे। अब शहंशाह आग़ा उन्हें अलीगढ़ भेजने के बारे में विचार कर रहे थे। प्यारे मियाँ और दुलारे मियाँ के

अलग-अलग शौक़ थे। प्यारे मियाँ तो ये कहते थे कि वो अब कारोबार करेंगे। दुलारे मियाँ को जुए का चस्का लग गया था और वो घर की चीज़ें छिपाकर ले जाते थे और बेचकर जुआ खेल लेते थे। चोरी का इल्ज़ाम जानी मियाँ पर लगता था और उसकी बड़ी बेदर्दी से पिटाई होती थी। कुछ अर्से बाद प्यारे मियाँ की शादी हो गयी और सुसरालवालों ने उन्हें जूते की दुकान खुलवा दी थी। दुलारे मियाँ उसी तरह घर में पड़े रहते थे। सुबह नौ बजे तक सोते थे। नाश्ता करके बाहर चले जाते थे। फड़ पर बैठ जाते थे। दोपहर खाना खाने आते थे। सोते थे। शाम को फिर फड़ पर बैठ जाते थे। रात में आकर सो जाते थे।

शहंशाह आग़ा की बेगम ज़्यादातर अपने मैके में रहने लगी थीं। वहाँ उनके भाई के पास बड़ी-सी हवेली और अच्छी-ख़ासी जायदाद थी जिसमें बेगम साहिबा का भी हिस्सा था। शहंशाह आग़ा बड़े बेटे की शादी हो जाने के बाद दुलारे मियाँ के साथ रहते थे। जानी मियाँ का वही हाल था। एक दिन शहंशाह आग़ा ने उनकी एक चोरी पकड़ ली और रस्सियों से बाँधकर इतना मारा कि वह बेहोश हो गया। नौकर उठाकर ले गये। काफ़ी पानी-वानी छिड़कने से होश में आया। इस घटना के कुछ दिन बाद एक रात जानी मियाँ ने शहंशाह आग़ा की घड़ी चुराई। चाँदी के बटन लिए। कुछ रुपये जो शेरवानी की जेब में मिले, वो लिये और भाग गया। उसके भाग जाने का शहंशाह आग़ा को कोई ग़म न हुआ। ऐसा लगा कि शायद वो इसी का इंतिज़ार कर रहे थे।

शुजा आग़ा के बड़े बेटे दिलावर आग़ा छँटे हुए बदमाश निकले थे। उनकी गुंडागर्दी की शुरुआत नौकरानियों की जवान लड़कियों के साथ बलात्कार करने की वारदातों से शुरू हुई थी। उसके बाद वे इस दिशा में बढ़ते ही चले गये। शहर के नामी बदमाश धीरू से उनका याराना हो गया। धीरू ठेके पर हड़तालें तुड़वाने का काम करता था। दिलावर आग़ा उसका दाहिना हाथ थे। उसी के कहने पर दिलावर आग़ा ने किरायेदारों से मकान खाली कराने का भी धंधा शुरू कर दिया था। इसमें अच्छी-ख़ासी आमदनी हो जाती थी। एक वक़्त वह भी आ गया जब ख़ानदान के लोग भी दिलावर आग़ा के नाम से काँपने लगे। दिलावर भाड़े पर टैक्सियाँ चलवाते थे और उनकी ख़ासी आमदनी थी। वे महल के अन्दर अपने हिस्से में दीवाली के दिन जुआ भी खिलवाने लगे थे जिसमें तगड़ी नाल निकलती थी। सब लोग काँपा करते थे कि देखो कब छापा पड़ता है। दिलावर आग़ा को राजनीति से भी दिलचस्पी हो गयी थी और इलेक्शन में कांग्रेस की तरफ़ से काम करते थे। उनके पास अपने वालिद के जो हथियार थे उन्हें कभी-कभार चौथियाई पर उठा देते थे। डाकू या बदमाश काम हो जाने के बाद चौथा हिस्सा और हथियार दिलावर आग़ा को वापस कर देते थे।

महल के हर हिस्से में कई-कई हिस्से हो गये थे। कमरों तक में दीवारें उठाकर

उन्हें बाँट लिया गया था। जिसके हिस्से में जो कमरा आया था उसने उसके सामने के आँगन में दीवारें उठा दी थीं। इस तरह इमामबाड़े के सामनेवाला विशाल आँगन इतने छोटे-छोटे टुकड़ों में बँट गया था कि इधर-उधर आने-जाने के लिए पतली-पतली गलियाँ बन गयी थीं और महल मोहल्ला नज़र आता था। कुछ गलियाँ तो इतनी टेढ़ी और पतली हो गयी थीं कि एक आदमी भी मुश्किल से निकल पाता था। बँटवारे को लेकर कई मुक़द्दमे चल रहे थे और कई लोगों के बीच बोलचाल और आना-जाना तक बंद हो गया था।

नानी के इंतिक़ाल के बाद वह कमरा जिसमें नानी रहती थीं, अम्माँ के हिस्से में आया था। अम्माँ जब मैके जाती थीं तो उसी में रहती थीं, नहीं तो कमरा बंद रहता था और दालान में मज्जा आग़ा के नौकरों का परिवार रहता था। बाद के दिनों में महल के अन्दर नौकरों के परिवार बढ़ गये थे। चूँकि कोई बेगम खुद खाना न पकाती थी इसलिए नौकरानियाँ रखनी पड़ती थीं। नौकरानियों को अच्छी तनख़्वाहें नहीं दी जा सकती थीं इसलिए वो रहने की जगह की माँग करती थीं। अगर रहने की जगह मिल जाती थी तो नौकरानियों के पति या लड़के-बच्चे जूतों के कारखाने में काम करके अच्छा पैसा कमा लेते थे। इसलिए सबने मजबूरी में अपने-अपने रहने की जगहों में से कुछ जगह नौकरों के लिए निकाल ली थी। महल में जगह-जगह टाट के गंदे पर्दे, धुआँ देती अँगीठियाँ, अलमुनियम के काले और गंदे बर्तन और नौकरों के दुबले-पतले, नाक बहते, काले-कलूटे बच्चे दिखाई देते थे। नौकरों और बेगमों में लड़ाइयाँ होना भी रोज़ का दस्तूर बन गया था। पहले महल के अंदर बाहर के मर्दों के आने पर पाबंदी थी लेकिन अब नौकरानियों के पति और उनके दोस्त-अहबाब आराम से आते थे। किसी के नौकर को कोई रोकता तो लड़ाई हो जाती थी।

ख़ानदान के ज़्यादातर बुज़ुर्ग जिनकी सब बात मानते थे और जो वज़ादार क़िस्म के लोग थे, मर चुके थे। नाना की पीढ़ी के भी बहुत-से लोग नहीं रहे थे। नयी पीढ़ी के लोग आम तौर पर इतना पढ़ न सके थे कि कोई अच्छी नौकरी मिलती और बाहर निकलते। इक्का-दुक्का लोग ही बी.ए. कर पाये थे और बम्बई या कलकत्ता निकल गये थे। उन्हें 'महल' से कोई मतलब न रह गया था। वे साल में एक-आध बार आते थे और जल्दी ही भाग जाते थे।

ऐसा नहीं था कि महल में सबकी आर्थिक हालत ख़राब हो गयी थी। दो-चार बड़े पोढ़े थे। ख़ालू ने खुद काफ़ी बचाया और जायदाद को काफ़ी बढ़ाया था। उनके पास अच्छा-ख़ासा कैश भी था। कम्पनियों में हिस्से और शहर की नयी कालोनियों में प्लाट भी थे। नाना के भतीजों में से दो की हालत बहुत अच्छी थी।

यानी उन्होंने जायदाद लुटाई न थी। उन्हें किराये का अच्छा-ख़ासा पैसा मिलता था और दीगर पुराना सामान भी उनके पास खूब था। कुछ ने छोटे-मोटे कारोबार करने की भी कोशिश की थी लेकिन कारोबार फ़ेल हो गये थे और वे घर बैठ रहे थे। उन्हें सबसे अच्छा काम यही लगता था कि मकान-दुकानें किराये पर उठा दी जाएं और उनसे हर महीने पैसा आता रहे। इसका नतीजा ये निकला था कि हाते में कोई खुली जगह न बची थी। किसी के पास लॉन न रह गया था जबकि पच्चीस-तीस साल पहले सफ़ेद कोठी के सभी हिस्सों में लॉन, बाग़ या खुले मैदान थे। हाते के अंदर आबादी बेपनाह बढ़ गयी थी। चाय और खाने के सस्ते होटल खुल गये थे। गोश्त की दुकानें बढ़ गयी थीं। और नतीजे में इतनी गंदगी और भीड़-भाड़ रहती थी कि वह बाज़ार का ही एक हिस्सा नज़र आता था।

शहंशाह आग़ा के बेटे दुलारे मियाँ एक बार जुए में काफ़ी पैसा हार गये। उधारी पर जुआ खेल रहे थे। जिन लोगों ने जमानत ली थी उन्होंने परेशान करना शुरू कर दिया। दुलारे मियाँ ने अपने वालिद शहंशाह आग़ा से कहा कि चायवाली दुकान बेच देना चाहिए। चायवाली दुकान से शहंशाह आग़ा को सौ रुपये महीने की आमदनी थी। वो उसे बेचने पर तैयार नहीं हुए। और कुछ बेचने के लिए बचा नहीं था। दुलारे मियाँ को बड़ा गुस्सा आया। कर्ज़दारों की तरफ़ से उनके ऊपर दबाव बढ़ रहा था। घर से निकलना तक बंद हो गया था।

एक रात क़रीब दो बजे महल में शहंशाह आग़ा की चीख़ें गूँजने लगीं। ऐसा लगा जैसे कोई उनका गला रेत रहा हो। लोग दौड़े और देखा तो बावर्चीख़ाने का सब्ज़ी काटने का छुरा उनके पेट में घुसा हुआ है। छुरा निकाला गया तो बेतहाशा खून बहने लगा। दुलारे आग़ा की तलाश की गयी तो वो नहीं मिले। लोग समझे शायद अड्डे पर ही सो गये होंगे, लेकिन नौकरों ने बताया कि नहीं, ग्यारह बजे के क़रीब आये थे।

शहंशाह आग़ा को अस्पताल ले जाया गया। वहाँ डाक्टरों ने कहा ये पुलिस केस है। जब तक पुलिस नहीं आयेगी इनका इलाज नहीं किया जायेगा। पुलिस आयी। शहंशाह आग़ा ने बयान दिया कि छुरा धोखे से उनके खुद लग गया। पुलिस ने इस बयान पर यक़ीन नहीं किया। दो बजे रात को शहंशाह आग़ा छुरे से क्या कर रहे थे ? फिर छुरा लगता भी तो उँगली कटती, हाथ कटता; ये पेट में कैसे घुस गया। अब शहंशाह आग़ा पुलिस को क्या बताते कि उनके बेटे दुलारे मियाँ ने ही उनको छुरा मारा है। पुलिस को पाँच हज़ार रुपये दिये गये। शहंशाह आग़ा ने चायवाली दुकान रेहन रखी, तब कहीं जाकर ज़ान छूटी। अस्पताल में सवा दो महीने रहे। आँतें बुरी तरह कट गयी थीं।

शहंशाह आग़ा अच्छे होकर जब घर आये तो देखा कि उनके घर में दिलावर आग़ा अपने परिवार सहित रह रहे हैं। शहंशाह आग़ा ने पूछा कि भाई तुम यहाँ

कैसे ? तो दिलावर आग़ा ने जवाब दिया, कि क्या इतने बड़े घर को आप अपने साथ कब्र में ले जायेंगे ? मतलब साफ़ था। शहंशाह आग़ा के हिस्से पर दिलावर आग़ा ने कब्ज़ा कर लिया था। अपने लड़के के हाथों छुरा खाकर शहंशाह आग़ा की ये हिम्मत न थी कि भतीजे के मुँह लगते—भतीजा और वह भी दिलावर आग़ा जैसा। शहंशाह आग़ा ने कोठरी में अपना पलँग डाल लिया और पड़ गये। चाय-वाली दुकान का भी सौदा कर लिया।

महल में जो कुछ हो रहा था वो ख़ालू और ख़ाला को बहुत नागवार गुज़रता था। ख़ालू कहते थे कि महल रहने लायक नहीं बचा। लेकिन जा कहीं नहीं सकते थे। ख़ालू अम्माँ से भी कहते थे कि उनके हिस्से में जो महल के कमरे आये हैं उन्हें बेच डालें नहीं तो कोई कब्ज़ा कर लेगा और कुछ न मिलेगा। अम्माँ नानी के इंतिक़ाल के बाद भी वहाँ जाती थीं। इन सब बुराइयों के बावजूद महल उन्हें अच्छा लगता था। अब्बा ने ज़रूर वहाँ जाना छोड़ दिया था। एक तो पहले ही वहाँ उनका दिल न लगता था, दूसरे इन झगड़ों और वारदातों के बाद उन्होंने वहाँ जाने से मना कर दिया था।

अम्माँ जब अपने मैके आकर रहती थीं तो नाना उनसे मिलने रोज़ आते थे। अम्माँ को कभी कुछ मँगाना होता था तो ले भी आते थे। नाना चीज़ों के दाम कुछ ज़्यादा बताते थे। अम्माँ ये जानती थीं लेकिन नाना जो कहते थे उन्हें दे देती थीं। क्योंकि सबको पता था कि नाना की क्या हालत है। अक्सर अम्माँ नाना को खाने पर भी रोक लेती थीं। नाना लगातार अपनी नालायक़ी का रोना रोते रहते थे और अफ़सोस करते थे कि उन्होंने अपनी ज़िन्दगी को क्या-से-क्या कर डाला। कभी-कभी घर के ख़र्च के लिए भी अम्माँ से इस तरह पैसे माँगते थे कि उन्हें बुरा नहीं लगता था। नाना की बाहर की औरत और उसके बच्चों को भी ये पता लग गया था कि अम्माँ नाना को पैसे देती हैं। क्योंकि जब अम्माँ वहाँ हुआ करती थीं तो नाना के पास पैसे रहते थे।

एक दिन नाना के दिल में पता नहीं क्या आयी; कितना परेशान हो गये या चिढ़ गये या और जाने क्या सोचा कि गले में गेंदे के फूलों की माला पहनकर शहर के बड़े बाग़ में जाकर बैठ गये। सत्तर के क़रीब उनकी उम्र थी। बाल बिलकुल सफ़ेद थे। दो-तीन हफ़्ते की बढ़ी सफ़ेद दाढ़ी थी। आँखें बड़ी-बड़ी और लाल थी। चेहरा सुर्ख़ था। उन्हें घास पर आसन मारे और गले में गेंदे के फूलों की माला पहने जो लोगों ने देखा तो समझे कि कोई पहुँचा हुआ पीर-फ़क़ीर है। एक-दो लोग उनके पास आकर बैठ गये। नाना ख़ामोश थे। एक अधेड़ औरत आयी और हाथ जोड़कर बोली, 'पीरजी, हमारा ललुआ बीमार है। दुआ करो ठीक हो जाये।'

नाना ने कहा, 'जाओ ठीक हो जायेगा।'

उसके बाद एक-दो लोगों ने नाना से और कुछ पूछा। उन्होंने जो समझ में आया जवाब दे दिया। एक-दो श्रद्धालुओं ने रुपये का नोट उनके आगे रख दिया। नाना रात तक बैठे रहे और चलते वक़्त सात-आठ रुपये हो गये थे।

अगले दिन उन्होंने फिर यही किया। हर दिन कुछ ज़्यादा लोग आते थे। किसी की मुराद पूरी हो जाती थी तो वह मिठाई लेकर आता था। कोई फूल लाता था। कोई अगरबत्तियाँ देता था।

धीरे-धीरे ये बात ख़ालू को भी पता चली। उन्हें बहुत गुस्सा आया। एक दिन शाम को गये और नाना को वहाँ से उठा लाये और मना किया कि अब वहाँ न जाइयेगा। अगर पता चल गया कि आप कौन हैं तो हम सबकी बेइज़्ज़ती होगी। थोड़ी-बहुत आमदनी जो नाना को होती थी वह भी बंद हो गयी।

जून के महीने की एक दोपहर थी। बाहर लू चल रही थी। बड़े आग़ा पता नहीं कहाँ से आये और अपने एक भतीजे अफ़सर आग़ा के हिस्से में आकर लेट गये। अफ़सर आग़ा और उनका परिवार खिड़कियाँ-दरवाज़े बंद किये, कूलर और पंखा पूरी रफ़्तार पर ऑन किये लेटा था।

बड़े आग़ा ने भतीजे से कहा, 'भई बाहर बहुत सख़्त गर्मी है... मैं कहो तो दोपहर-भर यहाँ लेट जाऊँ... ?'

वैसे बड़े आग़ा इमामबाड़े में ही दरी पर लेटते थे। लेकिन इमामबाड़े में न तो पंखे थे और न दरवाज़े जिन्हें बंद किया जा सके। लू और धूप इमामबाड़े में खूब आती थी।

'हाँ-हाँ चचाजान, बड़े शौक से,' अफ़सर आग़ा ने कहा।

बड़े आग़ा तख़्त के एक ऐसे किनारे पर जहाँ कोई न लेटा था और ठंडी हवा सबसे कम आ रही थी, लेट गये।

शाम को सब उठे। अफ़सर आगा के यहाँ फ़ालूदा आया। बड़े आग़ा को भी एक गिलास दिया गया।

फ़ालूदा पीने के बाद बड़े आग़ा का सिर चकराने लगा। उन्हें एक उल्टी आयी और वो लेट गये। सब ये समझे कि ये गर्मी की वजह से है और ठीक हो जायेंगे।

लेकिन बड़े आग़ा की तबीयत बिगड़ती चली गयी। उनकी उम्र अपने भाइयों में सबसे ज़्यादा, क़रीब सत्तर की थी।

डाक्टर बुलाया गया। उसने भी दवाएँ दीं। लेकिन तीन-चार दिन हो गये, बड़े आग़ा की तबीयत बजाए सँभलने के गिरती ही जाती थी। लगता था एक पैर में फ़ालिज का भी कुछ असर हो गया है।

बड़े आग़ा के कोई औलाद न थी। उनकी बीवी बहुत पहले ही अलग हो गयी

थीं और अपने भाइयों के साथ रहती थीं। बड़े आग़ा के पास एक पैसा न था। फिर पैसा कोई लगा भी देता तो उनकी तीमारदारी कौन करता ?

एक हफ़्ता तो किसी तरह गुज़रा। फिर महल में सब लोंगों की यही सलाह बनी कि बड़े आग़ा को सरकारी अस्पताल में भरती करा दिया जाये। महल के फाटकवाली गिरी कोठरी में रज्जू रिक्शेवाले का परिवार रहता था जिसकी औरत अंदर किसी के यहाँ खाना पकाती थी। रज्जू को बुलाया गया। उसे पैसे दिये गये और कहा गया कि बड़े आग़ा को सरकारी अस्पताल में भरती करा आओ।

बड़े आग़ा ने बहुत कहा कि उन्हें इमामबाड़े में ही पड़ा रहने दिया जाये। दो-चार दिन में ख़त्म हो जायेंगे। लेकिन सबकी राय यही थी कि नहीं, उन्हें अस्पताल में भरती करा देना ज़्यादा अच्छा है। वहाँ इलाज-विलाज भी हो जायेगा और देखभाल भी होगी। यहाँ क्या हो सकता है।

ग़रज़ ये कि बड़े आग़ा को रज्जू ने अपने रिक्शे पर लादा और सरकारी अस्पताल में भरती करा आया। रज्जू से यह भी कह दिया गया था कि यहाँ का पता न लिखवाये।

बड़े आग़ा अधबेहोशी की हालत में अस्पताल पहुँच गये। उनके पास एक गिलास या तौलिया तक न था। उनके कपड़े चीकट हो रहे थे। उनकी हालत इतनी बुरी थी कि किसी को यह पता ही न लगना चाहिए था कि वो मोतमुद्दौला के नगड़पोते हैं।

बड़े आग़ा को बड़े सरकारी अस्पताल के एक बरामदे में जगह मिली। डाक्टरों और मरीज़ों को यह पता था कि वे लावारिस आदमी हैं। स्टेशन पर बेहोश पड़े थे तो एक रिक्शेवाले को रहम आया और वह उन्हें यहाँ ले आया। बड़े आग़ा भी कुछ न बोलते थे। शायद वे सबकुछ समझते थे कि बस, दो-चार दिन की बात है और जुबान खोलने से कोई फ़ायदा तो है नहीं।

रज्जू रिक्शेवाला जब उस तरफ़ की सवारी ले जाता था तो बड़े आग़ा से मिल लेता था। बड़े आग़ा ने दो-चार बार उससे कहलवाया भी कि वे अपने भाइयों और भतीजों को आख़री बार देखना चाहते हैं लेकिन कोई न गया। आसपास जिन मरीज़ों के बिस्तर थे उनके परिवारवाले बड़े आग़ा को कभी-कभी खाने-पीने की कोई चीज़ दे देते थे। बड़े आग़ा खा लेते थे पर किसी से ज़्यादा बोलते-चालते न थे।

महलवालों को रज्जू रिक्शेवाले के ज़रिये बड़े आग़ा के हाल पता लगते रहते थे। एक दिन रज्जू ने बताया कि बड़े आग़ा कुछ ठीक हो गये हैं और डाक्टर कहता है कि अब अपने घर चले जायें। वहीं दवाई-अवाई खाते रहें। अस्पताल में इतनी जगह नहीं है।

यह बात सुनकर सब घबरा गये। किसी ने यह कहा तो नहीं कि वे तो यही

उम्मीद करते थे कि बड़े आग़ा अस्पताल से सीधे क़ब्रिस्तान जायेंगे, लेकिन ये क्या हो गया। दिलावर आग़ा ने कहा, 'डाक्टर साले बदमाश हैं। उन्हें एक सौ का नोट टिकाया जाये तो बड़े आग़ा को महीने-भर रख सकते हैं।'

'और महीने-भर में वो पूरी तरह अच्छे होकर यहाँ आयें तो अच्छा है।'

सबने चंदा करके सौ रुपये जमा किये और रज्जू को समझाकर भेजा कि इंचार्ज डाक्टर को देना और कहना कि इन्हें पन्दरह-बीस दिन और रख ले।

लेकिन इसकी नौबत नहीं आयी। यानी आठवें दिन ही बड़े आग़ा चल बसे। उनकी लाश लाशघर में रख दी गयी।

फिर सबने चंदा किया और रज्जू बड़े आग़ा की लाश को यतीमख़ाने ले गया। वहाँ उन्हें गुस्ल वग़ैरा देकर क़ब्रिस्तान में दफ़न कर दिया।

बड़े आग़ा अपने पीछे कुछ न छोड़ गये थे। न तो औलादें, न ज़मीन-जायदाद और न कोई क़ीमती सामान। उनका टीन का एक बक्सा इमामबाड़े में रखा रहता था जिसमें कुछ तस्वीरें मिलीं। एक उनकी शादी की तस्वीर थी। दो-तीन उनकी जवानी के दिनों की तस्वीरें थीं। कुछ ख़त थे जिन्हें किसी ने नहीं पढ़ा। कुछ कपड़े थे जो बहुत बुरी हालत में थे। ये पूरा बक्सा रज्जू को दे दिया गया। मिटे नामियों के निशाँ कैसे-कैसे।

बड़े आग़ा के मरने के कोई दो बरस बाद शहंशाह आग़ा को बंबई पुलिस का एक ख़त मिला जिसमें लिखा था कि 'बंबई पुलिस ने शहर में भिखारियों की धर-पकड़ के दौरान एक भिखारी को पकड़ा है जो बुरी तरह बीमार और कमज़ोर है और अपना नाम जानी आग़ा बताता है, उसने आपका नाम और पता दिया है और कहा है कि आप उसके पिता हैं। आप उसे आकर ले जाइये।'

जानी मियाँ के लापता हो जाने के क़रीब दस साल बाद आये इस ख़त ने सबको हैरत में डाल दिया। इसका मतलब कि जानी ज़िंदा है। शहंशाह आग़ा ने न तो इस ख़त का जवाब दिया और न ही बंबई गये। उसके बाद जानी आग़ा का कोई पता न चला कि क्या हुआ।

अब्बा मियाँ का न रहना सिर्फ़ एक मौत न थी। उनके साथ अब्बू साब भी आधे मर चुके थे—बयालीस साल का साथ जो छूट गया था। अब्बू साब के पास अब कोई काम भी न था। अब्बा को किसी मुंशी की ज़रूरत न थी। लेकिन अब्बू साब को नौकरी से निकाला भी नहीं जा सकता था, क्योंकि उनकी नौकरी नौकरी-जैसी न थी। वह तो एक अलिखित समझौता था कि वे जीवन-भर इसी कुएँ का पानी पियेंगे। अब्बा ने उनकी तनख़्वाह जारी रखी थी। लेकिन अब उनके हाथ में बाज़ार

की आमदनी के पैसे न आते थे। अब वो नौकरों को तनख़्वाह न देते थे। अब सौदा-सुलफ़ लाने का काम भी उनके ज़िम्मे न था। अब सिर्फ़ हर हफ़्ते पैसे मिल जाते थे।

अब्बू साब अपना कमानीदार गोल चश्मा लगाकर मीर अनीस के मर्सिये पढ़ा करते थे और रोया करते थे। न तो कोई आने-जानेवाला रह गया था और न कोई बातचीत करनेवाला था। अब्बा मियाँ के बाद उनके पुराने नौकरों में अब्बा ने अँगनू और बक़रीदी को ही रखा था। वह भी उन्हें बहुत लगता था। लेकिन अँगनू को भी नहीं निकला जा सकता था क्योंकि उसके साथ भी वही अलिखित समझौता था जो अब्बू साब के साथ था। अँगनू की उम्र भी ख़ासी हो गयी थी। आँत उतरने का मर्ज़ लग चुका था। चलने की रफ़्तार कुछ और कम हो गयी थी। पैंतीस-चालीस साल के अभ्यास के तहत रोज़ सुबह अँगनू ठीक समय पर बँगलिया आ जाते थे और अपनी जगह पर बैठ जाते थे। सुनसान और सूनी बँगलिया में बैठे-बैठे जाने क्या-क्या सोचते रहते थे। अगर उनसे किसी काम के लिए कहा जाता था तो कर आते थे। कभी-कभी ठंडी आह भरकर कहते थे कि हमारा बाप तो अब मरा है।

हालाँकि अँगनू को अब्बा वही तनख़्वाह देते थे जो उन्हें अब्बा मियाँ दिया करते थे लेकिन अँगनू की तनख़्वाह तो नाम के बराबर थी। अब्बा मियाँ उनके साथ जो करते थे वो ज़ाहिर है अब्बा न करते थे। अब्बा मियाँ ने खुद तक़लीफ उठाकर दूसरों के लिए, ख़ास तौर पर अपने नौकरों के लिए हद से ज़्यादा करने की जो कला सीखी थी वह अब्बा के हिसाब से बेवकूफ़ी थी। वैसे अँगनू के साले काम- धंधे से लग गये थे और उन्हें कोई ख़ास तकलीफ़ न थी। अँगनू समझदार आदमी थे, अब्बा से फुसफुसाकर अपनी ज़रूरतों की चर्चा नहीं करते थे।

बक़रीदी के ज़िम्मे वही काम थे—यानी कुएँ से पानी भरना और बाहर के दीगर काम करना। अब्बा को चूँकि फूल-पत्तियों का वैसा शौक़ न था जैसा अब्बा मियाँ को था, इसलिए बक़रीदी का काम कुछ हलका हो गया था। लेकिन उसे खुद बाग़बानी के काम में दिलचस्पी थी इसलिए काम का इस तरह हलका हो जाना उसे पसंद न था।

अब्बा मियाँ के मरने के बाद जैसा अब्बा को डर था वैसा कुछ न हुआ—यानी उन पर कोई कर्ज़ न था। मतलब दो-चार सौ जो चलता रहता था उसके अलावा हज़ारों या लाखों का उधार नहीं था और न ही उन्होंने बैंक में रुपया छोड़ा था। मतलब न लेना एक न देना दो। हिसाब साफ़ था। बिलकुल ख़ाली हाथ। अब्बा मियाँ के कपड़े परम्परा के अनुसार ग़रीब लोगों को बाँट दिये गये। कपड़े भी उनके पास कोई ऐसे ख़ास न थे। एक टीन का काला बक्सा था, जिसमें कुछ शेरवानियाँ, कुर्ते, पाजामे थे। हाँ, उनकी कोठरी से पुराने काग़ज़ों के कई बक्से निकले थे। उनकी आदत थी कि कोई काग़ज़, चाहे वह कितना ही ग़ैरज़रूरी क्यों न हो, फेंकते

न थे। इसलिए कई बक्सों में ज़मींदारी के काग़ज़ात, बैनामे, मुक़द्दमों की फ़ाइलें, बहीखाते, घर के हिसाब के काग़ज़ात, बाज़ार की आमदनी और ख़र्च के हज़ारों नक़्शे, और तरह-तरह के काग़ज़ात के अलावा कई हज़ार ख़त थे। वो हर ख़त का जवाब दिया करते थे। जवाब देने के बाद ख़त पर लिखते थे कि इस ख़त का जवाब कब और किस तरह भेजा गया। उनके ख़तों में कुछ दिलचस्प ख़त भी थे। जैसे– उन्नीस सौ अट्ठाईस में उन्होंने गवर्नमेंट हाईस्कूल के हेडमास्टर के नाम अब्बा के फ़ेल हो जाने के बाद भी अगली क्लास में प्रोमोट कर देने के लिए ख़त लिखा था। यह ख़त अंग्रेज़ी में था और इसमें प्रोमोट कर दिये जाने की सबसे बड़ी वजह ये लिखी थी कि वे ऊँचे शरीफ़ और ज़मींदार ख़ानदान के लड़के हैं। इसलिए उन्हें प्रोमोट कर दिया जाना चाहिए। इस ख़त का जवाब भी था जिसमें हेडमास्टर ने लिखा था कि अब्बा को प्रोमोट कर दिया गया है। इसके अलावा एक ख़त अब्बा की शादी तय होने के संबंध में भी था। कुछ ख़त अंग्रेज़ कलक्टरों के थे। उन्होंने जो इलेक्शन लड़े थे उसकी वोटर लिस्टें ही नहीं बल्कि पूरे-के-पूरे चार्ट भी उनके काग़ज़ात में थे। हर वोटर का अलग चार्ट था और 'कैफ़ियत' का ख़ाना बहुत विस्तार से लिखा गया था। वोटरों की अलग-अलग कैफ़ियतें थीं। कुछ के बारे में लिखा था, पैसे से ख़रीदा जा सकता है। कुछ के बारे में था कि अगर उसका 'पीर' कह देगा तो वोट दे देगा। किसी के बारे में था कि ससुर के कहने में है। किसी के सिलसिले में था कि वोट हरगिज़ न देगा। उसके साथ कोई और कार्रवाई करनी पड़ेगी।

इन काग़ज़ात में अब्बा को अचानक अब्बा मियाँ का एक पुराना 'वसीयतनामा' भी मिला था। ये शायद उन्होंने इराक़ जाने से पहले लिखवाया होगा। अब्बा मियाँ के हर काम की तरह 'वसीयतनामा' पक्का था। उस पर पूरी क़ानूनी कार्रवाई की गयी थी। 'वसीयतनामे' में अब्बा को जो बात सबसे ज़्यादा पसंद आयी वह यह थी कि अब्बा मियाँ ने साफ़-साफ़ लिखा था कि 'अब्बा ही उनके अकेले लड़के हैं और उनके अलावा अगर कोई भी ये दावा करे कि वह उनका लड़का है तो उसे ग़लत माना जाये।'

अब्बा जानते थे कि अब्बा मियाँ के कई औरतों से ताल्लुक़ात थे। ज़ाहिर है कि उनमें से किसी के कभी कोई-न-कोई औलाद ज़रूर हुई होगी। अब्बा मियाँ को यह डर रहा होगा कि पता नहीं कौन रखैल यह दावा कर दे कि उसका लड़का अब्बा मियाँ से है, और जायदाद में हिस्सा माँगे। इसलिए उन्होंने 'वसीयतनामे' में साफ़-साफ़ लिखा था कि ऐसे दावे को झूठा माना जाये। 'वसीयतनामे' की ये पंक्तियाँ पढ़कर अब्बा खुश हुए थे और अपने बाप की दिमाग़दारी की तारीफ़ की थी। लेकिन पूरा 'वसीयतनामा' पढ़कर उनहोंने सिर पीट लिया था। बहुत झुँझलाये थे, गुस्सा भी आया था, और कहा था कि इस 'वसीयतनामे' पर अमल करना उनके

लिए नामुमकिन है क्योंकि अब्बा मियाँ ने अपने 'वसीयतनामे' में बहुत विस्तार से लिखा था कि उनकी आमदनी के एक-बटे-चार हिस्से को मज़हबी कामों और ग़रीब-यतीम लड़कों की मदद करने के लिए सर्फ़ किया जाये। अपनी प्रवृत्ति के अनुसार उन्होंने इस एक-बटे-चार आमदनी को भी अलग-अलग कामों के लिए बाँटा था। जैसे उस एक-बटे-चार में से एक-बटे-बीस मोहर्रम पर ख़र्च किया जाना चाहिए; एक-बटे-चालीस ग़रीब शिया लड़कों की पढ़ाई पर; एक-बटे-पन्दरह यतीमख़ाने को जाना चाहिए; एक-बटे-दस अंजुमन वज़ीफ़ा सादात को दिया जाना चाहिए। इसीलिए उन्होंने एक-बटे-चार के दसियों हिस्से किये थे। अब्बा का कहना था कि इस वसीयत पर अमल करने के लिये उन्हें कई मुंशी रखने पड़ेंगे क्योंकि इतना जटिल हिसाब वो खुद नहीं कर सकते।

अब्बा मियाँ के मर जाने के बाद बँगलिया ख़ाली पड़ी रहती थी। उसमें कोई न रहता था। अब्बा ने धीरे-धीरे अंदर का मकान पूरा पक्का बनवा लिया था। खपरैल पड़ी कच्ची बँगलिया में कौन रहता ? बँगलिया के आसपास जो फूलों और पौधों के तख़्ते थे वे सूख गये थे। सामने नीम का जो पेड़ था वह अब्बा मियाँ की ज़िन्दगी में ही गिर गया था। उन्होंने वहाँ नीम का एक दूसरा पौधा लगवाया भी था लेकिन वो न चला था। बँगलिया के सामने का कच्चा आँगन सफ़ाचट था। वहाँ धूल उड़ा करती थी। अब्बा मियाँ इस आँगन की गोबर से लिपाई कराते रहते थे। लेकिन अब जब कोई बँगलिया में रहता ही न था तो लिपाई क्यों करायी जाती।

बँगलिया के अंदर अब्बा मियाँ का पलँग, तख़्त, कुर्सियाँ नमाज़ की चौकी, घिड़ौंची सब वैसे-का-वैसा ही रखा रहता था। लेकिन किसी के न रहने की वजह से पूरी बँगलिया धूल में अटी रहती थी। क्योंकि उसमें दरवाज़े न थे, इसलिए धूल खूब आराम से अंदर तक उड़कर जाती थी। धूल के अलावा एक अजीब तरह का सन्नाटा और उदासी थी जो बंगलियाँ में घर किये हुए थी। अँगनू का जितना बस चलता था वह धूल झाड़ता था लेकिन सन्नाटे और उदासी को झाड़ना उसके वश में न था।

दरअसल पूरे घर में अब रहनेवाले ही न थे। हम लोग पढ़ने के बाद नौकरियों में चले गये थे। फुफियाँ अपने-अपने घरों में थीं। अंदर के घर में सिर्फ़ अम्माँ और अब्बा रह गये थे। घर का पिछला हिस्सा तो बिलकुल ख़ाली रहता था। बाहर रहनेवालों में यासीन मियाँ कबके मर चुके थे। सिर्फ़ अब्बू साब बचे थे। फाटक के पासवाली कोठरियों में मुश्ताक़ और उनका परिवार रहता था। मुश्ताक़ अंधे हो गये थे। उनका दलाली का धंधा बंद हो गया था, उनके ज़माने की रंडियाँ, जिनसे उनके पारिवारिक क़िस्म के संबंध थे, मर-खप चुकी थीं। मुश्ताक़ बुढ़ापे में चटोरे हो गये थे। उनके लड़के ने साइकिल का काम सीख लिया था और एक दुकान

पर काम करता था।

मुश्ताक़ को बुढ़ापे में शायद कुछ ज़्यादा ही गोश्त खाने की ललक हो गयी थी। अपने लड़के से कहते थे, 'लाला, आज गोश्त ले आओ। बहुत दिन से नहीं खाया।'

लड़का जब मना करता या टालता तो थोड़ी आजिज़ी से फुसलाकर कहते, 'अरे हमारा क्या है, चल-चलाव है। खिला देव बेटा गोश्त··· अब हमें यहाँ कोई हमेशा तो बैठे नहीं रहना।'

इस पर भी उनका लड़का जब टस-से-मस न होता तो कुछ गुस्से में कहते थे, 'लाला, आज हमारा गोश्त खाने का मन है। गोश्त ले आना।'

'मालूम है क्या भाव हो गया है गोश्त ?'

'अरे तो कौन किलो-दो किलो के लिए कह रहे हैं। डेढ़ पाव लेते आओ।'

'अब घर में बैठके तुम अल्ला अल्ला करो··· गोश्त खाने का टैम नहीं रहा।' लड़के के इस जवाब पर वो चिढ़ जाते थे।

'अरे कम्बख़्तो, तुम्हें ज़िन्दगी-भर सोने का निवाला खिलाया है। अब भी आँखें होतीं तो इस बुढ़ापे में तुम्हारे सामने हाथ न फैलाता··· तुम मुझे तरसाते हो।'

'तुम्हारी तरह हमारे पास दलाली का पैसा तो है नहीं कि गोश्त ले आवें।'

इस पर मुश्ताक़ को गुस्सा आ जाता था। कहते थे, 'अल्लाह तुम-जैसा बेटा किसी को न दे।'

लड़का तुर्की-ब-तुर्की जवाब देता था, 'अल्लाह तुम-जैसा बाप किसी को न दे।'

अब मुश्ताक़ चीख़ने लगते थे और अन्दाज़े से अपनी लाठी उठाकर लड़के की तरफ़ फेंकते थे। इस पर बहू कहती थी, 'अब जो लाठी-वाठी चलाई तो ये जो दाल-रोटी मिल जाती है वो भी बंद हो जायेगी।'

कुछ सोचकर मुश्ताक़ चुप हो जाते थे और टटोलते हुए अब्बू साब के घर तक आ जाते थे। उनके साथ बैठकर बातों-ही-बातों में अपनी जवानी के दिनों का कोई क़िस्सा छेड़ देते थे।—'अरे वो ज़माना ही दूसरा था अब्बू मियाँ··· जाजमऊ चौकी पर मैं तैनात था। अंग्रेज़ों का ज़माना··· सरकारी लोगों से लोग ऐसा काँपते थे जैसे शेर के आगे भेड़ काँपती है··· और वो भी पुलिस का आदमी··· क़स्बे का चिकवा सुबह-सुबह रास करने के बाद सबसे उम्दा गोश्त यानी दस्त और चाप लेकर चौकी आ जाता था। क्या शानदार गोश्त होता था अब्बू मियाँ। अब मैं क्या बताऊँ, गुलाबी बोटी और मुलायम इतना कि एक भाप पर ही गल जाये। चिकवा जानवर भी देख-सुनकर काटता था। अब साहब मैं नहा-धोकर चूल्हे में आग सुलगाता था। लकड़ी की वहाँ क्या कमी। किसी भी आरा-मशीनवाले को दपकाया तो गाड़ी-भर चैले भिजवा देता था। जितना गोश्त होता था उसका आधा असली घी डालता था। अरे अब के असली घी में वो खुशबू नहीं रह गयी है। जाने क्या

बात है।'

'लोगों की नीयतें ख़राब हो गयी हैं मुश्ताक़,' अब्बू साब ठंडी साँस लेकर कहते।

'जब घी खूब कड़कड़ा जाता था तो पतली-पतली कटी प्याज़ और लहसुन... वाह साहब वाह, क्या खुशबू उड़ती थी और उसके बाद हाथ का पीसा एकदम प्योर मसाला... अब क्या बतायें अब्बू मियाँ।' मुश्ताक़ चटखारा लेने लगते थे।

'मसाला जब घी छोड़ने लगता था और कुछ रंग बदल जाता था तो उसमें साफ़ धुला हुआ गोश्त दो-दो, चार-चार बोटी करके डालता था... इतना खाया है अब्बू मियाँ, इतना खाया है कि नीयत सेर हो चुकी है। अब ये लौंडे साले क्या खिलायेंगे। मैं तो इनसे कहता भी नहीं... न तो वैसा गोश्त मिलता है, न वैसा घी रह गया है, न वैसे मसाले हैं... '

गर्मियों की एक तेज़ धूप और बवंडर उठाती दोपहर थी। अब्बा और अम्माँ अंदर लेटे थे। बक़रीदी अंदर आ गया और अब्बा को जगा दिया। अब्बा उठे तो उसने कहा, 'बहू साहब के अब्बा आये हैं।'

अम्माँ भी उठ गयीं। नाना शायद ज़िन्दगी में यहाँ दूसरी बार आये थे। अब्बा फ़ौरन बाहर गये तो देखे बँगलिया में नाना बैठे हैं। उनकी गंदी और फटी शेरवानी पसीने में तर है और बुरी तरह हाँफ रहे हैं। अब्बा उन्हें लेकर फ़ौरन अंदर आ गये। नाना ने शेरवानी उतारी और पंखे के नीचे बैठ गये। अम्माँ ने उन्हें ठंडा पानी पिलाया। नाना का चेहरा लकड़ी का-सा लग रहा था।

'अब्बा, आप दोपहर को क्यों आये ? सुबह के वक़्त आते ठंडे-ठंडे।'

'हाँ, कुछ ज़रूरी काम था। इसलिए आ गया,' वे बोले और इधर-उधर देखने लगे।

अम्माँ उठकर चली गयीं और वापस लौटीं तो कटे हुए ख़रबूज़ों की प्लेट उनके हाथ में थी। नाना खरबूज़े खाने लगे। लगता था उन्हें भूख लगी है।

'सब ख़ैरियत है न अब्बा ?'

'हाँ, सब ख़ैरियत है।'

फिर सब लोग कुछ देर के लिए चुप हो गये। अगर ख़ैरियत है तो वो गर्मी की इस दोपहर में यहाँ क्यों आ गये, ये कौन पूछता। कुछ देर बाद नाना खुद समझ गये और बोले, 'बात ऐसी है कि कल मेरा ऑपरेशन होनेवाला है।'

'कैसा ऑपरेशन अब्बा ?'

'हो गयी है एक तकलीफ़ पेट में।'

'क्या तकलीफ़ है ?' अब्बा ने पूछा।

'अब क्या बताऊँ··· तकलीफ़ ये है··· आँतों में ज़ख़्म हो गया है।'

'किस अस्पताल में होगा अब्बा ?'

'देखो, मैं आया इसलिए हूँ··· ' वो रुके लेकिन फिर बोले, 'अगर तुम्हारे पास एक हज़ार रुपये हों तो दे दो··· मैं ठीक होते ही तुम्हें वापस कर दूँगा।' नाना ने नज़रें नीचे झुका लीं।

ये सब जानते थे कि नाना कहने के लिए कह रहे हैं। रुपया वापस कभी न कर सकेंगे।

'रुपया अभी चाहिए अब्बा ?'

'हाँ, इसीलिए तो दोपहर में आया हूँ।'

'कल तक तो रुकेंगे न··· बैंक से निकलवा दूँगी,' अम्माँ ने कहा।

'कल तो मेरा ऑपरेशन है··· मुझे तो किसी भी क़ीमत पर आज शाम ही वापस जाना है।'

अम्माँ ने रुपये देखे। उनके पास सात सौ रुपये निकले। अब्बा ने एक किरायेदार के नाम पर्चा लिखकर बक़रीदी को भेजा। वह तीन सौ रुपये ले आया। अम्माँ ने पूरे एक हज़ार नाना के हाथ में दे दिये।

शाम होते-होते नाना चले गये। उन्हें बस अड्डे तक छोड़ने अब्बा गये थे।

काफ़ी दिनों के बाद पता चला कि नाना का कोई ऑपरेशन नहीं था—उन्हें पैसों की ज़रूरत थी। इसलिए ऑपरेशन का बहाना करके आये थे। काफ़ी दिनों बाद यह भी पता लग पाया कि नाना के बाहरी औरत से जो बड़े बेटे थे—सआदत हुसैन—वो उन्हें ये सब करने के लिए मजबूर करते थे। नाना इनकार न कर सकते थे। ऑपरेशन के नाम पर नाना जो पैसे ले गये थे वो एक-एक पैसा सआदत हुसैन ने छीन लिया था। नाना जैसे गये थे वैसे ही हो गये थे।

सआदत हुसैन ने यह एक धंधा बना लिया था। कभी-कभी तो वो खुद नाना के साथ जाने लगे थे। बहाना ये होता था कि नाना को कम नज़र आता है और कभी-कभी गिर पड़ते हैं। सआदत हुसैन नाना को लेकर एक बार फिर अम्माँ के पास आ गये थे। अम्माँ सआदत हुसैन से पर्दा करती थीं। उन्हें बाहर ही बिठाया गया था। नाना को अम्माँ ने खुद पैसे दिये थे। लेकिन बाहर आकर नाना ने पूरे पैसे सआदत के हाथ में पकड़ा दिये थे। अम्माँ को जब ये पता चला तो उन्हें दुख हुआ था। अब्बा की राय थी, 'अच्छा ही हुआ जो उन्होंने पूरे पैसे बेटे के हाथ में पकड़ा दिये। अगर ऐसा न करते तो··· '

सआदत ने कोई जगह ऐसी न छोड़ी जहाँ से नाना को पैसे मिल सकते थे। नाना को अपने साथ ले जाने से ही पैसे मिल सकते थे। नाना की उम्र इतनी हो गयी थी कि सफ़र करने में बहुत तकलीफ़ होती थी। लेकिन उन्हें बसों, ट्रेनों, रिक्शों में सआदत के साथ भागना पड़ता था। सआदत ने एक बार तो उन्हें उनकी सुसराल

यानी नानी के मैके तक जाने पर मजबूर कर दिया था। वह जानता था कि नानी के भाई के लड़के सैफुद्दीन की माली हालत बड़ी अच्छी है। उन्होंने ज़मींदारी के बाद ट्रांसपोर्ट का अच्छा कारोबार जमा लिया है। उसने नाना से सैफुद्दीन के यहाँ चलने को कहा। नाना ने पहले तो इनकार कर दिया। चूँकि उन्होंने नानी को छोड़ दिया था, इसलिए उनके ससुरालवालों से ताल्लुक़ात ख़राब हो गये थे। वो कभी सुसराल न जाते थे। आम तौर अपनी ससुराल का मज़ाक़ ही उड़ाया करते थे। लेकिन सआदत के सामने उनकी एक न चलती थी। अगर मना करते तो वो सैकड़ों बातें ही न सुनाता बल्कि ऐसी हरकतें तक करता था जो बड़ी नाज़ेबा थीं। बहरहाल, वो तैयार हो गये।

ससुराल पहुँचे और नानी के भतीजे से पैसे माँगे। सैफुद्दीन कारोबार करने की वजह से पक्के घाघ हो गये थे। समझ गये कि ऑपरेशन वग़ैरा का कोई चक्कर नहीं है। लड़के के पास काम नहीं है। बूढ़ा बाप कमा नहीं सकता। सबकुछ बेच-बाच डाला है और ख़र्च नहीं चलता इसलिए ये सब करना पड़ता है। सैफुद्दीन ने पैसे तो दे ही दिये, ये भी कहा कि सआदत अगर चाहें तो उनकी कम्पनी में काम कर सकते हैं। यह सुनकर नाना भावुक हो गये। रोने लगे। इसी सुसराल की वो ज़िन्दगी-भर आलोचना करते रहे थे। सैफुद्दीन से सआदत ने वायदा किया कि वह नाना को घर छोड़कर नौकरी के लिए आ जायेगा।

सआदत ने अपना वायदा निभाया। सैफुद्दीन उसकी तनख़्वाह का एक हिस्सा मनीआर्डर के ज़रिये नाना को भेज देते थे। हालाँकि ये कोई बड़ी रक़म न थी लेकिन कम-से-कम घर के ज़रूरी ख़र्च को चलाने की समस्या न रह गयी थी। और नाना आराम से घर बैठे रह सकते थे।

अब्बा सीलिंगवाले मुक़द्दमे में बुरी तरह उलझ गये थे। पटवारी किसी तरह दाख़िल ख़ारिज करने पर तैयार न होता था। मैकू के जरिये उसे रुपये भी भेजे गये। उसने इनकार कर दिया और कहा कि इतना बड़ा काम रुपयों से नहीं हो सकता। मैं बाहर लाख की जायदाद बचाऊँगा, मुझे कुछ और इनाम मिलना चाहिए। मैकू ने उससे जब बहुत कुरेदकर पूछा तो बोला कि अगर मियाँ मेरे नाम एक बीघा खेत कर दें तो मैं दाख़िल ख़ारिज का काम कर दूँगा। मैकू ने यह अब्बा से बताया। अब्बा के पास रास्ता ही क्या था। उन्होंने मैकू से कहा, 'ठीक है। एक बीघा खेत का बैनामा कर दूँगा।' खेत कौन-सा दिया जाये यह भी तय हो गया। इसके बाद मैकू सीन से निकल गया।

अब्बा हिसाब-किताब और लिखा-पढ़ी के काम से उलझते थे। ज़मीन और जायदाद के बारे में भी जो काग़ज़ात होते थे उन्हें भी उचटती नज़र से ही देखते

थे। चूँकि फ़ार्म पर कम ही जाते थे इसलिए उन्हें यह भी पता नहीं था कि उनकी ज़मीन के खसरा-खितौनी नम्बर क्या हैं। कौन-सा रक़बा उनका है या कौन-सा नहीं है। मैकू ये सब जानता था। उसे ये मालूम था कि कौन-से नम्बर मौक़े पर कहाँ हैं। अनपढ़ मैकू की इस समझदारी की अब्बा कभी-कभी तारीफ़ भी करते थे और कहते थे कि अगर ये कहीं पढ़ा-लिखा होता तो अच्छे-अच्छे वकीलों के कान काट लेता। अब्बा अपनी ज़मीन के नम्बरों या मौक़े के नक़्शों की कोई कापी भी न रखते थे। कापी यदि कहीं रही भी होगी तो उसे निकालकर देखते न थे। इसकी एक वजह ये भी हो सकती है कि उन्हें हिन्दी न आती थी और ज़मीन संबंधी सब काग़ज़ात हिन्दी में थे।

इस पूरी पृष्ठभूमि की ज़रूरत इसलिए पड़ रही है कि पटवारी को अब्बा ने जब एक बीघा ज़मीन देने का वायदा किया तो उन्हें मालूम न था कि खेत का नम्बर क्या है और हक़ीक़त में उसका रक़बा कितना है। पटवारी बड़ी मासूमियत से एक दिन उनके पास आया और बोला, 'भइया, आपको तहसील आने में दिक़्क़त होगी। रजिस्ट्री यहीं करा लेते हैं।'

अब्बा तैयार हो गये। उसके बाद पटवारी फिर आया और बोला कि सब-रजिस्ट्रार उसका दोस्त है और अब्बा चाहें तो दस्तख़त और अँगूठा-निशान घर पर ही लगा सकते हैं। उन्हें सब-रजिस्ट्रार के यहाँ जाने की भी ज़रूरत नहीं है। अब्बा घर के बाहर निकलने और तहसील-कचहरी जाने से बचते थे। उन्हें ये मालूम था कि घंटों किसी पेड़ के नीचे इंतिज़ार करना पड़ेगा और तब कहीं जाकर नम्बर आयेगा। वे समझे के चूँकि पटवारी को वे ज़मीन दे रहे हैं इसलिए पटवारी उनकी सुविधा का विशेष ख़याल कर रहा है। उनके दिमाग़ में यह बात आयी तक नहीं कि पटवारी, जिसे वे मर्ज़ी से एक बीघा ज़मीन दे रहे हैं, उनके साथ जालसाज़ी कर सकता है।

पटवारी एक दिन हिन्दी में लिखे काग़ज़ात लेकर आया और बोला, 'इन्हें देख लीजिए।'

अब्बा ने देखा लेकिन समझते क्या। पटवारी ने जहाँ-जहाँ कहा वहाँ-वहाँ दस्तख़त कर दिये और अँगूठा-निशान लगा दिये। पटवारी चला गया।

पटवारी ने अपने वायदे के अनुसार दाख़िल ख़ारिज की कार्रवाई जल्दी ही पूरी करा दी। अब्बा खुश थे कि एक बीघा ज़मीन देने से काम हो गया था।

बरसात शुरू होते ही एक दिन मैकू आया। वह बड़ा घबराया हुआ लग रहा था। सलाम करके बैठ गया।

'कहो क्या बात है ?'

'बड़ा ग़ज़ब हो गया भइया।'

'क्या हुआ ?'

'खेतों की जुताई जो होने लगी तो पटवारी अपने साथ दो जोड़ी हल-बैल लेकर आ गया और चौबिगहा जुतवाने लगा।'

'चौबिगहा ?' अब्बा को हैरत हुई।

'हाँ, कहने लगा यही नम्बर भइया ने हमारे नाम लिखा है।'

'लेकिन एक बीघे की बात हुई थी।'

'भइया, पटवारी ससुरा बदमाश है। आपसे जो बैनामा उसने कराया है वह चौबिगहा का है। काग़ज़ हमें दिखा रहा था।'

अब्बा सकते में रह गये। उन्हें ये उम्मीद नहीं थी कि पटवारी ऐसी चाल चलेगा।

'आप कहें तो ससुरे को खेत जोतने से रोक दें,' मैकू बोला।

अब्बा सोचने लगे। रोकने से क्या होगा, झगड़ा-फ़साद या मुक़द्दमेबाज़ी। वैसे ही कितने मुक़द्दमे चल रहे हैं, एक और बढ़ जायेगा। लेकिन नहीं रोकते तो चार बीघा ज़मीन निकल जायेगी।

'बीस हज़ार बीघावाली ज़मीन है चौबिगहा की,' मैकू ने कहा।

मतलब ये कि पटवारी ने अस्सी हज़ार रुपये पर हाथ साफ़ कर दिया।

'भइया, आपको घर पर दस्तख़त न करना चाहिए थे,' मैकू ने आजिज़ी से कहा।

'देखो, अब जो हो गया सो हो गया। रोकने-राकने से कुछ न होगा।'

'तो फिर उसे जोतने दें ?'

'हाँ, जोतने दो।'

मैकू चला गया। अब्बा घर में आये। उन्होंने अम्माँ से नहीं बताया कि ऐसा हो गया है। ऐसी बातें वो अम्माँ से छिपाने की कोशिश करते थे। लेकिन अम्माँ की निगाहें इतनी तेज़ थीं और वो अब्बा को इतना ज़्यादा समझती थीं कि उन्हें ये अंदाज़ा लगाते देर न लगी कि काफ़ी गड़बड़ हुई है। अब्बा का चेहरा उतरा हुआ था।

'क्या हुआ, मैकू ने क्या कहा ?' उन्होंने पूछा।

'कुछ नहीं, वैसे ही बताने आया था कि जुताई शुरू हो गयी है।' अब्बा को ठीक से झूठ बोलना भी न आता था। मैकू यह बताने के लिए क्यों आता कि जुताई शुरू हो गयी है।

'नहीं, बात कुछ और है,' अम्माँ ने कहा।

'नहीं, कोई बात नहीं है,' अब्बा ने लापरवाही से कहा। लेकिन उनके चेहरे का उड़ा रंग कुछ और कह रहा था।

'बताइये ना, क्या बात है ?'

'कुछ नहीं… कोई बात नहीं है।'

'है, कुछ-न-कुछ तो ज़रूर है।'

'मैंने कह तो दिया कुछ नहीं है।'

'आपको मेरी जान की क़सम, सच-सच बताइये क्या बात है ?' अम्माँ ने कहा।

अब्बा चिढ़ गये।

अम्माँ बोलीं, 'अच्छा ठीक है, न बताइये।'

'लेकिन आपने अपनी जान की क़सम जो दे दी··· तो सुनिये,' उन्हें गुस्सा आ गया।

'पटवारी ने जिन काग़ज़ात पर मुझसे दस्तख़त कराये थे उनमें रक़बे का नम्बर तो एक ही था लेकिन वो रक़बा एक बीघा नहीं चार बीघा है।'

'यानी उसने चार बीघे ज़मीन रिश्वत में ले ली।'

'जी हाँ।'

'आपने बैनामा पढ़ा नहीं था।'

'पढ़ा था, लेकिन हर नम्बर का रक़बा तो मुझे याद नहीं है न।'

'तो पटवारी से कहलवाइये कि बैनामे में ग़लती से दूसरा नम्बर चढ़ गया है··· ' अम्माँ अब्बा को अपने हिसाब से अक़्ल सिखाती रहती थीं।

अब्बा उलझकर बोले, 'अरे जनाब, वो इतना भोला नहीं है कि उसने चालाकी से जो ले लिया है वो वापस कर दे।'

'अल्लाह समझेगा उससे,' अम्माँ ने कहा।

अब्बा चुप हो गये। अम्माँ कुछ पल बाद बोलीं, 'देखिए, आपने ज़मीन बेच दी होती तो··· '

अब्बा ने गुस्से में उनकी बात काटी, 'ज़मीन तो अब भी न बेचूँगा चाहे पूरी-की-पूरी सरकार को चली जाये। मैं एक इंच न बेचूँगा।'

अब्बा उठकर बाहर चले गये।

बीसवीं शताब्दी के सातवें दशक के बाद यह छोटा-सा शहर इस बेढंगे, लापरवाह और गंदे ढंग से बढ़ रहा था जैसे किसी रोगी के शरीर पर फोड़े बढ़ते, फूटते और बहते हैं। गुंजान बस्तियों और कच्चे-पक्के घरों, गलियों और नालियों और गंदी तल्लियों के टुकड़े शहर के आसपास उभर आये थे। ये बात दूसरी है कि इनके नाम बहुत भव्य रखे गये थे और उसमें यह ख़ास ख़याल रखा गया था कि नाम से ही उन लोगों के धर्म और जाति तक का पता लग जाये जो इसमें रहते या रह सकते हैं। इस तरह की आबादियों को नयी कालोनियाँ कहा जाता था। इनका एकमात्र फ़ायदा उन लोगों को हो रहा था जिनकी शहर के आसपास ज़मीनें थीं।

'प्लाटिंग' शब्द बहुत प्रचलित हो गया था। पता नहीं क्यों, गाँवों से लोग बुरी तरह शहर की तरफ़ भाग रहे थे। और शहर में रहनेवाले ही बुरी तरह बढ़ रहे थे इसलिए प्लाट धड़ाधड़ बिकते थे।

हमारे परिवार के पास इस तरह की काफ़ी ज़मीनें थीं जिन पर 'प्लाटिंग' हो सकती थी। लेकिन सब पर मुक़द्दमे चल या रेंग रहे थे। अब्बा और लक्खू मियाँ, दोनों ने सोचा कि अगर इन ज़मीनों की 'प्लाटिंग' कर दी जाये तो लाखों कमाया जा सकता है। इसलिए सब मुक़द्दमे वापस ले लिए गये और ज़मीनों की प्लाटिंग कर दी गयी। प्लाट धड़ाधड़ बिकने लगे। किसी को ये उम्मीद नहीं थी कि बेकार पड़ी ऊसर ऊबड़-खाबड़ ज़मीनें इतने पैसे दे सकती हैं। ये बात दूसरी थी कि पहले जो जगहें साफ़-सुथरी थीं वहाँ इस तरह की आबादियाँ बस गयी थीं जिनमें नालियाँ न थीं। सड़कें क्या रास्ते तक न थे। मकानों की नालियों का गंदा पानी गलियों में जमा हो जाता था और साल-भर भरा रहता था। बिजली न थी। पानी की लाइन न थी। हैंडपम्प से काम चलता था। कुल मिलाकर बीस साल पहले से तुलना की जाती तो पूरा शहर ज्यादा गंदा और 'स्लम'-जैसा हो गया था। पर उसकी परवाह किसे थी ! बेचनेवाले खुश थे। रहनेवाले खुश थे। सरकारी या म्युनिस्पल विभाग खुश थे। फिर किसी को क्या आपत्ति हो सकती थी।

शहर की ज़मीनें इस तरह धड़ाधड़ जो बिकना शुरू हुईं तो अब्बा की निगाह शहर से बाहर सड़क के किनारेवाले ऊसर पर पड़ी जिसका बैनामा अब्बा मियाँ ने अब्बू साब के नाम कर दिया था। यह बीस-पच्चीस बीघे का ऊसर सड़क के बिलकुल किनारे था और प्लाटिंग कराके बेचने के लिए आदर्श था। अब्बा ने अब्बू साब से ऊसर वापस लौटाने के लिए कहा। वो तैयार हो गये। बग़ैर किसी हील-हुज्जत के उन्होंने बैनामे पर दस्तख़त कर दिये। अब्बा ने उन्हें इनाम के तौर पर हज़ार रुपये दिये।

प्लाटिंग के धंधे का एक असर यह भी पड़ा कि शहर में ज़मीनों के दलालों की तादाद बहुत बढ़ गयी। हद यह थी कि अँगनू भी यह धंधा करने लगे। इसमें दो प्रतिशत कमीशन मिला करता था और ये बैठे-बिठाये की कमाई थी। बक़रीदी ने भी कुछ प्लाट बिकवाये और घर में आने-जानेवाले दीगर लोग भी ज़मीन के दलाल हो गये। ये पेशा सम्मानित माना जाने लगा और कुछ लोगों ने अच्छा पैसा भी कमाया।

वक़्त के साथ-साथ अब्बा का हम दोनों भाइयों पर दबाव बढ़ता जाता था कि हममें से कोई घर आकर रहे। प्लाटिंग के धंधे के बाद उन्हें शहर में बड़ी संभावनाएँ नज़र आने लगी थीं। हम लोगों को लगातार ख़त लिखते थे कि पचास हज़ार के

प्लाट बिके हैं; या अस्सी हज़ार में सौदा हुआ है। उन्हें लगता था कि इतनी बड़ी-बड़ी रक़में हमें ज़रूर आकर्षित करेंगी। लेकिन ऐसा न हुआ। एक दिन मेरे छोटे भाई का दिल्ली से फोन आया और उसने विस्तार से बताया कि उसने अब्बा को साफ़-साफ़ लिख दिया है कि वह घर जाकर नहीं रह सकता। अब मेरे लिए और ज़्यादा मुश्किल हो गयी। फिर बड़ा भी मैं था। अब्बा के दिमाग़ में ज़रूर ये बात थी कि घर को देखना, ज़मीनों की देखभाल करना वग़ैरा मेरा काम है। उनके ख़त मेरे पास आने लगे। उन्होंने पूरे यक़ीन के साथ ये लिखना शुरू कर दिया कि एक-दो साल में अपनी शहर की नौकरी को समेटकर मैं घर आ जाऊँ। दूसरी तरफ़ मेरा हाल ये था कि जिस अख़बार में मैं काम करता था वह लगातार फल-फूल रहा था। मेरी नौकरी बेहतर से बेहतर होती चली जा रही थी। मुझे तनख़्वाह इतनी मिलती थी जितनी मैंने भी कभी न सोची थी। सबसे बड़ी बात ये कि बच्चे और पत्नी पूरी तरह बम्बइया हो गये थे। जुहू तारावाले फ्लैट के अलावा वे कहीं और रहने की बात सोच भी न सकते थे। लेकिन एक दिन पत्नी से जब इस बारे में बात हुई तो बड़े उत्साह में मुस्कुराकर बोलीं, 'चलिए चलते हैं। गाँव में रहने में बड़ा मज़ा आयेगा।' 'गाँव' शब्द पर मुझे आपत्ति हुई। लेकिन मैं कुछ बोला नहीं।

कुछ दिनों बाद बच्चों के सामने यह बात निकल आयी तो लड़का कहने लगा वह अगर वहाँ रहेगा तो कुत्ता पालेगा। लड़की ने कहा वह बिल्ली पालेगी। पत्नी ने कहा उन्हें बकरियाँ बहुत पसंद हैं। वो एक बकरी पालेंगी। मैं सब सुनता रहा और पूरी तरह समझता रहा था कि कल्पना में कुछ करना कितना अच्छा है।

अब्बा मियाँ के मरने के बाद अब्बू साब ज़्यादा नहीं जिये। तीन साल बाद गुज़र गये। उनकी बीवी अजीमन बुआ अपने भतीजे के साथ उस पुरवे में जाकर रहने लगीं जो क़िले के पीछे था। अब्बू साब का खपरैलवाला घर ख़ाली हो गया। उसमें कोई रहनेवाला न था। अगर वह वैसे ही रहने दिया जाता तब भी गिर जाता या उसकी मरम्मत पर लगातार पैसा ख़र्च करना पड़ता। अब्बा ने अब्बू साब का मकान गिरवा दिया। खपरे रख लिये गये। दीवारें मिट्टी की थीं वो बराबर हो गयीं। इसकी वजह से घर के सामनेवाले दरवाज़े के आगे साफ़ बड़ी जगह निकल आयी। अब्बू साब के घर का नमो-निशान मिट गया।

अब्बू साब का घर गिराये जाने के बाद जब मैं घर गया तो अजीब-सा एहसास हुआ। मिस्टर जैक्सन याद आये। अब्बू साब की बॉलिंग याद आयी। उनकी तैराकी और कनकउवा लड़ाने के क़िस्से याद आये। फिर सोचा ये लोग जो मर गये हैं, बिलकुल क़िस्से-कहानियों के पात्र लगते हैं। इनके बारे में अगर किसी को बताया जायेगा तो शायद यक़ीन ही न करे। यक़ीन कर भी लेगा तो बहुत हँसेगा। कभी-

कभी सोचता हूँ ज़िन्दगी को वे लोग कितनी बेदर्दी से गुज़ारते थे। कभी ख़याल आता है कि शायद ज़िन्दगी है ही इसी लायक़ कि इसे उतनी ही बेदर्दी, लापरवाही, सनक, मज़े और सहजता से गुज़ारा जाये जैसे अब्बू साब ने गुज़ार दी। लेकिन उस तरह ज़िन्दगी गुज़ारना क्या आसान है ? क्या उस तरह ज़िन्दगी गुज़ारने को अज्ञानता, बेवकूफ़ी कहा जायेगा या बुद्धिमानी और समझदारी ? फिर ख़याल आता है ये सब और कुछ नहीं, उसी कुएँ के पानी का किया-धरा है जो अब्बू साब ने यहाँ पी लिया था।

अब्बा के ख़त बराबर आते रहते थे। एक ख़त में उन्होंने लिखा कि मैं घर जाऊँ, कुछ ज़रूरी बात है। मुझे छुट्टी मिलना मुश्किल था। ख़ैर, किसी तरह घर पहुँचा। अब्बा लेने स्टेशन आये थे। स्टेशन से घर तक के रास्ते में वो बताते रहे कि शहर में क्या-क्या तरक़्क़ियाँ हो चुकी हैं, कितने कारख़ाने खुल गये हैं और खुलनेवाले हैं।

घर के अंदर आया तो अब्बा कुछ ज़्यादा ही उत्साह में आ गये। सामान रखकर बैठा भी न था कि उन्होंने कहा, 'आओ, तुम्हें बाथरूम दिखाऊँ। नया बनवाया है।'

अम्माँ ने कहा, 'अरे देख लेगा। अभी क्या जल्दी है।'

'नहीं नहीं, आओ··· थके तो नहीं हो ?'

मैं उनके साथ गया। उन्होंने बरामदे के एक कोने में एक फैन्सी-सा लगनेवाला दरवाज़ा खोलकर और मेरी तरफ़ देखकर मुस्कुराने लगे। मैंने देखा बाथरूम बिलकुल शहर के तर्ज़ पर बनवाया गया था। सीट, बाथटब और वाशबेसिन था। चारों तरफ़ सफ़ेद टाइल लगे थे। अब्बा के चहरे पर बहुत विश्वास और आत्मीयता भरी मुस्कान थी।

अब्बा जानते थे कि घर में हम लोगों के लिए सबसे ज़्यादा नागवार चीज़ पुराने ढंग का पाख़ाना है जिसे सुबह-शाम जमादार साफ़ करता है; जहाँ हर वक़्त बदबू रहती है; जहाँ हर वक़्त गन्दगी और ग़लाज़त दिखाई पड़ती है। हम लोग जब अपने परिवारों के साथ कभी घर आते थे तो सबसे ज़्यादा शिकायत पाख़ाने की रहती थी। हम सबको नयी क़िस्म के फ़्लश सिस्टम की आदत पड़ गयी थी। बच्चे तो पुराने ढंग के पाख़ाने में जाना ही न चाहते थे और नतीजे में उन्हें क़ब्ज़ हो जाता था। हम लोगों की पत्नियाँ भी मुँह बिगाड़ती थीं। अब्बा बहुत कोशिश करते थे कि जिन दिनों हम लोग घर पर हों पाख़ाना साफ रहे। वे ज़्यादा पैसे देकर जमादार को दिन में कई बार बुलवाते थे। फिनैल से धुलवाते थे और गरम राख डलवाते थे। लेकिन पाख़ाने की समस्या वहीं-की-वहीं रहती थी।

'देखा ?' अब्बा बोले।

'हाँ, बहुत अच्छा है,' मैंने फ़र्श देखते हुए कहा। फ़र्श मुज़ैक का था लेकिन

फिर भी उतना साफ़ और चिकना न था जितना होता है। अब्बा समझ गये।

'अब देखो, यहाँ मुज़ैक घिसने की मशीन कहीं नहीं मिल सकी। मज़दूरों ने हाथ से ही घिसा है। इसी वजह से उतना साफ़ नहीं है जितना बड़े शहरों में होता है। फिर भी बन तो अच्छा गया है न ?'

'बहुत अच्छा।'

'ये सब सामान लखनऊ से मँगवाया है। सीट वैसी रंगीन तो नहीं है जैसे तुम्हारे बम्बईवाले फ्लैट में है। दरअसल लखनऊ में भी वो नहीं मिली। बहरहाल, सफ़ेद मिल गयी। ठीक है न ?'

अब्बा बार-बार मेरी सहमति ले रहे थे। उन्हें डर था कि कहीं मैं किसी स्तर पर आकर नये बाथरूम को रिजेक्ट न कर दूँ।

'पानी का भी पूरा इंतिज़ाम है। नल खोलकर देखो।'

मैंने नल खोला, पानी आने लगा। अब्बा हँसने लगे।

'देखा ?' वो मेरी तरफ़ गर्व से देखकर मुस्कुराये।

'पानी कहाँ से आता है ?'

'ऊपर टंकी बनवाई है। बक़रीदी ऊपर जाकर टंकी भर देता है।'

'टंकी तो जल्दी ख़ाली हो जाती होगी ?'

'नहीं नहीं··· बीस बाल्टियों की टंकी है··· अब इसमें गीज़र भी लगवाने का इरादा है। ज़रा जाड़े आ जायें··· तब जनाब ठंडा और गरम पानी आयेगा···'

यह सब दिखाते हुए अब्बा जितना खुश थे मैं उतना ही डर गया था। मुझे लग रहा था कि अब्बा यक़ीन माने बैठे हैं कि मैं यहाँ आकर रहूँगा।

बाथरूम की एक-एक चीज़ दिखाने के बाद अब्बा ने ये ख़बर भी दी कि अँगनू नहीं रहे। अँगनू की उम्र भी अच्छी-ख़ासी हो गयी थी। लड़के-बच्चे बड़े थे। और उनकी मौत परिवार के लिए कोई बड़ी ट्रेजडी न थी।

मुश्ताक़ ज़िन्दा थे। वे मुझसे मिलने आये और अपने नियम के अनुसार बीस रुपये झटक ले गये। कहने लगे, 'तुम लोगों पर हमारा हक़ है। तुम्हारे चूतड़ धोये हैं। अब अंधे हो गये हैं तो क्या दस-बीस भी न दोगे।'

मुश्ताक़ ने अपने लड़के और बहू की शिकायतों का दफ़्तर खोल दिया।

मैंने हँसकर कहा, 'तुमने ज़िन्दगी-भर इतने टेढ़े-टेढ़े लोगों को सीधा किया है। लड़का और बहू तुमसे नहीं सँभलते ?'

इस पर मुश्ताक़ हँसे। उनके पोपले मुँह पर हँसी किसी दूध-पीते बच्चे-जैसी हँसी लगी। कहने लगे, 'अब क्या बतावें, अगर मालूम होता कि बुढ़ापे में यही सब होगा तो अंग्रेज़ मेम के साथ लंधन निकल जाते।'

'हाँय··· ये तुम्हारा कौन-सा क़िस्सा है ? कभी नहीं सुनाया। कौन-सी अंग्रेज़ मेम ?'

'अरे भइया न पूछिये··· जब मैं रेलवे में था तो अंग्रेज़ स्टेशन-मास्टर की बीवी थी। कहती थी, 'वेल मुश्ताक़, तुम हमारे साथ लंधन चलेगा ?'

कुछ देर तक वो अपनी जवानी के क़िस्से सुनाते रहे, फिर उठकर चले गये।

रात के खाने के बाद अब्बा ने फिर वही ज़िक्र छेड़ दिये। उन्होंने कहा कि लखनऊ में वो एक फ्रिज़ देख आये हैं। उसे लेने का उनका पक्का इरादा है। टी.वी. भी ख़रीदने जा रहे हैं। हालाँकि एंटीना बहुत ऊँचा लगवाना पड़ेगा लेकिन फिर भी लगवायेंगे। टेलीफ़ोन की लाइन यहाँ तक आ गयी है। लक्खू मियाँ ने लगवा लिया है। इसलिए उसमें भी कोई दिक़्क़त नहीं है।

इन सब बातों का उद्देश्य एक ही था। हम तीनों इसे समझ रहे थे। अम्माँ के ख़यालात इस मामले में पता नहीं क्यों अब्बा से काफ़ी अलग थे। शायद इसलिए कि ज़मीन-जायदाद पर उन्हें कोई भरोसा न था। उन्होंने देखा था कि नौकरी-पेशा लोग ज़्यादा आराम से रहते हैं। लेकिन अब्बा को फ़िक्र ड्योढ़ी की थी। बाप-दादा का घर उजड़ने को था। अम्माँ उतनी भावुक न थीं। लेकिन अब्बा की वजह से वो कुछ चुप रहती थीं। पर ख़ास मौक़े पर पते की बात कह ही देती थीं।

इन्हीं बातों के दौरान अब्बा ने पूछा, 'आजकल तुम्हें क्या तनख़्वाह मिलती है ?'

'आठ हज़ार,' मैंने बताया।

'दो साल पहले तो तुमने पाँच हज़ार कही थी।'

'दो साल पहले मैं 'स्पेशल करेस्पाण्डेंट' नहीं था अब्बा।'

'अच्छा, ये बताओ बचता कितना है ?'

'बचता तो कुछ नहीं।'

'यही बात है न,' वो उछल पड़े। 'अब अगर तुम यहाँ रहो और तुम्हें चार हज़ार भी मिलें तो समझो कम-से-कम तीन हज़ार महीना बचेगा।'

'यहाँ की आमदनी का भरोसा क्या ?' अम्माँ ने धीरे से कहा।

'भरोसा ?' अब्बा बिगड़ गये, 'अरे जनाब, भरोसा क्यों नहीं है। क्या बग़ैर भरोसे के ही मैंने ज़िन्दगी गुज़ार दी ?'

'आपका ज़माना दूसरा था···'

'वो सब ठीक है··· ये बतायें कि इन्हें यहाँ तकलीफ़ क्या होगी ?'

मैं चुप रहा।

'जहाँ तक बच्चों की पढ़ाई का सवाल है अंग्रेज़ी मीडियम स्कूल खुल ही गया है। उसके बाद उन्हें लखनऊ हॉस्टल में डाला जा सकता है।'

मैं घर पर एक हफ़्ता रहा और अब्बा यही बातें करते। अम्माँ ने ज़रूर अलग

से कहा कि तुम हरगिज़ नौकरी छोड़कर यहाँ न आना। न तुम लोग यहाँ रह पाओगे और न यहाँ कोई वैसी मुस्तक़िल आमदनी है। अच्छी-ख़ासी नौकरी छोड़ दोगे तो फिर मिलेगी भी नहीं।

चलते वक़्त अब्बा ने साफ़-साफ़ लफ़्ज़ों में कुछ नहीं पूछा। शायद इतनी जल्दी 'हाँ' या 'नहीं' नहीं कराना चाहते थे।

बहुत सालों से अम्माँ के गले में एक गिठली थी जो न तो बढ़ती थी और न ख़त्म होती थी। उन्होंने सोच रखा था कि क्या है, नुक़सान तो इससे कुछ है नहीं। पड़ी है तो पड़ी रहे। लेकिन पन्दरह-बीस साल के बाद वह कुछ बढ़ने लगी। डाक्टरों को दिखाया तो उन्होंने कहा कि किसी बड़े शहर जाकर दिखाइये।

अम्माँ अपने मैके आ गयीं। ख़ालू उन्हें लेकर डाक्टर बोस के पास गये। डाक्टर ने देखा और राय दी कि गिठली फ़ौरन निकाल दी जानी चाहिए यानी ऑपरेशन कराना चाहिए। अम्माँ ऑपरेशन से बहुत डरती थीं। उन्होंने कहा कि वो किसी भी क़ीमत पर ऑपरेशन नहीं करायेंगी। उन्हें किसी ने राय ये दी कि लखनऊ में एक बड़ा अच्छा हकीम है, वो इस तरह की गिठलियों का अच्छा इलाज करता है। अम्माँ ख़ालू के साथ लखनऊ गयीं और हकीम को दिखाया। हकीम ने बहुत विश्वास से कहा कि चार महीने में वह गिठली को गला देगा।

अम्माँ हकीम से दवा लेकर घर आ गयी थीं और बराबर दवा खाती थीं। हकीम को दिखाने भी हफ़्ते में एक बार जाती थीं। गिठली बजाय गलने के धीरे-धीरे बढ़ रही थी। हकीम कहता था कि कोई बात नहीं है, ये दवा ऐसी है कि पहले गिठली को बढ़ायेगी और उसके बाद ख़त्म करेगी। हकीम की सब तारीफ़ें करते थे। कुछ लोग तो यहाँ तक कहते थे कि ऑपरेशन के बड़े-से-बड़े मरीज़ को हकीम साहब चुटकी बजाते ठीक कर देते हैं। बहरहाल, इलाज चल रहा था। बीच में अम्माँ को देसी इलाज भी अगर कोई बता देता था, तो कर लेती थीं। लेकिन गिठली गल नहीं रही थी।

इसी बीच वो एक बार ख़ालू के यहाँ गयीं तो ख़ालू ज़िद करके उन्हें फिर डाक्टर बोस के पास ले गये। डाक्टर बोस ने दूसरी बार जो गिठली देखी तो अम्माँ से तो कुछ नहीं कहा, इधर-उधर की बात करते रहे। लेकिन ख़ालू को अलग बुलाकर कहा कि ये कैंसर है। इसका फ़ौरन ऑपरेशन न कराया गया तो ये जान ले लेगा। ख़ालू घबरा गये। मुश्किल ये थी कि वो अम्माँ को बता नहीं सकते थे कि उन्हें कैंसर हो गया है। घर आकर उन्होंने ख़ाला से कहा। ख़ाला रोने लगीं। लेकिन अम्माँ को नहीं बताया गया कि उन्हें कैंसर है।

ख़ालू ने अम्माँ को फिर समझाना शुरू किया कि हकीम के इलाज से अच्छा

है कि वो एक बार ऑपरेशन कराके छुट्टी करें। लेकिन अम्माँ लगातार टालती रहीं। जब ख़ालू ने ज़ोर दिया तो उन्होंने साफ़ मना कर दिया। कहा कि 'चाहे मैं मर जाऊँ लेकिन ऑपरेशन नहीं कराऊँगी।' दूसरे लोगों ने भी समझाया कि ऑपरेशन करा लो ठीक हो जाओगी। लेकिन वो नहीं मानीं। हकीम के पास लखनऊ गयीं। हकीम ने फिर उन्हें पक्का आश्वासन दिया कि गिठली गल जायेगी, आप फ़िक्र न करें। और ऑपरेशन करनेवाले सर्जनों को उसने गालियाँ दीं।

मुझे अब्बा ने अम्माँ के गले की गिठली के बारे में ख़त लिखा। मैंने फ़ौरन जवाब दिया कि अम्माँ को किसी के साथ बम्बई भेज दीजिए। यहाँ ऑपरेशन हो जाएगा। अब्बा का जवाब आया कि अम्माँ ऑपरेशन के लिए बिलकुल तैयार नहीं हैं। उन्हें हकीम की दवा से फ़ायदा है और गिठली धीरे-धीरे ग़ायब हो रही है।

ख़त में अब्बा ने ये भी लिखा कि उन्होंने अब्बा मियाँ की खपरैल गिरवा दी है और अब उस पर एक पक्का बरामदा और हॉल बनवाने का इरादा है। हॉल के बराबर एक गेस्टरूम भी बनवायेंगे। मैं समझ गया कि अब्बा ये सब क्यों कर रहे हैं। ज़ाहिर है कि इसमें काफ़ी पैसा लगेगा और काफ़ी भाग-दौड़ करनी पड़ेगी। अब्बा वैसे ही दिल के मरीज़ हो गये थे और मैं नहीं चाहता था कि वो बुढ़ापे में इमारतें बनवाने के काम में फँसे। मैंने उन्हें लिखा कि बरामदे, हॉल और कमरे की कोई ज़रूरत नहीं है। खपरैल क्यों गिरवाते हैं। अब्बा का जवाब आया, 'नहीं, कोई मिलनेवाला आता है या कभी किसी अफ़सर वग़ैरा को बुलाना होता है तो बड़ी शर्मिंदगी होती है। फिर तुम आ जाओगे तो एक ड्राइंगरूम तो चाहिए ही होगा। एक गेस्टरूम भी चाहिए होगा। अभी हाथ में पैसा है। सीमेंट और ईंटा भी मिल रहा है, इसलिए सोचता हूँ बनवा ही दूँ।'

मेरे मना करने के बावजूद अब्बा ने बँगलिया और उसके पास बनी कच्ची कोठरी गिरवा दी और एक अच्छा नक़्शा बनवाकर वहाँ बरामदा, हॉल और गेस्टरूम बनवाना शुरू कर दिया। पैसा वही था जो 'प्लाट' बिकने से आ रहा था। अपने हिसाब से वो ये इमारत नये फ़ैशन की बनवा रहे थे। जाली के दरवाज़े और खिड़कियाँ भी होना थीं। रौशनदान भी बनने थे। बिजली के तारों की फ़िटिंग दीवार के अंदर हो रही थी। गेस्टरूम के साथ लगा बाथरूम भी बन रहा था। मतलब काफ़ी पैसा ख़र्च कर रहे थे। हॉल के लिए सोफ़ासेट बनवा रहे थे। गेस्टरूम के लिए फ़र्नीचर भी कोई ख़ास बढ़ई बना रहा था। शीशम की पुरानी और अच्छी लकड़ी तहख़ाने से निकाली गयी थी।

सीलिंग का मुक़द्दमा डिप्टी साहब की अदालत में था। सरकारी वकील ने बैनामों को फ़र्ज़ी क़रार दिया और कहा कि बैनामे मुक़द्दमा शुरू होने के बाद किये गये

हैं। इस तरह सारी ज़मीन अब्बा के नाम ही मानी जानी चाहिए। सरकारी हिसाब से अस्सी बीघा ज़मीन सीलिंग में निकलती थी। अब्बा के वकील ने बड़ी जिरह और बहस की लेकिन फ़ैसला ये हुआ कि साठ बीघा ज़मीन सीलिंग में निकलती है। फ़ैसले के बाद अब्बा का ख़याल ये था कि ज़मीन देकर छुट्टी करना चाहिए। जो ऊसर और बंजर ज़मीन है वह दी जा सकती है।

लेकिन उनके वकील ने राय दी की आजकल कैसी भी ज़मीन हो, दो हज़ार रुपये बीघा से कम मालियत की नहीं है। साठ बीघे का मतलब हो गया एक लाख बीस हज़ार रुपये। इतनी मालियत की ज़मीन क्यों छोड़ी जाये। अपील जजी में करनी चाहिए। अब्बा तैयार हो गये। जजी में अपील की गयी। मुक़द्दमा अपनी रफ़्तार से चलता रहा। साल के बाद जजी से ये फ़ैसला हुआ कि सीलिंग में साठ बीघा नहीं, सिर्फ़ बयालीस बीघा ज़मीन निकलती है। वकील ने अब्बा को बड़ी मुबारकबाद दी और कहा कि मैंने आपका छत्तीस हज़ार का फ़ायदा करा दिया है। अब अगर हाईकोर्ट में मुझे एक चांस मिल जाये तो मैं आपकी कुल ज़मीन को सीलिंग से बचवा सकता हूँ। अब्बा तैयार हो गये और मुक़द्दमे की अपील हाईकोर्ट में कर दी गयी।

अब्बा वकील के साथ इलाहाबाद गये। वहाँ एक वकील किया गया। मुक़ामी वकील तो थे ही थे। हाईकोर्ट के वकील ने अच्छी-ख़ासी फीस ली और अपील हो गयी। अब्बा को मुक़ामी वकील साहब ने ये यक़ीन दिला दिया था कि हाईकोर्ट से वो जीत ही जायेंगे।

फ़ार्म पर बिजली आये कई साल हो चुके थे। पाँच और दस हार्सपावर के इंजन लगे थे। बोरिंग हुई थी। एक ट्यूबवेल का मोटर गोदाम में था। दूसरे के लिए बीच फ़ार्म में एक कोठरी बनायी गयी थी। एक ट्यूबवेल चलता था लेकिन कोई मेम्बर गेहूँ न बोता था, सब्ज़ी उपजाने की बात तो दूर रही। इस तरह आमदनी न बढ़ी थी। क़िस्तें धीरे-धीरे करके बढ़ गयी थीं। फ़ार्म के चारों तरफ़ तार खिंचवाने, चेन पम्प लगाने और कुएँ खुदवाने, गोदाम और कमरा बनवाने, बिजली के मोटर ख़रीदने आदि की क़िस्तें लगातार आया करती थीं। प्लाट बेचने से जो आमदनी होती थी उससे क़िस्तें भर दी जाती थीं। बिजली के बिल हार्सपावर के हिसाब से आते थे, यानी चाहे बिजली इस्तेमाल हो या न हो, बिल आ जाता था। कभी-कभी बिज़ली के बिल अदा न हो पाते थे और बक़ाया हज़ारों तक पहुँच जाता था। नतीजा यही निकलता था कि अब्बा अम्माँ से छुपाकर प्लाट बेचते थे और बिजली का बिल भर दिया जाता था।

मुझे अच्छी तरह याद है जब फ़ार्म पर बिजली नयी-नयी आयी थी तो मैं अब्बा

के साथ गया था। सालों की मेहनत, हज़ारों रुपये की रिश्वत और खंभों-तारों वग़ैरा का लम्बा-चौड़ा ख़र्च उठाने के बाद बिजली का कनेक्शन अब्बा के लिए एक बहुत बड़ी फ़तेह थी।

उस दिन भी हमेशा की तरह अब्बा बाहर लेटे थे और मैकू पैर दबा रहा था। मनीजर उस ज़माने तक नौकर थे। वे भी बैठे थे। दीगर सदस्य भी हस्बे-हैसियत बैठे थे और बिजली आ जाने की चर्चा हो रही थी।

'य कौनो और के बस की बात न थी,' मैकू ने कहा।

'अरे सात खंभे लगे हैं,' मनीजर ने कहा।

'कौन साला दे सकता है सात खंभों का पैसा !'

अब्बा लेटे थे। सब सुन-सुनकर खुश हो रहे थे। कोई कह रहा था कि गोदाम के ऊपर सामने की तरफ़ जो हज़ार पावर का बल्ब लगा है उसकी रोशनी तीन मील तक जाती है। कोई कह रहा था कि अब रात-बिरात इधर आना आसान हो गया है। रास्ता अच्छी तरह दिखाई देता है। किसी ने कहा कि बड़े-बड़े ठाकुर हैरान हैं कि भइया ने जंगल में कैसा मंगल कर डाला है।

गोदाम और उसके ऊपर बने कमरे के आसपास क्या दूर-दूर तक आबादी या घने पेड़ न थे इसलिए यह इमारत दूर-दूर तक दिखाई देती थी और रात में यहाँ की रौशनी भी चारों तरफ़ फैलती थी। लेकिन बिजली आ जाने और दो ट्यूबवेल लग जाने के बाद भी खेती न सुधर सकी। लम्बे-चौड़े बिजली के बिल अब्बा पाँच-सात साल तक भरते रहे। उनकी समझ में न आता था कि इन बिलों को देने के लिए आमदनी कैसे बढ़ाई जाय। अलग-अलग लोग तरह-तरह की राय देते थे। लेकिन सब रायें वहीं जाकर ठप्प हो जाती थीं कि करे कौन ? पैसा अब्बा लगा सकते थे लेकिन खुद बैठकर काम देखना उनके बस का न था।

कोई दस-बारह साल चलनेवाले बिजली प्रसंग का आख़िरकार अंत ये हुआ कि अब्बा को कनेक्शन कटवाने पड़े। जो काम इतनी परेशानी, मेहनत और काफ़ी पैसा ख़र्च करके किया गया था और जिस पर उसके बाद भी काफ़ी ख़र्च आ चुका था उसका अंत घाटे में हुआ। फ़ार्म की बिजली कटवाने के बाद अब्बा का उत्साह क़रीब-क़रीब ठंडा पड़ गया था। सीलिंग के मुक़द्दमे और दिल की बीमारी ने उन्हें मजबूर कर दिया था कि वो घर में बैठे प्लाट बेचते रहें और फ़ार्म को उसके हाल और मैकू पर छोड़ दें।

अम्माँ की गिठली हकीम की दवा से एक दिन फूट गयी। उसमें से खूब पस और खून निकला। खून देखकर अम्माँ घबरा गयीं और फ़ौरन हकीम के पास लखनऊ गयीं और उसे बताया कि गिठली फूट गयी है। हकीम ने कहा कि इसका मतलब

है उसकी दवा सही काम कर रही है। उसने गिठली फूटने की ही दवा दी थी। अब गिठली निकल जायेगी और ज़ख़्म दो-चार महीने में अपने-आप भर जायेगा। आप बिलकुल ठीक हो जायेंगी। हकीम का आत्मविश्वास और उसके चमत्कारी इलाज पर यक़ीन रखनेवाली अम्माँ खुश-खुश घर लौट आयीं और उन्होंने अब्बा को बताया। अब्बा ने भी कहा चलो ठीक है, मर्ज़ से निजात मिलेगी।

कुछ महीने तक तो सब ठीक रहा यानी अम्माँ की गिठली से पस और खून बराबर निकलता रहा और वो हकीम की दवा खाती रहीं। लेकिन जाड़ों में उनके पैरों पर असर हो गया। चलने में न सिर्फ़ तकलीफ़ होती थी बल्कि ये लगता था कि पैरों में जान ही नहीं है। सबने सोचा शायद फ़ालिज का असर है। शहर के ही एक डाक्टर को बुलाकर दिखाया गया। उसने भी कहा कि फ़ालिज का अटैक है और दवायें दे दीं। लेकिन अम्माँ का चलना-फिरना बंद हो गया था। वे किसी के सहारे भी न खड़ी हो सकती थीं। उनके पलँग को ही उठाकर अंदर बाहर किया जाता था या खिसकाया, हटाया जाता था।

अब्बा ने जब अम्माँ पर फ़ालिज के असर की बात मुझे लिखी, मैं घर पहुँचा। अम्माँ का चेहरा कुछ काला-सा लगा और देखा कि उनके बाल बुरी तरह झड़ गये हैं। हालाँकि अम्माँ की उम्र कोई ज़्यादा न थी लेकिन बहुत बूढ़ी लगने लगी थीं। लम्बी बीमारी की वजह से उनकी आँखों में बड़ी निराशा थी। मुझे देखकर रोने लगीं और बोलीं, 'अब मैं न बचूँगी।'

अम्माँ को देखकर यह अंदाज़ा लगाते देर न लगी कि उन्हें बीमारी चाहे जो हो लेकिन उसका इलाज इस छोटे शहर में नहीं हो सकता। मैंने कहा कि 'आप बम्बई चलिए। वहाँ बहुत अच्छा इलाज हो जायेगा।'

अम्माँ ने कहा कि बम्बई बहुत दूर है, जाने में मुश्किल होगी। मैंने कहा आप उसकी फ़िक्र न करें। अगर हवाई जहाज़ से भी ले जाना पड़ा तो मैं आपको ले जाऊँगा। अम्माँ ने कहा नहीं वो बम्बई नहीं जाना चाहतीं। मेरे ख़याल से बम्बई की एक इमारत की आठवीं मंज़िल के किसी फ़्लैट के एक कमरे में पड़े रहने का ख़याल उनको मौत से भी बुरा लगा।

आख़िरकार ये राय हुई कि अम्माँ को ख़ालू के पास ले जाया जाये। वह भी बड़ा शहर है। अच्छे डाक्टर हैं, बड़े अ़स्पताल हैं। फिर वहाँ अम्माँ की बड़ी बहन हैं, दसियों रिश्तेदार हैं, नौकर-चाकर हैं। वहाँ रहने में भी किसी तरह की तकलीफ़ न होगी और इलाज भी अच्छा हो जायेगा।

अपने मैके जाने के लिए अम्माँ हमेशा तैयार रहती थीं। गिरी हालत में भी वहाँ रिश्तेदार थे, चहल-पहल थी, देखने-सुननेवाले थे। सबसे बड़ी बात यह कि उस माहौल में उनका दिल लगता था। वो तैयार हो गयीं।

अम्माँ अपने मैके में आ गयीं। उनको उसी कमरे में रखा गया जहाँ नानी रहती थीं, जहाँ अम्माँ का बचपन बीता था। ख़ालू अपनी आदत के मुताबिक उत्साह में आ गये और मुझे लेकर सीधे डाक्टर बोस के पास पहुँचे जो उनके फ़ैमिली डाक्टर थे और जिन्होंने ऑपरेशन की सलाह दी थी। डा. बोस आये और उन्होंने अम्माँ को देखा। फिर अलग ले जाकर मुझसे और ख़ालू से कहा कि यह और कुछ नहीं, वही कैंसर है। बढ़ गया है। उसी का असर पूरे जिस्म पर पड़ रहा है। वे अब कुछ नहीं कर सकते। उन्होंने कहा कि कैंसर इंस्टीट्यूट के डा. नागमणि को दिखाना चाहिए।

उसी वक़्त मैं और ख़ालू कैंसर इंस्टीट्यूट गये। वहाँ पता चला कि डा. नागमणि अपने बँगले पर हैं। बँगले पर गये तो पता चला कि शहर में ही कहीं सिनेमा देखने गये हैं। ख़ालू आसानी से हार माननेवाले आदमी न थे। उन्होंने सिनेमा हॉल का नाम पूछा, उनकी गाड़ी का नम्बर पूछा और हम दोनों सिनेमा हॉल पहुँचे।

फिल्म ख़त्म होने से पहले ही हम डा. नागमणि की गाड़ी के पास खड़े हो गये थे। जैसे ही डाक्टर अपनी पत्नी के साथ आये ख़ालू ने उनसे डा. बोस का हवाला देकर बात की और बताया कि मरीज़ा यहीं नज़दीक है, उसे देखा जा सकता है, नहीं तो फिर से शहर आना पड़ेगा। डा. नागमणि ने कहा कि वो घर जाकर देखने की फ़ीस ढाई सौ रुपये लेते हैं। हम लोग तैयार हो गये।

डा. नागमणि आये और अम्माँ को देखा और वही कहा जो डा. बोस ने बताया था। लेकिन ये भी कहा कि अभी केस इतना बिगड़ा नहीं है। इलाज और सिंकाई से ठीक हो सकता है। उन्होंने दवाएँ लिख दीं और फ़ीस लेकर चले गये। अम्माँ का इलाज शुरू हो गया। उन्हें कुछ फ़ायदा भी होने लगा। सबसे बड़ा फ़ायदा तो ये हुआ कि वहाँ उनके मैके में चाचियाँ, ख़ालायें, फूफियाँ, रिश्ते की बहनें, भाई, चचा, मामू इतने थे कि लगातार उनके पास कोई न कोई बैठा रहता था। उनका मन बहलता रहता था। कभी-कभी लेटे-लेटे ताश भी खेल लेती थीं। अम्माँ की हालत कुछ सुधरते ही मैं वापस बम्बई आ गया।

सबकी राय यह थी कि अब्बा को अम्माँ के साथ न भेजा जाये। पहली बात तो ये कि वे वहाँ कुछ ख़ास कर न सकते थे। दूसरे ये कि वहाँ करनेवाले बहुत थे। इसलिए अब्बा घर में ही रह गये थे और बिलकुल अकेले थे। नौकर ज़रूर थे लेकिन वो सब रात में चले जाते थे। मुश्ताक़ उनके पास सोने चले आते थे और दो-चार बातें करके दोनों सो जाते थे। कोई आने-जानेवाला अब्बा को अम्माँ के बारे में ख़बर पहुँचा देता था। वे खुश भी थे कि वहाँ इलाज अच्छी तरह क़ायदे से शुरू हो गया है और फ़ायदा हो रहा है।

मैं एक महीने के बाद फिर अम्माँ को देखने गया। उनकी तबीयत में कोई ख़ास फ़र्क़ न आया था। हाँ पहले से कुछ बेहतर थीं। कभी-कभी वही शिकायतें यानी खाना न पचना, पैरों में अकड़न और कमर में तेज़ दर्द हो जाता था। कभी थोड़ी राहत मिलती थी। डा. नागमणि का इलाज चल रहा था। ख़ालू बराबर डाक्टर से मिलते रहते थे। इस बार मैं भी उनके साथ गया। डा. नागमणि से अम्माँ के बारे में बातचीत हुई। इस बीच वो कई बार देखने आ चुके थे और दवाएँ वग़ैरा भी बदली थीं। उन्हें विश्वास था कि अम्माँ ठीक हो जायेंगी। उन्होंने यह भी बताया कि इसी तरह का एक केस उन्होंने ठीक किया है। औरत का नाम और मोहल्ला तक बता दिया।

डा. नागमणि से मिलकर निकले तो ख़ालू ने कहा, चलो उस औरत का पता लगाते हैं जो डाक्टर साहब के इलाज से ठीक हो गयी है। मैं इनकार भी न कर सकता था। मुझे मालूम था कि ख़ालू ये सब हम लोगों के लिए कर रहे हैं।

हम दोनों रिक्शा करके पुराने शहर के एक गुंजान मोहल्ले में पहुँचे। गलियों में अवस्थीजी प्रेसवाले का घर पूछते रहे। इस गली से उस गली, उस गली से उस तिराहे। उस तिराहे से चौथी गली में फिरते-फिरते आख़िरकार अवस्थीजी प्रेसवाले का घर मिल गया। उनके घर में उस वक़्त कोई मर्द न था। एक पड़ोसी मिल गया। ख़ालू ने उससे पूछा, 'क्यों जनाब, अवस्थी साहब की बहू के गले में जो गिठली थी और उसका इलाज डा. नागमणि कर रहे थे वह कैसी है ?'

'आप विनोद अवस्थी की घरवाली को पूछ रहे हैं ?'

'हाँ-हाँ··· वही··· बात दरअसल ये है कि इनकी माँ,' उन्होंने मेरी तरफ़ इशारा किया, 'को भी वही बीमारी है और डा. नागमणि इलाज कर रहे हैं। उन्होंने बताया है कि अवस्थीजी प्रेसवाले के यहाँ उन्होंने ऐसी ही एक मरीज़ा को ठीक किया है। हमने सोचा चलो पूछें कि वो कैसी हैं।'

'वे तो नहीं रहीं जी··· दो महीने होने को आये।'

मैं और ख़ालू सन्नाटे में आ गये। पड़ोसी विस्तार से बताने लगा कि अंत में उनकी हालत कैसी हो गयी थी। यह बड़ा भयानक था। ख़ालू ने उसकी बात काट दी और हम दोनों चले आये।

रास्ते-भर हम ख़ामोश थे। ख़ालू ने कहा, 'अल्लाह मालिक है। वो रहीम और करीम है। उसके लिए सबकुछ मुमकिन है।' कहने को ये सब कह रहे थे लेकिन हम दोनों ही समझ रहे थे कि अम्माँ का कैंसर बढ़ चुका है और अब कोई दैवी चमत्कार ही कुछ कर सकता है।

कुछ देर चुपचाप चलते हुए ख़ालू ने मुझसे कहा, 'आज अपनी अम्माँ से दो-तीन चेकों पर दस्तख़त करा लेना।'

अम्माँ ने अपना खाता यहाँ के एक बैंक में खोल रखा था। अपने इलाज के

लिए वो ख़ालू को चेक दिया करती थीं।

मैं ख़ालू की बात समझ गया। वो ये कह रहे थे कि हो सकता है दो-चार दिन बाद वो दस्तख़त करने लायक़ भी न रह जायें और पैसा बैंक में फँसा रह जाये।

अम्माँ से दो-तीन चेकों पर दस्तख़त करने के लिए कहा तो उन्हें हैरत हुई, 'क्यों ?'

'अरे तुम्हें बार-बार ज़हमत करना पड़ती है,' ख़ालू ने कहा।

'ठीक है,' अम्माँ ने दस्तख़त कर दिये। उनके चेहरे का रंग भी उतर गया। उन्हें मालूम था कि हम लोग डाक्टर से मिलने गये थे।

'मुझे अम्माँ के बराबर दफ़्न कीजिएगा,' उन्होंने अचानक ख़ालू से कहा।

'क्या बेकार की बातें करती हो। तुम कुछ दिन में अच्छी-भली हो जाओगी।'

कुछ दिनों बाद एक महीने की छुट्टी लेकर मेरा छोटा भाई भी अम्माँ के पास आ गया। मैंने सोचा क्यों न मैं अब्बा के पास चला जाऊँ। वो भी अकेले हैं और अपनी आदत के अनुसार तन्हाई में उल्टी-सीधी बातें सोच-सोचकर परेशान हो रहे होंगे।

मैं घर आया तो फाटक पर ही चौंककर ठगा-सा खड़े का खड़ा रह गया। फाटक के खंभे पर मेरे नाम की तख़्ती लगी थी। उस पर नाम के नीचे एम.ए. भी लिखा था। मुझे लगा कि मेरे पैर एक-एक मन के हो गये हों।

फाटक के अन्दर आया तो सामनेवाले मैदान के दूसरी तरफ़ अब्बा मियाँ की खपरैल की जगह एक इमारत खड़ी थी। ये दूसरा झटका था। बचपन से ये आदत थी कि फाटक के अंदर आने पर बँगलिया दिखाई पड़ती थी। तीस-पैंतीस साल से आँखों को जो देखने की आदत रही हो वो अचानक न दिखाई दे तो क्या होता है ? बँगलिया को देखने की आदत तो इस क़दर पड़ गयी थी कि आज यानी अब्बा मियाँ के इन्तिक़ाल के चौथाई शताब्दी बाद भी घर की जब याद आती है तो सबसे पहले बँगलिया ही दिखाई देती है।

बँगलिया की जगह पर जो इमारत बनी थी वह छोटे शहर को देखते हुए शानदार थी। सामने बरामदा था। बरामदे के दरों में गेरू से पुते गमलों में पौधे लगे थे। बरामदे में एक बड़ा शीशा और उस पर लकड़ी के तख़्ते में लगी कुछ खूँटियाँ थीं। निश्चय ही यह अब्बा ने कलक्टर साहब की कोठी में देखा होगा—पुराना अंग्रेज़ी फ़ैशन। बरामदे में ही अंदर हॉल में दाख़िल होने के लिए तीन बड़े-बड़े दरवाज़े थे। मैं खड़ा इमारत को देख ही रहा था कि घर के अंदर से पानी की बाल्टियाँ लिए बक़रीदी निकला और उसने अब्बा को जाकर बताया कि मैं आ गया हूँ।

मैं घर के अंदर जा रहा था और अब्बा बाहर आ गये थे। हम दोनों की

मुलाक़ात ड्योढ़ी में ही हो गयी।

'आओ… आओ बाहर ही बैठते हैं,' अब्बा के हाथ में कुंजी थी।

उन्होंने बरामदे में आकर हॉल का दरवाज़ा खोला। ऊँची छत थी। रौशनदान थे। दरवाज़ों के ऊपर पर्दा टँगा था। दीवारों में सजावटी सामान रखने की अल्मारियाँ थीं। दो सोफासेट थे जो देखने में यहीं के बने लगते थे। उन पर कुशन रखे थे। एक बड़ा टेबुल लैम्प था। दीवारों पर प्राकृतिक दृश्यों की फ्रेम की हुई दो-तीन तस्वीरें थीं। फ़र्श पर मोटी जूट की दरी बिछी थी। छत पर दो बिलकुल नये सीलिंग फ़ैन और पीतल की छड़ों में लटकते शीशे की रंग-बिरंगी हाँडियाँ थीं जिनके अंदर तीन-तीन बल्ब लगे थे।

अब्बा ने कमरे में घुसते ही दोनों पंखे चला दिये और एक साथ सब बल्ब और रॉड जला दी। पूरा कमरा जगमगा उठा। हालाँकि इतनी रौशनी की ज़रूरत न थी।

'बैठो।'

मैं बैठ गया।

'तुम्हारी अम्माँ कैसी हैं ?'

'कुछ; बहुत थोड़ा-सा फायदा है।'

'डाक्टर क्या कहता है ?'

'कहता है वक़्त लगेगा।'

'ये तुम्हें कैसा लगा ?' उन्होंने उसी क्रम में इस तरह पूछा कि मैं समझ न सका कि क्या पूछ रहे हैं।

'जी ?'

'अरे ये कमरा तुम्हें कैसा लगा ?'

'अच्छा लगा… बहुत अच्छा।'

'अब इसकी बाकी सजावट दुल्हन कर लेंगी,' वे बड़े इत्मीनान से पीछे टिक गये।

'काफ़ी पैसा ख़र्च हो गया होगा,' मैंने बात बदलने या अब्बा को असली मुद्दे की तरफ़ आने से हटाना चाहा।

'हाँ… क़रीब चालीस हज़ार, जबकि लकड़ी घर की है। सीमेंट की भी चार बोरियाँ पड़ी हुई थीं। दरअसल लोहा बहुत महँगा हो गया है… पसंद आया न तुम्हें ?' उन्होंने बात को फिर वहीं लाना चाहा जहाँ से मैं हटाना चाहता था।

'बहुत अच्छा है।'

बक़रीदी चाय और नाश्ता ले आया। हाथ-मुँह धोने के लिए अब्बा ने हॉल के साथ बने बाथरूम का दरवाज़ा खोल दिया। वह वैसा ही था जैसा उन्होंने घर के अंदर बनवाया था।

चाय पीते हुए अब्बा ने सीलिंगवाले मुक़द्दमे के बारे में बताना शुरू किया। उन्हें पूरी उम्मीद थी कि हाईकोर्ट में जाने से कुछ और ज़मीन बच जायेगी।

मुझे मालूम था कि फ़ार्म पर बिजली के कनेक्शन कट गये हैं। दस और पाँच हार्सपावर के मोटर बिक चुके हैं। गोदाम और कमरा ख़ाली पड़ा रहता है। वही धान की एक फ़सल जो हमेशा से होती आयी थी, अब भी हो रही है और उसी तरह हो रही है, यानी बटाई पर। जिस साल फ़सल अच्छी होती है तो चार सौ मन; नहीं अच्छी होती तो तीन सौ मन के आसपास पैदावार होती है। उसमें से आधा मिलता है। कुछ दरें अच्छी मिल गयीं तो आठ या ज़्यादा-से-ज़्यादा दस हज़ार तक मिल जाता है। घर में खाने को चावल हो जाता है। मेरे ख़याल से दस हज़ार रुपये की आमदनी के लिए इतना परेशान होने की ज़रूरत न थी। लेकिन मैं ये भी जानता था कि ज़मीन अब्बा के लिए महज़ ज़मीन नहीं है, वह उन्हें एक लम्बे अतीत से जोड़ती है और पीछे जाने का सफ़र करने का एक बिन्दु है।

जितने दिन घर पर रहा मेरे और अब्बा के बीच एक अजीब क़िस्म के शतरंज की बाज़ी बिछी रही। हम दोनों इससे अनजान न थे लेकिन ज़ाहिर यही करते थे कि अनजान हैं। अब्बा इस छोटे शहर की तारीफ़ें करते थे। प्लाटों के बढ़ते दामों की चर्चा करते थे। आधुनिक सुविधाओं के पहुँच जाने की बात करते थे। बताते थे कि कितने पढ़े-लिखे नौजवान यहाँ बस रहे हैं, कितने नये क्लब यहाँ खुल गये हैं, चौक में नये-नये फ़ैशन की चीज़ें मिल रही हैं और बस सर्विस इतनी अच्छी हो गयी है कि दिन में लखनऊ के चार चक्कर लग सकते हैं। कुछ लोग नौकरी तो लखनऊ में करते हैं लेकिन रहते यहाँ हैं। नयी तेज़ रफ़्तार ट्रेनें यहाँ रुकने लगी हैं। हद ये है कि टैक्सी सर्विस तक शुरू हो गयी है। सुबह जो टैक्सियाँ अख़बार लेकर आती हैं वो आठ बजे वापस जाती हैं और बीस-बीस रुपये में लखनऊ की सवारियाँ बैठा लेती हैं। टेलीफ़ोन का नया केन्द्र बन गया है और अब यहाँ से दुनिया में कहीं भी बात करने के लिए सीधी डायलिंग हो गयी है। यानी यहाँ अगर आपके फ़ोन है तो लंदन-पैरिस तक आप पलक झपकते में पहुँच सकते हैं।

मैं उन्हें अपनी नौकरी के बारे में बताता था। अपनी बढ़ती हुई तनख़्वाह की चर्चा करता था। यह भी बताता था कि बड़े अख़बारों में काम करनेवाले पत्रकारों का क्या जलवा होता है। बड़े-बड़े नेता ही नहीं, उद्योगपति और अभिनेता तक उनसे अच्छे संबंध रखना चाहते हैं। एक टेलीफ़ोन पर मुख्यमंत्री से 'एप्वाइंटमेंट' मिल जाता है। क्रिस्मस के मौक़े पर बड़ी-बड़ी कम्पनियाँ डाली भेजती हैं। कम्पनी की कार सेवा में चौबीसों घंटे रहती है। मेरा चीफ़ एडीटर मुझे कितना मानता है और मैनेजिंग डायरेक्टर तक मुझे सम्मान देता है। जब मैं अपनी नौकरी के बारे में ये सब बताता था तो अब्बा के चेहरे पर दो तरह के भाव आते थे। कभी बहुत खुश लगते थे और कभी अजीब तरह की उदासी की झलकियाँ दिखाई पड़ती थीं।

कोई डेढ़-दो महीने तक इलाज होते रहने के बाद भी अम्माँ की हालत में कोई सुधार न हुआ। उनके चेहरे पर मौत की परछाइयाँ दिखाई देने लगीं। चेहरे का रंग और काला हो गया। डा. नागमणि ने कहा कि उनके ज़ख़्म की सिंकाई की जायेगी और ये अस्पताल ही में संभव है। इसलिए अम्माँ को कुछ दिनों के लिए अस्पताल में भरती करना पड़ेगा।

मैं और ख़ालू अस्पताल गये। एक प्राइवेट वार्ड मिला। अस्पताल का एक आदमी हम दोनों को लेकर वार्ड तक आया। यह तीसरी मंज़िल पर था और आम तौर पर नयी बनी सरकारी इमारतों की तरह यह वार्ड ही नहीं, पुरानी इमारत भी उम्र से पहले बुढ़ा गये जवान-जैसी थी। उस आदमी ने वार्ड का ताला खोला और चाबी देकर चला गया। हम अंदर गये तो इस क़दर मच्छर थे कि बताया नहीं जा सकता। ख़ालू ने मुझसे कहा कि मैं फ़ौरन जाकर मच्छरों के होने की शिकायत करूँ। मैं गया। वहाँ बताया गया कि सफ़ाई की शिक़ायत दूसरी इमारत में दर्ज करनी होगी। वहाँ गया। वहाँ कोई न था। इंतिज़ार के बाद एक आदमी आया। उसने कहा कि मच्छर-मार दवा छिड़कनेवाला आज छुट्टी पर है। मैंने ज़्यादा बातचीत नहीं की, उसके हाथ पर एक दस का नोट रखा और दस और देने का वायदा किया। पैसा रास्ते खोल देता है। वह तुरंत स्प्रे मशीन आदि लेकर आया और दवा छिड़की गयी। दवा कुछ ऐसी थी कि दीवारों और खिड़कियों पर सफ़ेद छींटे-से पड़ गये और लगा कि सफ़ाई की ज़रूरत है।

प्राइवेट वार्ड का कमरा बड़ा था। दो लोहे के पलँग थे जिन पर चीकट गद्दे बिछे थे। दीवारें ख़ाली थीं। छत पर सीलन के निशान थे। खिड़कियों के कुछ शीशे टूटे थे और दरवाज़े खोलने या बंद करने के कड़े विरोध में बाक़ायदा चिल्लाते थे। छत से सिर्फ़ एक बल्ब लटक रहा था और सीलिंग फ़ैन न चलता था जिसे दवा छिड़कनेवाले डंडे से मारकर चलाया जाता था। इसके साथ एक किचननुमा चीज़ भी थी। वहाँ भी कूड़े का ढेर था। लगता था पिछले मरीज़ के जाने के बाद सफ़ाई ही नहीं हुई। ख़ालू ने नल खेलकर देखा पानी आ रहा था। उन्होंने कहा, 'चलो पानी तो आ रहा है। ये बड़ी बात है।

पूरे एक दिन की सफ़ाई के बाद अस्पताल का कमरा इस क़ाबिल हुआ कि उसमें रहा जा सके। कुछ बरतन, पीने का पानी रखने के लिए सुराही और दीगर सामान लाया गया।

अगले दिन सुबह अम्माँ को अस्पताल लाने के लिए एम्बुलेन्स आनी थी। लेकिन हाते के अंदर हर नुक्कड़ पर लकड़ी की इतनी दुकानें हो गयी थीं कि एम्बुलेन्स का अंदर महल तक आना असंभव था। ड्राइवर से तय पाया था कि वह ठीक ग्यारह बजे बाहर की मुख्य सड़क पर आ जायेगा।

एक बड़ी समस्या यह थी कि अम्माँ को अंदर से मुख्य सड़क तक कैसे लाया

जाये। महल के अंदर अपने-अपने हिस्से का आँगन बाँटने के लिए उठायी गयी दीवारों की वजह से इतनी पतली और पेचीदा गलियाँ बन चुकी थीं कि उनमें से पलँग का सीधा निकल पाना संभव न था। स्ट्रेचर था नहीं। अम्माँ कुर्सी पर बैठ नहीं सकती थीं। उन्हें हाथों में भी नहीं उठाया जा सकता था। इसी उधेड़बुन में ख़ालू के दिमाग़ में ख़याल आया कि महल में एक डोली है। डोली तहख़ाने में रखी थी। ख़ालू दो लोगों के साथ गये और डोली निकलवाकर ले आये। वह ख़ासी पतली थी और उठाने के लिए उसमें डंडे भी लगे थे। ख़ालू के दिमाग़ और समझ-बूझ की सब दाद देने लगे। नाना भी अपनी छड़ी लिए आ गये थे। उन्हें आँखों से इतना कम दिखाई देने लगा था कि लोगों से पूछते थे, 'अब क्या हो रहा है ? अब क्या हो रहा है ?

डोली के ऊपर का पर्दा हटा दिया गया। नीचे गद्दे बिछा दिये गये। अम्माँ को बिस्तर से उठाना भी मुश्किल था। कई औरतों ने मिलकर बड़ी मुश्किल से उन्हें उठाया और वे डोली में लिटा दी गयीं। डोली जब अंदर लायी गयी तो ख़ाली थी और पतले रास्तों से टेढ़ी-मेढ़ी करके निकल आयी थी लेकिन जब उसमें अम्माँ को लिटाकर बाहर निकाला जाने लगा तो पहले ही रास्ते में डोली फँस गयी। एक तरफ़ से नीचा करने की ज़रूरत थी और दूसरी तरफ़ से उठाई जाती तो निकल सकती थी। लेकिन ऐसा करने से अम्माँ सिर की तरफ़ से नीचे गिर जातीं। इसलिए ये नहीं किया गया। डोली उठानेवाले बहुत-से थे। और भी लोग जमा हो गये थे। कुछ-थोड़ी चीख़-पुकार भी हो गयी थी। ख़ाला रोने लगी थीं। पता नहीं उनको क्या याद आ गया था।

ख़ाला को रोने से रोका गया। वो चुपचाप आँसू बहाती रहीं। डोली निकालने के लिए दूसरा रास्ता अपनाया गया। दो बड़े दरवाज़े जो दरअसल किसी कमरे के दरवाज़े थे और अंदर लोग रहते थे, उन्हें खुलवाया गया। उस कमरे में तख़्त बिछा था। तख़्त के ऊपर से डोली निकाली गयी। उसके बाद फिर सामनेवाली गली में आकर फँस गयी। डोली के दोनों डंडे भी बहुत लम्बे और कुछ टेढ़े थे। कहीं से डोली निकल जाती थी तो डंडे फँस जाते थे। डंडे तोड़े या काटे नहीं जा सकते थे। डोली टेढी की गयी तो अम्माँ के गिरने का डर हो गया। उन्हें दो-तीन औरतों ने पकड़ लिया। लेकिन तब औरतों की वजह से फिर डोली फँस गयी। ख़ालू इधर से उधर हो रहे थे। डोली निकालने की हर तरकीब फ़ेल हो रही थी। आख़िर ख़ालू ने एक आदमी को दीवार पर चढ़ाया। उसने रस्सी में डोली का एक डंडा फँसाया और आगे की तरफ़ बढ़ा। तब कहीं जाकर डोली उस पतली गली से निकल पायी।

आगे फिर एक पतली गली थी। लेकिन वहाँ से डोली निकल गयी। डोली महल के दरवाज़े से बाहर निकली तो पर्दा डाल दिया गया। हाते में होती हुई डोली फाटक के बाहर खुली सड़क पर पहुँची जहाँ अस्पताल की एम्बुलेन्स का इंतिज़ार

शुरू हो गया। एम्बुलेन्सवाले ने ग्यारह बजे आने को कहा था लेकिन बारह बजे तक उसका पता न था। अम्माँ को गर्मी की वजह से प्यास लग रही थी। एक आदमी भागता हुआ महल गया और पानी ले आया।

अम्माँ अस्पताल के कमरे में पहुँच गयीं। उनके साथ बुआ गयी थीं। पहले दिन तो नहीं, दूसरे दिन उनके ज़ख़्म की सिंकाई की गयी। बुआ बताती थीं कि सिंकाई के बाद अम्माँ को जब कमरे में लाया गया तो निढाल थीं लेकिन शाम होते-होते कुछ बोलने लगीं। बुआ से कहने लगीं कि इस साल आम की फ़सल अच्छी होगी क्योंकि पिछले साल बहुत अच्छी नहीं थी। उसके बाद हम लोगों के बारे में बातें करने लगीं। कहने लगीं, उन्होंने बेटों का घर बसते देख लिया है, ये बड़ी बात है।

शाम को करीब सात बजे अम्माँ ने बुआ से कहा, 'देखो, मैं कितने दिनों से चली नहीं हूँ। अब सिंकाई के बाद मैं बिलकुल ठीक हो गयी हूँ। मुझे मेरी चप्पलें दे दो। मैं थोड़ा-सा टहल लूँ।' बुआ को इस पर हैरत हुई थी। उन्होंने कहा था, 'अब साथ खैरियत के कल टहलियेगा। अभी तो रात हो गयी है।' अम्माँ मान गयी थीं।

सुबह बुआ उठीं तो देखा अम्माँ की आँखें खुली थीं। उन्होंने अम्माँ को आवाज़ दी तो नहीं बोलीं। दूसरी आवाज़ पर भी जब अम्माँ नहीं बोलीं तो बुआ बुरी तरह डर गयीं। बाहर से किसी नर्स को लेकर अंदर आयीं। नर्स ने नब्ज़ देखी और अम्माँ की आँखें अपने हाथ से बंद कर दीं।

अम्माँ के मैके के रिवाज के मुताबिक उनको मरने के बाद महल के अंदर नहीं लाया गया। बाहर ही गुसल और कफ़न दिया गया और उनकी वसीयत के मुताबिक ख़ानदानी क़ब्रिस्तान में उन्हें उनकी अम्माँ के बराबर दफ़न कर दिया गया।

अब्बा दिल के मरीज़ थे। इसलिए उन्हें अम्माँ की मौत के बारे में फ़ौरन बताना और मिट्टी में शामिल होने के लिए बुलाना ठीक न था। मैं भी अम्माँ की मिट्टी में न पहुँच सका था। भाई दिल्ली से पहुँच गया था।

अम्माँ नहीं रहीं, अब्बा को यह बताने की ज़िम्मेदारी भी ख़ालू पर ही आयी। ख़ालू जब अब्बा को ये बताने घर गये तो उनको देखते ही अब्बा ने कह दिया कि 'मैं जानता हूँ आप मुझे क्या बताने आये हैं। मैं सब जानता हूँ।' ख़ैर, ख़ालू ने दिलासा देनेवाली बातें कीं और शाम को लौट गये।

मैं अम्माँ के तीजे में पहुँच गया था। तीजे के दूसरे दिन फ़ातेहा पढ़ने उनकी क़ब्र पर गया। चूँकि मैं ननिहाली ख़ानदान के क़ब्रिस्तान एक-आध बार ही गया

था इसलिए रास्ता न मालूम था। इतना मालूम था कि वह महल से बहुत दूर है। मेरे साथ और कोई दूसरा जानेवाला भी न था, इसलिए ख़ालू से पता वग़ैरा पूछकर अकेला ही निकल खड़ा हुआ। मुझे बेरीवाले क़ब्रिस्तान पहुँचना था जो टिकैतगंज और गंगाटोली के आगे था। रिक्शेवाले ने क़रीब पैंतालीस मिनट बाद रिक्शा एक गली में खड़ा करके रोक दिया और बताया कि सामने बेरीवाला क़ब्रिस्तान है। मैं आगे बढ़ा। चारों तरफ़ कच्चे-पक्के घर, गंदी नालियाँ, अधनंगे बच्चे, बकरियाँ, टूटे-फूटे रिक्शे और पान की दुकानें फैली हुई थीं। क़ब्रिस्तान के चारों तरफ़ आबादी ही आबादी थी। बीच में एक मैदान में क़ब्रिस्तान था। अम्माँ की क़ब्र ढूँढ़ने में ज़्यादा वक़्त नहीं लगा क्योंकि उस पर नया 'क़तबा' लगा हुआ था। क़ब्र पर मैंने फ़ातेहा पढ़ा और खड़ा हो गया। कुछ फ़ासले पर एक अजीब-सी इमारत दिखाई दी। इमारत काफ़ी पुरानी लगती थी, यहाँ तक कि दीवारों तक का रंग काला पड़ गया था। छत पूरी इमारत में न थी लेकिन दरवाज़ों-खिड़कियों को ईंटों से चुन दिया गया था। इमारत कुछ पुराने अंग्रेज़ों की कोठियों और अवध के महलों-जैसी थी। ये समझते देर न लगी कि वह कभी बहुत शानदार इमारत रही होगी। लेकिन इमारत मक़बरा न लग रही थी। ये भी नहीं लग रहा था कि वहाँ कोई रहता होगा। जिज्ञासावश मैं इमारत की तरफ़ बढ़ा तो देखा कि जहाँ दो-चार टूटे-फूटे रिक्शे खड़े हैं उसके पास ही इमारत के अंदर जाने का दरवाज़ा है जिस पर टाट का एक फटा-पुराना पर्दा पड़ा था। मैं उस तरफ़ बढ़ा कि पूछूँ ये इमारत है क्या। मैं उधर बढ़ ही रहा था कि पर्दा हटाकर एक आदमी जो सौ-फ़ीसदी रिक्शेवाला लग रहा था, बाहर आ गया। वह दुबला-पतला, उम्र से पहले बुढ़ाया हुआ कमज़ोर आदमी था। उसने एक तहमत बाँध रखी थी और गले में काले रंग का मोटा-सा तावीज़ पड़ा था। बालों में अच्छा-ख़ासा तेल था। मुझे देखते ही उसने इस तरह सलाम किया जैसे जानता हो कि मैं कौन हूँ और क्यों आया हूँ। फिर वह बड़े अदब से बोला, 'आइये, इधर से आइये।'

वह टाटा का पर्दा हटाकर एक तरफ़ खड़ा हो गया। मैं अंदर आया। यह एक ड्योढ़ी-जैसी थी। छत खूब ऊँची और धुएँ से काली। नाचे अलमुनियम के काले बर्तन बिखरे पड़े थे। एक तरफ़ चूल्हा सुलग रहा था और कोई औरत कुछ पका रही थी। झिंगले पलँग पर एक छोटा बच्चा सो रहा था जिसके चेहरे पर मक्खियों की भरमार थी।

'आइये, इधर आइये ?'

वह रिक्शेवाला मेरा गाइड बन चुका था। मैं इमारत के अंदर आया तो हैरत से आँखें फटी-की-फटी रह गयीं। यह कोई शानदार इमारत रही होगी, लेकिन अब अंदर सिर्फ़ ड्योढ़ी को छोड़कर पूरी इमारत में छत न थी। लम्बे-चौड़े बरामदे थे। किनारों पर कमरे थे। बीच में बहुत बड़ा हॉल था और हर जगह यानी बरामदों,

कमरों और हॉल में क़ब्रें थीं। लातादाद क़ब्रें। तो ये क़ब्रिस्तान है, मैंने सोचा। लेकिन ये मक़बरे जैसा क्यों नहीं है ? क़ब्रों के इर्द-गिर्द काफ़ी झाड़-झंखाड़ था। रिक्शेवाले ने कहा, 'साब, साल में दो बार तो में घास छीलता हूँ।'

क़ब्रें देखता हुआ मैं आगे बढ़ता रहा। इमारत के बीच में जो हॉल था वहाँ बीचोंबीच एक बड़ी-सी क़ब्र थी जिस पर संगेमरमर के पत्थर लगे थे। क़तबे पर इस क़दर धूल थी कि यह न पढ़ा जा सकता था कि वह किसकी क़ब्र है। मैंने क़तबा पढ़ने की कोशिश की तो रिक्शेवाला मेरी दिक़्क़त समझ गया। उसने क़तबे पर से मिट्टी हटाना शुरू कर दी। जैसे-जैसे वह मिट्टी हटा रहा था मैं क़तबे को पढ़ता जा रहा था। एक-एक लफ़्ज़ सामने आ रहा था। लम्बे-चौड़े 'अल्क़ाब' नज़र आने लगे। उसके बाद रिक्शेवाले ने और मिट्टी हटाई तो असली नाम नज़र आया और मैं दरहक़ीक़त कुछ लड़खड़ा-सा गया—नाम था मोतमुद्दौला। तो ये मोतमुद्दौला की क़ब्र है। बिलकुल इसे वहीं होना चाहिए था। मोतमुद्दौला की याद आयी और उसके साथ-साथ मिर्ज़ा असद असदुल्लाह ख़ाँ 'ग़ालिब' की याद आ गयी—'ग़ालिब' जिन्होंने मोतमुद्दौला की शान में क़सीदा लिखा था लेकिन उनकी शर्तें मोतमुद्दौला ने नहीं मानी थीं, इसलिए क़सीदा 'ग़ालिब' ने उन्हें नहीं सुनाया या पेश किया था।

मोतमुद्दौला और मिर्ज़ा ग़ालिब की मौत के डेढ़ सौ साल बाद के इन हालात का तस्व्वुर शायद उन दोनों में कोई न कर सकता था...

'साहब, रौशनी, अगरबत्ती के लिए कुछ देते जाइये। अल्ला क़सम अपनी जेब से यहाँ अगरबत्तियाँ लगाता हूँ,' रिक्शेवाले ने अगरबत्ती का एक टुकड़ा उठाकर मुझे दिखाते हुए कहा। मैंने जेब से दस का नोट निकालकर उसकी तरफ़ बढ़ा दिया और जल्दी-से-जल्दी बाहर आ गया।

अम्माँ के तीजे के बाद हम सब घर आ गये थे। घर में सब थे लेकिन सन्नाटा भी था। अब्बा किसी से ज़्यादा बोलते न थे। उनसे हम सब बात करने की कोशिश करते थे और वो 'हाँ', 'नहीं' में जवाब दे देते थे। दरअसल हम सब मिलकर भी उनका अकेलापन दूर नहीं कर सकते थे। अम्माँ उनके लिए सबकुछ थीं। उनकी बीवी ही नहीं, उनकी दोस्त, उनकी सलाहकार थीं। उनका सारा पैसा अम्माँ के पास ही रहता था। अम्माँ ही उन्हें ज़रूरी कामों और तारीख़ों की याद दिलाती थीं। अम्माँ ही उनका चेहरा देखकर बता देती थीं कि वो परेशान हैं तो क्यों, खुश हैं तो क्या सोच रहे होंगे। अम्माँ उनका दिमाग़ और दिल थीं। इसलिए अम्माँ की कमी को पूरा कर पाना नामुमकिन था। अकेले टहलते रहते थे। कभी बाहर आकर बैठ जाते थे, कभी लेट जाते थे, कभी-कभी हम लोगों से छिपाकर एक सफ़ेद गोली मुँह में डाल लेते थे। वो ये समझते थे कि उन्हें सफ़ेद गोली मुँह में डालते किसी

ने नहीं देखा। ये गोली दिल की बीमारी के लिए थी। डाक्टर ने दी थी और कहा था कि जब दिल की धड़कनें तेज़ लगें तो ये गोली खा लिया करें। हम लोग जब उनसे पूछते थे कि तबीयत कैसी है तो कहते थे ठीक है। न अच्छी कहते थे, न बुरी।

हम दोनों भाइयों में से कोई भी ज़्यादा न रुक सकता था। पहले मैंने अपना जाने का इरादा ज़ाहिर किया तो अब्बा ने कहा ठीक है जाओ। उसके तीन-चार दिन बाद छोटा भाई भी दिल्ली चला गया।

अम्माँ के मरने के कोई तीन महीने बाद हाईकोर्ट की सीलिंगवाले मुक़द्दमे की तारीख़ थी। जज ने फ़ैसला सुनाया कि साठ बीघा ज़मीन सीलिंग में निकलती है, यानी ज़िला जज के फ़ैसले को न मानते हुए डिप्टी साहब के अनुसार ही फ़ैसला दिया। अब्बा इलाहाबाद नहीं गये थे। वकील साहब ने ही आकर उन्हें फ़ैसला बताया था और हाईकोर्ट के जजों को बुरा-भला कहा था जो सरकार की नीतियों के अनुसार फ़ैसला देते हैं। फ़ैसला सुनकर भी अब्बा ने ये ज़ाहिर नहीं होने दिया था कि उन पर कोई असर पड़ा है। मुझे ख़त में ज़रूर लिखा था कि लगता है अब ज़मीन नहीं बच पायेगी। अगर साठ बीघा निकल गयी तो बाक़ी ज़मीन को रखकर क्या करूँगा। मुझसे अब वहाँ जाया नहीं जाता। तुम लोगों में से कोई यहाँ आने पर तैयार नहीं है। इसलिए ज़मीन रखकर क्या करूँगा।

हाईकोर्ट के फ़ैसले के बाद अब्बा को वकील साहब ने सुप्रीम कोर्ट में जाने की राय दी। पता नहीं वकील साहब का अब्बा पर क्या असर था या डूबते को तिनके का सहारा ही काफ़ी होता है, अब्बा सुप्रीम कोर्ट जाने पर तैयार हो गये थे। अब्बा और वकील साहब दिल्ली गये और छोटे भाई के पास ठहरे। वहाँ मुक़द्दमा करने के लिए एक सीनियर वकील किया गया। वकील ने पूरी फ़ीस और ख़र्च वग़ैरा एडवांस में ले लिया और अपील कर दी। अब्बा घर लौट आये।

अब्बा पूरे घर में अकेले हो गये थे। हम लोग वहाँ कहाँ तक रहते। ये ज़रूर था कि छोटा भाई दिल्ली से महीने में एक बार चला जाता था। देखता था कि अब्बा को कोई तकलीफ़ तो नहीं है। दरअसल उन्हें कोई बज़ाहिर तकलीफ़ थी भी नहीं। अच्छा-ख़ासा पैसा था। नौकर थे। अगर चाहते तो और रख सकते थे। खाना पकानेवाली खाना पकाती थी। बक़रीदी ऊपर के काम के लिए था। रहने के लिए इतना बड़ा मकान था। मुश्ताक़ थे जो अक्सर उनसे आकर बातचीत करते रहते थे। लेकिन इन सुविधाओं के बावजूद अब्बा को जो कमी थी वो हम लोग दूर न

कर सकते थे।

फ़ार्म पर अब्बा का जाना बिलकुल बंद हो गया था। मैकू दो-तीन महीने में कभी चला आता था और वहाँ के हालात बताता था। एक बार उसने बताया कि किसी ने गोदाम का लोहेवाला दरवाज़ा निकाल लिया है। चूँकि आसपास क्या दूर-दूर तक कोई आबादी न थी इसलिए बदमाशों ने रात में आराम से दरवाज़ा निकाल लिया था।

फिर कुछ महीनों बाद उन्हें पता चला कि ऊपर के कमरे का दरवाज़ा और खिड़कियाँ सब बदमाश ले गये। मतलब यह कि गोदाम और कमरे में न कोई दरवाज़ा बचा है, न खिड़की। फिर से दरवाज़े लगवाये जाते तो उन्हें फिर कोई निकाल ले जाता। इसलिए अब्बा ने कहा, 'ठीक है, जैसा है वैसा पड़े रहने दो। लेकिन वैसा भी न हो सका। एक बार मैकू आया। सब हाल बताने लगा और बाद में दबी जुबान से बोला, 'भइया, गोदाम और कमरे को बदमाशों ने अड्डा बना लिया है।'

'क्या ?' अब्बा को हैरत हुई।

'हाँ, रात में वहीं बैठते हैं। एक-दुई बार हम देखा है।'

'तो तुमने पूछा नहीं कौन है ?'

'अरे भइया, बदमाशों के कौन मुँह लगे। कहीं लिबलिबी दबा दें तो वहीं ढेर हो जाऊँ।'

'कौन हैं ये बदमाश ?'

'अब का जाने कौन हैं ? आजकल का कमी रह गयी बदमाशों की ? हर गाँव में टोलियाँ हैं। रहजनी करते हैं।'

'थाने में कहा तुमने ?'

'कहा था, बोले बिना दरवाजों के सुनसान इमारत पड़ी रहेगी तो उसमें यही होगा।'

अब्बा ख़ामोश हो गये। बात ठीक ही थी।

'भइया, अभी कल दिन में वहाँ गया तो देखा गोदाम की दीवारों पर खून के छींटे थे।'

'क्या ? ख़ून के छींटे ?'

'हाँ भइया, कसम खुदा की। जाने कहीं से वारदात करके आ रहे थे या क्या था।'

अब्बा और गहरी सोच में डूब गये। उन्हें इतना तो मालूम ही था कि कल अगर वहाँ किसी की लाश मिलती है तो सबसे पहले उन्हीं से पूछताछ की जायेगी। वो लाख कहेंगे कि वहाँ नहीं रहते लेकिन इमारत तो उन्हीं की है।

'बटाईदारों से कहो, वहाँ सोया करें।'

'अरे भइया, अब टैम बहुत खराब है। चिराग जले के बाद लोग घर से निकलते नहीं। दिन-दहाड़े डकैती पड़ जाती है। सब बटाईदार कहते हैं जान प्यारी है। खेत जोतने को चाहे मिलें चाहे न मिलें।'

'फिर क्या किया जाये ?' अब्बा ने उससे पूछा।

मैकू जानता था कि गोदाम और कमरा अब्बा को कितना प्यारा था और उसके बनने में कितना पैसा ख़र्च हुआ था और परेशानी हुई थी। इसलिए काफ़ी डरकर बोला, 'आप ठीक समझो तो निकाल दो।' उसने बेचने की सलाह दी।

'जब तक सीलिंग का मुक़द्दमा चल रहा है उस वक़्त तक कोई ज़मीन नहीं बिक सकती।'

मैकू के पास इस सवाल का भी जवाब था। वह शायद सबकुछ सोचकर आया था। हो सकता है सौदा तक पक्का करके आया हो। बोला, 'ज़मीन काहे को बेचो।'

'फिर ?

'इमारत बेच दो।'

'इमारत ? वहाँ कौन रहेगा ?' अब्बा को हैरत हुई।

'रहने को नहीं,' वह बोला।

'फिर कौन लेगा ?'

'अरे भइया, देहात में पक्की ईंट और लोहा किसे नसीब हैं ?'

अब्बा एकदम से चौंक गये। अब वो मैकू की बात का पूरा मतलब समझ गये थे। वह कह रहा था कि जो इमारत ख़रीदेगा वह एक-एक ईंट उखाड़कर तोड़ कर ले जायेगा। लोहा निकाल लेगा और वहाँ वैसा ही मैदान रह जायेगा जैसा पहले था।

अब सवाल ये था कि अब्बा अपनी ही बनवाई हुई इमारत की एक-एक ईंट निकलते देखना चाहते थे या नहीं। अगर नहीं तो जाने क्या होता। अगर हाँ तो...

वो सोच में डूब गये। मैकू ने कहा, 'आप जैसा हुकुम देव वैसा किया जाये।'

वो हुकुम क्या देते। मैकू तो हमेशा उनसे हुकुम लिया करता था। यानी गोट को ऐसी जगह फँसा देता था कि चाल चलनी ही पड़ती थी।

'ठीक है, बेच डालो।' उन्होंने ये भी नहीं पूछा कि कितना पैसा मिल जायेगा।

अब्बा के ख़त से ये पता चला कि गोदाम और कमरे की इमारत छः हज़ार में बिक गयी है। इसी ख़त में उन्होंने लिखा था कि मैं यहाँ रहने कब आ रहा हूँ। अगर मैं न आया तो शायद बँगलिया की जगह बने बरामदे-कमरे का भी वही हाल हो

जो गोदाम का हुआ है। उन्होंने लिखा था कि मुक़ामी इंग्लिश मीडियम स्कूल मेरे बच्चों को दाख़िला देने के लिए तैयार है। उन्होंने पूरी और पक्की बात कर ली है। इसके अलावा टी.वी., फ़्रिज़ ख़रीद लेने और टेलीफ़ोन की दरख़ास्त दे दिये जाने का भी ज़िक्र किया था।

इधर क्या हो रहा था उसकी ख़बर अब्बा को न थी। अख़बार में कई साल से बात चल रही थी कि एक करेस्पाण्डेंट यूरोप भेजा जाना चाहिए। कई लोग ज़ोर लगा रहे थे। आख़िरकार एम.डी. के यहाँ से मेरे नाम की स्वीकृति आ गयी थी। पाँच साल के लिए मुझे लंदन भेजा जा रहा था। मकान का किराया, बच्चों की फ़ीस और गाड़ी का ख़र्च दिया जा रहा था। तनख़्वाह अलग थी। मैंने सोचा कि अब अगर अब्बा को ये सब न बताया गया तो पता नहीं उन पर क्या गुज़रे। इसलिए मैंने उन्हें विस्तार से लिखा। ये भी लिखा कि बच्चों की वहाँ मुफ़्त और बहुत अच्छी पढ़ाई हो जायेगी। पत्नी एक एडवांस डिप्लोमा करना चाहती हैं, वह भी हो जायेगा। मुझे तीन हज़ार डालर महीना मिलेगा और मैं जब लौटकर आऊँगा तब मेरे पास कम-से-कम सत्तर-अस्सी हज़ार डालर होंगे।

अब्बा ने मेरे ख़त का जवाब दिया। उन्होंने नयी पोस्टिंग पर मुबारकबाद दी थी और लिखा था कि जाने से पहले मिलकर जाना। अगर वो अपने ख़त में नाराज़ हुए होते, मुझे बुरा-भला कहा होता तो शायद मुझे उतना मानसिक क्लेश न होता जितना उनके सामान्य पत्र से हुआ था। इसका सीधा मतलब था कि सबकुछ उन्होंने अपने ऊपर ले लिया था।

मेरे जाने से पहले अब्बा अम्माँ का 'डेथ सर्टीफिकेट' लेने ख़ालू के पास गये। अम्माँ के मरने के बाद पहली बार वो अपनी सुसराल गये थे। ख़ालू दिन-भर उनके साथ दफ़्तरों और अस्पताल के चक्कर लगाते रहे। आख़िरकार ये तय पाया कि कल सर्टीफिकेट मिल जायेगा।

खाना-वाना खाने के बाद ख़ालू ने अब्बा से कहा कि वे उन्हीं के हिस्से में सो जायें। लेकिन अब्बा ज़िद करने लगे कि नहीं वे वहीं सोयेंगे जो नानी का कमरा था और जहाँ अम्माँ इलाज के दौरान रही थीं।

ख़ालू ने बड़े बहाने किये कि कमरा साफ़ नहीं है, वहाँ बिस्तर नहीं है, लेकिन अब्बा को किसी तरह न रोक सके। ख़ालू चाबी और बिस्तर लेकर आये और अब्बा उसी कमरे में आ गये जो उनकी सुसराल था। जब वो यहाँ आते थे तो इसी कमरे में रहते थे।

ख़ालू पीने का पानी वग़ैरा रखवाकर चले गये।

कमरे के बराबर जो रिश्तेदार रहते थे उन्होंने बताया कि रात-भर कमरे की

बत्ती जलती रही थी और अब्बा टहलते रहे थे। क़रीब चार बजे उन्होंने बरामदे में सो रहे नौकर को जगाया था और कहा था कि ख़ालू को बुला लाये। उनके सीने में तेज़ दर्द हो गया है।

ख़ालू के आते-आते अब्बा निढाल होकर पलँग पर गिर पड़े थे। ख़ालू ने फ़ौरन टैक्सी बुलवाई और अब्बा को अस्पताल ले गये। उन्हें सीधे 'इन्टेन्सिव केयर यूनिट' में ले जाया गया। लेकिन वहाँ डाक्टरों ने देखते ही कह दिया कि वो मर चुके हैं।

ख़ालू कहते हैं उन्होंने टैक्सी में आख़री साँसें ली थीं; हो सकता है उस कमरे में जहाँ वो रात-भर टहलते रहे थे।

●●●